牧口常三郎とその時代

聞書

庶民烈伝

上

竹中労

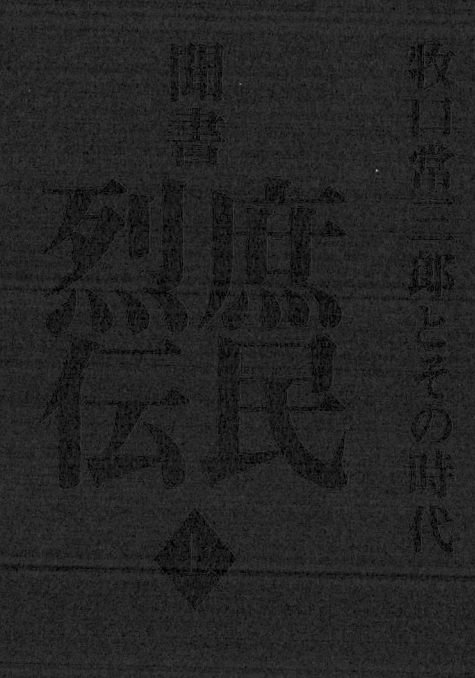

まえがき――この人を見よ

なぜ・いま、牧口常三郎《まきぐちつねさぶろう》なのか?

創価体系の門外漢である私が、学会の原点に立つこの人を、あえて取材の対象とした動機を、事こまかに理由づければ複雑・多岐にわたる。が、根本は明瞭に唯《ただ》一つである。

この国、とりわけて明治・大正・昭和三代、転変する歴史の底辺をけん命に、名もなく生きた庶民にとって、宗教とは何か・何であったのかを、私は明らかにしたいと思う。牧口常三郎その人の言をかりれば、混乱した時は「信仰の原点に戻らねばならない」。

石火矢と降りそそいだ、〝反創価学会キャンペーン〟はようやく鳴りを潜《ひそ》め、教団は安泰であるという。「魔競わずば正法と知るべからず」（日蓮）。なるほど、だが私はこう考える。正法と世に知られざるがゆえに、魔は競うのである、と……

奇縁によって本誌・『潮』に、謗法《ほうぼう》の謀略をあばく文章を私は載せた。内藤国夫・山崎正友・隈部大蔵ら、プロボカートル（組織破壊工作者）の仮面を剥ぎ、その醜悪な素顔を暴露した。学会の人々は、おそらく快哉《かいさい》を叫び、「よくこそ降魔《ごうま》のペンを揮《ふる》ってくれた」と、溜飲《りゅういん》を下げたことだろう。その半面、偏見の火の粉を浴びてマスコミに孤立する、〝一個のもの書き〟の感情に理会する人はまれなのである。

「竹中労は、淫祀邪教の飼犬となり果てた」

「一体、いくら金を貰ったのだ」

「政治目的のために（!?）、創価学会を利用しているのではないか」えとせとらｅｔｃ《エトセトラ》。

燕《つばくろ》、雀のかしましきかな。予断にもとづく、ゴシップ・レベルの中傷など、私自身は意に介さない。くちはばったいが、〝文闘〟の修羅場を四半世紀も斬りぬけてきたのである。私がいだく感情は、おのれのこうむる非難と別のところに根ざしている。

たとえば、こう考えてほしい。「学会御用」とレッテルをはり、私をおとしめ孤立させる。それは、部落民・朝鮮人に対するのと等しく、創価学会員なべてを〝特殊な〟集団人として、恒民《こうみん》社会の外に隔離する差別の構造ではないのか、と。恒民とは一定の生業を有し、いわゆる法と秩序・公序良俗に従って生活する、〝正常な人々〟を指す。ならば、学会員絶対多数は、まぎれもない恒民である。しかるに差別され・蔑視され、理不尽に迫害されるのはなぜか?

信仰のゆえに、である。あなた方の信仰に、世の多くの人々が無知・無縁だからである。〝反創価学会キャンペーン〟に私が立ち向かったのは、その無知を煽動し増幅する、出版資本と背後の謀略機関・ＪＣＩＡを撃つためであった。

それは、同じ信仰を持つからでは・ない。このことを、胸に重く置いていただきたい。立場を異にするもの書きが、マスコミに排斥されるのを承知の上で、あなた方に一味同心した志を、納得してもらえるであろうか?　黄金バットのように、月光仮面のようにふるまって、喝采《かっさい》を得ようとしたのではない。

このような言い方を、愉快に思わない人もいるであろう。しかし、歯にきぬを着せずに言おう。内藤国夫・山崎正友らが垂れ流した陋劣《ろうれつ》なデマゴギーに対して、学会は無抵抗だった。少なくとも、血を流して闘おうとしなかった。野干《やかん》は勢いを得て跳梁《ちょうりょう》し、浮浪者狩りのガキめらのごとく、滅多撃ちをくわえてきたのである。

……山友・原島嵩という極悪を組織中枢から出したことに、宗教団体としてじくじたる自戒もあったろう。嵐の中・三十万会員を拡大した、信心への確信に固く支えられもしたであろう。だが、一切衆生を折伏《しゃくぶく》し了って、広宣流布する日は、遥かな彼岸にしかない。その過程に身命を期《ご》として、傷つき闘い熄《や》むこと。私にとって信仰とは、就中《なかんずく》・日蓮の教えとは、そのようなイメエジで胸底にある。

牧口常三郎、この人を見よ！　信仰は闘争である、折伏とはすなわち勝負である、原点に戻らねばならない。戦時下不退転の信仰をつらぬき、壮絶な獄死を遂げた初代会長・その全生涯を、克明にルポルタージュする長征に、私は出立する。

とりもなおさずそれは、学会の現在と未来とを、照射する営為である。同時に、会外の疑惑に答えて、不可触の扉を開く試みともなり得るのだ。

如是我聞――、「デッサンを牧口常三郎・初代会長が描き、戸田城聖・二代会長がこれを密画に仕上げ、そして池田大作・三代会長が広宣《マス・プリント》した」と。

語った人のニュアンスは問わず、譬《たと》えとして当っている。巨大な宗団であり、公明党と連動をして国家&政治に関わる創価学会を、現在あるがままの姿で分析することはむずかしい。たとえば、〝政教分離〟の根本矛盾に逢着《ほうちゃく》してしまう。ジャーナリズムの創価学会に対する偏見は、おおむねそこから生ずるのである。

第二回世界平和文化祭記録映画『輝け平和のルネサンス』を、先日見る機会を得た。この作品には各界の知名士から、圧倒的な讃辞が寄せられ、『聖教グラフ』の誌面を飾っている。「これほど美しい

ショーを、見たことがなかったし、これほど壮大なフェスティバルは、世界中にない」（木下恵介監督）

そのような賞讃と、うらはらの批評を聞いた。「一種の集団催眠ではないのか」「ファシズムの脅威を感ずる」「ソ連や中共の示威行進そっくり」「〝創価学会紅衛兵〟だな」云々《うんぬん》、各紙・宗教記者の感想である。正直に言って私も、かつて昭和四十三年に関西文化祭を観たさい、そのように想えた。パレードは生理的に嫌いであり、裏方の出てこないショー・ドキュメントには、拒絶反応をおぼえる。だが、私はやはり感動したのだ。

人梯子《ひとばしご》をつくり、トリプル五段円塔を組み上げ、必死に人間の絆《きずな》をささえる、若者のC・U《クローズ・アップ》、……音楽は高鳴る。声にならぬ叫びを彼は発する、くりかえす。録音されぬ絶叫を、はっきりと私は聴きとった、**南無・妙法蓮華経！**

プリントされた信仰よと、さかしらに嗤《わら》うことはやさしい。この団結の力を、〝全体主義〟に導くことを恐れ、平和の方向へと願うこともである。

無頼のもの書きであり、一匹狼・生涯アナキストである私は、そこに牧口常三郎初代会長の描いたデッサンが活きていることを、現認すれば足りる。若者たちの一人一人が、どのような未来を目的し・往生の歴程を踏むかに関心無之《これなく》、教訓を与える了見もない。ただ、抵抗者・牧口常三郎の志、彼の帰《き》依《え》した日蓮の魂は、末法末世の現在に継承され、「旃陀羅《せんだら》の子」たちの心奥に埋火《うずみび》のごとく置かれて、諫暁《かんぎょう》の炎となることを、私は確信したい。

究極、信仰は支配に対立する。一切の権力を廃絶する万物斉同・万類共存のニルバーナ、「常寂光土」を理想とする信仰者にとって、真の魔障とは何か？　国家・政府・官憲である、〝反創価学会キャンペーン〟に踊った犬どもは、その先触れなのである。故意に過激な言辞を弄《もてあそ》び、〝革命〟を煽動するのではない。この国の将来は、確実に冬の時代を迎える、歴史は態様をかえて逆行する。

そう、「小さき島のおさ」(日蓮) 中曽根康弘・風見鶏首相の言動をみるがよい、絶対多数派閥利権の御輿《みこし》に乗り、増上慢に頭《ず》のぼせた小独裁者は、〝愛国〟の鐘をたたいて、無間《むけん》の奈落へと民衆を領導する。スクランブル・核ミサイル、「米日運命共同体」と称するキノコ雲の直下、〝不沈空母〟に日本の運命を託そうとする。

まつろわぬ者、抗《あらが》う者は狩られる。

態様をかえてと私は言う、日蓮・牧口常三郎に加えられた流刑・拷問・獄死の恐嚇《テロリズム》ではなく、家庭の安全や名聞利得とひきかえの退転を迫られるのだ。

無形の神札が額にはられる日、国家が宗教統制を行うそのとき、信仰者は何をなすべきか? 若者たちに、私が語り得ることがもしあるとすれば、それはどのような時代背景に体系《デッサン》は描かれて、創価の思想は芽生え・育ち・摘《つ》まれ・甦ったか、という歴史の他にない。

明治四年、賎民解放令の年に越後・荒浜村にうまれ、日蓮法難の佐渡を朝夕にながめて育った少年は、北海道に単身わたって苦学し、自由民権の思潮に洗礼されて、前半生を地理学と窮民街の子弟教育にささげた。幸徳秋水らが大逆事件で縊《くび》り殺され、「時代閉塞の現状」(石川啄木) から、大正デモクラシー・関東大震災と星移り時は流れる。そして昭和、恐慌&十五年戦争。還暦に手の届く五十七歳、日蓮正宗に入信して・学会を建て、戦時下不敬罪で獄死を遂げた (十九年十一月十八日)。

七十三年の生死烈々は、まさにこの国がたどった現代史と、一鎖《ひとくさり》にないまざり、思想・信仰を連牽《れんけん》して、間然なき体系を造形している。牧口常三郎とその時代から、若者が何を想い、何をまなぶかは自由である。彼らをしてあるがままに、なすがままに歩ましめよ。ただ願わくばその胸中、一点の星火あらんことを――

言わずもがな私は、机上の作業《デスク・ワーク》で牧口常三郎、その人に参究するのではない。昨一九八二年の極月から、足跡を追って新潟全県下・秋田・北海道・津軽・岩手と、吹雪に埋もれた町村や、山河を踏査してきた。

牧口家にゆかりの人々、学会草創期の同志たち、芸能者・郷土史家・全共闘のもとリーダー、ゆきずりの酔っぱらいに至るまで、「聞書き」、なぜか煩悩の数と同じ一百と零八人。五月には九州筑後川源流へ、さらに博多・壱岐・対馬・天草・五島に、〝国難〟と流離のイメエジを探る。

……これまで、「牧口常三郎伝」には幾つかの重大なオフノート、記録もれがあった。たとえば、生家の系譜であり・姓を同じくする妻の出自である。何より逮捕の状況と真相、特高の取調べの内容である。さらには退転者のその後、〝国賊〟と刻印された故人に対する、郷党の評価も明らかではない。

自己の生い立ちと私事を、語らぬ人で牧口常三郎はあった。しかも天皇制下の官憲は、死者の口を鎖《とざ》して闇に葬った。反学会党派はえたりと、系列ルポ・ライターに語らせる。「創価学会は、反軍国主義宗教団体ではなかった。戦争協力の度がすぎて弾圧されたのである」？？？

私たち（『潮』編集部&竹中）は、綿密な調査と検証によって、多くのオフノートを発見することができた。虚構は、事実を以て粉砕される。乳液のように曇らされた磨硝子《すりガラス》のむこうの歴史を、可能なかぎり鮮明に呼び戻そう。いわゆる伝記のスタイルを、この大河連載は採らない。叙述は時空を飛越し、げんざいの信仰を生きる人々や、地縁の老若男女と出会う。故人が愛唱した追分《おいわけ》の水の道、日本海・玄界灘・南島を漂流する。

台東・墨田・江東の窮巷を、京浜工業地帯の煤《すす》けた空の下を、〝法華一揆〟の京町筋を、浅草六区の夜のにぎわいを、甲州道志七里《どうししちり》を筑後川源流を、すなわち『人生地理学』『小学地理・郷土科』を追体験するのである。たかぶって言うのではなく、創価学会初代会長牧口常三郎の最も正確、かつ豊饒なライフ・ストーリーを、私たちは書き上げることができるであろう……（一九八三・二・一五）

聞書　庶民烈伝

牧口常三郎とその時代

上巻＊目次

目次

目次

＊本書は、潮出版社『聞書・庶民烈伝　牧口常三郎とその時代・雪炎えて(1)』（昭和五十八年、十一月二十日刊）、同『春と修羅(2)』（昭和六十年四月二十五日刊）を底本としている。

座談会・回想の牧口先生

和泉　覚（副会長、72歳）
辻　武寿（副会長、65歳）
小泉　隆（参事会議長、75歳）
――聞き手・竹中　労

火のないところに、煙は……

編集部（外山武成）　地方をまわりまして、大変な強行軍でした。ずっと、雪が降っておりました。まあ北国のことですから当り前なんですけれど（笑）。それにしても凄い吹雪で、佐渡では汽船が欠航になって立往生、竹中さんは足を火傷するわで、ルポ・ライターってタフじゃないと勤まらないな、と。

竹中　いや、昔ほどじゃありません。五十をすぎると体力は落ちるし、といって脚で調べないと書けない、因果な職業だなと思っております。

辻　ご苦労様でした。座談がはじまる前にもお聞きしたのですが、牧口先生の考え方と、竹中さんは同じなんですね。現場を確かめなければ書かない、それは生活から学問へ、学問から生活へということで、帰納的であり節理的でもある。そういう点で、ジャーナリストとしての立場が実に明確であると、敬意を払っているんです。

竹中　タテマエでいうほどには、明確じゃないんです。やはり、創価学会については、四十五年の言論問題の時には短絡して考えましたね。藤原弘達さんのような、政治目的を持ったやり方には、きびしい批判を持っていましたし、そう書きもしましたけれど。率直に言って、〝自由な言論〟の徒として、学会と闘わなければいけないと、真剣にハラをきめました。

ただ、実事求是の原則がある。物事を確かめないで書くことを私はしませんから、池田現名誉会長にインタビューを申しこんだのですけど、途中でどうにかなっちゃったのか、梨のツブテで返事はこなかったんです。

小泉　それは、よかった（笑）。

竹中　ところが次第に、職業的な勘でキナ臭いぞ、と。五十一年の『月刊ペン』事件、このあたりで、全くおかしい何らかの作為が裏ではたらいている、ハッキリ言ったら、内閣調査室あたりじゃないのか、謀略の震源地は、と……

辻　なるほど。

竹中　先日亡くなられましたが、帝銀事件の平沢貞通氏を救う会・事務局長の森川哲郎さん、もの書きとして先輩でもある方なのですが、その帝銀事件にさかのぼる戦後の謀略ですね、これに脈絡がありはしないか？

陸軍中野学校・石井細菌部隊・内務省特審・むろん警察特高、こういった転び戦争犯罪人が、創価学会つぶしに一役も二役も買っているのではないか？　寄り寄りそんな話をしていて、そこへ連日の「ヘソ下」スキャンダル。これはもはや常軌を逸脱している、まともな報道ではありません。

辻　異常でしたね、まったく。

（和泉覚氏、出席）

辻　こちらも牧口先生直弟子で、初代会長から五代まで、学会の歴史をずっと肌身で……

和泉　わたしは仮面がないから、剝《は》がされませんよ、アッハハッ。

竹中　見えられるまで、前座にれいの反創キャンペーンを。マスコミとは嘘を書くものだと思われていたんじゃ取材がやりにくいので（笑）。

和泉　そりゃ私なんか、しゃべってもいないことを、会ってもいない奴に書き立てられておるんだから。いいかげんにもう、切りにしてほしいやね。

竹中　これは、終らないのです。

和泉　おっしゃるように、謀略の根があるからな。これは、なかなか尾っぽを出さない、仮面を剝ぎにくい。

辻　歴史的にも根は深いからね。日蓮大聖人からずっと、普通のいじめ方じゃない。火つけとか泥棒とか、牧口先生も非道い言われ方をして、今回だって池田名誉会長の場合、ないことをあると。

小泉　ないから書けるんだよ、創作をしておるんだから、〝ないこと〟は書きやすいわね、調べる必要もない。

竹中　火のないところに煙は立たないと称しまして、自分で火をつければよい（笑）、手口としては非常に単純です。ところが世間の人は、疑いもなくそれを信じてしまう。言うなら先験的《ア・プリオリ》に、古人いわく、犬も歩けば棒に当るといったことわざや箴言《しんげん》を、民衆は真理であると思いこむ。フレーム・アップの手口は、したがって常に単純です。内藤国夫君の場合は、とりわけて幼稚だった。

和泉　内藤君はね、学会の座談会を見たいと言うものだから私がついて、一緒にあちこち廻った。感心して帰ったが、途端におかしくなっちゃった。

竹中　彼は唯物論者ですからね、宗教に対しては予断と偏見がある。

編集部　思いこみが先行して、それに合わせて取材していく、白紙じゃないんですね。

小泉　もっともぼくら会ったことないな、白紙で来た人には（笑）。

竹中　私も、白紙じゃございませんよ。

小泉　予断がありますか?

竹中　大ありです（笑）、創価学会はジャーナリズム・アレルギーじゃないかと、第一に疑っておりました。こんどの取材行で、草創期の会員のみなさんと、まったくうちとけて、遠慮も隠し立てもない話を聞くことができ、今日こうしてお三方と談笑しているわけですから、その予断は消えました。

第二の予断については、しばらくおくことにして、では本題に入りたいと思います。『回想の牧口先生』と、仮にタイトルをつけましたけど、ご自分のことは語りたがらなかった方のようですね。

小泉　それはねえ、たがらないんじゃなくて暇がなかったのです。

辻　聞く人もなかったし……

小泉　我々も若僧だったから、私生活のことなど聞く勇気はございませんしね。ただどこに田地があったとか、誰それは親戚だとか、断片的に。

和泉　四十も齢がちがって、こちらは入信したばかりだもの。

小泉　お題目をあげて、折伏するので精一杯だからね。

辻　それに、怖かった（笑）。

和泉　両面だな。

小泉　そう、実にやさしい面を持っておられましたよ。

辻　荒浜村でどんな家に生れて、少年時代はこうだったとか、そういうことは聞いていませんね。ご自分から、進んで話されることもなかった。

怖い顔と、怖くない顔

小泉　我々はなんとかして、先生から仏法をまなびとって、それを実践しようということで、頭がいっぱいだった。

辻　まあ折にふれてはね、子供を四人殺してしまったとか。

竹中　ああ、長男・次男とつぎつぎに亡くなられていった……。

辻　間違ったと、非常に。

竹中　身延《みのぶ》を信仰しておられた、そのためだと？

小泉　そうそう、ある日のことぼくは質問をした。先生は禊《みそぎ》をやられたろう、冬でも井戸端で水を浴び、それに耐える体力をつくった、何でもなかったよと。本当になかったのですか、すると「いやバチはあった」

どんな罰ですかと聞いたら、ぽつりと「子供を亡くした」

辻　でも、水には不思議な力がある、と。

小泉　腹が減ってひだるくても、水をかぶれば歩ける、健康にはたしかによいだろう。だが宿業は、逆になるなとおっしゃっていた。

辻　そういうことから、子供を殺したといった話が出る。プライバシーを垣間《かいま》みることはできるのですけれど、ルーツを語るなんてことは、その暇がなかった。食うや食わずの人たちが、しょっちゅう押しかけてきて、夫婦喧嘩した、どっちが正しいかなんて聞くわけですよ（笑）。ぼくらは先生がどう答えるか、仏法からどう判断するかと、耳を凝らしている。言えば生活法としての原理、実践指導をそこからまなぶ。

小泉　牧口先生のいるところ、道場という感じで、我々が求める以上の力で、何倍もの力でぶちこんでくれる。とてもあり余っちゃって（笑）、充ち溢れてるぐらいのもので……

竹中　怒るときは、かなり厳しかったと聞きますが？

小泉　はい、いいかげんじゃない。それはもう、百雷一時に落ちるという感じで、ガンガンガーンとやられる。

和泉　私は戦地から復員して、『牧口先生の顔』という講演を、総会でやったことがあるんですよ。怖い顔と怖くない顔と、冬の寒い夜なんか赤ちゃんおんぶして女の人が相談にくる、帰る時にね、牧口先生がおぶい半纏《ばんてん》の間に、新聞紙をはさんでご自分で着せてあげるんです。「新聞紙一枚で、きもの一つ分ちがうんだよ」

そんなときは、好々爺のおじいちゃんなんだが、さあ怒るとなったら、怖いなんてものじゃない。まず、なんで叱られているのか、よく考えてみないとわからない（笑）。

小泉　喧嘩のやり直しね、上のものとしか喧嘩をするなと、我々は教員だから相手は校長です。それでやり方が弱くてひきさがってこようものなら、もう一回やり直しとくる。

竹中　はあ、自分も校長先生だったのに。
小泉　自分は別なの（笑）。
和泉　けっきょくおのれの一念、怠けていたり悪いことしたんじゃないかなと、そういうとき決まって叱られる。今日は折伏悠々なんて日には、全然怖いと思わない。先生のご親戚なんぞね、頼まれて私が折伏する。結果うまく行かんと、それは君のやり方が弱いよなんて、ご苦労さんぐらい言ってほしい。これがまた自分の一念でね、雷がおっこちる。
竹中　やっぱり怖いんだ（笑）、亡くなられた原島宏治先生と、小泉さんと、辻さんと同じ小学校におられた。蒲田の糀谷《こうじや》……
辻　いや、南蒲《なんぽ》小学校です。あなたの回想の京浜蒲田、ボロ家に住んでおられて折伏されたと本に書いておられる、あの駅から川崎の方へ向かって三、四分です。そこに三人でつとめておりまして、原島さんが昭和十五年の一月に最初に入信して、四月に小泉さん、七月にはぼくと三カ月送りですね。それで睨まれて、あいつら追い出しちまえと。牧口先生はそんなら校長を折伏しなさいとおっしゃる、家に行ったものね。
小泉　これが実に、もの凄い精力的なワンマンです。小田倉さんというのですが、戦後は大田区の校長会のトップで鳴らした人物です。最初はこの校長から、我々は優遇されていた。ところが入信第一歩、たちまち憎まれの巻で、目の敵《かたき》にされる態たらく。
竹中　と、言いますと？
小泉　原因は仕事上ではなく、やはり信仰の問題です。私はね、杉並から追い出されていった不良教員でした。
竹中　ははあ、お酒ですか？
小泉　それもふくめて、まあいろいろありました（笑）。昭和十四年四月に、南蒲小学校に入りまして、一年間は素行不良の前歴ありということで、全然認められなかった。それが入信してがらりと変った、大いに重用されたのです。原島さんがこれまた青山師範出身のエリートで、尊敬を集めていた。そこで翌年九月の夏期講習から帰ってきて、そろそろやるべしと、校長に懇談を申し入れた。テキはすっかり嬉しくて、君達だけだよ頼りになるのはと、大変な歓待ぶりです。
「ところで校長先生、ご宗旨は？」
「吾輩は禅宗である」
「それはいけません〝禅天魔〟と申しましてな」
とはじめた途端、「何をこの生意気な。出てけーッ」一巻の終り（爆笑）。

辻　ぼくは最年少でしたからね、一番いじめられたんですよ。原島宏治さんは青山師範学校で、校長の後輩でしょう。憎しみも中和される、小泉さんが栃木の外様で、ぼくは青山と仲の悪い豊島師範、小僧めどうしてくれようと（笑）。

竹中　お幾つだったんですか？

辻　二十二歳です。

竹中　剣道が強くて、新宿の優秀校にいくはずだったと。

辻　そうなんです、四谷第三。それが辞令をもらったら何と南蒲、剣道のケの字もない。おまけにオンボロ学校、もうがっかりしちまった。

でも、子供たちが可愛くなって、教育に打ちこめるようになったところで入信、小泉さんに折伏をされたんです。南蒲に豊島師範の先輩がいて、ぼくを弟のように面倒みてくれた。剣道の方の先輩や仲間もいる、それをいっさい投げうって、小泉さんと同志になった。それまでの友人は、みな離れていきました。

ぼくの場合は純理論的に、「価値論」という牧口先生の哲学に惹《ひ》きつけられ、信仰の世界に入っていったんです。

竹中　ずいぶん、悩まれたでしょう。

辻　ええ、だがいまになれば、離れていった友人の何千倍、何万倍もの仲間を獲得したわけですからね。

竹中　……その小田倉さんですか、校長は具体的に迫害を？

小泉　しました、しました。さっきの喧嘩ですが、やり直しを何回か試みて、そのうちに謗法払い、天照大神宮の札を燃やしたのがわかりましてね。これは国賊だ、非国民だと。彼にしてみれば、危険思想の連中を抱えていると、自分のクビもあぶない。

竹中　昭和十五年といえば……、紀元二千六百年ですね。

小泉　そうなんですよ、「キゲーンハニセーンロッピャクネーン」という歌をうたってね。

竹中　神札を燃やしている。

小泉　我ながら大それたことを、やってのけたものですな（笑）。

竹中　いや、決して笑いごとじゃありませんねそれは、戦後民主主義で育った世代には、どれほど過激なことかわからないでしょうけど……

小泉　まったく、ね。校長はあわてて我々を追放、つまり十六年の四月に転勤させることにしたんです。絶対権力を持っておりましたからね、当時の校長は。

八丈島か、大島か？

辻　それで、牧口先生のお宅に相談にうかがったんです。私は豊島師範の出身だから、恩師や先輩に事前運動をして、手を打ちたいと思うと。すると、先生はやめなさい、「追い出されなさい！」と一言の下におっしゃいました。

追い出されて喧嘩は勝ちだと、それが仏法なんだ、法華経は身で読むものだ。「君はそれで勝つんだよ、追い謗法に膝を屈して、あわれみを乞う必要はない、追い出されてみたまえ幸運がやってくるよ」と。でも、八丈島に行っちゃったらどうしましょう（笑）、ご本尊様を拝みましたね。そしたら隣の糀谷だった。

竹中　おや、よかったですね。

辻　よかない（笑）、定期代がよけいかかるし、靴も減っちゃう。教え子とは別れなきゃならない、ろくなことはないじゃないか、何が幸運だと。そしたら、埼玉県の秩父で小学校の校長をやってる親父が、ひょっとあらわれた。「文部次官のお世話で、東京に出てくることになった」

青年学校の校長に決まった、と言うんですよ。

「へえーどこの？」

「糀谷《こうじ》というところだ」

あっけにとられるといおうか、魂消てしまった。冬休みと夏休みと年に二回、ちょこっとしか帰れない田舎の、両親や一族がポカッとそばへきた。そのころ、鈴ヶ森に下宿しておったんですよ。竹中さんは、立会川に？

竹中　そうなんです、鉄工場の伜でして。通ったのは、鮫浜小学校から旧制の高輪《たかなわ》中学です。

辻　『ブルドッグ』という店、憶えていますか？

竹中　ええ、ビフテキ屋。

辻　月給日になると、あそこへぼくら行くんです。

小泉　五十銭のカツレツは食べたが、ビフテキはとうとう。七十五銭だったかな、食べよう食べようと言っていて、ついに果たせなかった（笑）。

辻　床屋がありましたね。銭湯も。

竹中　なみだ橋のたもとです、弁天湯といって。床屋の主人の綽名《あだな》がゼリー・ビンズなんです、ポマードをてっかてっかに光らせてオカマチックな。そうオカマと言えば、いや余談はさておいて（笑）。辻さんはそれで、お父様たちとご一緒に住むことになったのですね。

辻　大八車で荷物を運びまして、もう始業の鐘が鳴ってから、出ていけばよい近所に移りました。それで、まず第一にやったのが家族の折伏。牧口先生にきていただいて、君は日本一の親孝行者だとほめられましたよ。

竹中 喧嘩に、勝ちましたね。

辻 相手は、死んじゃいましたからね。

竹中 はあ⁉

小泉 校長ですよ、小田倉さん。辻さんと原島さんが参議院議員になった直後に、電話ボックスの中でね、電話かけていて脳溢血かなんかで倒れたと聞いた。気の毒だけど、宿業には勝てなかったんだなやはり。

辻 ぼくは糀谷から、一年でまた追い出されまして、矢口小学校に。

小泉 あんたは純真だったから、多少不純だったもんでね俺は、行くところがない。しばらく宙に浮いていた、やっと辞令もらったら大島小学校、アララ俺は伊豆の沖に島流しだ（笑）。東京の端っこの大島町とは気がつかなかった。これが、またひどいんだ、文字通り吹きだまりの街でねえ。

辻 そこでまた折伏、ガーッとこれが広まって。

小泉 一年の間に、一校で教師が六人も入信しましたからね。非国民・国賊の赤札を背負って、折伏するわけです。それでも信心をせざるを得ない、そういう状況になってきた。

竹中 牧口先生のお宅、どんな様子でございましたか？

和泉 玄関に入って左手に、八畳間があって机が置いてある。そこへ通されて話を聞く、昔の普通の家。

小泉 いっぱいになるんだよな、個人面談の日には。

辻 火曜日と金曜日、ぼくたちもワッとすっとんでいく。さっきも言ったけど、来た人の夫婦喧嘩が最高に面白い（笑）。

竹中 昭和十六、七年ですな。

小泉 そう、大東亜戦争前夜です。

【資料】 組織・役員

理事長以下は、規約第十条により昭和十六年十月、牧口会長任命。

〔本部〕会長・牧口常三郎　理事長・戸田城外（城聖、生活革新同盟倶楽部理事長）

理事・寺坂陽三（企画部長）、中垣豊四郎（教育研究部長）、岩崎洋三（神田支部長）、稲葉伊之助（芝支部長）、本間直四郎（池袋支部長）、木下鹿次（新橋支部長）、野島辰次（四谷支部長）、福田久道、橘篤郎、西川喜右衛門（革新同盟理事）、神尾武雄（青少年部長）、広田義夫　文化部長・矢島周平　幹事・松島

烈雄　婦人部長・木下夏子、幹事六名　青少年部幹事・片山尊、**辻武寿**
〔支部・東京〕蒲田支部長・原島一夫（宏治）、同幹事・**小泉隆**、折原孝太郎他／中野支部長・陣野忠夫／京橋支部長・小塚鉄三郎、同幹事・**和泉覚**／杉並支部長・須賀一精（華道研究部）／目白支部長・牧口洋三（会長三男）／大井支部長・原十郎、荏原支部長・金子純三／小石川支部長・龍野守一／北多摩支部長・阿部貞夫
〔支部・地方〕―役員名・略―　福岡市、久留米市、福岡県福島町、下関市、青森、神戸市、沼津市

竹中　この資料は、昭和十六年の秋のものですが都内が十四支部、地方・七支部、会員数は？

辻　ひとくちに、牧口門下・三千と。

和泉　昭和十七年ごろにはね、むしろ会員は減少していた。応召もあったし、第4回総会だったかな（註・昭和十七年四月二十日）、教育会館でやって五百の席が埋まらなかったからね。

小泉　いっぱいになったのは、第5回・最後の総会だったな。ともかく十五年の四月、はじめて座談会に連れていかれたときの記憶だが、「時習学館」という私塾ね戸田先生が経営していた、その事務所で十四、五人しか集まらなかった。

　それでまあ、十二時ごろに電車がなくなるからそろそろ、この次はどこでやりましょうか、誰さんの家がいいよなんて決める、また同じようなメンバー。そういう状態で、爆発的に会員が増えたのは辻さんなんかが功労者、入信して三日目だな、お山へのぼったのは。

辻　七月三十一日に入信して、八月の二日から一週間。

小泉　大石寺《たいせきじ》の理境坊です、缶詰めにされて指導をうけた。牧口先生の布団の中にまでもぐっていって、一所けんめい話を聞いたんだからなあんたは（笑）、それで帰ってくると、バチバチと折伏をやって歩いた。おかげさまで、後始末がたいへん、原島さんと私とでシリふいて廻らなきゃならない。

和泉　その資料にあるように、最初は「創価教育学会」ですからね、主体は学校の教師だった。牧口先生が家庭教育・実地教育・社会教育ということを言われて、校外折伏がはじまったのが、十四、五年ぐらいでしたね。そう、十六年が最盛期じゃなかったかな。

小泉　我々が入ってからは、古い教師たちは第一線からひっこんで、教育より折伏主体になっていった。

辻　小さな学校教育の枠の中に、閉じこもっている時じゃない。これは生活法なのだと、社会にアプローチする段階に踏み出していた。そのちょうど境目に、ぼくたちは入っていったんだね、それが昭和十五年。

小泉　それから急膨張、一年半で千の単位になった。弾圧がもうすこし遅れていたら……

辻　大変な数になっていたね。

小泉　だから、弾圧されたのだよ。

来るべきものが、来た！

竹中　和泉さんは、憲兵で。

和泉　はい、変り種ですよ。もっとも、憲兵にもよいのと悪いのがいる（笑）。私は不幸な生いたちでして、三歳で母と死に別れ、二十《はたち》のときお人好しの祖父が全財産を人手に渡してしまった。それで軍隊に入り憲兵になって、人並みに結婚したら、長男が生後四日目に亡くなる、長女は脳性マヒ。世の中「神も仏もない」、苦しみ悩み果ててデカダンスにおちこみました。

　それが、入信の動機です。牧口常三郎先生との出会いですよ、地獄の苦しみの底から、私を救ってくれたのは。まあ、最初は屁理屈を並べたり、ラジオで折伏やったらと言って、「あくまで一対一の心のふれあい、生命の触発が基本だよ」とさとされたりして（笑）、不肖の弟子だったねえ。

竹中　出征されたのは？

和泉　十八年です。

竹中　私の先輩なんですね、東京外事専門学校（現・東京外語大）、ロシア語専修科の委託学生でしょう。

和泉　十五年に入ったんです。

竹中　私は戦後の二十一年、どうしてロシア語科を？

和泉　当時、通訳ができると、三円だったかいや五円だったかな、手当がつくんです（笑）。それで、若い連中は中国語が多かった。私はもう二十九歳、ロートルですからね落ちても恥ずかしくない、一番むずかしいの何だと聞いたら、そりゃロシア語だと。

　入門書を丸暗記していったら、山かけたのばかり問題に出て、トップで受かっちゃったの（笑）。学校は期待してくれたけれど、七月に入信したもので、牧口先生の方にばかり通ってるからだめだね、たちまち化けの皮がはがれた。

小泉　この人は、戦争で人の死んだの見たことないと言うんだから、内地でもたくさん死んでるのに。

和泉　戦争もしなかった（笑）、まあ風の吹きまわしで、私のようなのもいるわけですよ。三年半いて敵さんとは一度も会わずじまい、やはりご加護でしょう。

竹中　ところで、牧口先生が校長をされていた時には何か問題が。

和泉　大問題があったね（笑）。本所の三笠小学校におられたとき、区会かなにかでやり玉に挙げられて、ご自分でもこれはチョンだと夕刊買ってみたら、ザン訴をした区長の方が……

辻　東京市の助役の前田多聞さんが、郷党の関係で先生をよく知っていたんですね。こんな立派な人物をと、逆に区長の首が飛んだ（笑）。

竹中　視学廃止論とか、校長の試験制度を設けよとか、当局のカンにさわることをずいぶんやってますね。

辻　当然、視学が上にいるんですから校長の。豊島師範の校長から視学になった成田千里さん等と正面から衝突した、教育改造論の急先鋒ですもの。

和泉　とくに教育勅語批判、「親に孝」なんぞ教育の最低基準、人間の最低道徳であると（笑）。圧力をかけられるわけですよ。まわりの者は肝を冷やすけど、ご本人はあたり前のことを、あたり前に言っているつもり、平然としている。

竹中　秋霜烈日・春風駘蕩、ところで奥様はどういう方でしたか？

小泉　しとやかな。

辻　やさしい、令夫人。

和泉　きびしい時もあったよ、我々に対してはやさしいけど。

辻　そうね、これは実はとっておきの話なんだけれど、トランク持って家出をしたんですよ二回ほど。

小泉　そうだ、あったあった。

竹中　奥様がですか？

辻　いや、牧口先生が（爆笑）。

小泉　猛反対だったんだね、信心に。

辻　だから、よっぽど強かったんじゃないかと、噂したんだ蔭ではね（笑）。

小泉　先生が投獄されたとき、お米を持って見舞いに行ったら、「家にあまり寄りついてはだめですよ」と言われた。科人《とがにん》の家に出入りして、若いあなた方に傷がつくといけませんからね、そういう人でした。そのとき、「不思議なんですよ」と見せてくださったのが御書《ごしょ》、蔵書は特高に全部持っていかれて、「これ一冊だけ戻ってきました」

竹中　赤線がびっしり引いてあったという、あの日蓮大聖人御書ですね。

小泉　そうなんです、そのころはもう奥様も熱心に信仰していました。お茶を出して、片隅に座ってひっそりと聞いておられました。

和泉　年中お会いしましたが、高ぶるところがすこしもなく、まごころで客を差別なくもてなす人でしたね。十八年に戦地へ行って、弾圧があったことを私は知らなかったのですが、女房の手紙に、「その後、牧口先生はお元気です」って書いてあったんです。〝その後〟に私は胸さわぎがして、復員するとまっすぐに大石寺の理境坊に駆けつけた。そこで、先生の死を聞いたのです。東京に帰ってすぐ、奥様にお眼にかかりお題目を唱えてまいりました。

竹中　和泉さんは戦地で……、警察の取調べをうけたのは、辻さんですね。

辻　そうです、一日がかりで。本来はお前もひっぱるんだけど、現役の教育者だから特別に許してやるんだと、帰されました。

小泉　教育は国家の大本と、そういう名目なんだな。

辻　帰ってきて、小泉・原島両先輩に報告したら、おかしいぞそれは逆だよ、教育が大切ならとうぜん牢屋にブチこむべきだろう。国家を危うくする連中に、子供を委《まか》せてはおけない、それなら筋が通る。つまり、教員の補充がないということだったのだろう。

小泉　もうみんな、働ける者は兵隊にとられてしまっていたから。

竹中　十八年七月、六日ですね。

辻　そうです、伊豆の下田まで会員の案内で折伏に出かけたところを、先生は逮捕されたんです。

竹中　そのときの状況は？

小泉　（和泉に）あなたの奥さんが、知っているだろう？

和泉　いや、牧口先生は会員の家へ泊られたし、私の女房は親戚の家に泊って当日は現場にいなかった。

あとで聞くと、牧口先生は泰然自若として連行されるさい、「戸田君によろしく」と一言、その人に告げられたそうです。その戸田先生も、同じ日に逮捕されていた……

小泉　機関誌『価値創造』も、すでに廃刊させられていたし（十七年五月）、来るべきものがきたという、そんな感じだったな。

辻　それはもう、特高がきているんだからね座談会に。臨検席じゃないけど、必ず刑事がきてすわってる。牧口先生の面目やくじょたるところはその刑事を、折伏しちまう（笑）、警視庁の鬼刑事といわれた益子《ますこ》さんも信心した。

小泉　ああ、あの人は特高じゃない。
竹中　特高はだめですか？
小泉　全然だめ、耳に国家権力の栓《せん》が詰まっている（笑）。
和泉　私のところへも、警察がやってくるんですよ。憲兵の名刺は住所だけ、「東京麴町竹平町三番地」とあって姓名ナンノタレガシ、尋ねあてれば憲兵隊（笑）。「貴公、ここを何処だと思っている」と後輩が一喝して追いかえしてくれるんですが、内心はヒヤーッとしている。戦後も学会の幹部の中にもと共産党がいるというんでね、しつこく内偵されたものだ。
竹中　矢島周平さん、でしょう？
和泉　へえー、よく知っていますね。
竹中　そのへんは調査済みです、牧口常三郎という人は、左翼・右翼を弁別しなかったんですね信仰においてて。
和泉　そう、超越していました。

戦火の中、信仰はなお……

竹中　いまは笑って、何気なく話しておられますが、当時はまさに冷汗三斗、文字通り地獄を見ていらして、やっぱり恐怖を感じられたでしょう。
辻　いやいや、強がって言うのではありませんよ、ぼくは牧口先生と一緒に牢屋に放りこまれるのは本望だと、そう思っておりました。
　牧口先生が逮捕されてから、半月ほどたって取調べをうけたわけなのですが、警視庁の五階の一室に連行されて、ふと見ると、先生がこちらに背をむけられて何か書いておられる。「牧口先生！」と思わず叫ぼうとしましたが、声をかけるべきではない、それが官憲の思うツボだと咄嗟《とっさ》に気がついた。……わざと見せたわけですからね、ぼくは沈黙しました。ただ、後姿に御無事でと、「私も頑張ります」と、声なき声で誓うのみでした。それが先生のお姿を見た最後です（涙があふれてくる）、いま思い出しても胸が熱くなる一瞬でした。
編集部　戸田先生も、そこにいらしたということですが？
辻　そう、刑事と何か話して。浴衣《ゆかた》の胸をはだけてね、帯をしめておられませんから。戸田先生は豪放ですからね、悠々と煙草などふかしておられた（笑）。
竹中　拷問が、すさまじかったと。
小泉　戸田二代会長に、戦後になって聞いたことですが、気絶するまで殴られ蹴られ、失神すると水をかけられて、それはまだよいのだと。三畳の板の間に火の気なし、筆舌に尽せない寒さが一番こたえたというのです。畳一枚だけ敷いてある、床に手をつけるとピターとくっついて離れない、眠れるもんじゃない。

食事も湯呑みにちょこっと、大豆からコーリャンになって、極度の栄養失調。指の爪もくにゃくにゃと曲り、頭の皮はぶよぶよ、人間が人間でなくなる。真の生地獄といわざるをえない。それでカルシウムをとるために、湯呑みの底でしじみ貝を潰そうとしたけど、茶碗を割ってしまった、と……

辻　そういう獄中で、七十三歳の牧口先生は毅然としておられた。「カントの哲学を精読している」と、十九年十月に出した絶筆の端書《はがき》の中に誌されている。こうも言っておられる、佐渡に流された日蓮大聖人の受難を思えば、九牛の一毛にすぎないと。苦しみは何でもないと。

竹中　投獄された二十一名の中、牧口会長・戸田理事長を除く、十九名までが退転していますね。これらの人々はその後、どうしておられるか？　神尾武雄さんのように、率直に自己批判して学会に復帰された方もありますが。

小泉　死なないかぎりは、生きておりますわね（笑）。木下鹿次さんも、片山章さんも、この人は青少年部だったな。だめになって、どこかへ行ってしまった人も、健在で頑張っている人も。

竹中　そうした方々も、取材したいと思っているのですが。

和泉　ご本人がＯＫなら、差し支えはまったくないですよ、昭和十六年のその名簿から当ったらよいでしょう。

竹中　そうですか、実は第二の予断がそれなんです。学会から離れた人々から証言を求めることに、クレームがつきはしないかと、まあそれでもやりますけど（笑）。なにせ私がむかし所属していた日本共産党という会社など、一番嫌がることですからね。

辻　竹中さんにも、まだ学会に対する予断があり、認識不足があることがよくわかりました（笑）。ぼくらは無防備・無抵抗と言われようと我関せず、それが学会のレーゾン・デートル。

竹中　「行解既《ぎょうげすで》に勤めぬれば三障四魔紛然《ふんぜん》として競い起る乃至随《すなわちしたが》う可《べ》からず畏《おそ》る可からず」（摩訶止観）ですか？

辻　その通り、よくわかっておられるじゃないですか（笑）。

竹中　法論はさておいて、牧口先生の死を聞かれたのはいつでしょう？

和泉　私は、二十一年六月二十一日。

小泉　敗戦の年の正月五日、これはね親父が死の床につき、「チチキトク」の電報で、学童疎開先から東京を経由して栃木の家に帰った。そのとき、去年亡くなったということを聞いたんです。もう頭がくらんくらん、この世の終りと思いましたね。先生と親父と一度に亡くしてしまったんだから。

辻　ぼくはだいぶ遅れた。小泉さんから聞いたのではないかな。

竹中　獄中で、老衰死ですか？

小泉　栄養失調ですよ、坊ちゃんの戦没でがっかりされていた。

竹中　洋三さんですね、三男の。

和泉　戸田先生が出てきたのは、七月三日なんだね。

竹中　小泉さん、原島さんと、三人で『開目抄』の輪読を、そのころからはじめたわけですね。

辻　そうなんです、毎週木曜日に。

竹中　敗戦まぎわ……

小泉　そう、灯火管制の下で。

竹中　ああ、大したものだなあ！。

辻　それで三人して、〝国家諫暁〟をやろうと。

小泉　天皇直訴《じきそ》ですね。

竹中　とうぜん、死ぬ覚悟で。

小泉　むろんです、「戦争やめろ！」と言うんだからね。

辻　八月十八日を期して、決行しようと誓ったんです。それでいよいよ、原島さんのところに集合をして、イザというときに三日前・敗戦（笑）。

小泉　間がぬけておるんだよ。

和泉　惜しかったねえ、三日早ければ歴史に残ったのに。

小泉　それでいいの、我々は青史に名をとどめるような英雄じゃないのだ。

編集部　お三人がそろうのは滅多にないことで、貴重なお話を聞かせていただけました。本日は、まことに有難うございました。

（一九八三・二・九）

一 冬の巻

雪炎えて

序章《プロロオグ》　初原の風景

殊更《ことさら》に、区々たる私人の細事を敢《あ》えて陳《の》ぶる所以《ゆえん》は・これすなわち、吾人心意発動の実際の順序なるがゆえなり。
――牧口常三郎『人生地理学』・緒論

一夜《ひとよ》三尺・一日五尺

〔増田定子・聞書き〕

ソバの花が咲くんでしょう、白い間は何ともないの。秋になって実が熟れて黒っぽくなると、ああまた冬がくるんだなあ、雪降るんだなと思って、ポロポロ涙がこぼれるんですテ。

昭和十九（一九四四）年に、この十日町に疎開してきました、ハイ名古屋からです。主人の出身がこちらで、工員さんたちを集める仕事、募集人をやっていたんです。大同製鋼の嘱託だったんだけど、戦争がはじまったら徴用や勤労動員でしょう、することないんですテ。

私もおなかに子供がいたし……

来てみて魂消《たまげ》たの、四月半ばだというのに雪が積もってる、寒くって。まあ、すごいとこにきちゃった。言葉がわからないんです、もらい湯に行ったら「お静かに」って言われたの。チャプチャプいわせたらいけないんだなって、子供の頭を押さえたりして。「ゆっくりどうぞ」という意味なんですテ、それがわからなかったの。今だから笑いばなしだけれど、やっと銭湯みつけて、「サア、いくら暴れてもいいんだよ」って。

挨拶が大変なんです、名古屋の下町の貧乏長屋では、「お早よう、元気？」で済んじゃうんだけど、三回ゆきあったら三回とも丁寧に頭さげて、相手によって呼び方を変えなきゃいけないの。

ええ、ただのお百姓のおかみさんならチャチャでしょ、ご主人がちょっとした商売でもやっていたらカカア、身上《しんしょう》があればオカカ。余所《よそ》からきたものには、区別がつかないんですテ。

疎開者《もの》だからって、憎まれないよう気を使うから、知った顔にゆきあうと、チャチャだったっけかなオカカかなと心臓がどきどきするの。夏になったら、六尺

（二メートル）もある蛇が家の中に入ってくるんでしょう。おっかなくておっかなくて、名古屋に帰りたい・帰りたーいと、そればっかり思い暮しておりましたんですテ。そんな風だから、八月に生れた子は発育不全で間もなく亡くなりました。

その年の秋口から天候が乱れて、暮にドカーッときたの。もう、考えられない大雪、歌の文句に〽一夜三尺・一日五尺とあるでしょう。そんな次第じゃないんですテ、一晩に一丈五尺、（四メートル半）も積もったの。

汽車は三カ月も止まっちゃうし、食べものもなくなって。塩が切れて、漬物の汁を一升いくらで分けてもらってきて、雑炊をやっと煮て。あくるとし、そう昭和二十年の六月まで雪が残っていたんですから。

大凶作で、戦争にも負けて、文字通り地獄の苦しみでした。配給はさつま芋・大豆・澱粉・トーモロコシ、しまいには虫の湧いた赤砂糖や麦のふすま、それも遅配・欠配でしょう。ひもじくて朝から晩まで泣くの、子供七人。

着ものから何から食糧に替えられるもの、全部かえても足りないんだものね。ほんと、どうして生きてこられたものだか。名古屋に帰ろうとしないの主人、毎日夫婦げんか、子供たちつれて逃げようといくど思ったか知れない、だから生命《いのち》が歪んでしまったの。戦争が終って十年、ああやっと切りぬけられたと、息ついた途端に倒れたんですテ。

手も足も動かないの、お医者は死ぬと言わないけど、治るとも言わない。鶏を殺したみたいに突っ張って、寒い寒いの発作がおきるの。裸足で水の中を歩いている夢ばっかりみて、眼がさめるとガタガタ、震えがとまらないの。

悪性の冷え性・更年期障害、手のほどこしようがないんですテ。炬燵《こたつ》にからだ半分つっこんで、湯たんぽを三つ四つも抱いて、ただ寝ているんでしょう。もう情なくって、鏡台の抽出しに剃刀《かみそり》があったっけ、動けたら這っていって喉切って死ねるのにと。

……そんなところへ、創価学会の人がくるんですテ。十畳きりしかない、戸をガラーッと開けて、タンスもチャブ台も一間に置いて、たたみもないんだから、むしろを敷いて藁《わら》の布団に、身動きできないでいるところへ。雪と風とが一緒に舞いこんで、いちめんまっ白になるの。

「どんな病気も治る宗教があるで、入信しなさい」と言うのね。口下手な人なんですの、首だけは動くからそっち向いて、「バカなこと言うんじゃねエ、信心なんかして病気や貧乏が治るもんなら、世の中に医者もコジキもいないよ」って怒鳴りかえすの、だけど毎晩くるんでしょう。

雪が舞いこむのが嫌で嫌で、あの人ら来ないんだったらと、嘘に入ったことに決めてやれ、それで信心すると言ったんですテ。ああこれでもうこないなと、そしたら何とまたガラーッ、人数増えてきたの。頭にきちゃって、あんたら病人をからかいにくるのかと怒ったら、オバサン、信心は革命なんだ、人間の生命はね、永遠なんだ、子供たちのためにその生命を闘いとらなくちゃ、「南無妙法蓮華経」と一所けんめい唱えれば、病魔は必ず退散しますよと、そう言われましたんですテ。

字も満足に書かれない、読みもできぬ私だけれど、「生命論」に感じて、その日から人間革命をはじめたの。ハイ、昭和三十四年の二月八日、ご本尊をいただきました。

（新潟県十日町市高田、むかでや旅館／’83・1・9）

生命は、土地になじんだ。六十九歳の彼女はかくしゃくと、成人した子供らに囲まれて、健康そのものである。

——ソバの実が熟れると、やはり涙がこぼれますか？

「ハイ、なつかしくって。いまは、この十日町がふるさと、日本国中でいちばんすばらしい町と思っているの。それでもやっぱり、雪が降るころになると寂しい悲しい思いがするんですテ」

土着ということについて、私は考えをあらためる。牧口常三郎は、〝最小の単位と見做《みな》すべき埋没的生活〟を見よ、人類社会の初原の風景はそこにあると言う。人々は底辺の宿命を生きて、その宿命に克つのだ、と。〔多雪かならずしも住民を苦しむるのみにあらざるを、観るべし〕（『人生地理学』16章・雪と人生）

「平凡なことですテ、私の人生」と増田定子は、顔をあからめて言う。「大したお役にも立てなくって、つまらない話でご迷惑だったんでないかしら」

——いいえ、お母さん。とってもよいお話だったですよ、『十日町小唄』でも唄いましょうや。

〽娘ざかりを　なじょして暮らす
　雪に埋もれて　機《はた》仕事
　花の咲くまで　小半年《こはんとし》

雪地獄、父祖の地なれば……

関口キヨノ・六十二歳。日蓮正宗への入信は、増田定子より二年早い昭和三十二年十一月二十二日。

「この十日町に私が来たのは、昭和十五年でしたね。エエ、紀元二千六百年。働きにきたんですテ、撚糸《ねんし》工場に。数えで十八のとき、そのころは織物が盛んで、カラカラカシャンカシャンと、あっちの小路にも、こっちの表通りにも」機《はた》織りの音が鳴り響き、なまめかしい脂粉の香りがただよっていた。

「百人をこえてましたの芸者衆が、午後の二時か三時ごろの女湯は、水商売の姐《ねえ》さん方でいっぱい。湯上りのいい匂いをさせて、すれちがったりするでしょ。女でも胸がわくわくするような……」

　はなやいだ雰囲気に、街は浮き立っていた。機屋の旦那衆ともなれば、「二号さんを囲ったその上に、きれいどころのパトロンで」「まあ、早く言ったら、女の稼ぎで男が道楽する」土地柄だった。

「女工さんはお粗末なもの食べて、三度三度おかゆに菜っぱの漬物、ハー、私たち百姓の娘よりひどいんだなと思いました。そういう辛い忍耐をして、やっと一人前の織子《おりこ》になると」、亭主と名のつく男でまたぞろ苦労の種をまく。

彼女の場合も、「幸か不幸か、いまの主人に見そめられて、ずーっとつづいてきましたけど、中年のころキツネの性《しょう》が出て」、きょうは懇《コン》談会、あすは懇《コン》親会と連日のコンコンさま・朝がえり。

「ところが、折伏にきた人が大きな声で店先でやるもんだから、借金責められているようでみっともない」、と女房に断りなく入信する。「それで、勝手に立ち直って、真面目になっちゃったんですテ！」

関口キヨノはいま、二人の息子たちが経営する友禅染色工場の後見人、「身内だけで堅実に、ボロもうけを考えずに」という方針である。だが、「火が消えたようですテ、昔にくらべると」。

〽雪の中から織りだす夢は　明石縮緬《ちりめん》
御召《おめし》にベルベット
はァ　ドンドンドンカラカラカラ
一つ作って頂戴《ちょうだい》な
（題不詳）

……戦前の十日町花街に、大流行したお座敷唄を口ずさんで、森《しん》とした表情になった。

小千谷《おぢや》、十日町と並んで、越後織物の三大産地のひとつ、塩沢町出身の文人・鈴木牧之《ぼくし》、『北越雪譜』に言う。〔凡《およ》そ日本国中に於て、第一雪の深きは越後なりと古昔も今も人の云ふ事なり。しかれども、其《その》越後に於《おい》ても最も深きに及ぶは、わが住む魚沼郡《うをぬまこほり》なり〕旧・中魚沼郡、すなわち十日町である。〔そもそも元日は、野も山も田圃《でんぼ》も里も平《ひら》一面の雪に埋もり（略）、門松は雪の中に建て、七五三《しめ》かざりは雪の軒に懸け渡し〕うんぬん。昭和十三年正月元日午後七時半、雪の重みで劇場旬街座《じゅんがいざ》の屋根が陥ちこみ、死者六十九名・負傷者九十二名を出すという、大惨事が発生した。この事件で、越後十日町の大豪雪は、日本国中に知れわたることになった。

事件後の測定によると、屋上の降雪は二・〇八メートル、重量坪（三・三平方メートル）当りおよそ二十トン、降落した西側屋根は四十坪分、真下が特等・一階席で、被害者は正月休みの芸妓をふくむ、家族連れ・織工など、婦女子の観客が大半を占めた。（佐野良吉『随想・妻有郷《つまりごう》』より／昭和57、国書刊行会）。

魚沼の古称は妻有、〝ドン詰り〟である。旬街座事件を悼む一句、雪地獄父祖の地なれば住み継げり。（阿部諒村）

……この年、田中角栄満二十歳、独立して設計事務所を開くのはその二年後である。雪お化けの一典型である元総理・刑事被告人については、章を改めて論じよう。ともあれ、越後の人々の生活、そして性格は、雪と不可分一体にいとなまれ、形づくられる。

それにしてもすさまじく雪炎え、吼《ほ》え狂って小半年、いま手もとにある町村&市史・災害の章節は、庶民克雪の歴史を切実に、深刻に物語る。増田定子の聞書きに出てくる、敗戦の年の雪地獄は、正確な史料によれば積雪四・二五メートル、冬中の新雪の累計は驚くなかれ二十一メートルという、信じられない数字を示している。（十日町林業試験場調べ）

飯山線・川口⇅十日町、十二月末から三月三日まで不通。郵便は二十日以上もかかり、食糧は完全に欠乏した。十日町本通りに積みあげられた雪道の高さ、地上十一メートル、屋根越しに信濃川の流れを見ることができた。

しかも、戦争末期。男手がなく除雪の不可能な家々は、眼前で音を立てて崩れおちた。ようやく雪が消えて天日を見た五・七月と、六十年来の大豪雨が襲う。敗戦、平年の半分以下の凶作。そこへ外地から復員・引揚げ、大都会から帰郷者の群が津波のように逆流してくる。

主食の代替にどんぐりの粉、ついには腐ったみかん、人々はガイルッパ（おおばこ）、あかざの葉を塩汁で煮て喰《く》らい、餓死線上を彷徨《ほうこう》した。そして、雪地獄は容赦なく冬ごとにくりかえす。

戦中～戦後の修羅から、牧口常三郎の幼年期、明治の荒浜村にさかのぼり、さらに日蓮の佐渡法難を、白くれないの酷雪のイメエジで追体験しようと私は考えた。十日町とその周辺を導入部に、長岡の敗戦闇市に歩み入り、出雲崎から荒浜村・佐渡ヶ島へと、ルポを構成するべく、雪中の取材行を組んだのだが。

新潟県下に入ったその日まで、一片の雪も降らなかった。天は私たちを待っていたかのように、一月八日夜・妻有の里にむかう途中で、にわかに霏々《ひひ》と銀世界を切って落としたのである。

突風は粉雪を捲き上げて、視界ゼロの山道をたどる。白い闇のゆくて、そこは観世元清《もときよ》『松山鏡』、あるいは坂口安吾『黒谷《くろだに》村』。〔谷のつまり沢のつまり、町の果て〕（鈴木牧之『秋山記行』）松之山。

世阿弥《ぜあみ》・観世元清は、永享六年（一四三四）、日蓮に遅れること百六十年後、佐渡に流されている。ときに・七十二歳の老境、牧口常三郎下獄のときと同じ年齢であった。

和久井サダ・六十七歳。「まあ吹雪の中を、こんなところまでよく来て下さいました」。小料理屋『山愛』の二階。この店は長男夫婦の経営、テキパキとした明るい嫁さんとモダン婆ちゃん風の彼女は、実の親子より仲むつまじいように見られる。そして、むかいの『千歳館』。私が宿ときめた旅館は、亡夫のご主人の弟が当代だという。一家眷族《けんぞく》・団結して、いる感じ……

竹中　お生れ、どちらです？

和久井　ここから一里、四キロぐらい離れた、水無《みずなし》という部落ですの。

竹中　ハハア、水もありませんか。

和久井　ありますよゥ（笑）、冗談をおっしゃって、エライ先生だというんで緊張していましたのに。

竹中　先生はやめましょう、私の方があとからうまれたんだから。

和久井　ああ、ホッとしちゃった。

竹中　しかし凄い雪ですね、聞きしにまさるとはこのことだ。

和久井　私たち子供のころから、小雪ということを知りませんの。ずーっと、通して大雪ばっかり、冬にお葬式は大変なんです。よそに出ている者は、帰ってこれませんから。

竹中　なるほどねえ。私は以前ここへ来てるんです、昭和四十三年の五月に。

和久井　それなら、一番いい季節。

竹中　鳥がむちゃくちゃ啼《な》いて、眼がさめちゃったんです。それで、朝風呂に入って、「飲めます」と書いてあるからグーッとやっちゃったんですな。

和久井　アラまあ大変、三倍に薄めて飲むんですよ。

竹中　辛くって不味くて（笑）、坂口安吾という小説家がおるでしょう。

和久井　はい、新潟県出身の方ね。

竹中　『黒谷村』という作品、ここがモデルなんです。それで、来てみたわけだけど、温泉は水割りで飲めとは書いてなかった（笑）。夜、来たんですよ。だから、帰り道で肝を冷やした、断崖絶壁！

和久井　松之山に嫁にいくな、生命が幾つあっても足りないと、そう言われてましたね娘のころ、三年前にトンネルが開通して、ずっと楽になりました。

外山（編集部）　エライ先生がいますからね、路をつくったり穴を掘ったりする専門の先生が。

和久井　はい、有難いことです。票を入れるかどうか別にして（笑）。

竹中　このへんでは、まだ湿田で米をつくっていますか？　どろたんぼに腿《もも》のあたりまで、ドップリつかって。

和久井　ええ、ほんの一部ですけど。

竹中　十五年前に来たとき、ちょうど田植えのころで、泥田ばかり。

和久井　……そうそう、三本鍬《ぐわ》で泥をおこすんですよね、きつい仕事だけど、本当に美味しいお米は湿田じゃなくちゃとれませんもの。

竹中　訛《なま》り、ありませんねえ。

和久井　はあ⁉

竹中　いや、失礼ですがお百姓の手をしておられるのに、東京の言葉だから。かなり長くお住まいでしたね、それから当るも八卦だけど、おしゅうとめさんで苦労なすったんじゃないかな？

和久井　あらァ、当っています！

——序章である。聞書きのスタイルを作為的に変えているのではなく、取材の内容を対象に応じて自由に、さまざまな態様をとることを示した。

　敬称を用い・用いず、インタビューの日時・場所も付記、あるいは省略する。正宗入信の動機等々についても、できるだけ採録するが、なべての取材対象に即して、事細かにライフ・ストーリーを活字化することはあり得ない。

言わずもがな、取材対象をえらぶのは編集部と、私の選択による。ザックバランに言ってしまえば、こっちにもきてくれ誰それを取材してほしいといった申入れは検討するが、実現のかぎりではない。

この連載の目的は、牧口常三郎とその時代を、現在の信仰に生きている庶民の上にレリーフすることにあって、〝創価学会人国記〟をスクラップすることではないのである。

怨嫉《おんしつ》におちいることなく、虚心坦懐に協力していただきたい。真摯《しんし》な談話や、体験記風のメモをいただいても、カットもしくは、ごく一部分に整除する場合がある。それは、あなた方の人生記録に、感動しないからではなく、牧口常三郎初代会長の巨大な人格と生涯とを照射するために、果たして必要であるか否か・という判断による。

たとえば、和久井サダの場合。彼女の一家が離農して、八千円の資金を元手に東京・北千住に寿司屋をはじめ、空襲によって財産のすべてを失い、戦時疎開の塗炭の苦しみにおちいる経過。十七歳で本家の意向にしたがって従兄と結婚し、豪雪の奇禍によって半病人となった夫をけん命に看護し、口喧しいしゅうとめに嫁としての孝養のあるたけを尽しつつ、信仰へと昇華されていく体験談を、私はほとんど胸中に慟哭する想いで、聞いているのである。

しかし割愛するのは、松之山に求めたテーマは、世阿弥と安吾だったからだ。前者については佐渡で、後者は最終章で、あらためて触れる。ここでは、なぜ安吾が（津軽の太宰治と等しく）名家の出身であって・無頼の文学を志したのか？「家」からの脱出を、牧口常三郎の少年期に重ね合せ、さらに「母」、または母なるものへの愛憎を、荒浜村での生別にオーバー・ラップさせようとした、とだけ言っておこう。

安吾は、「海と空と風の中の」故郷をこよなく愛した。その切なさのゆえに、初原の風景には青春の一時期を還るまいとした。「雪国の暗い大きな家」「雪のふりつむ夜のむなしさは切ないものだ、〝家〟そのものが私は怖しかった」

——ふるさとは、語ることなし。

プロロオグ、序章を了る。この連載をはじめるに当って、「立春大吉」のあいさつ状を知己・友人に送付したところ、およそ十対一の割合で、牧口常三郎をテーマにすることの好・悪はわかれた。小中陽太郎君など、「ご健闘は祈るが思想・理論的には対決をする」(書状を手にしていないので誤伝ならば不悪《あしからず》)と私宛にではなく、なぜか出版社に過激な返事を寄せているという。

創価学会アレルギーまる出し、と言うべきか(?)。おそらく、以上のルポを読んでも、彼は思いなおすまい。学会は百パーセント善であり、これに反対するものなべて悪であるなんぞと、言ったおぼえも書いた記憶もない。

私はただ、民衆の信仰を・無告の人々の魂のよりどころを擁護している。

困ったことに小中君は、「もの書きの一人として」という立場に固執し、本来アテにも頼りにもならぬ、文弱の徒輩の連帯を信じているようである。「一人のもの書き」として庶民の側に立ち、この国の保守の謀略・革新の迷妄に、〝ダビデの石〟を投げることを君にすすめたい。さよう、小中陽太郎という人物を、私は嫌いではないから、ムダと知りつつ心やさしく忠告をするのである……

第二章　戦火と漂泊

もと、これ荒浜の一寒民。漂浪半生を衣食に徒消して、未《いま》だいささかの地上に貢《こう》するものなし。

――『人生地理学』・緒論（承前）

越後、〝愚〟の系譜……

〔郷土史家・北川省一氏に聞く〕

あなたという人を、ぼくはぼくなりに承知しておる心算《つもり》だから、率直にお話ししましょう。創価学会という組織には、閉鎖性がありはしないか？　良寛なんか知らないよとかね、会員個々は自由な意見を持っているんだろうけど・総体として、発想の柔軟さがない。

自分たちの信仰のかたち・教理に固執して、本尊を護りてあらばそれでよし、といった風の生真面目だが融通のきかない、排他的な集団のようにぼくには思える。

……とのっけから、学会の人々の気分を害する憎まれ口をたたくのは、ぼくには実感として、自由で忌憚《きたん》のない言葉が、いんぎんに迎えられこそすれ、ノレンに腕押しで届かないもどかしさがあるからだ。

去年の夏・求められて、「古代日本海文化圏と荒浜」という小論文を、『聖教新聞』に寄稿しました。ぼくとしては、創始者の生誕の地であるのに、碑は愚か棒《ぼう》杭《ぐい》一本建てられず、『柏崎《かしわざき》編年史』にも牧口常三郎の名前すら載っていない、それはなぜか？　ということを考えてほしい、と。

真意は、そこにあったのです。さまざまな理由がある、とくに国賊として葬られた人物は、郷土で名誉を回復させにくい。だが、佐渡の北一輝などは、生家もきちんと保存され・顕彰されていますよ。

学会はもっと表にむかって、この人を誇ってよい。いや、誇るべきなのです。牧口常三郎の残した学問的業績・思想と実践、さらには国家権力と闘って信仰に殉じたその生涯は、自分たちだけが深く理解している、尊敬している。〝会外の評価〟は第二義である、と自閉してはいないだろうか？

ぼくの言う閉鎖性・排他的とは、そのことを指すのです。真言亡国・律国賊・念仏無間・禅天魔という、日蓮の過激な折伏に、ぼくはむしろ感動する。だが、それは当然、彼を知り我を識った上での全否定だからです。真言に対しても・念仏に対しても能《よ》く造詣《ぞうけい》して、日蓮は批判している。他者を知識しなければ、みずからも誤解されるということ。

たとえばこの土地で、なぜ大愚《たいぐ》・良寛があがめられ、牧口常三郎は顕彰されないのかを、〝禅天魔〟で説明できますか？　良寛の自然《じねん》に游戯《ゆげ》をする境地、すなわち無辺の包容力を納得することから、始めねばならない。

ぼくにとって牧口常三郎は、「越後における〝愚〟」の系譜に置かれる。突然妙なことを言うようだが、田中角栄またしかり。その生れ育った土地を・自然をみつめよ！　日蓮が東海の旃陀羅《せんだら》の子であるのと等しく、常三郎は越《こし》の海士《あま》の子なのですよ。

そして・良寛の苦諦《くてい》も、角栄の野心も根は一つである。賤民とさげすまれた、ゆえに遙《はる》かな異境に浄土を求め、未知の海洋に船を出し、地理天文に深い関心を抱き、新しい知識・価値・利殖に対して率先進取の気象《きしょう》に炎え、権力を憎み支配されざる、自由漂泊の精神……

積極的にか消極的にか、越後の風雪は人にその魂を与え、刻まずにおかない。ご承知だと思うが牧口常三郎は、『人生地理学』の中でこれを、〝膨張的人間〟と呼んでいます（第13章・砂岸と人生）。田中角栄はまさに、その一典型と言えませんか？

もっとも彼は山人の裔《すえ》で、列島改造の妄想にとり憑かれ、まことに困った方向に膨張をしていっちまったんだが、それは別の場で話しましょう。ともあれ荒浜村・常三郎生地と、角さん誕生の西山町は、地つづきで隣接しておるのです。

荒浜勧進《かんじん》、米なら三粒・銭《ぜに》なら三文　という言い慣わしがある。勧進は乞食・非人のこと。ご存じ『三階節』にこんなのがある、〽柏崎から椎谷まで、間《あ》いに荒浜・荒砂・悪田の渡しが無きゃよかろ。

言えば〝棄地《すてち》〟だった。しかもなお住む人々にとって、郷土は世界の中心であった。第三者のぼくには、創価学会のいわゆる正史、「牧口常三郎伝」を疑う資格も筋合いもない。だが、土地の学究として、ちょっと違うなという感じね、これは言ってもよいでしょう。土着していない、自然と人生が乖離《かいり》している。

荒浜とはどんな村だったのか、そこで牧口家が占めた位置、血縁・地縁の人間関係を検証しなくてはならない。

わずかに十四歳・しかも単身で、彼が北海道に渡った内心の動機も、地理学を志した所以《ゆえん》も、細民街の教育者となった理由も、なべて郷土に回帰する。

むろん日蓮正宗への入信、天皇制・神権に屈伏せず、〝大愚〟の叛逆を獄中に貫徹した死によう、その胸底には生涯を通じて、荒浜・荒砂・悪田の酷烈な風雪が、うずまいていたにちがいないのです。

我田に水を引く、奇矯な論理ではありません。その人の像を、一般化し普遍のものにしようとすればするほど、むしろ影は薄くなっていく。「もとこれ荒浜の一寒民」と、牧口常三郎本人が言っておるのです。

少年の感情に立ち戻ること、彼の生を享《う》けた土地に即して、根源を見直すこと。それは、牧口常三郎の人間像を、荒浜という一寒村・小さな特殊な状況に局限することではなく、かえって貧しき人々、虐げられ苦しみ悩む人々の普遍に連帯することなのです。牧口常三郎・顕彰の運動を、郷土からおこさねばならない。

ぼくは十年余りも以前から、そのことを訴えてきました。おなじ柏崎生れの人間として・誇るべき先輩は、彼をおいて他にないからです。あなたの台詞《せりふ》じゃないが、記念碑なんぞというものは美意識の外のぼくが、「牧口常三郎記念館」を建てろとね、市役所にも創価学会にも、やかましく言ってきたわけですよ。

やっと最近になって、具体化の運びになった。結構なことではあるが、ぼくが問題にしたいのは、なぜもっと早く実現しなかったのかということです。

ズバリ申しあげれば、〝会外〟の意見や提言で動くことは沽券《こけん》にかかわる・主体性の喪失であるというセクショナリズム、詰まるところは宗派的閉鎖性が原因なのです。牧口常三郎が世間に忘れられ・郷土に容れられず、正しく評価されずに今日にいたった大きな責任は、創価学会自身にある。いささか強《きつ》い言いまわしですが、老いの一徹とご容赦ください。

（上越市直江津、わくら楼にて／’83・1・10）


窓を風が搏《たた》く、海が吼えている。

終夜をまんじりともせず、北川さんの言葉を嚙みしめていた。「郷土史家」と誌したが、氏とは別の宿縁がある。

大逆事件で処刑された、新潟県小千谷出身の禅僧・内山愚童《うちやまぐどう》を偲ぶ集まりが、箱根大平台の林泉寺で例年一月二十四日にひらかれる。その席上、北川さんと言い争った、宗教とアナキズムをめぐって、初対面の一昨年のことである。

私も何冊かの書物を出している東京白川書院から『良寛／その大愚の生涯』、『良寛游戯』という名著があるのを承知の上で、『正法眼蔵随問記《しょうぼうげんぞうずいもんき》』のひとくさり〔然《しか》あれば今夜死に、明日死ぬべしと思い切にはげまし志をすすむるなり〕（道元）を引いて、良寛は韜晦《とうかい》よ、と喰らいついた。禅の魔障と言うべきである、あるいは愚童の毒に当ったのか……

その名のごとく内山愚童、この無政府主義坊主も、北川さんのいわゆる越後の〝愚〟の系譜に置かれる。牧口常三郎に三年遅れて明治七年五月十七日、小千谷に生れた愚童は、『人生地理学』の草稿をかかえて上京した常三郎が、幸徳秋水の「平民社」に出入りする日露戦争前夜、林泉寺の住職となり・辺地窮民の人生に接して、大逆の思想にかたむく。

反戦文書・『帝国軍人座右銘《ざゆうのめい》』等々を印刷撒布して明治四十四年一月十八日、極刑の判決をうける。同二十四日、幸徳らと共に縊《くび》られた。郷土にその名を知る人はすくなく、墓標もまたない。

三十五反の帆をまきあげて

愚童が処刑されたその年――北川さんは荒浜に近い、刈羽《かりわ》郡大州村中浜三ツ石（現在・柏崎市内）の海辺で生れた、七十二歳である。旧制柏崎中学校四年修了、第一高等学校から東大仏文科へ、官学エリート・コースを進む。だが昭和の初年、時代は無政府《（アナ）》主義から共産《（ボル）》主義へ、「マルキシズムの洗礼」をうけ、検挙退学・十五年戦争。思想矯正の名の下、中千島北辺の前線に応召される。

復員後、故郷の上越地方で労働運動に専念。かたわら、詩集『石の森』を出版・「高田回読会」を創《はじ》める。良寛の研究に没頭したのは、「アナキズム的な傾向をもつ」と日本共産党を除名された、一九六〇年以降である。現在・上越市高田で貸本屋を営み、『牧口常三郎についての覚書』（『どんこん』創刊号／S58・6、越書房刊）など、旧・荒浜村をめぐる何篇かの論考を発表している。

〔女衆《おんなしょ》は筒袍《つつぽ》に二巾《にはば》の前掛姿、永い冬の間には連中宿《れんじゅうやど》に男女が寄って夜更けまで漁網づくり、淫風も取沙汰されましたがこれが唯一の特産物で年に十万五千貫、代金三十五万五千円。この漁網と越後米とを積んだ、牧口荘三郎《しょうざぶろう》の稲荷丸（北前船）は、冬でも風雪をおかして北海道・松前へ出かけるので、人呼んで「牧口の氷破《サイワリ》船」と言いました〕

〔風浪が荒れてくると、彼は船首に仁王立ちとなり、「荒浜の荘三郎の船だゾ」と大音声に叫んで、船夫たちを叱咤《しった》激励したと伝えられています」（前出・覚書）

……代々・庄三郎を襲名、寛政（一七八九～一八〇〇）、高田屋嘉兵衛が千島エトロフ航路を拓《ひら》いたころに生れた〝大牧口〟、〔風雪怒濤を厭《いと》わず自ら船頭となりて航行す。鮭・鰊《にしん》等の交易を為し、之《これ》を大阪方面に積み送り、危険を冒して巨利を得たり〕と、『荒浜村誌』（大正元年、荒浜尋常高等小学校編）にある何代目かの庄三郎が、〝荘〟をはじめて名乗った。

賢篤《けんとく》・義方・吉重郎、三人の子の代となって、家運ますます栄える。天保七年（一八三六）生れの長男・賢篤は、父の財を大いに増やして、柏崎銀行の頭取となり、出雲崎尼瀬に石油坑を経営する。明治七年（一八七四）、〔私財を投じて小学校を創設する〕

当時、柏崎県学校にまなんでいた弟の義方（幼名正太郎、嘉永五年＝一八五二年生れ）、句読算学《よみかきそろばん》の教師となる。村誌の記載によれば、義方は〝荘三郎長男〟とあるが、年齢的につじつまが合わない。初代の老来の子、賢篤の腹ちがいの弟という説をここでは採る。

二代・荘三郎の賢篤は、明治三十年に没している。晩年、〔公共に尽したる事、枚挙に遑《いとま》あらず〕（村誌）。松を植え、〔少しく風吹くときは砂塵を捲き旅人を難《なや》ましめたる荒浜の悪路に、車馬往還の便を図る〕など、村のため功労があったと讃《たた》えられているが……

土地の人々は、〝慾ショウ〟と呼んだ。義方は兄のあとを継いで、柏崎銀行の頭取に就任、荒浜村長をつとめた年子の末弟・吉重郎（一八五三年生れ、県財界の大立物となる）に家業をまかせて・中央政界に進出、代議士となったが、三十二年急逝、伜・義矩《よしのり》に代をゆずる。

三代は荘三郎を名乗らず、多額納税の貴族院議員として、栄耀《えよう》栄華の限りを尽した。〔水煙漠々《ばくばく》の間に日本海を望み、瞳力《とうりょく》の竭《つ》くるところ佐渡の島低く、雲耶《くもか》山耶を疑わしむる〕（村誌）庭園を構え、南無妙法蓮華経の大題目を彫った三丈余りの墓を建てて（！）、花崗岩《みかげいし》の檣《かきね》をめぐらし、御家騒動の原因となった洋館造りの豪邸を妾に与え、連日連夜のドンチャカ騒ぎ。

大正元年（一九一二）、越後鉄道開通のさい、義矩は、十キロ余も離れた村はずれのおのれの地所に駅を誘致し、「牧口財閥は他人の土を三里踏まないで汽車に乗れる」と称した。言わずもがなこのような驕《おご》り・増上慢を支えたのは、〔搾取にあえぐ多くの村人〕（北川氏・覚書）であった。〝大牧口〟の栄華を裏返せば、同郷の貧しき人々を収奪して飽くことのない、強欲だったのである。低賃金で漁網の製造に従事し、船夫となって荒海を漂泊したもの、多くは新田《しんでん》と差別された窮民層、極貧の村人たちだった。

読者諸君、乞うご安堵の程を——、われらが牧口常三郎は姓は同じであるが、家系を異にしている。通称・ゼンデ、牧口善太夫《ぜんだゆう》の家に彼は養子に入ったのである。

同姓が集落する越後の村々では、〝屋号〟で人を区分けする。田中角栄はカクエン・角（覚）右衛門のいちまき（血族）、といった具合いだ。善太夫は戸長として登録され、回漕業を営んでいたと言われる（これには疑問があるが後章で）、一応は旦那衆。だが〝大牧口〟には及びもつかず・裕福とは言えなかった。

荒浜村の門閥戸籍・家系調べは、次章から詳細に展開する。この連載には当然、〝大牧口〟末裔の人々も登場する。昭和に入って没落・離散した荘三郎の子孫は、なぜか芸能者が多く・私の友人や知己がいて、取材に協力をしてくれた。彼らの証言によって、牧口常三郎の生い立ちと環境、むかし荒浜村のイメエジは、より鮮明になったのである。たとえば、牧口義方は常三郎の恩師に当る、〝向学の原点〟にこの人は影響している。

日蓮流刑の佐渡を、朝な夕な眺め暮す一人の少年を、まぶたに私は描く……

渡辺長七《ちょうしち》。三歳のとき父・長松は北洋に出稼ぎにいったきり帰らず、母・イネは海に身を投げたが、救われて同村の柴野杢《もく》右衛門・モクンと再婚、長七は父の姉トリの嫁ぎ先である善太夫家に、養嗣子として貰われた。六歳・荒浜小学校にまなび、卒業して三年目の明治十八年（一八八五）、単身北海道・小樽に渡る、十四歳。

柏崎原発の下敷きとなった今の荒浜の岸辺に、ザイワリ船の勇壮な唄を聞くことはもうできない。『越後追分』水の道、〽三十五反の帆をまきあげて、沖で眺める佐渡が島、と男たちは船出をしていく、それを見送る女衆。

〽蝦夷《えぞ》や松前　やらずの雨が
　七日七夜も降ればよい
〽浜の松葉を　手でかきよせて
　主《ぬし》の帰りを焚《た》いて待つ
（返し・男）
〽北山しぐれて越後は雪か

牧口常三郎・その生い立ちは、日蓮といかに似通《にかよ》っていることか。彼をたんに窮民の子とする見方も、村の上層階級に属したという解釈も、真相をうがってはいない。

少年は、**貧富を見たのである**。流離の感情は、そこに発した。〔この寂寞《じゃくまく》たる生地を見捨てて、他に移住する能わざらしむる所以〕（『人生地理学』第13章・砂岸と人生）

〔陸上生産物のほとんど欠如せる、それのみをもって住民に終生間断なき生業を与うるに足らず〕

それゆえ危険な海に活路を求め、〔特絶せる船乗りを出し、もって貿易の人民、はた膨張的人民〕とならざるを得ない〔荒漠たる砂岸地その宿命〕を、幼い魂に自覚したのだ。「想うに牧口長七は、荒海を押し渡った初代・荘三郎に憧れたのだろう。後年、常《じょう》三郎と改名した動機を、ぼくはそこに見出します」〔北川省一氏〕。……そうかも知れない、とまれ少年は流砂・漂浪の行路を選んだ。文永十一年（一二七四）、日蓮かく語りき。

〔結句《けっく》は一人になりて、日本国を流浪すべき身にて候《そうろう》〕（道中御書）

風の街、瞽女《ごぜ》の哭き唄

再婚した母と会うことを、長七少年は禁じられた。イネ入水自殺未遂は、夫の失踪のためではなく、そのことが原因であったとも言う。柴野家の人々によれば、牧口常三郎は帰郷したとき、必ず母親の家に泊った。養家にも礼を尽したが、親子水入らずの時を過すことを欠かさなかった。幼時に産みの母と生別した私は、胸迫る哀感をいだく。だが、……しばらく、荒浜を離れよう。

敗戦の翌々年、上野駅の地下道に私はいた。浮浪者ではなかったけれど、似たようなものだった。「引揚学生同盟」の一員としてセツルメントで働き、窮民・流民の街から革命がおこることを信じて赤旗をふり、〝敗戦非人〟の群に蜂起を呼びかけていたのである。そのころの回想を、私は『ルポ・ライター事始』（S56年刊／現・ちくま文庫）で述べている。日本国中が餓えていた、腹は減り魂は凶暴に熾《も》え……

そして、優しい詩も私はつくっていた。

懈怠《けたい》よ　飲まず食はず夢もみぬのに

百千の虱のごと　死虱《しにじらみ》のごと
ちりけもとに　わきあがる懈怠よ
カジモドの街　襤褸《らんる》の桜
季節よめぐるな　上野《ノガミ》はなぜ四月
一年《ひととせ》　むしろ冬であれ
微笑むな　ほほえむな人間《ひと》
この懈怠を去り　怒りを改めよ
（一九四七・四『懈怠』、原文のママ）

地下道で人はゆきだおれ、うつぶせた首筋を虱が走った。ざわざわと音立てて何十匹もが、そんな光景に私は疲れた。未来を信じてか現在に絶望してか、闘い死ぬことだけが、青春であると思えた。十七歳・**まさに眼前に地獄を見た**。

そのような時代があったことを、繁栄の中に育った若者たちは、信じることができるだろうか？　餓死していく弱者の一方、上野駅前は闇市の怪大なカスバ、金さえ出せば飲みほうだい・食い放題の無法地帯。中でも銀シャリの握りめし、丼物が眼にまぶしかった。米はどこからくるのか？　新潟からであった。上越線のホームには〝かつぎ屋部隊〟がひしめき、取締りの警官とイタチゴッコ、線路に白米が撒き散らされる。

やがて・ヤミ米の流通基地は、沿線の高崎に移るのだが、それは日本中の米が越後にあるとすら想える情景であった。しかも聞けばほとんどが、長岡から運ばれてくるのだ。実に不思議だった、いったいどういう町なのだろう!?　秋の終り、引揚列車に添乗して新潟にむかう車窓から、私は長岡を眺めた。そこにはべた一面、戦災のバラックが密集する、うすよごれた雑色の風景しか見当らなかった。（なんダ、東京と同じじゃないか）、私は妙にがっかりした。東京と同じであること・その意味が腑《ふ》に落ちるまでには、長い歳月を要したのである。

それにひきかえて新潟は、美しい街であった。水の都の残影を映して西堀川は流れ、安吾の作品さながら、「ピカピカの海と白日の夢」（『ふるさとに寄する讃歌』）が、巷のそこここに漂っていた、私にはそう想えた。坂口安吾に傾倒していた、そして季節はまだ冬ではなかった。それでも、風は冷たかったのだ。ふと町辻で異形の女たちを見た、三人づれで杖を突き・繋《つな》がって歩いていた。咄嗟《とっさ》に盲人であることが判らず、不気味なものと出合ったように、私は立ちすくんだ。菅笠《すげがさ》をかぶって大荷物を背負った彼女たちの姿から、なぜか魂を刺す悲しみが放射していた。

……瞽女《ごぜ》さ、であった。先頭の女が抱きかかえていた三味線でそれと察して、私はホッとした。微笑みがこみあげてきた。そのときの心境を、よく説明することはできない。戦争に敗けたこの国に、唄で生活《たつき》を立てる営みが、まだ残されていたことにか？

そうではあるまい、〽さはさりながらさりながら、そちを生みなすこの母は、人間界とは思うなよ、母はそなたの影身《かげみ》ぞい、行末《ゆくすい》長く守るぞい。（葛《くず》の葉、子別れ／瞽女うた）

田中角栄が総理のとき、〝高田のゴゼさん〟を紹介した武智鉄二氏によれば、〔ゴゼさんの方が間ちがえたのに、旦那さんちがいますと言い、彼はああそうかと、（知っていて）それに唱和した。たとえ裁判が有罪でも、私にとって彼は無罪である〕（田中角栄は無罪か有罪か／アンケート特集『現代の眼』別冊、S56・11）。別の感想を私は持つが、武智氏の言わんとするところに理会できる。

西山の馬喰《ばくろう》の倅・田中角栄は、瞽女の哭《な》き唄を聞いて育った。彼の原体験は、「葛の葉、子別れ」なのである。〽手習い学問精出して、やがて成人したならばしょせんは立身出世主義、浪曲《チョンガレ》の世界よと嗤えるか？

父・角次は、北海道の月寒《ツキサップ》に大牧場を経営することを夢みたり、草競馬になけなしの全財産を注ぎこんでしまったりという、〝虹を攫《つか》む男〟であった。苦労は母親が一人で肩にひきうけ、働き通しに働いて子を育てた。昭和九年上京・十六歳、ヤミ成金から転じて、〝出稼ぎ政治家〟となったのは敗戦直後二十二年、二十九歳の春であった。さようさ一九四七年、私がセンチメンタルな詩をつくり、地下道の革命に賭けていたころ、戦後民主主義はこのような人物を、越路《こしじ》の風雪の中から生みだしたのであった。

……あの年・新潟は日暮れて、木枯らしが吹きそめていた。ただ一泊の旅からの帰途、長岡は闇の底に沈み、それから十六年の時はすぎ去った。昭和三十七年（一九六二）十二月、ジャーナリストとして再び駅頭に降り立ったとき、街は完全に復興していたのである。

◆

〔インタビュー〕1・8／於、長岡市

酒井四吉（63歳）長岡シート・代表
田辺奎三（66歳）食堂経営
金子富子（74歳）無職
山田八重（57歳）金融業

竹中　雪がございませんね。はじめて参りましたのが昭和三十七年の暮で、そのときにはもう道の両側に、かなりの高さの……

酒井　そう、〝三八豪雪《さんぱち》〟でしたからあの年は、すごかったのですよ。明けて一月二十四日にどかーっと、何しろ長岡市内で列車が立往生しましてね、それも四日間。

外山（編集部）　大石寺からの下山列車も。

酒井　ええ、ええ。九百人も缶ヅメになっちゃったもんですから、焚き出しは当然、オシメまで洗ったりねえ。

田辺　ことしは例外だな、正月に雪が降らないなんて、滅多にない。

酒井　いや来ますね、今夜あたり天の底がぬける（笑）。

※事実、その夜から大雪が降り出した。

竹中　いきなりですが、戦争体験からうかがいたいんです。新潟でここだけ、大空襲に遭っているんですね。八月一日でしたか、敗戦直前に。

酒井　私は、兵隊で外地だったから。

田辺　ぼくは内地勤務、名古屋におりましたので、情報は早かった。もうまる焼けで、何も残っとらんと。

山田　そうなんです。私は田舎の家に戻っていて、二里ほどしか長岡と離れておりませんから、山の上から焼けるのをずうっと見ていたんです。たとえようもありませんね、火の海で煮え立っているところへ、キラキラキラキラと焼夷弾が雨みたいに降りそそぐんです。三日たって、火の手がおさまったので行ってみました。あの長生橋、信濃川の水面にびっしり屍体が浮いて、焼跡にも山のように黒こげになった人を積んで、もやしているんです。

ええ、何とも言えない気持ち。欲しがりません勝つまではとか、進め一億火の玉だとか張りきっていたんでしょう。いっぺんに、スーッと虚ろになってしまった。

竹中　おいくつ、だったんですか？

山田　十八歳でした。

竹中　……金子さんは、もう結婚していらしたんでしょう。

金子　はい、主人が与板《よいた》の警察署長をやっておりましたので、そちらへ行っておりました。長岡の実家は焼けまして、すっかり灰になりました。B29爆撃機が引揚げていくのを官舎で見て、ラジオを聞いたものですから、すぐお米を焚いておにぎりをつくって……

フッと気がついたら、病気で寝ているはずの主人の姿が見えませんの。官服をキチンと着て、門前に座っていました。幸い実家のものは無事で、やっと一安心しましたけど、戦争が終ったときは掛値なしの無一文でした。そう言えば、強い風が吹いて国債が降ってきたんですよ。官舎の庭にどっさり、焼け千切《ちぎれ》たのが黒い雪のように。

竹中　皮肉ですねえ。

山田　でも、復興は早かったんですよ長岡市は、日本で一番だった。

田辺　まる焼けになったから、みんな一所けんめい働いたんだ。他人の地所であろうと、早いもの勝ちだとバラックを押っ建ててね（笑）。

闇市は栄え、人々は飢えた

八月一日午後十時二十六分、空襲警報発令まもなく、B29編隊約五十五機は、長岡上空に飛来して、焼夷弾による絨緞《じゅうたん》爆撃を行った。〔その間わずか四十分にすぎない。だが瞬時にして、全人口八万七千二百名のうち、七十三パーセントにあたる六万三千百六十名が焼け出され、千百四十三名の人命を失った。

被災地は全市域の十四パーセントにすぎないが、中心部は一挙に潰滅したのである。このことは、局地的に行われた攻撃のいかに凄まじかったかを物語る〕（今泉省三編『長岡の歴史』、S43）

市庁舎裏の防空壕から六個の遺体が発見され、その一つが着衣と腕時計によって市長・鶴田義隆であることが確認された。

行政不在の一カ月半、九月二十九日に至って地元の紙問屋である田村文吉が推されて市長となる。十月五日・夜半から豪雨が襲来、信濃川は溢れて汚水市内に浸入。〔ようやく建てたバラックは水のために浮き上り、人々を恐怖におとし入れた〕（『長岡の歴史』）。そして復興は、政治家・官吏の手ではなく、民衆自身によってなし遂げられた。

県が復興事業の施行を決定し、「長岡復興建設部」を設けたのは二十一年七月一日、このとき責任者となったのが県庁土木部長・野坂相如、かの黒眼鏡作家の実の父親である。当局がその対策に頭を痛めたのは、雨後の筍《たけのこ》のごとく建ち並び根を張ってしまった駅前闇市、とりわけ裏日本最大といわれた、ヤミ米の集散であった。

竹中　戦地はどちらへ？

酒井　プノンペンです、昭和十九年に召集されまして、二十一年の復員です。戦闘は一回きりしかなく、ノンビリしたものでしたが、敗戦後はまことに惨めな目に遭わされました。

竹中　階級は、一ツ星じゃないでしょう？

酒井　軍曹でしたが、階級も糞もあるもんじゃない、イギリス軍がやってきて武装解除されて、たちまち人夫（笑）。私は旋盤工だったんですよ、王子の理研工学に勤めていて、ご存知かどうかそのころは……

竹中　ミーリング、フライスは子供のおもちゃ。職工と言ったら旋盤《バンコ》と相場が決まっていた、でしょう。

酒井　おや！

竹中　私、鉄工所の伜なのです（笑）。

酒井　給料もよかったし、それに甲種合格でしたからね。どうせ生きては帰れないと、王子や赤羽のカフェーで大いに遊んだものでした。

金子　まァ、奥さんがもういなさらんものだから、はじめて聞いた（笑）。

竹中　田辺さんは堅物《かたぶつ》で？

田辺　職業軍人だから、まあ堅いほうでしたな。少年飛行兵で、第二期生でした。昭和十二年からずっと外地勤務で、航空士官学校を卒業して少尉に任官した十八年、やっと内地勤務になって本部詰めです。カタブツと言ってもね、独身時代にはまあかなり、愉しいこともありましたよ。

竹中　それで、復員をなさって。

田辺　闇屋に転落しました。

竹中　愉しくありませんね。

田辺　悩みましたね、心の支えというものがなくなったんですから。俺の人生これで終りか、と。

酒井　それは、田辺さんの場合はとくに、失礼ながらこちこちの軍人さんだもの、辛かったと思いますよ。闇屋はね、三回に一回つかまってもひきあうんだが、その口惜しさがたまらない。

竹中　すると、酒井さんも。

酒井　戦後の新潟県人で、エライ人は別だけれども、米かつがなかったものは、いないんじゃないですか（笑）。

竹中　やっぱり、お米ですか？

田辺　それは喰うものが先、米に塩にそれからゼンマイ。

酒井　そう、私は失敗した。目方をね増やそうと思って、霧を吹いたら腐れてしまった。闇屋も正直でなくちゃいけません（笑）。

竹中　女の人も多かったですね、腹に巻いて妊婦に見せかけたり。
金子　それがね、見つかるんですの。取締まるほうだって、馬鹿じゃありませんからね、チエくらべ。
山田　私はさいわい農家でしたから、米は担ぎませんでしたけど、見てますとね。駅に着く前に、操車場に投げてしまうんです。仲間が待っていて、拾い集めていくの。
田辺　ぼくは将校マント着て、両脇に二斗ずつさげていく、一俵運ぶんです。帝国軍人の精神がぬけきっておりませんから、「オウ！」と警官に声をかけて、平然たる態度で押し通るんだ。ところが敬礼する奴がいて、困るんだなこっちは手が上らない（爆笑）。
　いや、今だから笑いごとだが。生きておっても愉しくない、さりとて自殺するわけにもいかん、家族がありますから。それでまあ半分はやけで、度胸がすわったということでしょう。
酒井　小金を貯めて、闇屋の足を洗うことを考えておったんですな、誰しも。私は古着の行商をはじめて、ゼンマイに霧を吹いたりしたけど、根はお人好しだから、浮浪者にだまされた。
竹中　ははァ、上野でですか？
酒井　いや拾ってきたの、大学生だと言うものですから。最初は真面目でね、とうぜん頭もよいわけですよ。すっかり信用して、仕入れの金を持たせた途端にドロォン（笑）。
竹中　いろんなことがありましたね。
酒井　ありましたとも、駄ジャレではないけれど、闇くもに生きていましたね、戦後の何年間かは。

【当時の闇物価】　※新潟県・高田商工会議所調べ、昭和二十二年九月現在、括弧内は政府公定価格。
米一升・65円（14円10銭）小麦粉一貫匁《もんめ》・140円（74円25銭）味噌百匁・18円（3円20銭）食用油一升・600円（38円27銭）酒一升・500円（132円）牛肉百匁・100円（37円）玉葱百匁・12円（2円60銭）木炭一俵・180円（102円）さらし半反・560円（12円75銭）手ぬぐい一本・70円（2円30銭）白絹足袋一足・80円（11円29銭）―略―

……現行のメートル法に、故意に換算しない。こう計算してほしいのである、当時の給料ベース一千八百円・すなわち食用油で三本分、もしくは木炭十俵分、あるいはさらし一反半と。〔九月の生活必需・二十品目の闇物価は、公定価格を一〇〇として、一一四二という殺人的高騰ぶりを示している〕（新潟日報）。

〃銭〃は政府の単位でしかなく、民衆の単位ではもはやなかった。

経済的な無政府状態は、米どころ新潟それ自体・深刻だったのである。闇市は栄え、人々は餓えていた。たとえば農・漁村である岩室地域（岩室・和納・間瀬三村）すら、復員・引揚一八〇〇名の流入を受容しきれず、六〇パーセントが無職業で、生活困窮者指定という惨状を呈している（『岩室村史』）。

昭和二十二年三月・強権発動、GHQ新潟軍政部長フックス中佐、供出督励の先頭に立つ。県下のすべての農家から、必要最低限の保有米を除き・一切の米を吐き出させる。拒む者に対しては実力を行使する、という最悪の事態となった。だが、〔完納後クズ米をふくめてわずか三斗しか残らない〕農家もあった。

翌《あく》る二十三年一月十三日、中蒲原郡亀田町でついに自殺者が出る。〔自分の作った米を、自分の家族が食べられない、こんな情ないことがあるか。クズ米と大根の葉のまんまで、嫁の乳も出ない……〕（新潟日報）

このころ、新潟の農民運動の指導に中央からやってきたのが、当時の日本共産党の農民部長だった伊藤律。彼は鎌や竹槍で武装した農民の姿を見て、ふるえ上り、逆になだめにまわる醜態を演じた（私の新潟行きも・ややそれと関っている、念のため）。

民衆は保守と革新とを問わず、強力な代弁者を、共通の言葉で話しあうことができる庶民の味方を求めていた。カクエンのアニ（総領息子）、田中角栄はこれに応えて故郷に帰ったのである。

昭和二十一年、戦後第一回の総選挙に彼は立候補する。スローガンひとつ「若き血の叫び！」、このときは大選挙区・連記制、三十七名中十一位次点。あくる年・堂々新潟三区から、〃若き血の叫び〃は三万九千八百四十三票を得て当選。政策など無用、カクエンのアニに投じられた一票一票はすなわち、越後の雪のひとひらであり・米のひとつぶであり、**〃革新〃の一票だった**。

そのことに理会しないかぎり、我々は庶民を見失うのである。誤解なきよう、田中角栄の私は支持者ではない。だが、自称「革新勢力」、党派・労働組合・市民団体が、御用提灯をふりかざし、角栄こそ諸悪の根源よと、鬼征伐もどきにはしゃぎ返るその姿に、胸がむかつく、虫酸が走る。内閣打倒を言わず、司法権力に便乗して（あるいは陳情して）、彼を撃つことに何の意味があるというのだ！

……過ぎ・去りにしかの日々、五月の風は瓦礫の巷を吹き、東京街頭に火龍のごとく旗幟《も》え、メーデーの隊伍すすむ。されど「餓えたる者よ、今は起つな」、占領軍の命令により2・1スト中止。一歩を後退し・二歩・三歩とかぎりなく、革命は遠ざかっていった。
　私は、心弱くうたった――

二月　ゼネストは敗退し
三月　供米の強権発動され
四月　社会党第一党となる
青空の下　日本国憲法は公布され
連立の政策は協定される
同志よ　……友よ盃をおけ！
汝が思念の夢魔を
水なきグラスに　鬪魚とはなて
目を　瞑じてみつめよ

（『鬪魚』、一九四七・五）

　野合、そして分裂。昭和二十二年八月から十月にかけて・新潟の農民組合は、文字通り四分五裂している。いわく日農井伊派（社会党系）、日農玉井派（共産党系）、全農県連（平野力三《りきぞう》系）、新潟県農民組合（自立系？）、全日本農民組合（塚田十一郎系）、さらに三宅正一らの新農村建設派（社会党右系）、と果てしない抗争は、〔昭和三〇年代までつづき、多くの農民は幻滅して、組合から離れていった〕（久保田好郎&渡辺慶一編『明治・大正・昭和の郷土史／新潟県』S57、昌平出版）
　この間に田中角栄は、長岡市を中心にテリトリーを拡げ・打ち固めた。さらに利権の循環系統を列島に張りめぐらし、「軍団」を組織して、庶民宰相へと成り上る。闇将軍一代記・そもそもの脚本《シナリオ》は、「革新勢力」夫子《ふうし》自身が描いたのである。
　戦後闇市・窮民の街頭に、我々は何を見、何をすべきであったのか？　一九四七年の秋、（東京と同じじゃないか）と、長岡市街をべっ見したとき、おのれが、呟《つぶや》いた、その言葉のきびしく重い意味に気がつくべきだった。私はしんじつ、〝貧富〟を戦後に見きわめたのだろうか？　この章・おのれに即しすぎて、お目ざわりかも知れぬが不悪《あしからず》。
　……〝若き血の叫び〟を、我々がもしためらわずに挙げていたら、少しはこの国も変っていたと、私は言いたいのだ。すくなくとも、「革新勢力」が裁判所《おかみ》にむかって、刑事被告人を厳罰に処せと訴えるなどという腑ぬけた、岡ッ引きの真似をする醜態は、見ないですんだはずであった。

　かくて、長岡は今日も、東京と同じである。角栄は舞台を去っても、より下等物件が登場して、サル芝居は終らない。だが、この街に真摯に生きる庶民の命があるかぎり、究極・その命は支配に対立して、人間なべてを彼岸に解放するのだと信ずる理由が、私にはある。学会の人々に即して言うなら、それは初代・牧口常三郎が種蒔き、二代・戸田城聖が花咲かせ、いま一人一人の胸底に確乎と根を下している、「日蓮正宗」の信仰なのである。

〝王仏冥合〟の真剣勝負

田辺　闇商売を半年ほどやりまして、多少よゆうができました。駅前にバラックを建てて、ラーメン屋をはじめたんです。梘水《かんすい》というやつ、そう天然ソーダを入れた黄色くてシコシコする、味は抜群だったんだが。
　ちっとも客がこない、そりゃまあ怖い顔して、人生あきらめた男がソバ茹《ゆ》でておるんだから（笑）、無理もない。そもそも、商売に身が入っていないのです。うまくいきっこない。それで二十七年に自衛隊に入ろうと思った。そう「日米講和条約」の……

竹中　ああ、火えん瓶ほうって、私が刑務所に入れられた年です。

田辺　試験をうけたのは翌年、これが落ちてしまった。もう、四十歳近いし、働けど働けどの暮しにつくづく、厭気《いやけ》がさしておった。そんなとき、折伏されたのです。東京の足立支部から人がきて、はじめて座談会へつれていかれた。反抗しましたけれど、〝運〟ということを考えちがいしていたのではないか、と。

　十六歳から少年飛行兵で、ずっと軍人やっとって、これは権力者のための人生だった。自分自身の命ではなかった、これに気づいたわけなのです。権力者に運・不運をきめられて、恨んだりひがんだりしてきた。自分は民衆であるのに、何か特別の人間であるかのように錯覚をしてきた。

　よし、怨嫉を捨てようと。これからは自分の命を、民衆のために使ってやろうじゃないかと決心して、入信しました。二十九年の三月十四日です。家に帰って神棚をふんづけて壊して燃やして、天照大神クソクラエ、「お父さん気が狂った気が狂った」と女房が泣く、泣くな俺は革命をやるんだ！　さっそく店を拠点にしまして、お客を折伏する。だれも来なくなっちまった、ちっとも構わんと（笑）。

まあ、正気のサタではなかったね。三十一年の参議院選挙、小平芳平さんの事務所ひきうけて・旗を立てて、ますます商売そっちのけ。生れてこのかた選挙運動なんぞ、やったことがありませんから、自転車に乗って連呼して歩く。

駅前のおまわりも、署長も顔見知りであるわけで、チョット困るんじゃないかと。「田辺さん遠慮してくれ」、なにをいうかバチ当りめ！　ところが小平さんは落っこちて（爆笑）、次に入ったわけですけれども、王仏冥合《おうぶつみょうごう》の真剣勝負でしたね、あのころの選挙運動は。

竹中　ご商売のほうは？

田辺　……うまくいきましたよ。心機を一転しておりますから、商売にも気合が入りました。世の中高度成長というとき手をひろげまして、いくつも店を持ってみましたが、これは違うなと。

現在は柏崎で、『吉野茶屋』一軒だけですけれど、かえって気楽で赤字も出ない。バラックから始まった人生、これが終点で大いに結構という心境なのです。ただ、八年前に女房が死んで、生きとったらなと思うことはある。まあ反面、姦《やか》ましくなくって助かるとも、ね（笑）。

洒脱《しゃだつ》な人である、〝民衆〟〝革命〟という言葉を少しも刺々《とげとげ》しくなく、むしろ甘美に口にするのである。人生の半分を流され・あとの半分はみずから流れた、それが福運であったのだ、と。こういう人に私は弱い、そして困ったことにこのルポルタージュの取材で、会った人みな美しかった。いちいち感動して、克明に記録すればエンドレス・連載永遠に終らない、前に進もう……

酒井四吉の場合、「宗教なんてものは大嫌いだった」。仏印に進駐したとき、「無為徒食の坊主どもが、従順な住民の上にふんぞりかえっている」姿を、いやというほど見た。復員してきてからは、〝神仏《かみ・ほとけ》〟と名のつくもの、一切見むきもしなかった。

戦後のうきしずみ、行商から従業員を三十人も使っての既製服卸問屋・そして倒産、〝神武景気〟の中で「一升という米が買えず、三合・五合と裏口で分けてもらう」どん底に落ちる。

「遠縁のものが折伏にきたけれど、神も仏もあるか」とうけつけず、三年たった昭和三十年の夏。「女房が入信をして、これが開き直っちゃった。お父さん私はやる、あなたはどうする！　文句なんか言ったことのない、とても温和《おとな》しい奴なんです、女房は。亭主が事業に失敗しようと酒に荒れようと、じっと黙っている。そんな奴が眼をすえちゃって、どうするときたもんだから」

つい気押されて、「じゃあ俺もやるかと言っちまったんですが、入信十日目に戸田先生が新潟にお出でになって、ああこの人にはついていける、そう直感したわけです。それで、一切がっさいを整理して、リヤカーを曳《ひ》く」覚悟ができた。廃品回収・並びに弘教《ぐきょう》、「むちゃくちゃ折伏《しゃくぶく》、片ッ端から手当りしだい」

山田八重、「そうそう、折伏ほど楽しいものはないから」。彼女の場合、「入信の動機は、さかのぼればみにくい肉親の争いでした」

家を出て独立していた音信不通のきょうだいが突然あらわれて、財産の相続権を主張したのである。言えば・避けて通れぬ、〝敗戦日本〟の不幸であった。「養子にきてくれた夫と別れ、二歳半の子供と家を出ました」

昭和二十五年・二十四歳……、彼女は焦土に自立する。長岡市内に下宿して、子供は託児所にあずけ、「当時ぞくぞくと設立されていた」金融会社に勤めて、「商売をおぼえ、実家から手切金同然にもらってきた」資金を投じて、女ひとり金融業の看板をかかげる。入信・二十九年八月二十五日、「集金先で知りあった、秋田の学会幹部に折伏されて」

それから、「えんえんと……、苦しいことも辛いことも、この商売のことですから、波風は絶え間がないのです」。が、「一度だって、退転しようなどと考えたことはありません。仕事は仕事と割りきって」折伏百所帯をこえ、最近ようやく現役をしりぞいた。ちなみに、学会員相互間の金銭貸借はきびしく禁じられている。利害にからむ折伏もまた然り、したがって山田八重の信仰活動は、〝信心利用〟と無縁なのである。

会内の事情に詳しくない読者は、そのことを踏まえて、「折伏ほど楽しいものはない」という彼女の言葉、そして貸して倒れるよりも、「取立てたくないケースにぶつかったとき悩んでしまう」仏心に、理会していただきたい。

……人生・七転び八起き、酒井四吉は成功して、長岡市でシート会社を経営、「満足の晩年」を送っている。ようやく一人息子が成人をして、財を築いた山田八重もである。焦土に人々は奮迅《ふんじん》して、信仰と・老後の安定を得た。創価学会は誇ってよい、多くの市井の窮民を福運にみちびいたのである、と。

だが・**庶民烈伝**、まさに戦後の修羅を歩き通した、人々の足跡を消してはならない。むかし地獄がありました。いまは極楽です。そうかな？　しょせん虚仮《こけ》、再びおのれに即するが、少年の日々に心酔したランボオの詩（中原中也訳）。「季節《とき》は流れる、城塞《おしろ》が見える、変らぬものなど、何処にあろう」現在の安穏《あんのん》に目くらまされて、来るべき疾風怒濤を予感せぬもの、楽園の愚者とこれを呼ぶ……

死んだまねする*反核バカ、護憲・平和ぶりっこ、〝善良なる〟市民、「革新勢力」、国民春闘労務店（総評ともいう）、えとせとらｅｔｃ、庶民ではない。

＊「ダイ・イン」、集会などで参加者がいっせいに、地面にねころがって示すデモ行為。

その人の荊棘《けいきょく》を踏め！

庶民は、ただの人である。その出自と履歴を問わず、貧富すら問わない。経済概念でもなければ、政治概念でもない。庶民はただ、国家権力に対立する概念である。人はさまざまである、差別せず・差別されない。人の魂は自由であろうとする、支配されず・支配しない。

〔人の望みは幸福である、他者の幸福がおのれの幸福であるといふ認識を、愛と呼ぶ。愛のためには・人は命をも捐《す》てる（死んだふりなどしない）、愛が万人に及ぶとき・革命は生まれる」（メモ／一九四七年三月）

……括弧の中はつけたしである。私は十七歳のとき、そのように考えていた。半世紀ちかくたった今、ほとんど修正の必要はないと思う。少年の魂に気勢《きお》って付した傍点、〝革命〟を信仰と同義語に置きかえてもよいのだが。

五十の半ばを迎えようとして、青春の殉情に、幼稚であってもまっとうに過激だった原点に、立ち戻りたいのだ。田辺奎三さん・酒井四吉さん・山田八重さんあなたがたのように、「満足の晩年」を得ること、時代に少し遅れてきた私にはかないそうにもない。

だが・戦後闇市、餓えてなお人に自由存した時代、まぎれもなく民衆が庶民であり、生々流転していた体験を共有することはできる。次の世代に、それを語りつぐこともである。戦後・学会信仰者の歴程を、可能なかぎり個別に具体的に明らかにしていこう。

そこを・通らなければ、戦中と戦前を溯《さかのぼ》れないのだ。したがって牧口常三郎その人の荊棘を踏み、日蓮の白道《びゃくどう》に至ることも不可能なのである。

〔金子富子の場合〕

……主人が倒れましたの。ハイ敗戦の翌る年、三条の署長でしたが訓示中に。いきなりのことで、「アアーッ」と立ち眩《くら》みがして、末の子がおなかにいましたから、身体が変になっちゃったんです。やっとお産がすんだら心臓病んで、脳の具合もおかしい。四年も寝たっきり、インフレで物価がどんどん上っていくもんで、退職金や弔慰金はホント水の泡でしたね。

官舎を出なくっちゃいけない、警察の独身寮に入れてもらって、雨露《あめつゆ》はしのげたけど、何しろ子供が六人でしょう、食べさせるものがないんです。一家心中ってこういうときするんだなあーって、誰だって自分のことだけで頭いっぱいの時代ですから、きょうだいも頼れない。

ハアハアいって起き出して、しょうゆ売って歩きました。そう、お醤油です。統制経済ですから醸造屋さんからヤミで分けてもらって、亡くなった主人の知りあいのところを廻りました。

恥も外聞も目をつぶって、署長の未亡人があれまでしなくってもと言う方もいましたけど、「あなたたちだって、子供六人かかえて餓死させたくなかったら、私と同じことやるんだよ」って、口には出さないけど心の中で言いかえして……

お醤油はみんな薄めて、水増しをして売ってたんです。私は絶対やりませんから、評判がとってもよくて待っていてくださるんです。市会議長さん・お医者さん・弁護士さんなど、上流の人たちがお得意で、警察署長の未亡人つかまえるわけにはいきませんもの。

三日に二日は心臓で寝こんでも、食べていけたんです何とか。それが信心した途端に、みんな背中をむけちゃったんです。南無妙法蓮華経でバカになった、あんなもの寄せつけるなと言うんですよね。それでも、構わずに行くんです、お醤油もって折伏に。

入信のきっかけは、行商して雨宿りをした家で、名古屋さんというんですが、声をかけられたんです。『大白蓮華』を見せてくれたり、病気が治るの一点張りなんです、話が下手でのみこめなくて。夜になって家にくるでしょう、未亡人のところに男が訪ねてきちゃいけませんと言っても、眼中にないんですよただ信心させたくって。

だんだん、よい人だなあ立派な人だなと思えてきたんです。お金持ってきて、これで東京に行ってこいって、むこうで話きいたらあなたも納得できますよとおっしゃるの。長男がもう十七歳でしたから、「お金もらって信心するなんて乞食だッ」て、怒って返しにいって、三べんも行ったり来たりして、根負けして上京して。

戸田先生にお会いできたの。いきなり「田舎のオバサン、こっちへお出で」と手まねきをしてくださって、「よく来たなあ。もう心配ないゾ、帰ったらきっと不思議なことがおきて幸せになれるよ」と言われました。

……涙がこぼれてこぼれて、二十八年四月七日でした。主人の命日なんです。ああ、示してくれたんだなあ！　主人がひきあわせてくれたんだと、いっぺんにわかっちゃったんです。三条に帰ったその日から血が一週間も下って、長い病気で顔はまっしろ爪も白かったのに、紅《あか》みがさしてきました。すごく気分が爽快で、サァこうしちゃいられない、謗法払いの神棚を炎やして、さっそく折伏をはじめました。それで村八分、三条の町で誰に聞いたって、「南無妙法蓮華経のオバサン」と言ったら知らぬ者はない、というほど名物になっちゃって。

選挙では母子して、主人が署長だった三条警察署に逮捕をされて。お醤油では捕まらなかったけど、信心ではつかまるんですよね。「サア折伏よ、折伏よ」ってミョーホーレンゲキョウ、中で必死にやるものですから、すぐ釈放されました。

いいえ、そんな胆ッ玉かあちゃんじゃなく、見た通りの弱虫なんですけど、信心の力でここまで頑張ってこられたんです。折伏した所帯数ですか、去年でやっと百十八です。それでも、功労者として、池田名誉会長からもはげましのお言葉をいただきました。七十四歳になりましたけど、二十一世紀まで丈夫で広宣流布を目ざしていきたいと思うんです。

〽かがやき炎ゆる　ほとけとて
光にかたちなきゆえに
ことばも　智恵も及ばざる。
地獄の闇をすくうなり　（地蔵和讃）

長岡・十日町から出雲崎へ、雪街道の砂岸を疾走する。夜来の吹雪はますます烈しく、山も見えず海も見えない……

第三章　流離の系譜

四周を囲繞《いにょう》せる自然は、絶えず吾人の物質的・精神的、諸般の生活に影響す。（故に）吾人観察の対象は、常に現在の活社会にあり。

——『人生地理学』・例言

〃死んだ風景〃の向うに……

出雲崎《いずもざき》、西・日本海に面する。

……新潟にむかって北上すれば寺泊《てらどまり》、南に下れば西山・荒浜・柏崎、東に長岡を背負う。人口七、一四一（S55・4・1、国勢調査）。ここは歴史の町、だが、置き忘れられた。毎日新聞社『新潟県の昭和史／わがまちの百年』（シリーズ出版／S57）にも、地元新潟総合TV編集による『あのまちこのまち』（上越新幹線開通記念出版／S58、平凡社）にも、「出雲崎」という町に関する独立した記述は、ない。

観光案内によれば、〔良寛の生誕の地として知られ、昔は北国街道の宿場町、港町として栄えた。江戸時代は佐渡金山陸揚げ地で、出船入船に賑わったという。つい近年まで、石葺《いしぶき》屋根の情緒に富んだ美しい町であったが〕〔いまは瓦屋根に変り、かつての面影は薄らいでしまった〕（中俣正義『佐渡・越後路』S57、実業之日本社・ブルーガイドブック）云々。

いったいどういう神経で、このような文章を書くのか？　ようするに、〃DISCOVER・JAPAN《ディスカバー・ジャパン》〃の風景はもはやない。したがって「観光価値なし」、と著者は言いたいのであろう。アンアン・ノンノ的発想、その差別と惨心を想うがよい！　石葺屋根の情緒など、生活する人々に何の関係もナイ、重苦しく不便なだけではないか。

さよう、観光というものさしで風景が料《はか》られるとき、そこに住む庶民の哀歓・すなわち活社会の情理は、みごとに脱け落ちてしまう。流動転変する歴史も、等しく視界から消えて、言えばストップモーションのかかった虚像を、〃死んだ風景〃を見るのである。

良寛がもし生き返って、いまだに石葺きの町並みを眺めたら、彼は嘆いて昔つくった歌をくり返すにちがいない。

きて見れば
わがふる里はあれにけり
には(庭)もまがきも　落ち葉のみにて

逆説的に言えば、出雲崎の庶民はその良寛と、無縁でなければならない。越後線（旧越後鉄道）の出雲崎駅に降り立つと、まず目に入るのは沙門良寛書・「いろは」の掛軸である。活け花が添えられて、〔いかにも良寛のふる里といった〕（朝日新聞新潟支局編『越後の停車場』、S56）おもむきなのだ。しかも、この駅は出雲崎の町から遠い。途中に、良寛堂があり、良寛記念館がある。

遺品・遺墨・文献えとせとら、年間に訪れる良寛ファン(?)、八万人。この町のイメエジは一人の坊主によりかかっておる、つまらぬことだと私は思う。記念さるべきはその人の**風狂の精神であって**、書画・骨董の類《たぐい》ではあるまい。

前章で、北川省一氏と言い争ったことを記述したが、その理由の一つはこの町に漂う、良寛の死臭であった。荒浜に建てられると聞く「牧口常三郎記念館」、これに対しても私は等しく、故人の思想が風化される危惧を抱くのである。北川氏の創価学会批判を載せたことについて、一部の読者・さらには幹部から、連載の意図は奈辺にあるのか？「竹中労は、学会の味方ではなかったのか！」と短絡したクレームが寄せられて、著者としては実以て迷惑している。

これは読んで字の如く聞書《ききがき》・ルポルタージュであって、談話と著者の意見は別なのである。そのような読みかたを、〝自由な文章〟に就いてはしてほしいと思う。そして・ホンネを言えば、北川氏よりもさらに過激な異議を、私は現在の学会にいだいている。批評の自由を留保しつつ、庶民信仰者と連帯しようとしているのである。

そのようなもの書きに、あえて発表の場を与えるところに、『潮』の〝言論の自由〟はある。ＰＲめくがこの六月、『左右を斬る』（幸洋出版）なる小著を店頭にならべる。第三章・語り下しで、〝わが毒〟のよってきたるゆえん、学会擁護の真意を述べているので、参照していただきたい。

さて、明治三十九年九月、『北越史料／出雲崎』（耐雪学園刊）の著者佐藤吉太郎は、この町の過去および将来について論じている。

〔山青く水白く、幕府直轄の地・六万石支配の代官所を有し、佐渡・江戸官船の往復ありて、頗《すこぶ》る繁昌を極めたり。其《そ》の長岡に貨物を集散するや、取引き従って敏捷《びんしょう》、市日の如きまた隆たり。花柳界も千客万来にして、娼妓は常夜徹宵・三更《よふけ》なお絃歌嬌声を聞く〕
〔併《しか》るに維新に至り、代官所廃さるるや漸次衰退、昔日の盛観なし。明治二十年前後、石油の産出に依《よ》り人気一時頂天に昂《あが》らしめて、金融は潤沢し経済界を振興せしも、花光の開落するが如く、乱掘の結果は油脈ついに枯渇して、井櫓《いどやぐら》空しく秋風落莫《らくばく》……〕
〔遽《にわ》か紳士となりし徒輩は、温き黄金を懐にして去り尽し、まことに景気の銷沈《しょうちん》せるをや。悲観家は云う、出雲崎は今後二十年経てば、ただ憐れ貧寒の一漁村と化すと、言の如く果して然るか〕

明治・大正・昭和と、二十年はおろか三倍以上もの歳月は流れ去り、出雲崎はそのたたずまいをむしろ変えていない。昭和四十三年初夏、長岡から新緑の峠をこえて、茫々《ぼうぼう》と燦《きらめ》きひろがる海を見た。水と光の印象は鮮烈であり、市街は影が薄かったのだ。

だが五十八年冬・雪空の下、言えば色彩の虚飾をなべて捨象し、白と黒のコントラストにまさしく銷沈した町辻は、思いもかけぬ素顔を現《あらわ》にしていた。往きつ・戻りつ、中古カメラのシャッターを夢中に、私は切りつづけた。文中、「写真も著者」などと、態《わざ》とらしく断ることを好まない。ルポルタージュ・ライターは当然、カメラマンを兼ねるのだから。（『潮』連載カット写真は、編集部の外山武成君との合作）

カラー・フィルムを用いず、ASAをぎりぎり八倍まで上げ、ストロボも使わない。記録のみを心がけて、芸術写真は関心の外である。石葺屋根？　むろん、お呼びじゃないのだ。私が夢中になって写したのは、〃歴史〃である。何軒もの家と、看板であった。

取材行から戻って、史料と照合をしてみた。『御旅館・柏葉屋《かしわや》』とある、〔明治の遊廓区域は石井町より羽黒町に亘《わた》って（中略）、座敷のよきは柏葉楼〕（『北越史料／出雲崎』）。遡《さかのぼ》れば、江戸の忘八屋《くつわ》「柏楼」、美妓の源氏名を花滝・初瀬・其松と、〃妓楼名鑑〃にとどめる越《こし》の大籬《おおまがき》の後身にまぎれもない。

同じく『みよや』、漆喰《しっくい》の壁に天使をレリーフして、右書き・額ぶちの屋号を支え、バルコニー風の欄干《らんかん》をめぐらす。これすなわちカフェー、昭和余年エログロナンセンス、〃モダン日本〃の先端をゆく風情を残している。

他愛もないと嗤うなかれ、ルポ・ライターの発見、よろこびはここに存する。〝死んだ風景〟の向うに、生々流転する活社会を、庶民の生活史を直感によって洞察するのである。町は息づいている、ディスカバー・ジャパンや良寛さまとは関わりなく、名もなき民衆がそこでいかに生きて、哀別離苦を土に埋めてきたかをもの語っているのだ。

春来る、されど冬は長し

〔細木辰栄の手記〕　※原文のママ・句読点も

……私しは兄弟八人の長女に、生れ、家は日蓮宗を信仰し、前がお寺で私しが嫁に来た家も、日蓮宗でオ地蔵さんを飾り、神棚には御札《おふだ》がぎっしりでした。結婚は親がきめ、式が終り一《ひと》戻り（里がえり・この地方の習慣／竹中註）に、実家へと帰ったときに姑さんが、電報を持って、来て、（夫は）福島県に出かせぎに行きましたと話し、お前も働いて貰わねば、と告げた。どーんと、もので頭を打ったような、思いがいたしました。

聞いては、いませんでしたのです。結婚をすれば私しは、何時もふたりで暮して、行く、ものと思っていました。又、実家は農業でしたので、稲刈りやら田植に帰ることがたのしみにして、居りました。嫁に来たお家は、一山越いて、二山、三山も越いた遠いところに、畑があるのです。

肥やし樽をかづいで、三山、越いる事が本当につらくて、泪《なみ》だが出て汗が流れて、きます。主人もいないし、姑さんのとこに来たんだ、と思いば、いい事だし、私しだけ淋しいのでは、ない。夫だってわかれわかれの、暮しだから、と自分に、言いきかせました。主人から、おたがいに信頼し、あって生きて、行かうと、手紙もきました。

その、うちに、長女が生れて、二歳になったとき、父は此の世を去りました。父は、初孫を本当に、かわいがってくれたのです。次女が生れ、三番目に、やっと男の子が出来、家中は大喜でした。でも喜こんだのもつかの間、五十日目ごろ、風邪から小児ゼンソクになり、病魔との戦いとなりました。

それから、というものは、毎日食事も咽《のど》をとうらない、日が、つづいたのです。私しは心も、体も疲れ果てました。その苦しみの中だって、山を越いて、稼がねばなりません。結婚とはこんな、不幸なものかと、仲人をしてくださった方を、恨み、姑さんに聞かれないように、忍び泣きをする日々でした。主人が帰られた時は、夜は泪だが枯れるまで、ないた。主人もいっしょに泣いて、朝、起きてみると、二人の目が赤くはれていたのを、憶いて居ります。

そして、直秀（長男）が、二歳になったある日、御本尊様の話をしに、来て下さった方がいました。おぢいさんが、「アネ、おめい、何んでも叶う信心だと言うで拝まないか」と言われ、私しは、「此の子が丈夫になるんだったら、拝みます」と、わらはも（藁をも）、つかむ思いで、昭和三十四年十一月九日に入信いたしました。

言われるままに、題目を唱い、折伏もやりました。でも功徳は、ありません。ハレモノからうみが出るやうに、病魔は押し寄せて、入院も三度、四度でした。肺炎で、脈もなくなりました。死んだぞとまわりでは言い、オ医者も、これで臨中（臨終）だ、と告げられました。でも、「願うこと叶わざるなし」という教えを信じて、助けてくださいと、題目を唱い、必死に、何万べんも唱い、直秀はいのちを取りとめたのです。

赤ちゃんのときから、笑った日のない子でした。その子が生きかえった、とき、私しを見つめてニッコリ、と嬉しそうに笑い、ました。五歳になったころから、私共のうしろにすわって、題目を唱いるようになり、風邪一つひかない、丈夫な体と、なったのです。

小学校三年生の運動会で、一番先頭に息子は、走っておりましたけれど、だんだんと追い、越されそうになりました。決勝点近くなったとき、私しはおもわづ「御本尊様、助けてください」、南無妙法蓮華経、南無妙法蓮華経と、人目もはばからづ叫びました。そうしてみごとに一番となり、一番高いところに、立ったのでした。あんなに弱かった子がと、母は、また泪だに暮れました。

中学、高校、短期大学と、息子は無事卒業することができ、国鉄信号通信区に採用され、勤めさせて戴いて居ります。二十五歳となり、ことしの十一月三日に結婚式をあげる予定で、相手の娘さんも、近く入信します。四人の子をもうけ、長女、次女の子がことし入学式、みんな幸福に暮して居ります。

姑は昨年、八十四歳で脳いっ血で倒れました。八日間意識、不明で亡くなり、まつごのきわまで、右の親指を動かして居りました。題目を唱いるとき、数珠を算えるのが生前の習慣で、枕元でみなが題目を唱いると、早ければ早く、遅ければ遅く、親指が動きます。おばあちゃんは死ぬまで、御本尊様に随身して、いたのだと、はっきりわかりました。

長女が耳もとで、「また逢おうね」と言い、笑って身仏をされました。信仰のすばらしさを、実相を示して、永遠の命の国へ、旅立っていかれました。ようやく新築した家も見づ、おじいさんの米寿の祝も見づ、それだけが残念です。

主人は三十二年にわたる出稼ぎも、最近やっと終りまして、家に居ることが出来ます。「法華経を信ずる人は冬のごとし、冬はかならづ春となる」と、大聖人様のおっしゃっておられます。我が家にも、春を迎いる、ことができました。法恩に感謝を、して、生涯広布の為に働き、一家和楽の幸せを守って、いきたいと存じます。

（S58・1・10）

細木辰栄・五十四歳。新築したばかりの自宅で、ご主人（政道・五十八歳）、学会支部指導長の小林好さんも同席、インタビュー。録音テープをくり返して聞き、思い迷った結果。『手記』を原文のママ載せた。長文ゆえ整理改行したが、文体には手を加えていない。

出雲崎の人口は、明治三十九年当時・一万人をこえていた（一万一一四五人）。だが、戦後衰退の一途をたどる。それは、漁業不振のためなのである。細木政道によれば、「まず我々が子供のころの三分の一も獲れないですケ」。

語尾の訛が、このあたりではテからケに変る。「おやげなや、越後《いちご》のふとのないごもり、いきに・あなれに、さぶやしゃっこゃ」と称する。哀れなや越後の人の冬籠り、雪に霰に寒や冷たや……、差別用語も豊饒（?）、〔いと慮外なる語多し〕（『北越史料／出雲崎』）

越《こし》は日本の被差別圏《ゾーン》であり、〝流刑の地〟であった。諸国・諸人吹きだまり、冷寒地獄、撓《た》められたエネルギーは近世以降、〝膨張的人間〟を噴出する。カクエンのアニ・田中角栄、〝庶民宰相〟もまたその一典型であること、前章で記述した通り。

新潟の男たちにとって、出稼ぎは運否天賦《うんぷてんぷ》（吉凶は天のなすまま）、逃れられぬ宿命であった。とりわけ出雲崎の場合、歴史的・自然的条件は下層窮民に苛酷だったのである。

細木政道は、川崎製鉄に職を得て、常傭社外工、恵まれた立場とも言える。が、〝一家和楽〟の拠点を築くためには営々三十余年、町はこのようにして石葺から瓦屋根へと変容していく、そう人々の労働によって。

……「信仰によって」、あるいは愛によって、と言い換えてもよい。もしくは投機によって、眉をひそめる向きもあるだろうが、淫売によってでも差しつかえない。とまれ人間の営為の結晶として、「家」は残り歴史をもの語る。出雲崎の黒ずんだ町辻に、私はまぼろしを見た。〔妓楼に遊び歌呼酣酔《かんすい》して、百金をたちどころに散じ、乃《すなわ》ち髪を剃《おと》して〕托鉢《たくはつ》の乞食となった良寛無頼の青春を、ときに大愚・二十二歳。

石もて追われる影よ、子供らと手毬《てまり》をつく画中の老耄《おいほれ》は、観光のマネキンにしかなり得ない。そのような良寛を、出雲崎の庶民よ叩きだせ！　記念館に祀《まつ》られ、駅頭に悟りすました書と香華《こうげ》を飾られた良寛、すなわちこの町の老亡の象徴ではないか。

良寛も細木辰栄も、衆生《にんげん》であることに変りはなく、人によって町は栄え衰え、家は興り傾くのである。禅天魔と日蓮は言う、魔はかならずしも猛々しい相貌を示さない。むしろ仏の温顔で死滅へと、人と町をみちびくのだ。私の魂は、良寛晩年の脱俗より、〝岸壁の母〟ふうにただ一途《いちず》な、彼女の信心に感応する。

実を言うと、このタイプの婦人を私は好まない。生真面目で、たぶんにファナチックな人にはご近所に住んでほしくない。だが、細木辰栄の手記に心衝《う》たれ、私もまた泪《なみだ》だする。なぜなら、そこにはどんな名文も及ばない、庶民のけん命な人生が綴られているからである。そして、このような信仰者に依拠する「巨大宗団」・創価学会に対して、内藤国夫や、溝口敦とは対極の意味における、社会的責任を問いたい。これらの名もなき会員たちに、幹部は安易にあぐらをかいてはいまいか、その自戒はあるか？　飲食《おんじき》の手段、集票の道具としていなければ幸いである、と。

生死烈々、その原点には……

〽ヨシタヨシタヨシタナ
朝日さすよな娘を持てば
ハア　ヨシタヨシタヨシタナ
夕日さすよな　ソーレ聟《むこ》ほしや
　尼瀬《あまぜ》の女衆《おんなしょ》は　尻《けつ》がでっかいな
　担《かた》ね棒しなしな　おらが茄子《なすび》はどうでえー

尼瀬は出雲崎の地名、「海士《あま》」からの転訛であろう。永い冬が終り春すぎて、雪国の夏、尻をふって働き通した女衆は盆の支度に忙《せわ》しない。出稼ぎの男衆が戻ってくる、女房は逢瀬《おうせ》のよろこび、娘たちには聟ほしやの季節である。

『佐渡おけさ』の哀調よりジャズ・フィーリング、〔三味線一丁を主として、各人欲する太鼓・笛・空缶・団扇・拍子木《ひょうしぎ》を乱打し、また手を撲《う》ちて調子を取り、狂い歩くこと寔《まこと》に喧騒〕。ハア　ヨシタナヨシタナと、『出雲崎おけさ』……

一年の鬱屈《うっくつ》、いちどきに発散する。祭りのコミューン、だが、観光の毒は唄をも滅して、陽旋《ようせん》に落ちこみ、〔野卑淫猥《いんわい》・中傷罵詈《ばり》〕の歌詞は、公序良俗に封じこめられる。今は盆の十四日、「おけさ流し」の行事が名残りをとどめているが、昔日の歌垣《かがい》のおもかげはもはやない。かくて〔里謡《りよう》の髄・骨・生粋《きっすい》〕（北越史料／出雲崎）は、もとの姿を失う。

故人・牧口常三郎が愛唱した「追分」・水の道を漂流すると、この連載のプロロオグで述べた。正確に言うなら、琉球弧南端の櫓漕唄《ろこぎうた》『丸島盆山《まるまぶんさん》』（与那国）、恋唄『とゥばらーま』（石垣）、『多羅間《たらま》しょんかね』『伊良部《いらぶ》とゥがにー』、八重山・宮古を島伝いに北上、『宮古音《なーくんにー》』を沖縄本島に聴き、奄美の海人《うみんちゅ》『アシキブ一番』から『鹿児島ハイヤ』、さらに平戸へ抜けて鯨《いさな》獲りの『エンヤラヤ』。

……玄界灘・日本海を渡って、『越後追分』『小木《おぎ》追分』、秋田『本荘《ほんじょう》追分』と潮に乗り、浅野梅若師『荷《に》方《がた》節』・津軽『十三《とさ》の砂山』、そして『松前追分』と南島・蝦夷《えぞ》を繋ぐ構想であった。だが、水路は昏《くら》くかすんで、うたなべてNHK「ふるさとのうた祭り」あるいは日共うたごえ運動、「わらび座」の悪しきバリエーションである。

たとえば、創価学会・沖縄文化祭での『まみどーま』にしても、おおらかな性の所作の原型では演じることができない。ましてニッポン観光低国、『出雲崎おけさ』の切実でゆえに奔放なSEX讃歌は、亡び去るのみ。

〔弊社・C二号坑井は、明治三十年五月二十三日掘削《くっさく》成功致しましてより今日に至るも、尚《なお》エネルギー資源の第一線に、健在な活躍をしています。このC二号はその生産活動歴に於ては日本最古の坑井として、業界の貴重な参考資料とされて居ります〕（尼瀬石油株式会社・広告）

石油及び天然ガス掘削・採取販売、と看板にある。並びに水道・ガス工事をも兼ねて、未だに原油を汲み出している。他には見られぬ光景・と称する、何やらわびしい。『北越史料／出雲崎』は往時の石油ブームを、〔一昼夜二百石、町民は驚喜して狂せんばかり〕と誌している。〔尼瀬海岸及び海面に林立せる数十台の井櫓《いやぐら》は、我国未曾有の状況を呈し、宛然《さながら》蜃気楼と擬《まが》うが如し〕

日本石油会社（日石）、明治二十一年誕生、（株主中最も有力なる牧口義方）と記録されている。言わずもがな荒浜の〝慾ショウ〟、大牧口が乗りこんできたのである。かくて乱掘・槿《きん》花《か》一朝《イッチョウ》の夢……、牧口常三郎が故郷を去って、流離の人となった背景には、日本の津々浦々を洗う**近代化・資本主義の潮流があった**。

年表風に、その時代を眺めてみよう。

▽明治四年（一八七一）

6・6　柏崎県刈羽郡荒浜村（現・新潟県柏崎市荒浜）で、**牧口常三郎誕生**。父・渡辺長松、母・イネの長子。（同年4月戸籍法公布）常三郎幼名は、長七。

7・14　廃藩置県。11月、越後三県を置く（新潟・柏崎・相川）。

8・29　穢多・非人、賤民解放令。

10・5　宗門人別帳廃止。

▽明治五年（一八七二）

1・29　戸口調査（～3・8）、日本総人口三、三一一万八二五人。

4・4　新潟・柏崎県下に、「信濃川分水工事賦役《ぶやく》（強制徴用）」反対の農民一揆、参加七万人。

5・10　鎮圧、首謀者七人死刑。

〔註〕このとき鎮撫《ちんぶ》におもむいた、柏崎県官・石川昌三郎は荒浜で馬からひき落され、ほうほうの態で逃げ帰る。一揆百姓要求、「神社仏閣元通り、交易やめる事、金納米納勝手、分水工事日料（賃金）その日渡しの事」（『柏崎文庫』）

5・7　新紙幣発行（太政官札）。柏崎・郵便取扱所開設。

9・5　学制公布。

10・14　新橋・横浜間に鉄道開通。

12・15　国立銀行条令公布。

12・28　徴兵の詔書、渙発さる。

▽明治六年（一八七三）

？　**父・長松失踪**。

〔註〕戸籍謄本によれば、渡辺長松は荒浜村四十六番地で、天保十三年（一八四二）八月四日に生まれている、長七誕生のとき二十九歳。ところが、同じ荒浜村百番地に同姓同名の人物がいて、「牧口常三郎伝」に混乱が生じた。こちらの渡辺長松は文化二年（乙丑《きのとうし》・一八〇五）、三十七も年長である。つまり、六十六歳になって長男を作ったことになる（!?）、ほとんどあり得ない、と考えてよろしい。

こうした下調べは、ルポルタージュのABCであり、とうぜん地元では誰もが先刻承知のことなのである。しかるに、〝牧口常三郎生家〟なんぞと早トチリをして、無意味な研究の成果を言いたてる人が出てくる。それはとりもなおさず、初代会長の出自・系譜を、学会が明確には把握《はあく》していないことの証明である。「牧口常三郎記念館」を建てることより前に、正しい伝記を調べ、書きあげることが肝要ではあるまいか、私はそう思う。

〔長七が三歳のころ（年齢は一応数えとする・念のため）、父の長松は北海道に出稼ぎのため渡っていった。海に頼って生計を立てるしかない、貧しい荒浜村の人々にとって、出稼ぎは決して珍しいことではなかった。ところが、ぷっつり音信が跡絶え、残された妻イネと長七はとほうに暮れてしまった〕（聖教新聞社編『牧口常三郎』、S47）。

〝長松失踪〟の状況は、おおむねこのように、手みじかに描かれている。つまり、真相は定かでない。イネが柴野杢右衛門《モクン》と再婚したのは明治九年三月、長七が牧口善太夫《ゼンデ》の養子となるのは十年五月（七歳）。聖教新聞社「伝記」巻末の年譜は誕生から明治十年までが、空白になっている。

我々もまた、埋めるべき資料を持っていない。ものごころつく以前は、むしろ白紙でよいのである。ただ、時代はその間に、どのように動いたのか？ 越後荒浜村に、〝文明開化〟の滔々《とうとう》たる波は何を運んだのか・を、押さえておく必要がある。

少年の感情を育《はぐく》んだもの、そこに牧口常三郎の人生と思想と、生死烈々の原点はある……

▽明治六年（一八七三）・承前

1・1　太陽暦を実施。「今般改暦に付ては来る十二月朔日《ついたち》・二日の両日を、十一月三十日、三十一日とす。此旨相達候事《このむねあいたっしそうろうこと》」（太政官布告）

1・4　人日《じんじつ》（ななくさ）以下、宮中五節《ごせち》を廃止。神武天皇即位の日（2・11、紀元節）、及び天長節を国民の祝日と定める。

2・7　仇討ち、禁止される。

3・20　天皇断髪す、皇后は黛《まゆずみ》おはぐろを廃す。

3　柏崎県庁にて徴兵検査実施。

3　石油開発会社、地代三両にて新潟県渡部村の臭生水《くそうず》（原油）・開発権を入手、「出油の上は村方に石高の五分を支払いのこと」と約定。

3～9　徴兵令反対暴動、全国各地に蜂起。

6・1　横浜生糸会社、設立。

6・10　柏崎県廃止、新潟県に統合。
7　アイスクリーム、発売。国産ビール、山梨で完成。
7・28　地租改正令布告。
10・24　〃征韓論〃に敗れ、陸軍大将・西郷隆盛野《や》に下る。
10・25　参議・後藤象二郎、同・江藤新平、副島種臣、板垣退助辞職。
〈**ランプ使用**〉　阿部新左衛門、東京からランプを取り寄せ、地方に販売を始める。当時の価格は八分吊り3円50銭、五分吊り2円50銭、最も小さい三分吊りでも1円20銭という高価であった。豪家で買い求めたランプ拝見に、見物人が押し寄せた。ちなみに柏崎に最初にガス灯が点《とも》ったのは、明治八年四月である（柏崎文庫）。
11・20　内務省を置く。
12・1　郵便葉書、発売（一枚半銭）。

「大牧口」、没落の証言

＊牧口常三郎・3歳

▽明治七年（一八七四）
1・15　東京警視庁、設置さる。
2・4　江藤新平挙兵（18佐賀県城占拠、3・1鎮圧、4・13斬首）。
2・6　閣議、台湾征討を決定。
2・11　青函定期貨客船、運航開始。
3・29　**荒浜小学校創立**
5・14　大阪・神戸鉄道開通。
6　西郷隆盛、鹿児島に私学校を興《おこ》す。
7　紙巻煙草製造はじまる。
7・28　三菱商会、「台湾征伐」軍事輸送を一手に引きうけ巨利を博す。
〈**牛鍋、盛大に流行する**〉　焼ナベ（脂にて鍋を磨き煮る式＝すきやき）5銭、ネギ入り煮込み3銭5厘、「最も安価なるを辻売り串焼きとす、一本1銭也」（新聞雑誌）
8・3　幼児の獅子舞、禁止さる。
9　米価、石《こく》当り8円20銭、明治三年以来の高値を記録する。
11・2　読売新聞、創刊。
〔註〕氷砕船《ザイワリ》で北海を押し渡り、巨万の富を築いた大牧口、初代・荘三郎は教育にも熱心で、長岡から小林権内《ごんない》という儒者をまねいて邸内に私塾を設けた。明治七年三月二十九日、教員・設備をととのえ、新潟県庁に開校を願い出て、正式に聞き届けられる。

校長・小林権内（六十一歳）、句読師兼算学・牧口義方（二十一歳）、句読師・佐々木順導（二十四歳）……牧口荘三郎の子であると、義方の履歴には添書がされ、「明治五年ヨリ柏崎県学校ニ入塾致居候《いたしおりそうろう》」とある。また設置場所は荒浜町八番組・牧口荘三郎の所有地である。

さらに、前年の願書を見ると、「牧口荘三郎より借宅料十カ年、年々寄付」とあり、「年々荒浜村干鰯商店取扱問屋・口銭代金百分ノ三を寄付」云々、これは荘三郎が息子のために、学校を開いたのではないのか？

前章で述べたように、牧口義方はのちに代議士となり、柏崎銀行を経営する。兄（賢篤）と共に石油採掘にも乗り出し、新潟政・財界に覇を唱えたが、三十二年十二月、働き盛りの四十代半ば、胃癌で死んでいる。

〔対談〕VS 牧口元美《もとみ》

竹中 しばらくです。『俗物図鑑』の撮影のときは、スレちがいで。

牧口 そうでした、残念でしたね。

〔註〕牧口元美氏は舞台俳優で、「発見の会」のリーダー。私がなぜかプロデュースした『紅《くれない》のアリス凶状旅』、金芝河『銅の李舜臣』、シェイクスピア『十二夜』などの名舞台がある。映画にもよく出ていて、『俗物図鑑』（筒井康隆原作・内藤誠監督）では疥癬《カイセン》評論家を怪演している。この映画には、私もマスコミ界のドン大家壮海の役で特別出演をしているのであります。

竹中 本日はとつじょ、妙な話で呼び出したりして。

牧口 常三郎さんのことでしょ、血はつながってないんです。親父のところへ手紙がよく来ていましたけれど、それに本も……

外山 『創価教育学体系』、ですか？

牧口 そうです。『人生地理学』もありました、エライ立派な本でしたよ。

竹中 元美さんは、〃大牧口〃の子孫なんだろう？

牧口 そうなんですよ、ボクの親父が龍太郎で、祖父《じい》さんが賢炸《けんさく》と言います。そのイトコかハトコか、腹違いの兄弟かよく判らないんだけれども、ヨシノリというのがおりまして。

竹中 義矩ですな。この人が全財産を喰いつぶしちまったという。

牧口 いや、寄ってたかってですよ。

竹中　賢炸さんは立派な人で、村長もやったりしている。
牧口　村長はみんなやってます。牧口一族は村を私物化して、クイモノにしていたんだから。
竹中　ハア！
牧口　ろくなもんじゃゃ、ない。
竹中　えらく、きびしいねえ（笑）。
牧口　ボクはね、調べたんです。やはり家系の何というか、ルーツに興味がありましたからね。それでまあ、ひじょうに幻滅しちゃったんです。
竹中　なるほど。
牧口　役場に行ってもね、知っている人がいないと言うの、答えたくないってふうでね。イトコかハトコかって、いま言いましたけど、義矩なる人はまぎれもない身内で、かなり馬鹿な金の使い方をしておるんですよ。しかも粋じゃない、親父が生きているころ話を聞いて、実に嫌ァな気分になりました。
竹中　ははァ、酒池肉林だな。
牧口　……それもある、妾狂い。ボクが実に腹が立ったのはですね、金の延棒を匿《かく》してるとか、角力取りを座敷によんで投げとばしてみせるとか、むろんゼニをくれてやるわけで。それから天皇へイカを泊めたとかね、ダサイのよ（笑）。
　ニッセキ灯油でほっかほかって、ＣＭあるでしょ。あの日石も、〝大牧口〟が始めて、もう掘り尽くしちゃってあこぎに儲けとるんですよ。ま、最初は北海道に行って、鰊《にしん》かなんかで稼いだんでしょ。
　ところがいま荒浜に行くと、家も何もありませんッ。ここにあったと言うだけなの、墓だけ残ってるんです（と写真を取り出す）、でかいよねえ悪趣味だよ。極楽寺というお寺もね、なんか金出して建てたらしいけど、焼けましてね。墓の他には、石ころ一つない。
竹中　「浅茅《あさじ》ケ宿」だな、まさに。
牧口　じいちゃん・ばあちゃんが墓守りしてくれていたけど、生きているかなあ。ええと、七年ぐらい前でしたか、ボクが最後に行ったのは。こうやってね（手ぶり）、蜘蛛の巣を払いながら山の上まで、道もくずれちゃって……
　親父が何とかしたいな、俺もあそこに入るつもりだから、と言うんです。ま、見積もりだけはしてもらいました。整地や修理にウン千万円、維持費が月八十万円だって！　魂消ましたね、どういう生活していたのかな、〝大牧口〟の一族は。
　とっても甲斐性ありません、末孫はアングラの役者なんだ(笑)。八王子霊園にちっちゃな墓建てて、親父には我慢してもらってます。

竹中　荒浜の風景も、ずいぶん変ってしまったんでしょうな？

牧口　そうですね。昔はバスが通っているところから、ダーッと海でしたよ、幼稚園のころ行ったときは。今は、一方は砂に埋められて。

竹中　そう、出雲崎なんかね。

牧口　一方は海が上がってきましてね、ほんと別の土地を見るように、まるでちがうんですよ水際の姿が。

竹中　幼稚園のころなら、家が残っていたんじゃない？

牧口　ええ、馬鹿でっかい家でしたね。

竹中　そこで、牧口常三郎のことなんだけど、どんなふうに元美さんは聞いてるの？

牧口　それは、エライ人だって。創価学会がこんなに大きくなっちゃう前で、世間に知られてないときだけど、荒浜の生んだ偉人だったわけです。

竹中　学者・教育者として、ね。

牧口　そうです、でもこれはちょっと言ってよいことなのかな？

竹中　何でも構いませんよ、どうぞ。

牧口　戦争中でしたからね、〝大牧口〟の流れには小磯国昭、総理大臣までやった軍人がいるわけでしょう。

竹中　ああ、なるほどねえ。

牧口　どうしようもない右翼で、親父なんかもそのくちだから、そのどうも、常三郎さんが特高につかまったりしたからね、隠そうとするわけですよ。郷党の恥と言うことなんでしょう。

　あれは偉いやつだと言う評価と、国賊じゃないかっていう、その二つがごちゃごちゃになっちゃったんですね。常三郎さんが代表で、荒浜小学校に寄付をした校旗も、匿しちゃったという話ですね。それでまあ、タブーになったわけです。

竹中　東映の監督で、牧口雄二という人がいる……

牧口　ああ、イトコですよ彼は。

竹中　会ってみるかな。(牧口賢炸の写真を見比べて)似ているねえ、やはり血は争えないよ、元美さん。

牧口　似てなんかいませんよ(笑)。

竹中　いや、荒浜の貌《ツラ》だな。ザイワリ船で海を渡った、きびしい非妥協な面をしておる。

牧口　国賊の貌、でしょう(笑)。

竹中　それは、言えてる。この取材でね困惑しているのは、資料がないこと。元美さんの話を聞いて思い当ったことなんだけれど、棄てたり燃やしたりって疑いがあるんだな。

牧口　そうだと思いますよ、うちにもずいぶん手紙が来てたのに、いま一通も見当りませんからね。

＊牧口常三郎・4歳

▽明治八年（一八七五）

1　コーヒー、横浜で発売。

同じく官許マッチ製造（持丸幸助）、横浜で始まる。

2・3　三菱商会、横浜・上海航路。

2・13　太政官布告、「自今、必ズ**苗字ヲ相唱ウベシ**」

虚構は、虚構に連鎖する

牧口　初代・荘三郎、これは図抜けた人物だったらしい。海賊だったって説があるくらい、死んだボクのばあちゃんはそう言ってましたね。苗字っての、いつできたのか知らないけど。

竹中　明治三年九月十九日、「平民の苗字を差許す」って。でも、八五郎・熊公なんてもな、面倒だから要らないと言うんだ（笑）。何年も経っちゃって・とうとう、「祖先いらい苗字不分明の者は、新たに苗字を設くべし」、何がなんでもナンノタレベエにしちまった。そう、確か明治八年か、九年だな。

牧口　そのときだと思うけど、死んだばあちゃんの話だと、〝大牧口〟は家事使用人だけで何十人、出入りのものを加えると何百人という世帯だった。大旦那・小旦那が手をつけて、出来た子供たちが百人《いっそく》はいたって言うのね（笑）。

これにみんな、牧口って苗字をつけてやって、嫁に出しただけでも三十人！　話半分にしても、凄いことですよこれは（爆笑）。牧口だらけになって、ルーツなんかもう調べようがない。〝大〟がつくものだけ王様、こわいですねえ……

竹中　いやだねえ（笑）、それで雲をつかむわけだよ、取材する立場の吾輩としては。冗談はさておき、牧口常三郎・養父の善太夫、この人は戸長などもつとめたという説があって、名のある人らしいけど、〝大牧口〟との関係はどうなっているのかな？

牧口　親父などは、一家同然といった口ぶりでしたよ。もっとも土地を離れた同郷人は、誰でもかれでも親類・縁者のように言いますがね。

竹中　おそらく、ルーツでは繋がっているんだろう。

牧口　そう、思います。

竹中　ナニはともあれ、これから現地に行って調べてみなくちゃね、元美さんの話で、取材のポイントがつかめました、どうもありがとう。

（上野、精養軒にて／'83・1・8、昼）

こうは、考えられまいか？

……明治八年、〝太政官令〟で強制を加えねばならぬほど、人々の間に苗字は徹底していなかったのである。大都会ですらそうであった、まして寒村の荒浜でる。庶民が姓名・本籍を持ったのはさらに後に、属するのだ、と。謄本の記載と、現実の婚姻や養子縁組とは、おそらく一致しない。父親と生き別れた長七、その幼・少年期の運命を、戸籍面から推量するのは、ナンセンスである。

たとえば、父・長松死亡は「年月日時及ビ場所不詳」と誌され、昭和二十二年四月六日、ようやく籍を除かれている。『炎の殉教者・牧口常三郎』（新潟日報、S45年9・5〜9／高瀬広居）は、そこで幻を描いてみせる。〔常三郎が三歳となった年、実父長松は妻と別れ、彼は父の姉のとつぎ先である牧口善太夫の家に引き取られて、養子となった。常三郎の波乱にとんだ、人生の第一ページがここに始まる〕

と、そこまではよい。高瀬は小学校の四年生になった常三郎（正確に言うなら牧口長七）を、北海道にさらっていく。

〔ちょうどそのころ、長松は旭川へ出かせぎにゆくことになった。小樽には叔父の渡辺四郎治もいる、常三郎は生い立ちの翳《かげ》のある村を離れたいと思った。彼は故郷と別れた〕

〔すでに再婚していた長松には、女の子があった。彼はこの義母妹のお守りを日課としていたのだが、そんなある日、妹を負いながら読書に夢中になっているとき、突如銃声が響き背中で鋭い悲鳴がおこった。妹は鮮血にまみれて、死んでいた〕

誤射した人物は、北海道開拓使長官・黒田清隆であり、この事件をきっかけに、常三郎のパトロンとなる。常三郎はゆえに、少年時代を語らないのだ、と。壮士芝居めいた筋書きだが、この伝説は、大勢の人々に信じられているのだ。私たちは荒浜村でも、古老からその話を聞いた。小学校四年生で北海道へ、という記述は虚構であり、長松はこのとき行方不明であったにもかかわらず。

虚構は連鎖する……、熊谷一乗『牧口常三郎』（S53、第三文明社レグルス文庫）は、高瀬『炎の殉教者』を引用して、長七が母に抱かれて入水したというエピソードを、疑いもなく載せている。

たしかに、言いつたえはあった。イネは嘉永元年（一八四八）生れ、大正六年（一九一七）古希の天寿をまっとうして・没。彼女を知る人が現存して、回想を聞くことも可能である。だが明治初年・母子入水の現認者はとうぜんすでになく、語り継がれて諸説ふんぷん。

疑わしきは採らず、こうした幼児期の挿話《そうわ》は、むしろ棄てたほうがよろしい。さらに言うなら、幼きものの魂の傷痕《トラウマ》に人格形成の根本を置くことは、〔それが彼・彼女自身のメモワールにもとづかぬかぎり〕フロイト的誤謬《ごびゅう》を免れないのである。

〔薄幸の幼年時代、冬は晴れ間の少ない陰うつな天候がつづく日本海側、生きる上できびしい自然風土が、人々の精神に不屈の忍耐心をうえつけていく〕〔大村浩二＆舘野充男共著『初代会長・牧口常三郎』S58、創価学会思想シリーズ〕

その荒浜で、〔少年は人生のスタートを切った〕。

偉人・英雄伝説のパターン、なるほど荒浜は牧口常三郎の人生の原点であり、永劫回帰する郷土である。が、〔人間は素性によって尊貴ではなく、真理と法のあるものこそが、浄福を得るのである〕〔『法句経』三九三〕。

日蓮、『佐渡御書』にいわく。〔今生《こんじょう》には貧窮《びんぐ》下賤の者と生れて、旃陀羅が家より出《いで》たり。心こそすこし法華経を信じたる様なれど、身は人身に似て畜身なり〕。

〝海人《あま》の子〟、と日蓮はみずから言う、だが祖《おや》は聖武天皇の末裔《まつえい》・三国氏、あるいは藤原鎌足の子孫である等々、一介の漁夫の児に非ずと・後世の史家は出自を粉飾する。形を変えているが、「牧口常三郎伝」も同じ脚色がありはしないか？

おそらく、現在出版されている伝記の中で、もっともデータが豊富であり、詳細なのは、『若き牧口常三郎』〔斎藤正二著／S56、第三文明社〕である。だがこの書物もまた、池田諭・熊谷一乗など先行の営為を反面教師としながら、同じあやまちを冒《おか》している。

……斎藤は記す。〔荒浜村は荒涼たる貧困地帯で、そのために村人の多くは、北海道に出稼ぎにいったり、船乗り稼業で生計を立てねばならず、働きに出られぬ者は漁網をつくり、辛うじて食いつなぐ有様だった〔と池田諭は言うが〕、その意味の内容は、『人生地理学』のどこをどうひねっても出てこない〕。

荒浜はむしろ豊かであった、と。斎藤は、生産関係を見失っているのだ。池田論『牧口常三郎』（S44、日本ソノ書房）と同じく彼もまた、半面しか見ていない。荒浜は豊かであり、そして貧しかったのである。

前章から、〝大牧口〟に私がこだわりつづけた意味に、読者は理会したことと思う。〝慾ショウ〟は奢り栄え、村人たちは塗炭の苦しみに喘《あえ》いだ。漁網の工賃・夜なべ一尋《ひとひろ》三銭、一カ月働いてやっと百尋。

ランプ一個に及びもつかず、〽米なら三粒、ゼニなら三文。それでも（いや生活の重圧ゆえにと言うべきだろう）、人々は弾《はじ》けるように性の讃歌を、おのれの苦惨で滑稽《こっけい》な暮しを笑い飛ばし・洒落のめす、『出雲崎おけさ』をうたう。

雪国は、貧しさのゆえに昏いか？　そして荒浜は、例外の豊かさのゆえに・牧口常三郎を生んだのか？

『人生地理学』は、そのようには郷土を語らない。

〔吾人さらに多くを言わざるべし、ただ吉田松陰の一語を以て、本編を結ばん。いわく、「地を離れて人なし、人を離れて事なし、人事を論ぜんには地理を究《きわ》めざるべからず」〕

明治大帝、荒浜に来る

出雲崎から荒浜に向かって、西山町との境に当たる観音岬、ここを越えると県道は封鎖される。「柏崎原発」、飛沫を天に高く揚げる波と・砂まじりに吹きつける烈風と、五分も立っていると骨のズイまで凍えてくる。もと、この道を海岸づたいに、荒浜にぬけられた。まさしく一直線の黒い渚、これが流離の砂岸かと、ひと目で納得させられる眺めであったのだが。

……夕景である、鷗《かもめ》も飛ばず、どんよりと垂れこめた雲の帳《とばり》を・ただ波の音が、いんいんと響動《どよも》していた。

▽明治八年（一八七五）・承前

3・4　北海道に屯田憲兵、設置。

6・28　讒謗律《ざんぼうりつ》、新聞紙条令を公布。

〔註〕自由民権の論調は高まり、薩摩の西郷隆盛を筆頭とする、地方の反政府運動は武力を以て起とうとしていた。そのため政府は、〝自由にして過激なる言論〟を取締まるべく太政官布告を発し、「政府変壊、国家顛覆《てんぷく》、騒乱煽動、成法排毀」等に触れるものには体刑を課し、出版物刊行を停止することを定めたのである。同条令による記者の投獄は明治八年19、九年86、十年47件に達した。

7・7　三井銀行、創立を願出。
7・11　田中製造所設立（のちに芝浦製作所と改称）。
7・12　王子製紙、操業をはじめる。
9・15　政府、三菱汽船会社に「第一命令書」を下付、特恵保護企業とする。

〔註〕岩崎弥太郎、明治三年・九十九《つくも》商会を興し、海運を営む。五年一月・改称して三ッ川商会、六年三月・三菱商会。時の権力者・大久保利通と結んで、この年、政府所有の汽船十三隻の無償払い下げをうけ、さらに十五年間にわたって運航費助成金二十五万円、海員養成助成金一万五千円を年々交付される。

かくて、独占的海運会社へと発展。「北前船」に頼っていた日本海・回漕業も次第に駆逐され、さらなる流離の運命を北国の人々は負うのである。

9・20　朝鮮半島海岸にて示威中の日本軍艦・雲揚、江華島守備兵と交戦（江華島事件おこる）、〃征韓〃の世論にわかに沸騰。
10・1　柏崎病院、開業す。

この年、小学校数二万四二二五、ほぼ全国町村に網羅した。

▽明治九年（一八七六）　＊牧口常三郎・5歳

1　**佐渡鉱山、熔鉱炉操業開始。**
3・28　廃刀令公布。
4・14　精養軒、上野に開業す。
5・9　上野公園ひらく。
5・12　〃地租改正〃に承服せざる者「非国民ナリ、赤裸ニシテ追放スベシ」と太政官布告。
7・29　三井物産、創業。
9　玉突《ビリヤード》き、大流行。
10・24　**神風連の乱**（熊本鎮台を襲って司令官・種田政明、県令・安岡良亮らを殺害、翌25日鎮圧）
10・27　**秋月の乱**（神風連と呼応して挙兵、11・3小倉鎮台と戦って敗北）
10・28　**萩の乱**（県庁を襲わんと企て、広島鎮台兵に掃討さる）

……以上、首謀者十三人、斬罪。

11・30　地租改正反対の大一揆、茨城全県下にひろがる（～12・6）

〔註〕神風連以下の士族反乱は、廃刀令など明治政府の士族に対する〃武装解除〃、アメリカで言えばガン・コントロールに反対しておこった。茨城を皮切りに全国に連動した（参加者万単位の暴動26件）農民の一揆は、新政府に対して地租軽減を求めるものであった。

政府は翌十年一月、地価の百分の三であった租税を百分の二・五に引下げる。農民はこの勝利を、〽竹槍でドンと突き出す二分五厘、と歌の文句にした。

11　柏崎治安裁判所、開設。

▽明治十年（一八七七）　＊牧口常三郎・6歳

1・29　夜半、鹿児島私学校生徒は蜂起して火薬庫・造船所を襲い、武器弾薬を奪取する。

2・15　西郷隆盛、「政府ニ尋問ノ筋アリ」と唱え、叛乱軍一万五〇〇〇名を率いて熊本にむけ出発、不平士族途上に加わり、兵力は三万をこえた（いわゆる、**西南の役**）

2・16　これに対して政府は、「暴徒征討」の詔勅を得、有栖川宮熾仁《ありすがわのみやたるひと》親王を総督に戴き、山県有朋・川村純義両参軍（指揮官）以下の精兵四万と、戦艦十一隻のすべてを投入して、〃賊軍〃を迎撃する。

2・21　熊本協同隊、西郷に呼応。

2・28　阿蘇谷で農民蜂起す、県下に西郷支持の暴動31件。

3・20　政府軍、田原坂《たばるざか》を制圧。

〔註〕西郷軍は農民蜂起と連動せず、退路をみずから断つ形で玉砕したのである。彼我の兵力は最終的に官軍六万・西郷軍四万、戦死者は双方ほぼ同数の六千余、ただし戦後処刑者二千。明治政府はこの勝利によって、国家権力の基盤を牢固と打ち固めることができた。

〽西郷隆盛ゃ鰯《いわし》か雑魚《ざこ》か、と庶民は大いに落胆した。後年、〃英雄〃の名誉は回復されたが、・天皇膝下の東京では、大西郷も戦争直後はデクノボー、白痴のあつかいだった。

4　越後諸藩に、徴募令。柏崎巡査隊、十八名応召。以下、旧藩士続々と官軍に投ずる。

4・12　東京大学開校。

4・17　「番神堂」、再建さる。

5・3　博愛社（赤十字）、創設。

6・23　横須賀造船所、軍艦「清輝」897トンを竣工。

7　風月堂、ビスケットを発売。

8・21　第一回・国内勧業博覧会を開く。

9・14　コレラ東京に発生、全国まんえん（死者六八一七人）。

9・24　西郷隆盛・城山に自刃（享年五十一歳）、西南戦争終る。

▽明治十一年（一八七八）　＊牧口常三郎・7歳

1・20　東京府勧工場、開設。

3　開拓使長官黒田清隆・酒乱を発して妻を惨殺との風説しきり、これを諷した『団々珍聞《まるまるちんぶん》』発禁。
4・1　**牧口長七、荒浜小学校入学**。
5・14　参議・内務卿大久保利通、東京紀尾井坂にて暗殺さる（四十九歳）。
6・1　東京株式取引所、開業。

〈天皇、牧口家にて小憩〉　八月十日、天皇北陸御巡幸、「来ル三十日東京御発輦《はつれん》の旨布告被仰出候《おおせいでられそうろう》」（太政官布告）。供奉員《ぐぶいん》は勅任官三十八人、同・判任官五十四人、御召馬車二輌及び警護の騎兵一小隊、警部七人、警部補三十人、巡査三百四十四人、供奉傭員三十六人（以上計、七百九十二人）、乗馬百三頭。

勅任官の重《おも》なる者（位官略）、岩倉具視、徳大寺実則、大隈重信、杉孫七郎、大山巌、品川弥二郎、井上馨、川路利良（大警視正）、高崎正風（天皇侍医）、山岡鉄太郎（鉄舟）、etcとある。九月十二日に到着、翌る十三日〔鯨波《くじらなみ》村にて日本海の風光と鯛網御上覧〕（柏崎『御巡幸記録』・以下同）〔尚《なお》御荷物の輸送は、雲助二人が一組となりて、通し人足千余人。また、鯛網天覧の漁夫並びに船主に、慰労あるいは魚代として、五円御下賜があった〕。十四日、天顔奉拝、〔この日午前七時御発輦遊ばし〕荒浜村の牧口家で、〝御小憩〟とある。元美氏の談話によれば、「天皇へイカを泊めた」と言うが、実は立寄っただけ。だが当然、破格の光栄だったのである——

第四章　自由と敗残

吾人・観察の対象は、現在の活社会にあるが故に、正当に解さんとせば・勢い時事の問題に接触せざる能わず。

――『人生地理学』・例言（承前）

〝神々〟との出会い……

明治大帝「六大巡幸」、と称する。

第1次（近畿・中国&九州／明治5年5・23〜）を手はじめに、天皇の行列《パレエド》はニッポン全土を縦・横断した。顕官これに供奉《ぐぶ》して三〇〇日余、足跡は辺境に至る。

第2次（東北道／9年6・2〜）第3次（関東・信越・北陸・東海道／11年8・30〜）第4次（中央道／13年6・16〜）第5次（北海道／14年7・30〜）第6次（山陽道／18年7・26〜）

……それは、誰が統治者であるのかを下々万民に宣伝・示威して、〝神権天皇制〟をこの国にうち固めるためのデモンストレーションであった。

星移り時は流れて、昭和・敗戦日本の津々浦々、パレエドはまたも演出される。〝象徴天皇制〟はかくて、護持され安泰となる。明治と昭和とを問わず、天皇が長駆するとき、国情は不安なのである。そのことを胸に置いて、〈牧口常三郎の幼・少年時代〉を考えてみよう。

常三郎が生を享けてから、故郷を流離するまでの十四年間と、「六大巡幸」は重なりあっている。とりわけ明治十一年（一八七八）、荒浜小学校に彼が入学をしたその年の残暑九月、天皇はこの地をおとずれた。沿道に奉迎する小学生の中に、とうぜん幼少の常三郎・牧口長七の姿があったにちがいないのである。なべての伝記は、このことを欠落している。少年は、砂岸の村に貧富を見た。そして貧富を超越した**〝神々〟、国家と権力を見た。**

やがて・その神権に叛《はん》いて、殺される定命を知るよしもなく、威風堂々ときらびやかな鳳輦《ほうれん》（天皇の馬車）、文武百官のオン・パレエドを、少年は讃嘆と畏怖の眼でみつめたことであろう。〝神々〟もまた、慴伏《しゅうふく》する人民を高御座《たかみくら》から見て、満足であった。陪乗《ばいじょう》の一等侍補・佐々木高行は、こううたっている。

旭かけ匂《にほ》ふ御旗を　吹く風に
青人草《あをひとぐさ》をうちなびきつつ

……牧口常三郎は、その生涯を通じて尊王の人であった。伝記作者の錯誤は、「天皇制」国家権力によって虐殺された創価学会・初代会長は、とうぜん天皇に反逆する思想を抱いていたという、〝戦後民主主義的〟解釈から生ずる。

信仰者にとって、理想の国家・理想の政治とは何か？　それはみずから国家を統治することではなく、統治するものが正しい信仰に帰一することによって、もたらされる。諫暁《かんぎょう》・天奏「立正安国」＝王仏冥合《おうぶつみょうごう》こそが本義であって、宗団は政党を持つべきではないと私は思うが、そのことを言い立てる心算はない。

ただ、「天皇制」それ自体の変質、人民を裏切り差別と搾取の二重のくびきに繋ぎ・戦場に駆り立て、もっとも天皇を愛した者までを処刑場に屠殺した、〝神々〟の残暴について、語らねばならぬので、勢い筆は現在の学会・公明党の批判に及ぶのである・念のため。

天業翼賛・君民一如・赤子平等のマナイズム、〝神権天皇制〟は、「明治の聖代」に生まれた人々にとっての言えば臍《へそ》の緒であり、タブーであった。現人神《あらひとがみ》・天皇への惧《おそ》れを、国家＆政体すなわち制度に転移し、収れんするその目欺しからくり……

この国において、異端・過激の思想は常に、〝神権天皇制〟の禁忌に対して、とことん背叛をするか、まったき融合を遂げることの他、土着の可能性を見出し得なかった。

西郷隆盛の敗北は、その実証である。国士・即国賊のパラドクスに、西郷は命を捐《す》てた。死後、天皇の仁慈によって〝名誉〟を回復され、モノ言わぬ銅像となる。すなわち日本精神の象徴、愛国のトーテム・ポールとして、不動の地位を得たのである。

海のむこう、韓民族の英雄『銅の李舜臣』は甲冑《かっちゅう》をまとい、大西郷は布衣《ほい》。言わずもがな、英雄の悲哀はこちらの側に深い。新潟の取材に旅立つ日、上野公園で西郷さんと対面した。卒爾《そつじ》ながら、鳩の糞を浴びて立つその姿は、子供のころからずうっとそう想いつづけてきた通り、間がぬけて見えた。

明治とは・いったい、どのような時代であったのか?　人は・時事に即して、語られねばならない。ようやく知識に目覚めようとする北国寒村の少年にとって・明治十一年、〝神々〟との出会いはまさに、エポックメイキングであったにちがいない。

ほとんど全生涯を、それは決定したと言ってよいのではないか？　「天皇巡幸」という事件によって、少年の眼は世界にみひらかれ、幼き魂に青雲の志は膨張して、流離の彼岸へと向かうのである。「ほとんど」と留保して言う、すべてではない。その人生の末期で、〝神権天皇制〟と牧口常三郎は不退転のたたかいを闘い、戦時下獄中に死んだ。

このことの意味は深く、重い。宗教者として牧口は、国家諫暁を貫徹したのである。天皇を抹殺するのではなく、〝改宗〟をもとめ迫ったのだ。

政治&経済概念ではなく、宗教概念としての「天皇制」に、謗法《ほうぼう》ばらいを・変毒為薬を強訴したのである。「天皇制」の根幹を牧口は撃ち、ゆえに殺された。それは、西欧近代合理主義、マルクス・レーニン版のいわゆる「君主制打倒」よりも、すぐれて過激な土着した革命の思想戦であった。

それに理会しようとしない・唯物功利の野干《やかん》どもは、牧口常三郎の愛国的言辞を捉《とら》えて、ファシズムに迎合した、ウルトラ右翼だったと称する。とりわけ日共御用ルポライター・溝口敦の論理はそれに尽きるのである。君は活社会を、〝時代〟を見ていない。

春秋の筆法を以てすれば……、牧口の同時代人である高山樗牛《ちょぎゅう》・国木田独歩・島村抱月・徳田秋声・田山花袋《かたい》、そして「大逆事件」の幸徳秋水（いずれも牧口と同じ明治四年／一八七一年生まれ）も、正岡子規・幸田露伴・南方熊楠《みなかたくまくす》（六七年生まれ）、北村透谷《とうこく》・徳冨蘆花《ろか》・横山大観（六八年）、木下尚江《なおえ》（六九年）、西田幾多郎（七〇年）、樋口一葉・島崎藤村（七二年）も、右翼であると、括り棄てられる。

なぜなら、「明治ノ青年」の言うなら第二世代に属するこれらの人々は、世界を見ながらもなお色濃く、ナショナリズムの心情を有しているからである。

二十《はたち》にして心すでに朽ちて、「虚無のうき世に君もなく臣もなし」というニヒリズムに徹底した・樋口一葉ですらも、御一新の残影《グリムプス》を脱し得ずに、〝国事〟を憂えていたことを溝口敦よ想え、君の眼は戦後的常識に曇っている。歴史に参究せよ、ルポルタージュとは何かを、事実に即して文章をつづるものの思慮と責任を、胸に置きたまえ！

そうさ、竹中労は心優しく君に対しておる。頭のあまりよくない、実証的でも論理的でもない君の営為に、失望すまいと心懸けている。もっとも学会の側にもご同様の半可通がいて、リング外に折角たたき出した負け犬の尾を踏み、反撃のきっかけを与える、まことに以てラチもない態たらくではあるが。

……明治十一年、国情は不安であった。西南の役の余燼《よじん》は消えやらず、大久保利通暗殺とあい前後して、北陸富山県伏木港に窮民蜂起、石川県江沼に農民の大騒擾《そうじょう》おこる（六月）、九州高島炭坑暴動（七月）、そして八月二十三日深夜十一時半、近衛砲兵大隊二百余名が脱営、山砲を皇居にむけて直訴に及ぶ。

〔近頃人民苛政ニ苦シムニヨリ、暴臣ヲ殺シテ、以テ天皇ヲ守護シ、良政ニ復シ度ク〕（埼玉県秩父郡小森村出身砲兵大隊兵卒・田島森助、口述書）

全員逮捕、そのさいの死亡一名・自決一名、死刑五十三名。さらに翌十二年、連累者二名が処刑された。「竹橋事件」と呼ばれるこの反乱は、今日に至るまで真相を明らかにされていない。巷間流布された風説は言う、西南戦争に呼応して挙兵を図り、同年六月逮捕された元老院幹事の陸奥宗光《むつむねみつ》を獄中から奪還し頭領にいただいて、クーデターを行わんとする計画であったのだ、と。

関東・信越・北陸・東海道へ、長旅の巡幸を発する僅かに七日前、〝帝都〟はミカドの軍隊、しかも膝下の近衛兵士の造反に震撼したのである。

このように見るとき、佐々木高行「旭かけ匂ふ御旗を」の三十一《みそひと》文字は、切実な安堵のニュアンスで理解されねばなるまい。〝神々〟のオン・パレエド、天皇旗をひるがえして進む鳳輦と、文武百官は、薄氷を踏んでいた。

明治天皇は、生涯に八十八回の巡幸を組んで、日本全国を隅々まで行脚《あんぎゃ》した。そのうち一カ月半～二カ月余もの長途は、＊十年代に集中している。つまりこの間に、〝神権天皇制〟のオルグ旅・民草をなびき伏せる地均《じなら》しを、新政府はやり遂げねばならず、そのことに命運を賭けていた。

風は高みからだけではなく、足下に吹き荒れる。柏崎から親不知《おやしらず》の険をこえて、越中&越前へ……

窮民の一揆、不平士族のテロ（大久保利通を暗殺したのは石川県の島田一郎・長《ちょう》連豪ら、西郷軍に加担した士族残党であった）。

そして**自由民権・反政府運動**の嵐うずまくただ中を、〝神々〟の行列は往《い》く。ちなみに各地における奉迎は、暗殺の恐れのない小学生を、前面に堵列《とれつ》させるようにと、指示されていたのである。

＊一八五二年生まれの明治帝、そのころ20歳後半。

天皇巡幸vs自由民権

板垣退助いわく、〔苟《いやし》くも歴史の真相を究《きわ》めんとする者は征韓論を以て、明治朝党、野党の分水嶺と為《な》し、藩閥と非藩閥とこれより岐《わか》れ〕（『自由党史』・題言）、自由民権の運動が興ったことを知るべきである、と。

西郷のいわゆる〝征韓論〟、さらには挙兵に至る真情を・現在ふうに言えば「維新の永続革命であった」、という評価はこんにちほぼ定説となっている。西南戦争の敗北はかえって、反政府の運動の源流を形成し、板垣らの同志にうけつがれて、自由民権の水脈を全国にめぐらす結果となった・云々。

偉人・英雄を好まず、『庶民列伝』の語部《かたりべ》である私は別の考えをいだくが、それはさておき、天皇巡幸の情景に筆を戻そう。中央公論社版『日本の歴史㉑／近代国家の成立』（色川大吉述）によれば、天皇巡幸のプログラムは、〔地方の代表的名望家の私邸への集中的な歴訪〕を柱に組まれている。前章で述べた、荒浜村の大牧口家への立寄りも、とうぜん予定のコースであった。

〔天子さまが足をとどめた、ということだけで末代までの誇りになった。親しく軒《のき》をくぐられ、休息されあるいは泊ってゆかれたりする。その上、過分の金品を賜わった〕と言うのだが、これは少々おかしい。

柏崎で天皇から下賜《かし》された西南戦争の犠牲者・弔慰金は、一家あたり五十銭。その見返りに（?）、寺泊《てらどまり》までの道路の改修費、二百八十九円八十一銭六厘也を、地元は負担している。寺泊・出雲崎など沿道の町村を合せると一千円十九銭五厘、荒浜村分担は四十三円十六銭、一戸に平均して三十三銭弱である。

さらに人足代・接待費等々、多額の赤字を計上しているのだ。どう勘定してみても、持ち出しである。こまかいようだが、庶民のお味方としては気になる、台所をのぞいてみよう……。

〔ご中食〕

鯉（目ノ下一尺五寸）五十銭、甘鯛（大二尾）三十二銭・二十八銭、鯛（同）七十銭・六十八銭、きす（二十尾）一ツ五銭、泥亀《すっぽん》（五百匁二匹）献上、百合根（大二ケ）一ツ三銭、間引菜（一盛り）一銭、とうふ（二丁）一銭六厘、卵（二十ケ）一ツ一銭、氷（十五斤）一斤五厘

――以下略、『寺泊・御巡幸記録』より――

これは、天皇と付人《つきびと》のみ。現在の貨幣価値に換算をして、仕込みざっと十万円ほどか？

岩倉具視以下大官は、それぞれお供をひきつれて分宿・総勢実に七百九十二名、膳部《ぜんぶ》を合計すれば幾らになる!?　ご下賜（賄料《まかない》及び茶代）百二十五円ポッキリ。寺泊町の道路改修負担金は、百七十六円五十銭六厘。

下々の視座から見た巡幸とは、かくのごときものだった。何のえよう栄華、〝世直し〟梵天《ぼんてん》・大明神、西南の役いま一度と激昂する野党がいてとうぜん。そもそも越後は反中央、〽天皇御趣旨はまやかしものだよ（『栃尾郷騒動』・アホダラ経）と、農民暴動をくりかえしてきた。「党ヲ樹《タ》テ強訴シ、或ハ相率《アイヒキ》イテ田里ヲ去ル事勿《ナカ》レ」という御一新のお達しなど馬の耳に念仏・蛙の面に水。

明治二年・己年《きねん》の困窮、柏崎県一円大凶作。あけて豪雪の翌三年三月、百姓不穏の動きあり。七月に至って食糧底をつき、塩谷の元庄屋・藤七を先頭にして一揆おこる。

〔下層民衆は早鐘をつき、かがり火を焚いて〕（『栃尾市史』上巻、Ｓ52）、これに呼応し・秋葉山に集結。たちまち五千余にふくれあがり、県参事に直訴して要求を貫徹する。世に言うところの「藤七騒動」、農民運動の草分けであった。

……さかのぼって天保大飢饉、幼児を川に流して口減らしをする庶民の窮乏・悲惨を、国学者生田萬《よろず》（『荒浜村誌』記録によれば幾田）は書き残している。天保八年（一八三七）、生田は神道無念流の達人・鷲尾甚助ら五人の同志と共に、柏崎陣屋に斬りこんで死んだ。

この挙に先立って、陣屋に一万両也を貸付けていた荒浜の〝慾ショウ〟牧口荘三郎の屋敷を打ちこわし、村人たちに一味同心を呼びかけた。百姓彦三郎、「奉天命誅国賊」の旗を掲げ持ち、そのほか多勢と同行、哀れ極楽寺（大牧口家の創建）門前で首を刎《は》ねられる。

生田萬らは〝大塩党〟、すなわち大塩平八郎の志をつぐ者と称した。牧口常三郎誕生、四半世紀前のことである。この事件は、荒浜の村人に語りつがれた。人々はたんに、〝慾ショウ〟の金権・経済支配に忍従を強いられて、砂岸に奴隷の生活を送っていたのではないことを、少年は口碑から学んだのである。

伝記に描かれた常三郎は、秀才の誉れ高く・学業抜群で、「優等生の牧口」と呼ばれていたと、言うならばガリ勉屋のイメエジを強調されている。初代会長にいささかの距離を、学会員が感ずるのはそのためではあるまいか？

だが、少年の怜悧な魂は、「膨張的人間」をつくる・いま一つの要因を、ふるさとの風土と歴史から吸収していた。それは、**自由と独立の精神である**。

少年は言葉の最も正確な意味で、〝問題児〟だった。すくなくとも、俗に言う模範生などではなかった、と私は想うのである。そうでなければ、牧口常三郎・生涯の叛骨、権力に立ちむかってただの一歩もたじろがなかった酷烈な意志、そのよってきたる所以を、説明できないではないか？　いましばらく明治十年代の時事に低徊して、少年の知・情・意をはぐくんだ外因を考察することにしよう……


越後における最初の政治結社は、明治十年（一八七七）、中頸城《くびき》郡・原之町に創立された明十社である。翌十一年には東頸城郡の有志が弘毅社を立て、さらに高田に同志社が生まれ、〔大勢はとうとうとして反政府思想に傾き、「自由民権・藩閥打破」の声は日ましに高くなった〕（渡辺慶一『わが町の歴史／上越』S57、文一綜合出版）明治十二年十月、県会開設。

西蒲原《にしかんばら》郡選出の山際七司《しちし》は議政壇上で自由民権を説き、議員たちに感銘を与える。山際はのちに十四年、板垣退助と共に自由党の創立メンバーとなった。このとき、『新潟新聞』主筆で、県会の書記を兼ねたのが尾崎行雄（咢堂）、後年の〝憲政の神様〟である。

明治十三年七月十日、柏崎ではじめて政談演説会をひらく。長岡の土屋哲三・藤野友徳熱弁をふるう、題して「自立の精神は民権の基礎」。以降例年の催しとなり、東京から馬場辰猪《たつい》（自由党副議長）らを招いて、反体制派の運動は野火のごとく、県下にひろがっていった。十四年・板垣退助が遊説、高田の浄興寺における演説会に、聴衆四千人を集める。言うならば「天皇巡幸VS自由民権」。

民衆の軍配は、自由民権に挙げられる勢いだったが十六年三月、「高田事件」おこる。

これより先に中央と呼応して、「頸城自由党」が結成されていた。十五年十月二十七日・上越高田で示威運動大会、先頭に「自由」のむしろ旗を押し立てて行進、参加者二百名。〝毛髪《もうはつ》皆鳴《みななく》山嶽《さんがく》党《とう》・血痕《けっこん》染成《そめなす》自由花《じゆうのはな》〟と大書した幟《のぼり》を躍らせて、『仏蘭西《フランス》大革命之歌』（マルセイエーズ？）を高唱、市内狭しとねり歩いた。

……こえて十六年三月二十日、頸城自由党の赤井景《かげ》詔《あき》（小学校教員）以下三十六名、「内乱ニ関スル罪ノ事件ニツキ訊問ノ筋有之《コレアリ》」という疑いで拘引、要人テロを共同謀議したと称する、でっち上げ逮捕だった。

〝主犯〟の赤井は重禁錮九年、東京に送られ石川島監獄に繋がれ、獄中知りあった大久保利通暗殺の一党である松田克之と脱走、翌十七年七月二十七日追捕され、刑場の露と消えた。享年三十歳、遺書〔丈夫ハ玉砕スルモ瓦全《ガゼン》ヲ恥ズ、生キテ奴隷ノ民タランヨリ死シテ自由ノ鬼トナルニ若《シ》カズ〕。

自由民権の運動は、かくて圧殺された。その揺動が少年の耳に・胸底に届かぬ理由は、ない。明治の精神年齢は十三歳で、すでに青春であった。まして村一番の利口者よ、「勉強の牧口」よと呼ばれた天才少年である。〝時事〟の数々は、烙印《らくいん》のようにその脳裏に置かれたにちがいない。

柏崎の演説会を、おそらく大人たちに叱られるので、窓からそっと窺《うかが》い聞き耳を立てている少年の姿を、私は瞼に描く。思い入れか、空想にすぎないか？『柏崎編年史』（新沢佳大《よしひろ》編集／S45、柏崎市教育委員会発行）上巻には、明治十五年九月の政談演説会で祝辞を述べた少女・西巻開耶《さくや》、「律（讒謗律）ニ触レテ罰金一円五十銭」とある、数えで十九歳。

滔々たる時代の潮流、一波万波は荒浜村を洗う。少年は深刻にものを思う年齢に、青春の戸口に立つ。〝神々〟の行列と自由の敗残、鬩《せめ》ぎあう権力闘争、その頂点にあるのはなぜか、いずれも天皇であることの謎を第二次世界大戦後になって、新潟生まれの無頼の作家が解き明かしてみせる（坂口安吾）。だが明治の少年はいまだ、その矛盾を垣間《かいま》みたにすぎない。

滅びゆく砂岸のふるさと

▽明治十一年（一八七八）・承前

12・5　山県有朋・参謀本部長就任。

12・15　新橋・横浜間、公衆電報とりあつかい開始。

12・25　両国若松町の米津風月堂にて貯古齢糖（チヨコレート）、発売。

12　丸善、筆記用インク創製。

〔註〕巷には、インフレ風が立ちそめていた。西南戦争の軍費四千百五十六万八千円を、不換紙幣の乱発でまかない、財政は危機に直面する。一方強権による勤奨も、実質三〇パーセントに充たない児童しか就業させられず、「人民の詐偽千変万化」の徴兵忌避が流行し、各地に失踪者一万一千余人。

▽明治十二年（一八七九）　＊牧口常三郎・8歳

添田唖蝉坊《そえだあぜんぼう》のうたえる、〽金チットン貸してんか?チトチットン　チットントン。〔明治十二年から十八年の間は、有名な不景気時代、世上一般非常なる金融逼迫で、破産倒産者が続出をした。此の頃、越後新潟の色町では、〽日向《ひなた》山（遊廓所在地）から谷底見ィれば、身代限りの花が咲く、という小唄が流行したほどである〕（『流行歌明治大正史』復刻版／S57、刀水書房）

1・4　梟首《さらしくび》、廃止さる。

1・31　女賊・高橋お伝、処刑。

3・11　琉球王に廃藩置県通達、東京居住を命ずる。
（31　処分官・松田道之、二個中隊をひきいて首里城に進駐し、王尚泰《しょうたい》に新政府への臣従を誓わせる）

3・14　コレラ、四国松山で発生。

5・10　政談演説流行につき、政府は官吏の参加を禁止する。

6・4　東京招魂社を別格官幣・靖国神社と改称する。

〔註〕靖国神社は、内務省・陸&海軍省共同管理の下に置かれて、〃神権天皇制〃の総社《そうじゃ》となった。春秋二回の例大祭・及び新祭神、——つまり戦死没者である合祀の臨時大祭には、天皇参詣が恒例とされた。これは、「国家神道」における現人神である天皇おんみずから、臣下の霊に跪拝《きはい》するという異例、破格の処遇を意味するのである。

7　新潟県下に、**コレラまんえん猛威をふるう！**

〔註〕虎列刺《これら》・俗称「コロリ」は、幕末から全国的流行をくり返した。先年、中国の厦門《アモイ》から英国軍艦がもたらしたコレラは死者八千二十七名を出したが、潜伏して爆発したこの年は、十数倍するすさまじい勢いで、患者全国に十六万二千六百三十七名を算《かぞ》え・死者十万五千七百八十六名に及んだのである。

いま私の手もとにある資料（『コレラ岡山』ほか）は、三カ月の間にニッポン全土に伝染した病魔の恐怖を、累々《るいるい》ともの語る。

新潟県内に患者が発生したのは、七月七日であった。当局は病菌を媒介すると信じられていた、魚介青果物販売を禁止、魚野川・信濃川渡船の検疫を実施、だが応急処置は無力に等しく、死者三千三百十四名に達し、米価高騰の社会不安は八月、窮民暴動を誘発する。

漁&農家・婦女子をまじえて、暴民は警察分署・避《ひ》病院・通行人検疫所を打ちこわし、竹槍と投石で抜刀隊と白兵戦、死者十三名を出して、鎮圧された。県下騒擾件数は、十一件に上る。ちなみに全国最大規模の事件は、埼玉県における避病院建設に反対する農民暴動、処刑者六十一人。

7　東京府癲狂院《てんきょう》を開く（のちに松沢病院・精神科第1号）。

8・31　明宮嘉仁《はるのみやよしひと》親王（大正天皇）が生まれた。

10・27　徴兵令を改正、『徴兵忌避の手引』ベスト・セラーとなる。

11・3　天長節祝賀、夜会催される。

11・30　第一回競馬、戸山陸軍学校の馬場にて挙行。

12・8　頭山満・箱田六輔ら、「筑前共愛社」を設立、国会開設を請願。

▽明治十三年（一八八〇）　＊牧口常三郎・9歳

1・1　内務省戸籍局、国内全人口は三千五百九十二万五千三百三十三人、と発表。内・東京府九十五万七千百二十人。

　もと両替商・古金屋（古金銀取引業）安田善次郎、資本金二十万円を投じて銀行設立。

1・26　北海道函館に、西洋式洗濯《クリーニング》促成所開設。

2・12　陸軍省、下士官・軍関係学校生徒の政談演説会傍聴を禁止する。

2・17　ペトログラードにおいて冬宮爆破、アレクサンドル二世暗殺未遂。

4・1　三菱為替店、開業。

〔註〕三菱財閥の元祖・岩崎弥太郎は、天保五年（一八三四）極月、一領具足と差別された土佐藩貧乏郷士の家にうまれた。吉田東洋の門下生となり、後藤象二郎の知遇を得、坂本龍馬と親交を結び、幕末&維新の動乱を遊泳して、政商資本三菱の基盤をつくる。

明治四年・廃藩置県のさい、旧藩船の払い下げを独占して、海運業界に進出、前章で述べたごとく大久保利通と結託をして、軍需に便乗し巨利を摑んだ。とくに西南戦争にさいして、〝死の商人〟岩崎弥太郎は官軍の兵站《へいたん》を請負い、投機的な濁富を築いたのである。

かくて・牧口常三郎の流離に、本稿のテーマはちかづく。『明治漁業開拓史』（二野瓶徳夫著／S56、平凡社選書）を見よう。

十七年十二月、農商務省の報告によれば、「世運ノ開進ニヨリ、ヨウヤク日本形船（和船）ヲ西洋形船ニ改造スルモノ年一年ニ増加シテ、且《カ》ツ漁網ナドニ綿糸ヲ代用シ、大イニ麻の需要ヲ減ズ」とある。『人生地理学』十三章〝砂岸と人生〟で牧口常三郎が述べた特殊産業、〔はたまた越後の荒浜に産して、北海道全道の需要に供する」漁網の家内工業は滅び去ろうとしていた。

荒浜漁網の材料は、県内及び信州産の麻糸（苧麻《まお》）。だがすでに、「明治十一年ヨリ専《モッパ》ラ綿糸ヲ用ウ」状態であった。『明治漁業開拓史』は言う、〔注目すべきは、網材料の綿糸が輸入品であったということである。それは、おそらく一般的な事情と考えてよいと思う〕

安くて丈夫な外国産輸入綿糸を日本に運んだのは、言わずもがな三菱。綿糸網の価格は苧麻網の半額以下で、しかも「取扱上軽便ナルタメ、漁夫ノ数ヲ省クコト」が、網元の人気に投じた。

明治十九年、『荒浜村誌』は不況に見舞われた郷党の惨状を、以下のように綴っている。〔数年来打続きたる不漁と共に、網民の一大打撃を受くる所となり、其の困難、殆んど極に達せり。牧口義方氏は粥《かゆ》汁を焚き出してこれを救う（中略）、有志は東奔西走して資金を募り製塩所を設立、職に就かしめて窮民を救惨す、然れども数年ならずして熄《や》む〕と。

十四歳の牧口長七が、ふるさとを離れ北海道に渡ったのはその前年、「打続きたる」窮迫のさなかであった。

〔ある日、長七はとつぜん北海道に行くことを決意するのである〕（聖教新聞社編『牧口常三郎』）などと、迂闊《うかつ》に言ってしまってはいけない。可能な限りの史・資料を集め、その重層する行間を身読すること、創価学会初代会長の生死烈々、そこによみがえる。くちはばったいが私は、このルポルタージュに、これまでに体得した方法論のすべてを投げ入れて、語られざる牧口常三郎の〈幼・少年時代〉を、〃傍証〃しようとしているのだ。掛値なしに、真剣なのである。

だが・その非妥協の故に、連載の蹉跌をまねくのではないかという危惧をも、いま抱いているのだ。志を同じくする一人は去り、〃自由と敗残〃の苦い思いがふと胸をよぎる。……せめて、インタビューした人々の聞書をすべて収録するまではと、感情を抑えているのである。けっして最悪の事態にならぬよう、この営為を継続する努力を、読者の皆さんと分けあいたいと切に希望する。

さて、大正元年に刊行された『荒浜村誌』には、『人生地理学』とまったく同じ文章を、見いだすことができる。〔砂浜を構成する細砂は、暴風に伴いて飛散し（略）、生産を害し人家を埋め、徒《いたずら》に所在住民を困阨《こんやく》に陥らせしむるは実に尠少《せんしょう》なりとせず〕

以下、〔この寂寞《じゃくまく》たる生地を見捨て他に移住する、能《かな》わざらしむる所以の最重なるもの〕とそっくりそのまま、牧口常三郎の叙述を引用している。

つまり、『人生地理学』に描写された砂岸の情景は、荒浜村を映しているのである。私たちはそこに、「他に移住する能わざる所以」を、牧口常三郎・流離の原因を発見する。少年は生地を捨てた、そう・寂寞たる滅びゆく、敗残のふるさとを……。

ニシンを盗む子供らよ！

少年は、ふるさとを離れた。北海道に渡り、けなげに自立しようとする。

明治十六年太政官布告「北海道転籍移住者手続」により、資力なき者に限り無賃渡航を許し、陸路一里につき五銭を給付することを決めた。農民には種子料一円五十銭、家賃料一戸十円、及び営業器具代として八円五十銭。新潟では、〔到底、農業ノミヲ以テ生計ヲ立ツルニ足ラザル〕（『長岡の歴史』）県下窮民を、沃野千里の開拓村に移す計画が実行される。

旧長岡藩士・三島億二郎らが「北越殖民社」を石狩国江別に興し、越後村を経営するのはくだって明治十九年一月だが、先駆者はすでに北海道の新天地に発展していた。柏崎県小参事・森源三、後年の札幌農学校二代校長の名を、読者はここで記憶に止めておいていただきたい。

戊辰《ぼしん》戦争で、河井継之助《つぎのすけ》と共に官軍と死闘して御一新後、〝賊軍出身〟の北海道開拓使となった森源三、その人について私には一つの予断がある、牧口常三郎の才能を見出し札幌師範学校にまなばせた森長保（小樽区警察署長）、同姓のふたりの間には、脈絡があるのではないか？

史・資料の提供を、と読者並びに学会の地方組織に呼びかけているのは、〈幼・少年時代〉の空白を、仮説を立て焦点を結びパースペクティヴに、埋めていくためにである。是非とも、ご協力をいただきたい。この章で流離の動機をほぼ明らかにすることができたと私は思う。では、硬い文章でご退屈サマ、荒浜村にてご案内申しあげます。

〔石崎陸夫・荒浜小学校校長との対話〕

竹中　やはり、荒浜は総体として・貧しい村だったのですね。

石崎　それはもう、新田《しんでん》にこんな話がございましてね。

竹中　新田と言いますと、最下層の。

石崎　ハイ。水夫《かこ》や零細漁民を、囲いこんだ地域でした。もっともそれは昔の話で、いまは旧本村よりもずっと活気があります。

竹中　原発補償で？

石崎　それもありますけれど、つまり時代が変ったのです。この学校も元は、牧口荘三郎氏が建てたものですが、忘れ去られておりましょう。明治十一年に校舎を新築しまして、十六年には新田に分教場を設けております。牧口家はじめ村の有力者から寄附を得まして、教育は充実していったのです。

竹中　牧口常三郎さんも、校旗を寄贈しておられますね。

石崎　大正十三年、開校五十周年記念としてお受けし、今日まで大切に保管をしています。牧口先生はその当時、東京荒浜会の代表者でいらして、校旗の他にご著書や金品等を、母校のためにと度々贈られているのです。

竹中　なるほど、ところで新田のお話ですが。

石崎　ああ、これはですね。分教場を設けたのは、雪と寒風がはげしくて冬期通学困難だというのはタテマエ、実は未就学児童に手を焼いておったんでしょうな、新田はまことに貧しかった。子供たちは塩鰊《ニシン》を積んだ荷馬車を追って、かますに穴をあける、落ちたのを拾うわけです。ハッキリ言ってしまえば、飯のおかずを盗んでくる。

母親は人前では叱りますけれど、家に帰ってくると、隣の子は三匹稼いだのにお前は一匹だ、この甲斐性なしと拳骨《げんこつ》をくれる。

竹中　あー（嘆息）。

石崎　そのような環境でした。とくに不況の昭和初期は、実に惨憺たる状況であったと聞いております。

竹中　明治も、そして大正も。

石崎　ハイ。

竹中　それで、故郷を捨てて。

石崎　出稼ぎに行ったきり、戻らないものもいるわけです。牧口先生の実父・渡辺長松でしたか、この人などもやはりそのくちじゃないのか。

竹中　常三郎さん、ご自身も。

石崎　そうでしょうな、今とちがって小学校を了えると、丁稚奉公に出るのが常識だったのですから。

……荒浜には、雪がなかった。正確に言えば、烈風が砂まじりに雪を捲きあげて吹き散らしてしまうのである。聞きしにまさる、砂岸の凄絶な情景ではあった。小学校をおとずれ、〝慾ショウ〟邸跡を歩き、無人と化した駅を見た。

山川草木転《うたた》荒涼《こうりょう》、そこに生まれ育ち骨を埋め、あるいは流転の運命をたどった・無告の庶民を想うとき、「過去を語ろうとしなかった」牧口常三郎、その真情に理会できるのである。いささか大胆な、〝定説〟を根本からくつがえす、推論を以下に展開する。

養父・牧口善太夫は、荒浜の戸長ではなく、有力者でもなかった。廻漕業者であったということすら、実は疑わしい。荒浜小学校『新築費寄付者芳名』、その他の記録に善太夫の名は見当らない。

寄付帳は牧口義矩の千円を筆頭に、賢炸（牧口元美氏祖父）以下が名をつらね、中流クラス四十五円也に、常三郎夫人となるクマの父・牧口熊太郎（家号キンシロウ）、生みの母・イネの再婚先である柴野杢右衛門《もくうえもん》（モクン）が並んでいる。

これは、明治三十三年、新校舎落成のさいの寄金である。善太夫はその前年死去しているのだから当然、と考えてはいけない。杢右衛門も亡くなっている。まずは記名して・傍線をひき、せがれの和一郎（常三郎の異父弟）の名を添書きしているのだ。同じ例は数多く、または寡婦の名儀になっている。

善太夫の妻、トリの名はない。常三郎自身はといえばこの年、北海道師範学校舎監となっている。裕福ではなくとも、相応の寄付に応じられるはずだが、彼の名もこの記帳にはない。求められなかったのか、それとも別の理由・心情があったためか？

いずれにせよ、常三郎養家の系譜はここで・ぷっつりと途切れている。小樽の叔父と称する渡辺四郎治、この人の名も県外寄付者の中にない（金五十銭に至るまで記帳されているのだが）。そもそも、善太夫とトリの間に実子はなく、常三郎は唯一人の養嗣子だった。その後継ぎを家から出すのには、よほど深刻な事情があったと考えるべきなのである。

また村の公式な記録に、戸長としてはもちろん、どのような役職にも善太夫は登録されていない。廻漕業者であったということも、単なる伝聞にすぎないのである。おもうに仲買人か、下請けの製網業者といったところ、そして前に述べた明治十年代・恐慌の生存競争に、早くも落伍していたのではないか？

家を出されたのではなく、みずからの意志で・無断で、常三郎が北海道に渡った、などということはありえない。親権者の同意がなければ、渡航の許可を得られぬからである。ましてや、無賃乗船の〝恩恵〟に浴することはできない。

もし、善太夫は五十石程度の小船を持っていた・小廻漕業者だったと仮定しようか、時化《しけ》を喰らって沈めば一夜乞食、たとえ無事であろうとも商いになる時代ではもはやなかった……

おそらく・善太夫は、向学心に燃え大人びた問題児である養い子を、「八方ふさがり」の苦境から、**とき放ったのである**。すでに述べたように、コレラ禍・自由民権運動弾圧・網子恐慌と眇《びょう》たる砂岸にも、〝文明開化〟は恩恵と等しく災厄を運んでいた。

斎藤正二『若き牧口常三郎』は、牧口常三郎・流離の根底に、〝開明〟という精神があったと言う。この措定《そてい》は、半分正しく・半分まちがっている。少年は、なるほど自由の新天地に憧れて、勇躍もしたであろう。だが、一面に敗残の昏い感傷をも抱いていたのである。そう、〝開明〟とは光であり、同時に暗黒であった。日本海窮民・海士の子にとって、脱出口はさらなる北の国にしか開いていなかった。

そこには闇があり、闇を照らす一点の灯に、自身がならねばならなかった。

……開拓《フロンティア》、とこれを言う。人間の魂に鍬《くわ》を入れる開拓者として、牧口常三郎がいかなる荊棘を踏んだかは、北海道篇でもの語ろう。「牧口常三郎伝」年譜にはないが明治三十二年、養父の葬儀に常三郎は荒浜に戻り（そのことは法華寺の牧口家墓石が証明している——明治三十二年・建之《これをたつ》）、養母の落着先を決め、諸事万端を整理したのだろう。ゼンデの家は、こうして絶えた。新校舎寄付帳の善太夫の名も、トリの名もない理由はそれで納得できる。

帰郷のさい、とうぜん母校を訪問して儀礼を欠かさず（常にそうしていた）、事前に賛助をしたのであろうか、喪中に金品を請うことを学校側が慎んだのか、詮索は無用である。鬱屈した感情は別にあった。

明治の人にとって、「孝」は忠につぐ倫理の根幹。後年になって教育勅語を、「人間の最低道徳」と言いきった牧口常三郎だが、どたん場に没落をした養家を棄てて、「孝」に叛《はん》いた自責は重くかつ深かったにちがいない。

明治二十八年、家を出て十年目、彼は故郷に錦を飾ることができた。〔北海道尋常師範学校訓導・牧口常三郎氏は今回滞京を命ぜられたるが、右は文部省開会「小学校単級教授法教習会」に〕（『教育習報』）、北海道を代表して出席する晴れ舞台であった。このとき帰郷して、牧口熊太郎の二女クマをめとり、北海道に帯同している。新婦は十九歳、さらに明治二十九年にも上京して、「文検」地理科合格。翌三十年、二十六歳で母校の助教諭に任命された……

出世間という意味でなら、親の期待に応え・郷党の名誉を担うことができた、「孝」を全うしたと言える。だが牧口常三郎という個性は、その間に養父母が負った犠牲を、片時も忘れようとはしなかった。明治という時代に生き、自由と敗残のあざなえる宿命を味わった人間のそれが、倫理であった。

少年の日々の想い出を、決して語ろうとせず、「君ニ忠ニ親ニ孝ニ夫婦相和シ朋友相信ジ」というミカドの道徳律を、最低だと言ってのける過激に、私たちはようやく合一する。

牧口常三郎は生涯、塩鰊を盗んで親をよろこばせる郷党の窮民の子らの「孝」に、後ろめたい感情を抱きつづけたのにちがいない。創価学会・庶民信仰の原点は、ここに存立する。

〝神権天皇制〟を超克して、赤子平等のマナイズムを民衆の幸福に転化する白道を、初代会長は指し示しているのである。

――あなた方は、鰊を盗む子供たちである。私はつきしたがおう、もし来って罰しようとするものあれば私を鞭打て・殺せ、それは家郷の苦惨を見捨て時代に選ばれた人生を歩んだ、私の贖罪なのである、と。

往時は風雪に飛散して……

ルーツをたどり、荒浜村の牧口常三郎ゆかりの人々、牧口友蔵・品田充・柴野孫七郎（柏崎在）、そして学会員である上野正雄さんなど多くの方から、熱心な協力を得た。そしてけっきょく、肝心なことは何もわからなかったのである。

牧口氏――「クマ夫人の縁者で、私はあるわけですけれども、地元には資料は残っていません。ええ何一つ、みごとにないのです。常三郎さんの著書は、どの家にもありました。むずかしゅうてようわからんが、荒浜村にも偉い人が出たと言って、自慢にしてたんですケ。手紙もいただいて、子供心にも達筆じゃなァと思うたことでしたが、これが完全に消えてしまっている」

「戦時中、私は地元におらんかったもので・ようわからんのですが、監獄に入れられたとき、怖ろしいとみな燃してしもうたと聞いております」

品田氏――「私は長いこと、柏崎の市役所に勤めておりまして、『編年史』編集にもたずさわってきたのです。北川省一先生は、牧口常三郎のことが一行も載っていないのはけしからんと怒られるわけですけれど、ナンもないものは載せられません」

「それはとうぜん、常三郎先生を頼って東京に出た、我々の親たちがうけた恩を忘れているわけではなく、この通りアルバムにも記念写真を残しておるのです。だが・文章はやはり、牧口友蔵さんの場合と同様、きれっぱしもありません。これは私の想像ですけれど、燃したというより、警察に押収されてしまったのじゃないでしょうか?」

そうした抹殺の嵐の中で、牧口常三郎が寄付した荒浜小学校校旗と、『創価教育学体系』が保管され現存しているのは、まさに奇跡と呼んでよいのである。「記念館」よりも正確な伝記をと私が言う意味は、建物だけを造り上げたところで、〈幼・少年時代〉をもの語る資料、すなわち容れる中身があるまい、というごくごく常識的な老婆心に発する。

学会が、選挙に挙げるエネルギーの何十分の一を、みずからの信仰のみなもとである、初代会長の生涯と思想を顕彰することに注ぎこめば、「記念館」を充実することはできよう。この連載の取材に、地方の幹部諸氏の熱心な協力を得た。新潟の金子重郎、秋田(現・鳥取)の山岡憲樹、北海道の佐藤好弘&長友陽介、岩手の姉歯武司、山梨の水守一勝クン。

そして、青森の後藤富雄さん……。あなたがたった一人で、吹雪の津軽を案内して下さったご苦労を、私は生涯の思い出として胸に置いております。正直言ってきつい旅でした、竜飛《たっぴ》・小泊《こどまり》にむかう途中で車が溝に落ち、エンヤコラヤと汗を流した記憶は、いまでもさわやかです。ついこの間も大分で、牧野光氏という知己を得てきました。

だれもかれもが、それぞれに個性的であり生々と人間的であるのに、〝組織〟は総体として硬直し非人間的である・なぜか? ハッキリと言わせてもらうなら、それは他所《よそ》ものに対して扉を開こうとしない、「宗団」のセクショナリズム、竹中労はしょせん・信心に縁なきもの書きよ、という排除の論理でありましょう。

野坂昭如・内藤国夫・山崎正友・原島嵩と、野干を斬っているあいだはよい。だが信仰の聖域に踏みこみ、初代会長の伝記を書き直すなど、僭越を通りこして危険である。ご本尊をいただき正宗に帰依するもののみ、牧口常三郎の人生を語ることができるのである、と。

だが、私は記述することをやめない。この連載はいちめん、「下ネタ」スキャンダルで低次元におとしめられた創価学会への批判を、〝宗教論争〟のレベルにひき上げる営為なのである。そのことに、理会をしてほしい。

しかし、疲れるのですよ皆さん、不要の資料を集めて・代金を請求されたりするとき、何のためか判らぬ多勢と・酒食を共にすると、物腰やわらかき大幹部に会って『潮』を彼が読んでいないこと明々白々であるとき、取材の席に色紙を持ちこまれ・何十枚もの（!）サインを求められるとき、etc。

前号で述べた不愉快・失望は、これら疲労の源とは関係これなく、より基本的見解の相違に属する。私は質実な人間であって、短距離はグリーン車に乗らず、ホテルはビジネスを厭《いと》わず、その土地の美味《うまいもの》&美禄《うまいさけ》、その土地の謡《うた》に出会えれば満足なのである。

ただ、孤独でいる時間を、取材のメモランダムを整理して、明日の予定を組む余裕を最低必要とする。仕事中なのダ、夜のおつきあい、カラオケ以てのほかである。取材を通じて、言えば御巡幸風に学会〝地方組織〟、日常の運営がプログラムされているのではないか？　という疑いを、ふと私は抱いた。

誤解なきよう、佳き人に会い佳き盃を挙げ、偕《とも》に歌うことを拒むのではない。義務でそれをするとき、ものみな退廃をする。その退廃からたとえば、原島嵩のような人物が生まれる。

何やら週刊誌で、再びはじまった反創キャンペーン、及び反・反論を一読して思う。「領収証論争」などという、次元の低いことはやめてほしい。ニギリメシが転んだ、カニしゃぶが突っ張った等々、信仰者の志操をおとしめ、世間の嘲笑をまねくのみなのだ。言わずもがな赤心をこめて、創価学会庶民に依拠し擁護する立場から、あえて学会幹部に苦言を呈する。

背後に一千万衆生・会員の期待あることを思え、いますこし格調高く破折《はしゃく》せよ、**野干の糞土に堕ちるなかれ**、と。

……さて、この章も終りに近づいた。牧口常三郎の足跡を追って雪炎える越路を踏査し、その人と時代におおよそ迫り得たと思うが、くり返して言う。資料があまりにも少ない、往事は風雪に飛散してしまった。

わずかに埋没する記憶を掘りおこす可能性は、学会それ自身の全体的な取りくみ、〝組織〟を挙げての真摯な参究の他にない。没後三十九年、初代会長の面影に接した人々は、会の内外を問わず櫛の歯をひくように去っていく、タイム・リミットである。今回、記述が故意に理に傾き、「聞書」のスタイルをくずしていることに、読者は不満であると思う。

つまり荒浜では、「具体的には」得るところがなかったのである。だが、その水際に立ち・砂吹雪に身を曝したこと、それにまさる取材はなかった。この颪はまぎれもなく、牧口常三郎の少年時代を吹き、この水は流離の岸辺につらなる。灰色の海のむこう佐渡は見えるか、声はきこえるか？

〔寒風頻《しき》りに吹て、霜雪更《さら》に降ざる時はあれども日の光をば見ることなし、八寒を現身に感ず〕（御書全集・九五五ページ、『富木入道殿御返事』）

〔命・限り有り惜む可からず、遂に願う可きは仏国也……〕（同）

不惜身命《ふしゃくしんみょう》ということ、家郷を捨てるその日、十四歳の牧口長七はこの砂岸にきっと佇《た》ったにちがいない。少年は何を想い、何を志したのか？　現在の敗残と・未来の願望としての自由と、一個の流民として、幼き漂泊者として旅立つ決意、〝予納されざる人生〟に少年は、一期の定命を賭けたのである。

詮ずるところは
天も捨てたまえ　諸難にもあえ
身命を期《ご》とせん
（日蓮『開目抄』）

庶民の証明としての〝出自〟

〔柴野孫七郎・聞書き〕

戸籍はどうも、アテになりません。むしろ寺の過去帳ですな、いろいろと匿《かく》された事実を知ることができる。私も七十六歳になって、もの忘れがはげしくなりましたが（と過去帳をとり出す）、たとえば大牧口の菩提《ぼだい》寺は、極楽寺だと言われているがこれは建てただけ、法華寺なのです。

あの荘三郎、「氷砕船」の網元であった人に義賢・義方・吉重郎という伜どもがいて、おたずねの牧口元美さんの祖父・賢炸さんは義賢の子です。大牧口を喰いつぶした張本人である義矩とは、つまり従兄の関係ですな。

義矩の子が義勝、これは東郷平八郎の命名で、姉にあたるさくらが総理大臣になった小磯国昭に嫁ぎ、次女のツル子・これが問題の女。義矩が芸者に生ませた子でしてね、それでお家騒動・破産没落とこうなるわけです。牧口善太夫、これが判らん。絶えとりますな、常三郎先生の義父という他に、何の手がかりもない。義母のトリという人も、まったく影が薄いのです。実母のイネさん、これは長生きをして中風を患いましたけれど、元気でした。しょっちゅう会っとったんだが、言葉がねえ、レロレロで……

もう晩年、ボケとりまして。亡くなる前にめずらしく訪ねてきたんですが、座敷ぼうきの先をひっこぬいて、楊子にしたりね。それから数日して、大往生を遂げられたんです。私、小学校の二年生だったが、戸がすーっと開いてね、風のように入ってくる夢を見た。

この葬式に、腹ちがいの弟の和一郎が常三郎先生を呼ばなかった、そのような事情もあったわけで、判り難いところが多いのです。ともかくゼンデ・善太夫は大牧口の直系ではない、これはハッキリしている。

評判をお聞きになったと思いますが、〝慾ショウ〟は荒浜に、ろくな置土産をしていかなんだ。あの原発にしても、土地を国に売った元凶は、大牧口の子孫であるわけでして、常三郎先生の名誉のために断言しておきますが、故郷に害をなした連中とは関係がないのです。渡辺長松、この人も判りませんね行方不明になったとしか。

北海道に四郎治という弟がいたということも、私は聞いておりません。この人の係累も荒浜村では絶えているわけでして、調べようがありませんな。

……私のとこはマゴジン、柴野孫次右門の一統、代々網をつくっとった。長岡から麻を仕入れてきて、冬仕事に人を雇う。春、といっても雪が消えてからのことですが、北海道方面に持っていく。六代目のマゴジンは函館に問屋を開きまして、明治元年にあちらで死にました。

子供心に憶えておりますが、砂浜にはずうっと網を干して、何とも言えぬ眺めだった。ええと、この六代目の弟・孫吉というのが、北海道の厚田《あつた》村に渡って、ニシン漁で大もうけをして、「御殿」を建てました。当時、明治十年代ですね、厚田村から銭函《ぜにばこ》・小樽にかけて、荒浜村出身者が幅をきかせていた。孫吉の一族は村の大親分格で、非常に威張っとったらしい。

孫吉の子で、孫一なるものがいる。これが厚田村小学校で、戸田城聖二代会長と同窓なのです。大正十五年に私は横浜に出て、それから上京する。「時習学館」戸田先生が経営しておられた、この塾の助教を務めました。

姉と一緒に常三郎先生のところへもご挨拶に参上をしたけど、最初は怖くて口もきけない、昭和二年でしたか、白金小学校の校長でいらした。

郷党のもの、とりわけて私もそうだが教員・あるいは教員志望の若者たちは、ほとんどみなと言ってよいほど、常三郎先生を頼っていったのです。あまり口をきかない方でしたが、慈父という表現がぴったりする、きびしい中に温情のある人でした。

戸田先生？　ああこの方はもうざっくばらんで、よく駅前の屋台で、おでんを肴に一杯やったものです。「孫一クン、どうしているかね？」と、きっとその話題になる。むろんまだ学会創立の以前だから、日蓮大聖人の話はありません。

それで折伏はされず、今日に至っております。ああ、常三郎先生がなぜ北海道へ、ということでしたね。私の聞くところでは遅い、むしろ当時は小学校を出るとすぐ年季奉公、二十歳《はたち》の徴兵検査まで働きに出るのが普通でした。女の子なら、女中奉公か製糸女工、「口減らし」が常態でありました。

だから、遅いと私は言う。養父の善太夫としては、学校はじまって以来の神童だった常三郎先生に、非常な期待をかけていたのでしょう。できれば柏崎、新潟で上の学校に入れたかった、しかし家計の事情が許さなんだ。それが、実のところではないか？　さきほど言ったように常三郎先生の出自《ルーツ》は、判らないことばかりです。折角お運びいただいたのに、ご期待に添えず申訳ありません。

だが、こうも言えませんか？　出自が明らかでないことこそ、**庶民の証明である**、と。地元の教育者とか・学者とか称されておりながら、研究が行き届かぬことの弁明ではありますが、そのようにお考えください……

第五章　花綵《はなづな》の海へ

あれはいずくの船じゃやら生死無常《しょうじむじょう》の
大海に、風にまかせて乗り出《いだ》す……
——『人生地理学』第10章・海洋

小木、「人情の町」にて

佐渡も、烈しい雪であった。

……三十三年前、昭和二十五年にこの島に渡った文芸評論家・亀井勝一郎は、小木港《おぎみなと》の印象を、〃落魄《らくはく》の町〃と書いている。〔住時の繁栄は、一片の昔がたりにすぎない。嘗《かつ》ては越前の敦賀、能登の七尾、越中の伏木、越後の直江津・寺泊あたりから、交易の和船が集ってきた。出船入船一日千艘とも伝えられ、上方の町人文化はここに流入したものである〕

だが・今はすっかり荒《さび》れて、〔しかし陰惨ではない。その零落のすがたには、かなしい気品がある〕（『佐渡が島』S25・6月号、芸術新潮）。十二年後、はじめて小木港を見た私の想いも、それに似ていた。両津《りょうつ》から国仲《くになか》を横切り、海を右手に見て走っていた車が山道に折れ登り降ると、そこはもう小木だった。

椿が咲いていて、小ぢんまりした家が三・四軒、細い谷川がと駆けぬける目の端に……　それが、たった五戸の学校町。

〔インタビュー〕学校町・伊藤家にて
斎藤三郎（71歳）農業・副支部長
伊藤良雄（61歳）農業
伊藤キヨ子（60歳）妻

◆

竹中　三十七年の十二月に、はじめて小木へきて、『ごんざや』という旅館に泊まりました。

斎藤　ああ、尾崎紅葉の。

竹中　ええ、お糸さんですか。紅葉が芸妓さんに惚れて、流連《いつづけ》をしたという。昔話も聞かされましたよ、「汗なんど拭いてもらって別かれけり」（笑）。とてもいい宿でしたが、造りはあまり古くないんですね。

斎藤　焼けたんです。昭和十九年ごろじゃなかったか、私ら兵隊に行っとった間に。

キヨ子　私が、十代のとき。
良雄　そうじゃなかろう、もうハタチすぎとったが（笑）。
竹中　閑散としていました。
キヨ子　一番さみしいんです、お正月前は。お客がいないからって、板前さんが家に帰っちゃうのね。
竹中　なにしろ、客は僕一人。むちゃくちゃ親切、朝食にイカの刺身が出て・あーッ美味いと言ったら、でっかい皿に山盛り持ってきてくれる（笑）、そばが名物だからって、女中さんが案内をしてくれる。お土産まで貰っちゃって、これがイカの一夜干し（爆笑）。
斎藤　小木は、人情こまやかだから。
竹中　ところが六年経って、夏に来てみたら……
キヨ子　観光シーズンですね。
竹中　今度は、むちゃくちゃ不親切。言葉つきまで変っちゃって、ゾンザイなんてもんじゃない、魂消《たまげ》てしまった。
キヨ子　それは、小木の土地の人じゃないんですよ、アルバイト。
良雄　新潟あたりからも、きよる。
斎藤　小木の言葉は、上方のなまりがありますでの、聞き分けられます。
キヨ子　でも、時代も変ったから。
竹中　十代のころは？
キヨ子　芸者街、それは情緒があったんですよ。
斎藤　さびれていた港が、軍需景気でよみがえった。センピョウセン、「戦時標準船」というのを造って。
竹中　和船、ですか？
斎藤　木造が主です。あぶれておった船大工を集めて、佐渡造船という会社をつくって、軍用船の蘭丸・民間の漁船・貨物船と盛大に建造をして、当時は町に金が唸《うな》っておりました。
キヨ子　憶えておるもんね、大きいの小さいのが沢山帆かけ船も図画に描く気にもならんほどいっぱい、港に群れていたんだから。
竹中　戦後、また不景気になって。
斎藤　どん底は、昭和二十五、六年だと記憶します。息が絶えたようになってしまって、昼間から街を歩いている者がおらんような、そんな状態でした。
キヨ子　若い人たちの働く場所が、全然ないんですよね、みな町から出て行ってしまったの。
斎藤　そのころは、木舞《こま》い屋根というやつですな。割木に石を載せた、粗末な家が多かった。
キヨ子　あらあら、このうちも木舞い屋根だったんだわ（笑）。

竹中　奥さんは、家つきですか？

キヨ子　はい。

良雄　私は婿養子なんです、もともとここの土地の人間じゃありません。

竹中　北海道、でしょう？

良雄　おや、よく判りますね。

竹中　道産子《どさんこ》なまりがある、私も聞き分けられます（笑）。

良雄　札幌生れです。このへんで言う松前稼ぎの逆で、北海道から赤泊《あかどまり》に一家移住して、百姓をやっておったんです。戦争が終って、沖縄の宮古島から帰ってみると、親父は死んでいました。田畑も人手に渡って、裸一貫。

竹中　どうして、土地まで？

良雄　私は、死んどったんですよ。

竹中　え!?

良雄　戦死公報が出ていた、沖縄戦で玉砕をしたと。無責任な、宮古には敵は一兵も上陸しておらんのに。

　復員局で公報の写しをもらって、空のトランク、いや空じゃない置時計一つと軍服のカラー、どういう心算かカフスも入れて、ふらーっと戻ってきた。みんなびっくりして、まあ色々とあったけど、何も言わないで、私は争わないことにした。生きて帰ってきたと、それだけで幸せだと、一人でやり直そうと。

竹中　ウーン、人間、なかなかそうは考えないものですがねえ！

良雄　虱《しらみ》に嚙まれないだけでも、ね。

斎藤　それは判るなあ、復員船の中でコレラが出たんで、二週間も上陸ができなくて、すごい虱なんだ。血を吸われて死ぬんじゃないかと、新潟でようやっと風呂に入ったら、垢がべろっとむけて、胡麻粒みたいなのがうじょうじょ、虱の大群ですよ。

　……びろうな話だが、キンタマ腫れあがっちゃって、脚気で全身がむくんで血便が十五分おきに下るんでしょう、もう人間じゃない、よく生きていたもんだ。

竹中　敗戦のとき、奥さんは？

キヨ子　佐渡に帰っていました、看護婦だったの私。横浜にいたんですけれど、虫が知らせたというんですかね、三月の大空襲のとき……。

竹中　ああ、僕は大船の海軍燃料廠《しょう》で働いておりましてね、丘の上から横浜が焼けるのを見ていたんですよ。

キヨ子　その空襲に遭わずに、二月に帰ってきちゃったの縁談があるからと言って、ウソなんです（笑）。
　着物もお道具もみんな置いて、それは丸焼け。敗戦の翌る年、こんどは本当にお嫁に行きました。新潟の人ですけど、四年目に亡くなりましてね、子供ひとり連れてまた出戻り。そのときに、実家でこのうちを建ててくれて、ずっと住んでいるんです。

竹中　それで、再婚を？

良雄　昭和二十八年、やったな。

キヨ子　二十六年ですよ。

良雄　大して、違っとらんが（笑）。

竹中　それまで、やはり農業を？

良雄　はい、下男坊ですわ。他人様の手伝いをずうっと、百姓好きだから。

キヨ子　働きもんだって、仲人さんが言うもので。

良雄　働きもんじゃろう。

キヨ子　十五俵ほど、お米をつくっていましたから、食べる苦労はしなかったけど、お金はなかったわねえ。

良雄　食えれば、金は要らん。

キヨ子　こういう人なんです（笑）。

竹中　町は、ずっと不景気で？

キヨ子　そりゃもう、だけど不思議なことに、人情は荒《すさ》まないのね。

北前船は、苦海に消えた……

斎藤　まったく、紅葉さんじゃないが小木に来たら、帰りたくなくなると人は言います。親切すぎて、自分の知らない道も、教えたりしよるが。

キヨ子　ちょっとそこやなんて、行ってみると全然ちがうんですよね（爆笑）。

斎藤　「またこいちゃ」って、ね。

竹中　こいちゃこいちゃで二度だまされた、ですか。

　明治三十三年、料亭・権座屋《ごんざや》に遊んだ尾崎紅葉、芸妓お糸の『小木おけさ』を聴き、彼女と深くなじむ。十三夜の月の宵に浜辺を二人で歩いて、石を水に投げ月影を砕いて楽しんだと言う。
　宛然《さながら》『金色夜叉』、「佐渡の女狐の手練手管《てれんてくだ》に」と忠告する人に、都々逸《どどいつ》で答えた。〽月についてはいられぬ私、鳴いて別れるほととぎす。また一節《ひとふし》、『小木おけさ』の今に残る名文句。

〽こいちゃ　こいちゃで
　二度だまされた
　またも　こいちゃでだます気か……

　糸女・明治七年生まれ、紅葉との別離の直後に芸妓を廃業、二十七歳で船乗りの妻となる。十年目に夫は蒸発、請われて阿仏房妙宣寺の住職・遠藤日運師の梵妻《ぼんさい》に迎えられ、四十八歳死別。小木に戻って、貸席・さくらやの女将となる。

……島出身の文芸評論家・青野季吉《すえきち》の言葉に、〔久し振りに佐渡へ帰ってみようかと考えると、思い浮ぶのは生れた町ではなく、縁のうすい小木の港なのだ〕（『佐渡ヶ島抄』S8・9・21号、朝日新聞）。

澗《ま》と称する、本来は谷間の意。〔半島の太古隆起し、また沈降した特殊な地層から成る湾である〕（青野）。小木港は戦国武将・本間氏旧屋形跡の城山を境に、内と外の澗に分かたれる。

ごんざ屋の前から海岸道路へ、佐渡汽船の埠頭には一隻の船影も人の姿すらもなく、ただ粉雪が舞い散っていた。慶長九年（一六〇四）ここに渡海番所が開かれ、元和に入って（一六一五〜）、越後出雲崎・尼瀬港との間を結び、金銀積出しで大いに賑わう。

さらに寛文十一年（一六七一）、河村瑞賢が幕命によって内側の澗に運河を掘り、〝避風〟の便を図る。すなわち、あらしに襲われたさい一方に避難するためにである。かくて小木は面目を一新し、天下の良港として栄える。やがて、「北前船《きたまえ》」、松前航路の風待ち日和待ち、中継点となるのである。十七〜十八世紀、ここは佐渡の表玄関であった。

〔しかし明治になって、小木をとりまく条件は、次第に変りはじめました。この港にやってきた人びとは、和船の衰えでこなくなりました。他国にたよっては、生きていけなくなったのです〕（『小木町史』上巻、S54）。

牧口常三郎が荒浜を離れて・北海道に漂泊したのは、まさにこの時期に当る。北前船の滅亡を、小木港を軸にして眺めてみよう。

例によって、年表風に……。

▽明治十三年（一八八〇）・承前

4・28　内国通運会社、東京・千葉の間に汽船による定期航路を開く。

〔註〕この年・総汽船数一七〇、十五年には三四四と倍増する。『北前船考』（越崎宗一著／S47、北海道出版センター）にしたがえば、〔小樽港について見れば、明治十四、五年までは和船が絶対的に多かったが、十八年頃から（牧口常三郎流離の年である）西洋型帆船、いわゆるアイノコ（和洋折衷型）蒸気船がその数を増して、和船をはるかに凌駕《りょうが》するに至った〕

北前とは〝北に前《すす》む〟、和船は大和《やまと》船、または弁財《べざい》船と呼ばれた。千石積みは愚かなこと、二千五百石の超弩級《ちょうどきゅう》もあり、〔明治初年小樽に来往した加賀の木屋藤右衛門の持船は、三十三反の帆を張り上げて当時日本一と称した〕。この書物の著者は、やはり加賀の大家《おおいえ》七平の持船・両徳丸（千二百八十石積み）の仕様書をかかげて、「夢よもう一度と切に憶う」と述べている。

何が、北前船を滅ぼしたのか？　開明の思想をもってすれば、西洋船の性能の優越による。言わずもがな、文明開化・進歩発展の必然であった、と。そうかな？　北前船は、日本固有の造船技術がその粋を集めて生み出した、積載能力も安全性も、世界に冠たる木造船であった。

小木港・出船入船の記録を見てみよう、千石積み以上の船は見当たらない（『小木町史』・史料篇）。ということは、日和待ちと関わりなく、巨船は日本海を押し渡ったのだ。初代の牧口荘三郎、氷砕《ザイワリ》船のごとく生死無常の海をものともせずに。

千石船の海難事故も、明治以降に記録されていない。しかるに、〔日本製造ノ船ハ難破ノ患モ有之《コレアリ》、人命・荷物ノ損傷不少《スクナカラズ》、詰リ皇国ノ御損失ト相成候《アイナリソウロウ》ニ付、追々ハ残ラズ西洋形ノ大船ニ仕替エ度《タ》キ御趣旨〕（M3・太政官布告）を発し、ついに明治十八年七月、〔日本形五百石以上ノ船舶ハ、明治二十年一月ヨリ其ノ製造ヲ禁止〕するのである。内幕は後段にゆずろう。とまれ苦海に北前船を亡ぼしたのは、〝開明〟を称する国家権力と・政商であった。

8・10　渋沢栄一・益田孝など、郵便汽船三菱会社に対抗して東京風帆船会社創立（翌年1月営業開始）。

この夏、アイスクリン（アイスクリーム）・林檎水売り出し。

9　三菱会社、夷《えびす》（両津）を**冬季北越寄港地と定める**。

9・25　『君が代』ブラス・バンドに編曲される。

11・5　官営工場払下概則を制定、軍事工場の中枢部を除き、民営に移管する。三井・三菱・住友・古河・大倉など財閥発達の基礎となった。

11・8　札幌・小樽間に鉄道開通。

12　鍋焼うどん・ブーム。庶民の流行語は明治軽薄体、「ヘナチョコ」「ヘラヘラヘッタラヘラヘラへ」

▽明治十四年（一八八一）　＊牧口常三郎・10歳

1・26　神田松枝町より火を出し、一万一千戸を焼く。（2・11　同小柳町牛肉煮込屋より出火、七千七百戸焼失）

1　この正月、東京のそばや組合・もりかけ一銭二厘を一銭五厘に値上げして、商売不振のため休業続出。
2・28　三菱会社、ウラジオストック航路を開設する。

〃　占魁丸《さきがけ》、佐渡へ廻航。

〔註〕明治初年、出雲崎に石油採掘の調査にやってきた長州出身の官史で秋山吉丸（号・美麻）なる人物、目前の佐渡への定期航路を開こうと思い立ち、官を投げうって汽船を建造する。これすなわち、占魁丸で、わずか四十トンにすぎないが純国産である。

資金を使い果たして一文もなく、港々で客を請負い、砂にはまったりしながら、鳥羽までたどりついたところで、船員のストライキ。気息えんえん、六月十日にやっと小木港入り（『小木町史』上巻より）。この船は転々と主を変えて赤泊《あかどまり》の田辺九郎平の所有となり、寺泊とを結ぶ越佐定期連絡に就航したのである。

2　頭山満ら、「玄洋社」を設立。
3・11　憲兵条令制定、東京に本部を置く。
3・21　日蓮聖人六〇〇年遠忌、両津加茂湖に一面の万灯を点す。
4・28　田中智学、「蓮華会」をつくる。
5・25　日本人乗組員のみによる帆船・謙信丸、豪州シドニーへ出発（8・1　無事到着）。

ちかごろ評判、色っぽいところで浅草の女足芸。ぺケレッツの立川談志、ラッパの橘屋円太郎、ステテコの三遊亭円遊。

7・26～28　『東京横浜毎日新聞』、北海道官有物払下汚職を暴露、大キャンペーン。

〔註〕北海道開拓使長官・黒田清隆は、同郷薩摩の政商である五代友厚ら関西貿易商会に、当時一千四百万円の巨費を投じた開拓事業をなんとわずか三十九万円、しかも三十年間無利息で払下げようと画策した。〃ロッキード〃五億円など、まさに火の木端である。

先の工場払下概則とあいまって、政府資産の法外な安値での政商への売却は、たとえば一介の燃料問屋・浅野総一郎をセメント王に仕立てあげた。また、「足尾銅山鉱毒事件」の後年元凶となる古河市兵衛には、院内銀山と阿仁銅山を五年据置き無利息二十九カ年賦、タダ同然で払下げている。

言うまでもなく、特恵は最も厚く三井&三菱に与えられた。三井は鐘紡、片倉製糸、三池・幌内の両炭坑。三菱は長崎造船所と、大葛・佐渡の金山及び生野鉱山を、濡れ手に粟で手に入れている。前の章で私は

〝開明〟は光であるのと同時に、暗黒でもあると述べた。政商は国家権力と癒着し・官有物を略取して、財閥に肥えふとっていく、明治とは一面そのような時代だったのである。

10・11　北海道官有物払下を、深夜の御前会議で中止と決定。東北及び北海道巡幸から天皇は帰ったばかり、随従した筆頭参議・大隈重信、罷免される。

伊藤博文&岩倉具視らによる、**クーデターであった。**あくる十二日、大隈参内せんとして、警護の士卒にさえぎられる。政府は天皇主権・陸海軍の統帥・二院制国会開設の方針を打出し、大隈派を追放する。官有物払下に反対していたのは、大隈重信であった。張本人の黒田清隆は口をぬぐい、伊藤と岩倉は自由民権の主張を取り込むことによって、運動を急進派と穏健派とに分裂させようとした。

10・18　板垣退助ら、浅草・井生村楼で「自由党」を結成。

11・8　水戸法学館員両名、県知事を通じ太政大臣「日本政府脱管届」を提出する。

いわく、〔私共儀、従来日本政府ノ管下ニ在《ア》リテ、法律ノ保護ヲ受ケ法律ノ権利ヲ得、法律ノ義務ヲ尽シ居候《ヲリソウラヘ》ドモ、現時ニ至リ大イニ覚悟スル所アリ、日本政府ノ管下ニ在ルヲ好マズ、今後法律ノ保護・権利・義務ヲ取ルコトナク、断乎脱管致シ度クコノ段、御許可ヲ仰ギ奉リ候、以上。——地球上自由生、栗村寛亮・宮地茂平〕（『いろは新聞』より）

水戸裁判所は宮地に対して、〔オヨソ制ニ違《タガ》フ者ハ懲役百日、軽キ者ハ一等ヲ減ズ〕という改定律令二八七条を適用、収監した。栗村については刑一等を減じられたか否か、記録が残っていないので判らない。

内海の水脈を、君よ抱け

さて、〝洋船奨励〟太政官布告の明治三年、すでに夷税関がひらかれている。英人造船技師マクニホールを招いて、翌る四年には、加茂湖で鉄船・新潟丸を建造する、六十四トン。

大型汽船化の波は、小木から両津へと表玄関を移していくのである。四年七月進水した新潟丸について、八年に北越丸百十八トン、十四年の官業払下方針で、この二隻は一般運航に当る。十五年には相川丸、十六年には三吉丸1・2号と、続々建造購入されて、新潟及び酒田を往復しはじめる。

上越の直江津も、明治六年に新潟定期航路を開き、十五年には佐渡沢根港との間に、蒸汽船を就航させている。だが、小木港は微睡《まどろ》んでいた。〔夢見る小木の人々は、金銭は万代不易に湧くものだと心得ていた〕（『小木町史・史料篇』）と昭和の初年になってから、落魄の町は回想する。

沢根町生まれの青野季吉が『佐渡ヶ島抄』を書いた昭和七年、小木港は町史編纂を計画、まことに美事な町史・全六冊を刊行するが、その言えば基本的考え方を、『潤と小木』（桃井庄吉著）という小冊子は物語っている。以下要約――

〔現今、小木町部の六百戸中二百は、誰が見ても生活の出来そうにない家計であると、某氏は語る。しかも、生活しているのである。かくも悲惨な事実はない〕〔和船が洋型帆船に代った時、すでに凋落《ちょうらく》の一葉をうそ寒い風にひるがえし、さらに汽船時代に入っては、春の来ない永い冬がきたのだ〕

〔……あがき疲れた小木、明治十八年に警鐘は乱打されたが、町民は覚めなかった。「将来五百石以上の船はなべて、洋船たるべきこと」という政府の布告を、深刻に考えようとはしなかった。明治十七・八年、相川の秋田藤十郎氏は先見の明を以て、度津丸を浮かべ新潟・夷間定期とした。それは、佐渡から移出される産物が、迂遠な小木へ来なくなったことを意味する〕〔このとき、小木港は全佐渡と交通上の関係を絶たれ、観光客でも招かなければ生きていくことのできぬ、悲惨な将来を負ったのである〕

この文章は、権座屋と並ぶ格式のある料亭旅館、喜八屋主人・桃井庄吉の手になる。五十年後のこんにち、まさにその予言のごとく、小木港は哀しくも美しい廃市になってしまった。文明開化のゆきつくところは〝列島改造〟、高度成長のはざまにかつて五十軒を算えたという料亭や、「寝妓屋《ねこや》」（売春宿）のやさしい窮女たちのように、こいちゃこいちゃと媚を売って生きねばならぬのである。

何が・どうして、ジャパネスク？　旅館のあるじですら、〝観光〟という言葉を恥じて使っていた時代は、もう帰ってこない。ニッポン人でいながら、日本を発見しなければならない、という不可思議。アンアン・ノンノ脳天気は、きょうもゆく。山も海も木も花も、町であろうが寺だろうが、ウッソーホントで片づけて、メシ喰って糞垂れてご帰還になる。いっそ日本人、私もやめにして脱管届を出そうか、閑話休題。

北前船に話を戻して……　ここに同じ著者による、ほとんど同じ内容の本が二冊ある。『北前船の時代』

（牧野隆信／S54、教育社歴史新書）、『北前船』（同／S47、柏書房刊）、私にとって貴重なのは後者である。おそらく、新書のスペースにまとめるために、カットされた部分を挙げれば、

〔北前船主のほとんどは、政府の保護を受けていない。その持船は、いわゆる〝社外船〟である。明治以来の日本資本主義発達史は、国家の援助にあずからぬものは、発展を遂げていないこと明白。三井と伊藤博文、三菱と大隈重信の提携は公然の秘密で、北海道官有物払下事件も氷山の一角にすぎない〕（第5章・北前船衰退の原因）

すなわち北前船つぶしは、権力と政商の合作であった。明治十八年二月七日、三菱財閥創始者の岩崎弥太郎・没、だがこの年の九月、三菱は敵対勢力だった共同運輸を合併吸収、「日本郵船株式会社」を創立して、海運大独占に発達する。

最後の抵抗は、石川・福井・滋賀三県連合による、北前船主たちの「北陸親睦会」であったが、これもあえなく三菱の軍門に降《くだ》る運命だった。日本郵船はかつての松前航路を踏襲、神戸・小樽間に直江津を経由して、この年の十一月から週一回の定期便を就航する。牧口常三郎は、おそらくこの船で北海道に渡ったのである。二十日もかかったとか、生命を賭けてといったこれまでの牧口伝記は〝時代背景〟をまったく無視している。

牧口常三郎自身に聞こう、〔海洋を見ること坦路《ひらたきみち》のごとく、扁船《こぶね》を行《や》りて風濤《かぜとなみ》を凌《しの》ぐこと水禽《みずとり》のごとくして、はじめて海国民たりと言うことを得〕（『人生地理学』第10章・海洋）

〔北はカムチャツカ半島より、南は台湾海峡まで、一千二百余里にわたり一連の群島より成れる日本帝国において、全くこれらの内海を抱擁し、以てその死命を制するに至りたれば〕（第11章・内海及び海洋）

〔したがって、これらの諸海を包括する名称を要求してやまず。されば吾人は、これらを、**「花綵《かさい》内海」なる名称を以てせんと欲す**〕（同）

花綵は、細い糸に結んだ花の首飾り・雅《みや》びに言えば「はなづな」。牧口常三郎は、氷雪の北洋から烈日の南洋・実に五千キロを日本の内海、はなづなの海と呼ぶ。その水脈を、その島々を抱けというのである。

……眼を閉じて私はみつめる、瞼の裏にイリュウジヨンを描く。日本海には弁財船を、そして東シナ海に山原《やんばる》船を浮かべよう。かつて我々の祖《おや》たちは、まさしく海洋の民であった。科学と文明とはかえって、海を

我々から奪い去って、せせこましい唯物功利の穢土に、幽閉したのではあるまいか？

とすれば・落魄の小木港、かたくなに夢見て覚めやらず、北前船の海に殉じた廃市こそ、常寂光土である、と。そう、「不思議なことに、人情は荒まない」のです……。

創価学会バンザーイ！

竹中　奥さん、信心の動機は？

キヨ子　うちは真言宗で、肉親の縁がとても薄いのね。父親が亡くなったのが三十二、女きょうだい二人なんですが、姉のつれあいは二十三のとき、やっぱり父親を亡くして、自分も三十二の若さで死にました。三代持たない、と言われました。私の前のつれあいはもっと若くって二十九でしょ、お葬式を出したお寺の坊さんが、そのとき二つの娘を見て、「同じ運命をたどらなければいいけど」って。もう弱虫ですからね、気になって気になって、脱殻《ぬけがら》みたいになって。

私自身、胸もやられてましたし。ただ娘だけは、そんな運命をたどらせちゃいけないって。でも、考えてみると、変えられないから運命というんですよね。

竹中　いや、変えられるでしょう？

キヨ子　ええそれが、信心してやっと判ったんです。正法をまだ知らないし、ただ迷って、昭和三十一年八月二十日に入信するまでは、ほんと苦しみました。

竹中　それで、スパッと。

キヨ子　折伏うけたとき、抵抗は全然ありませんでした。ジーンときて、もういっぺんで。なんだかむこうが張りあいがなかったみたい（笑）。

外山（編集部）　真言亡国って言われて？

キヨ子　そうですね。私って理屈っぽいところがあるから、好きなんです宗教の話が。

竹中　折伏された方は？

キヨ子　三田村センセイ、東京の練馬支部に属していて、小木で学校の先生をやってらした方です。

竹中　ご主人も、一緒ですか？

良雄　……いや、私は新潟方面に出稼ぎにいっとたんだが、ハガキがきまして、「きょうから正宗に入りました」「南無妙法蓮華経を朝晩となえます、宜しく」（笑）。まあ、それですんなり了解したということですわね。

竹中　あの、ハガキ一枚で!?

良雄　入ったとゆうものは、どうにも仕方がないっちゃ。ただ、私がこしらえた神棚が心配でねえ（爆笑）。

竹中　ハハァ！

良雄　了解したけれど、何が正宗やらわからない。帰ってきてみたら。

キヨ子　神棚もなんにもナイ（笑）。板切れ合わせただけで、立派なものじゃないんだから、別にどうって。

良雄　かえって、サバサバした。

竹中　えらい人ですねえ、ご主人。

外山　それで、さっそく折伏を？

良雄　女房のほうですね、私は少し勉強せんと……

キヨ子　山姥《やまんば》って言われました、夜になると出かけて行くから。

農家でしょ昼間はダメ、懐中電灯下げていくのね。さっきもお話ししたけど、すごい弱虫で夜中に外のお便所にいけないんですよ、仏間にも入れないの怖くて。信心したらとたんに、山姥（笑）。

竹中　かなり、悪口も言われて？

キヨ子　ええもう、何ていうのか馬鹿あつかいですね。町を通るでしょ、戸を開けて、「見ろ！　創価学会が歩いている」と言うのよ。

当時はバッチつけてましたから、こう胸を悠々と指さしてね、嬉しくってしょうがない。だってそれまでは、自分は強い人間だと感じたことがないでしょ、断然痛快なの。東京から幹部の人たちが応援にきてくれるでしょう、いつも悪口言ったりする人を「あの人はお友達」「この人もお友達」（爆笑）、舟着場に見送りに行って、思いっきり大きな声で創価学会バンザーイ！

竹中　すごいなあ、参ったな。

良雄　変ったんですよ、これはよう人前では話もできなかったんですわ。

竹中　ご主人も、はじめましたか？

良雄　ぼちぼち（笑）、下男坊しておった家へ、ご恩返しに折伏に行ったらこれがお光様でね、まずどうにもならなかった。ともかく正法に反対する人は・滅びていくわけで、折伏しきらなかったことを私は反省しておるわけですが、ほんまに死に絶えてしまった。

斎藤　そうなんだ、このへんは真言が多いんですよ。不景気の最中に、一部落消えてなくなったのもある。まあ明るくないんだわね、命の根本が。

私なんか折伏にゆくのに、舟を漕いで廻る。屋号が五左衛門、あっゴザエモン来たぞーッ、家へ寄せつけるなーッ、なにを言うか貧乏人（笑）、それで何人も入信した。この伊藤さんの奥さんもね、子供を背負って三里の山道を歩きまわって、帰ってくるのはいつも夜中ですよ。

竹中　よく、やりましたねえ。

キヨ子　若かったから、もう六十ですもの。ほんと我ながらよくやった、若いときもあったんだなあっ、て。

竹中　いいお話を有難う、小木がしみじみと好きになりました。

——'83・1・12

▽明治十五年（一八八二）　＊牧口常三郎・11歳

1・4　軍人勅諭、発布。

〔註〕「我国ノ軍隊ハ、世々天皇ノ統率シ給フ所ニゾアル……」

一、軍人ハ忠節ヲ尽スヲ本分トスベシ

一、軍人ハ礼儀ヲ正シクスベシ

一、軍人ハ武勇ヲ尚《タット》ブベシ

一、軍人ハ信義ヲ重ンズベシ

一、軍人ハ質素ヲ旨《ムネ》トスベシ

……我々の世代は、軍事教練のさいにこの勅諭を唱えさせられ、一語でもまちがうと、ビンタを喰らわされた。

2・8　北海道開拓使を廃止、三県を置く（札幌・函館・根室）。

3・3　伊藤博文、憲法調査のために欧州へ出張を命ぜられる（翌16・8・3　帰国）。

3・14　釜石製鉄所、操業開始。

3　「立憲改進党」結成、総理に大隈重信をかつぐ。

4・6　板垣退助、暴漢に刺される。

5・12　天理教弾圧、甘露台破壊。

5・25　「東洋社会党」結成（7・7　当局は虚無党と断定、解散を命令）。

5・29　コレラ、またもや東京に発生。

6・5　嘉納治五郎、講道館を開く。

7・23　**壬午《じんご》の乱**。ソウルで朝鮮兵士叛乱をおこす、重臣捕殺。

〔註〕俸禄米が砂まじり・糠まじりであったことから、暴動になったとされている。だが・根底には、政権を恣《ほしい》ままにする〝開明派〟、日本の買弁と目されていた閔《ビン》妃一族への憤懣があった。

兵士の叛乱に市民が合流して、一隊は高官の邸を打ち壊し、一隊は日本人軍事教導・堀本礼造少尉らを殺した。また一隊は日本公使館を襲い、花房義賢公使はみずから火をはなって脱出した。騒乱はますます拡がって人々は王宮に乱入し、閔政権の重臣を次々に殺害する。
閔妃は危うく逃れ、事態は〝守旧派〟大院君によって収拾される。だが混乱に乗じて、清国軍隊介入、大院君を天津《てんしん》に拉致《らち》し去る。〝叛徒〟に対して徹底的な弾圧、虐殺が行われた……
8・5　天皇大権によって、戒厳令を定める。
8・15　山県有朋、軍拡を建議。
8　コレラ、またしても猛威を振るう（死者全国で三万三千七百八十四）、8・2〜9・8、人民の集会を禁止。
10・4　奥宮建之ら・人力車夫の生活擁護のために、「車会党」旗揚げ（翌年結社禁止）。
10・10　日本銀行、営業を開始。
10・25　中江兆民『民約論』（ルソー）、刊行官許される。
11・1　東京電灯会社、只今開業記念と銘打って、アーク灯を銀座に点す。人々仰天、連夜見物の黒山。
11・28　**福島事件**、農民数千人・道路事業中止を要求して騒擾、警官抜刀してこれを鎮圧する。
12・1　政府転覆の容疑により、福島自由党の河野広中ら検挙。
12　巡査の帯剣を全国に許可、これに対抗して仕込杖・民間に流行。
〔註〕この年二月、福島県令として着任した三島通庸、「男女一名に付、二カ年毎月一日」の夫役を命ずる。応ぜぬものに課金・男十五銭女十銭を強制したため、会津自由党員の宇田成一・中島支人ら起って抗議運動を展開、これを政府転覆の盟約と称して、〝首謀者〟河野広中を軽禁獄七年以下に処したのである。

外に壬午の乱（朝鮮暦では六月九日壬午《みずのえうま》に当る）・内には福島事件と政情は揺れ、東京ではピストル犯罪が頻発して強盗八十余件、殺人五件（M19・12・3犯人・清水定吉を逮捕）、市民を不安におとし入れた。

▽明治十六年（一八八三）

1・1　**共同運輸会社、開業。**

〔註〕郵便汽船三菱会社は、これまでも述べてきたごとく、独占的地位に拠って巨利を博した。運賃を引き上げ・倉庫を占有し、海上保険会社を経営する、すなわち一石三鳥のまるもうけであった。

大隈重信が失脚すると、三菱に対する非難は火を噴き、政府もこれを半ば公然と援助した。農商務大輔（大臣）・品川弥二郎の肝煎《きもい》りで、渋沢栄一らは三菱の海運独占体制を打倒することを図った。前年七月十四日、東京風帆船《ふうはんせん》会社・越中風帆船会社・北海道運輸会社合併許可を与え、資本金六百万円のうち半額に近い二百六十万円を政府が負担することを、すでに決めていたのである。

　三菱財閥VS共同運輸の抗争は、これから展開をするテーマと、とりあえず関係がないのでここでは詳述しない。ただ、一世紀前の大日本帝国は、言えばほとんど今日的であった。かまびすしく・参議院選挙が闘われている今、この稿を書きつつ想う、議会制民主主義とは何か？　庶民の生きよう、希みとそれはどう関わるのか、と。

赤泊、ズワイガニ狂詩曲

1・11　木挽町の明治会館でカップルダンス（最初の西洋舞踏会）、転化して「掻惚《かっぽ》れ」となる。
3・14　マルクス没、六十五歳。
3・20　上越・頸城《くびき》自由党弾圧、赤井景韶ら逮捕される。（前章参照）。
4・13　陸軍大学校、開校。
5・26　初の〃暴風雨警報〃、中央気象台天気予報はじまる。
6・2　移住士族取扱規則、北海道へ自力開拓の資力を欠く者のために、官費補助を定める。以降、補助は平民に及ぶ。
7・20　岩倉具視死す・五十九歳、勅令によって初の国葬に遇せられる。
7　鹿鳴《ろくめい》館、落成（11・28　会館記念舞踏会）。
〔註〕建坪四一〇・総工費一八万円・煉瓦造り二階建ての鹿鳴館は、外務卿（外務大臣）井上馨の「日本の欧化を諸外国の高官に示す」目的によって、東京内幸町《うちさいわい》に建築された。

　十一月二十八日の記念式典には、内外千余の貴顕淑女が参集、正面に菊花のアーチをしつらえ、「鹿鳴館」の三字を夜空にガス灯で描き出し、華やかに幕を開いた。かくて、いわゆる西洋かぶれ、鹿鳴館時代がはじまる。それは、〃文明開化〃の爛熟《らんじゅく》を告げ知らせ、上流階級の醜聞の源となった。

8・3　天日昏く、銅色となる。（翌月2日までつづく）。天皇、〃大乱〃の予兆ではないかと気象台にご下問。
9　関西、中・四国に大旱魃《かんばつ》。
9・21　九州・三井三池炭坑、集治監（囚人労働者）暴動。抜刀警官隊によって斬殺されたもの四十六名。
9・24　高島炭坑暴動、七名を斬殺してようやく鎮圧。

10・16　東京商工会議所、認可。
10・31　金環蝕（東京は雨）。
12・12　山県有朋、内務卿となる。

……ごんざやには泊まらず、ニュー・喜八旅館も遠慮をした。電話を入れたさい、予算は幾らかと聞かれ、「旧館はお一人様二万五千円以上、昔のままです」（喜八）と言われ、憮然としたからであった。味覚に私はうるさく、宿の雰囲気にも注文が多い。が、それは決して、贅沢を言うこととはちがう。

小説（と太宰治は・ルポルタージュ風のこの一篇を、わざわざ断っている）『佐渡』は、私の好きな作品である。太宰は、「小木という町もある筈だ」と言いつつ立ち寄らず、東京へ帰っていく、「もうどこへも行きたくなかった」と相川の旅館で、料理に手をつけず味噌汁とおしんこだけで、飯を喰うのである。

それは、「女中さんがリアリストだったから」。むろん私は、太宰治ほどに繊細ではない。とは言えやはり、最近観光のリアリズムには閉口をする。ゼニさえ出したら、旅情を保証しますと言うのは、どこかおかしくないか？

この取材の間、私は好んで一泊五千円以下の旅人宿をえらび、深夜の連絡船で仮眠したりしているのである。だが、〝高級旅館〟に泊って、万金を散じたりもする。それは、取材の必要なのだ。昔・お世話になったことがある、部屋はありますか、と尋ねておる。

「ハイ、ございます」、ところでご予算はと言うのならまだよいのだ。のっけから泊るゼニは持っているのかと聞く、その無礼に少しも気がつかない。人の風態を見て前金を取る〝一流ホテル〟と同様、当今の客商売はダ落している。金銭万能の穢土に、せめて一期一会のもてなしを（演技であってもよいのだ）、と時代錯誤を承知で、私は望み願うのである。

どうして、こんなことを書くのかと言えば、まさにその心尽しに出会ったからなのだ。

赤泊《あかどまり》『**二階屋旅館**』、旧道・西方寺の手前にある。万治三年（一六六〇）の寺の古文書によれば〝五人問屋〟、土地を代表する素封家であるが、家の歴史はおそらくもっと古い。屋号は代官お許し、殿様の行列を見下ろすことまかりならぬ時代に、この家は特に二階屋を建てることを認められたのである。

昭和四十二年、再び佐渡をおとずれたとき・赤泊を通りすぎる途中、私はこの奇妙な屋号の宿を、眼にとめて記憶していた。そこへ、泊ろうと思った。きっとズワイガニが喰える、紅ズワイである。南佐渡の冬、海はこの美味を恵む。脚をぶつ切りにして吸えば、あまく香り高く柔らかい身が、口中につるり跳びこんでくる。小木で三十七年に食べたが、まだ旬《しゅん》ではない・赤泊が本場だと、そのとき聞いていたのだ。

果たせるかな、ズワイガニ狂詩曲！　酒の肴に・夕餉に・朝餉に、私はむさぼり喰らった。ゲップが出たろうって、そんなことはない、真の美味とは満腹してしかも飽かぬものを指すのである。地酒も、また甘露であった。誉めたら小瓶を土産にくれた、それで宿代五千円ポッキリ……

当主の中川義計氏は、村の名士である。前教育委員長・村会議員、『島の自叙伝』(田中圭一著)、『赤泊村史』等に登場する。〝赤泊庶民烈伝〟を聞こうとインタビューを申し入れると、一升びんをさげてあらわれた。

〔中川義計氏・聞書き〕

両津は明治に開けた新興地、ここは寺泊と最短距離、越佐の交通の要所で、古い港です。小木とちがって上方より江戸の影響が強い、言うならば開明の地でした。隣の小木港がダメになって不況の底に落ちた明治、かえって赤泊は栄えたのです。ここから山越えで国仲に出る、多田という部落からむかし日蓮が通った「小佐渡越え」、ルートが開けております。

この村はまた〝松前稼ぎ〟、北海道の出稼ぎが島で一番多く、これがワラジを売って銭をもうけたのです。赤泊の押切《おしきり》船と言って、まず大ていの波風なら寺泊まで、突っきりおし渡っていく。まあ気性は荒いが、活気に充ちた明るい港であったわけですな。それが連絡船が廃止されてから、もうさっぱりダメ。火が消えたように侘しくなって、昭和四十八年に何とか、寺泊航路を再開してもらって、ようやっといま日が当りつつあるわけですわ。

この家ですか、六百年つづいていると言いますな。だが何度も火事に遭って、今の建物は明治七年に造られたものです。そう、ことしで百九歳になります。ガラクタがたくさんありまして、槍やら薙刀《なぎなた》やら鉄砲やら、佐渡に一本だけという昔の望遠鏡も蔵の中から出てきまして、骨董屋が売れと言ってうるさい。磨いたら、ロンドンと彫ってある。おーい、持ってきなさい遠眼鏡を、ホラこの通り。

田辺九郎平、この人は北海道の函館で成功して故郷に錦を飾った。そして、御殿を建てました。そうご覧になったでしょう。奇妙な西洋の櫓みたいなのが屋根の上にある、当時はあれがキンキラキンだったわけで。言うならば「明治村」、文明開化の遺物がここにはよけいあります。ディスカバー・ジャパンと観光客がそれで寄れば、結構なことと私は思っております。

……ところがダ、消防署がやってきて天井張り換えろと言う。見てください、天井だけ新建材でしょう。明治七年に昔の造りのまんま、京都の大工に建てさせた家が、ワヤですわもう！　なんで、急にそんな無茶を言ってくるんだと聞いたら、横井さんのせいだって。ホテル・ニュージャパン、あの火事の後で、日本全国に指令が出たんですな。

こんな旅籠屋《はたごや》まで、右にならえで改築をしなくちゃ、営業許可を取り消される。ハタ迷惑もはなはだしい、横井さん頭にくる、腹が立つ。先生、ニッポンの文化とは一体なんであるか！（炎えてくる）、おーいカニ、カニを持ってきなさい。

庶民の話でしたな、港町と言えばまず花柳界、赤泊は女で栄えました。さっき連絡船の話をしましたが、この村が立ちゆかんようになった理由の一つは、売春防止法じゃないのか？　話は明治に戻りますけれど、何せこのちっぽけな村に、百二十人もの芸妓衆がいたと、役場の寄留届に残っています。相手は海の男たちですが、国仲の地主も自動車で乗りつけたりしまして、穴場というか〝隠れあそび〟のお大尽が金をバラまいていった。

赤泊の芸妓は心立てがよく、芸も上手だった。寒《かん》になると、窓をあけはなって謡の稽古をする。「寒声」と言って喉を鍛《きた》える、十六歳で客をとって一本になり、二十一で年季があける。入れ揚げて身上《しんしょう》潰したり、間《ま》夫《ぶ》と冬の海で心中したり、そんな話が残っております。私らの若いころ、戦後ですけれどもカフェーが六軒ほどありまして、爺さんに内緒で遊びにいったものでした。

二階屋は格式が高くて、芸者衆立ち入り禁止。爺さんが角帯をしめて、デーンと帳場に座っとりまして、酔っぱらいなど、「帰れーッ」と怒鳴りつける、どういう商売やっているのかと、実に不可思議でありました。

ええ、私は昭和二十八年に、両津から養子に入ったのです。銀のキセルで何かというと、頭をひっぱたかれるわけで、今でも癪《しゃく》にさわっている。それで、まあカフェーに行けば、自由で楽しかった。美人できっぷのよい女たちが、いろいろ過去があって流れてくる。そういうアバズレ、人生を投げちまったような女が私は好きでしてねえ……

教育委員長をやった男が、不謹慎なと言われますが、講演で私はかならずこの話をする。彼女たちをぬきにして、村の歴史は語れんのですよ。

私の初体験も、そういう女でした。昭和十八年の八月に特年（十六歳以下の少年）兵志願、敗戦のとき長崎の雲仙岳の頂上で通信隊に勤務していて、原子爆弾投下を見るわけですが、上官に芸妓屋に連れていかれた。特攻隊と間ちがえられて、さあ相手は十九か二十《はたち》か、こちらは昂奮しているからよくわからんけど、若いきれいな妓《こ》でした。

これが私をしっかりと抱いて、股を固くしめて言うんです。帰ってきたらさせてあげるからね、したかったら命きっと大切にして死んじゃいけんよ、と。

……戦後えらい苦労をして、共産党にかたむいたこともあった。火焔瓶のころ絶望して、この二階屋に養子にきたのも半ば捨て鉢な気持ちからでした。もう、俺の人生は終ったと。それから三十年もべんべんと、いまは自民党で、一介の旅籠屋のおやじです。だが、このごろになって、馬鹿に元気が出てきた。第二の故郷である赤泊を、盛りかえしてやろうじゃないか、と。

第六章　国賊の論理

島民は・鞏固《きょうこ》なる愛郷心に富み、一朝外患迫るに至っては、その身を捧ぐるの慨《がい》あり。

――『人生地理学』第3章・島嶼

中央集権・流離の仕置き

佐渡・流人の島の歴史は、王朝時代にさかのぼる。養老六年（七二二）、謀叛誣告《むほんぶこく》の罪に問われ、歌人・穂積朝臣老《ほづみのあそんおゆ》が配流された。厳寒、一月二十日のことである。以降、帝《みかど》の命によって、この地に追われたもの五十余名、その半数が島の土と消えた。下って鎌倉時代・承久の乱おこる（三年五月十二日＝一二二一）、幕府は後鳥羽法皇を隠岐へ、順徳上皇を佐渡へ閉じこめた。

流謫《るたく》の日を二十年・還る望みを失って、上皇みずから食を絶ち自決、仁治三年（一二四二）、仲秋の九月十二日。その一世紀後、七年の監禁の後に斬首された日野資朝《すけとも》、さらに一世紀を経て、七十二歳の高齢で流された世阿弥・観世元清、などなど。

佐渡島は、時の権力者に仇なし抗《あらが》うものを追放し幽閉する、**〝国賊〟の島であった……**

囚人の護送ルートは、京都からも鎌倉からも越後の寺泊港で風を待ち、官船で松ヶ崎に渡り小佐渡の山なみを踰《こ》え国仲平野を横切って、守護所に至るのである。世阿弥が遺《のこ》した文章によれば、〔到着した〕その夜は、太田の浦にとどまり、海士《あま》の庵《いおり》の磯枕して〔明けくれば、山路を分け登りて、笠借《かさかり》と云う峠に着きて駒を休め、ここは都にて聞きし（紅葉の）名所《などころ》なれば、〝山は如何《いか》でかもみじしぬらん〟と、夏山楓《かえで》のわくら葉までも、心あるさまに思いとめてき〕（『金島抄』）と、風雅の余裕を示している。それは世阿弥が流された時は、いちばん気候のよい・五月だったからである。

貞永式目《じょうえいしきもく》十二条「悪口《あっこう》の科《とが》」、つまり言論を弾圧されて日蓮が島流しの刑に問われたのは、文永八年（一二七一）九月十二日だった。奇しくも、順徳上皇没後三十年の祥月《しょうつき》命日、〔外には遠流《おんる》と聞《きこ》えしかど、内には頸を切るべしとて」（『妙法比丘尼御返事』、日蓮大聖人御書全集一四一三ページ）、竜《たつ》の口法難に遭う。

だが、〔月のごとくにおわせしもの、江の島より飛び出でて〕首斬役人は手を下せなかった。相模の国依《え》智郷《ちごおり》（現在の厚木）・本間六郎左衛門重連《しげつら》の所領に護送されて、およそ一カ月を留め置かれる。

重連は、佐渡の守護代であった。陰暦十月十日となり、ようやく配所に向かう。三国峠をこえて寺泊着二十二日、すでに季節風は日本海を吹き荒れ、越佐は冬をむかえていた。「順風定まらず」吹雪の海を乗りきって松ヶ崎入港、十月二十八日。

……世阿弥の言う太田の浦は、現在の畑野町・多田《おおた》海岸である。赤泊から車で三十分ほどの距離、松ヶ崎の白い灯台はそしてもう眼と鼻の先。松ヶ崎に、法華宗本行寺がある。俗に言う「おけやき伝説」、日蓮は欅《けやき》の洞《ほこら》で三日二夜をすごし、仏寿坊という地元の僧と会った。やがて彼は聖人に帰依し、寺を興したと言う。この縁起は、後世に付会された。

塚原根本寺《こんぽんじ》には三昧《さんまい》堂があり、一ノ谷《さわ》妙照寺には御手汲の井戸・腰掛の石等々がある。日蓮を流人と蔑《さげす》み迫害した輩は、謗法《ほうぼう》をつつみ匿すために寺を開き・堂を建て、〝史跡〟をネツ造したのである。佐渡における日蓮の生きようは、困苦と欠乏そのものであり、他宗の聖《ひじり》のように行脚して、伝説を残すたぐいのものではあり得なかった。

〔佐渡の国にあるときは、里より遥かに距《へだ》たれる野と山との中間に、塚原と称す三昧所あり、彼処《かしこ》に一間四面の堂あり、板間合わず壁はやぶれ、雨は外のごとく雪は内に積る、仏はおわさず筵《むしろ》畳は一枚もなし〕（妙法比丘尼御返事）

荒涼たる寒地獄、しかも〔又、佐渡の国にて（も）、日蓮を切らんとする〕、陰謀が企まれた。〔食もあたえず、（足かけ）四箇年なり……〕

この地に、日蓮信仰が究竟《くきょう》の影響力を遺さなかったのは、他宗のいわゆる名僧智識と等しなみにおとしめて、その戦闘精神を骨ぬきにしようとする、為政者の後世の詐略《さりゃく》による。そして不肖の弟子どもは、嬉々としてこれに迎合した。〔日蓮御房は師匠にておわせども余りに剛《こわ》し、我等は柔らかに法華経を弘むべし〕（『佐渡御書』、全集九六一ページ）

星移り時は流れて、「日蓮上人六百年遠忌」の明治十六年四月三日、両津港に北輝次郎（一輝）生を享《う》ける。海をこえて、越後の荒浜村では〝網《もう》民パニック〟（第四章参照）、少年は漂泊を胸に置く、牧口長七・十二歳。共に、〝日蓮の道〟を歩んで、国家に殺される宿命・交錯する同時代のイメエジ。生死烈々の志を育んだのは、文明開化&中央集権がもたらした、地方に対する流離の仕置きだった。

本章は、そのテーマに属する。前章でくだいた文体《スタイル》を、再び硬派に転ずるが、悪しからず。わずかに五十四枚の小論で、七百有余年の時空を日蓮流刑、明治の〝栄光〟（悲惨）、そして現在と三段落下、ブチ抜こうと言うのである。構えを正眼に戻して、〔蛍火《ほたるび》が日月を〕（佐渡御書）あげつらう所為と、ご納得いただきたい。

文永六年十月の尽《すえ》、小佐渡の山なみは雪に降りこめられていた。巷説に、夜の山道を守護所へ送られたという（湊邦三『小説／日蓮大聖人』、他）。一刻を争って、〝重大政治犯〟を護送する必要があったのか？　それとも当時・小佐渡越えは、夜を駆けることが可能な良道であったのだろうか？　田中圭一編『日蓮と佐渡』（S48、中村書店／佐渡歴史文化シリーズ②）には、こうある。

〔山道はゆるやかに、そして一途に登っていく。等高線に沿って、むりなくたんねんに〕〔だから、松が崎を朝出た旅人が夕方、波多（現在の畑野町下畑地区、守護所が置かれたところ）に着くことは無理ではない〕

……我々はリアリズムで、暁闇の道を往くことを計画した。赤泊の中川義計氏は眼をむいて、「とんでもござんせん！」、昼間だって吹雪になれば通れるものではナイ、ぜひ止《や》めてほしいと言う。案内の創価学会青年部・山口豊吉君も同意見、かくてやむを得ず正午の山越えとあいなったのだが、成程。

多田の部落から、男神・女神の山峡を縫い、小倉峠を横切って長谷寺へ降《くだ》る。雪は路肩を埋めて七曲りの勾配、〔山は峨々《がが》・海は濤々《とうとう》、現身《うつせみ》に三悪道《さんなくどう》の苦を〕（全集一二一七ページ）、犇《ひし》と納得したことであった。小説のドラマチックな構成、あるいは郷土史家の真摯《しんし》な踏査に、異議をはさむ心算はない。これが、ルポルタージュの方法なのである。

日蓮が小佐渡を踰《こ》えたのは陰暦の十月二十八日から、〔十一月一日に六郎左衛門が家のうしろ、塚原と申す、洛陽（京都）の蓮台野のように死人を捨つる所に〕（『種々御振舞御書』、全集九一六ページ）囚禁されるまで、四日の間のことだった。陽暦で言えば極月下旬、山なみに雪を見ない年はない。交通に難渋をして・と考えるのが、自然というものであろう。

〔夜は雪雹雷電ひまなし、昼は日の光もささせ給わず〕（同）、佐渡では根雪のくる前に、冬の雷が鳴り響き烈しくあられを降らす……

〔この国の人々は、とどろきわたりいんいんとからだの底にひびく、その雷鳴を聞いて、「雪おろしがきた」とこたつにうずくまる〕（前出・日蓮と佐渡）。暖を採る火種もない破屋《あばらや》に、〔かくてすごす程に、雪つもりて人もかよわず、堂には荒き風より外に、おとずれるものなし〕。つまりは、野晒しになって死ねという仕置き。

〔阿弥陀仏の大怨敵・一切衆生の悪智識日蓮房、打ち殺したりとも御咎《おとが》めなし〕と嵩《かさ》にかかって、〝念仏無《む》間《けん》〟の迫害が加えられる。

　まとう衣もなく、食を絶たれ石火矢を射かけられ、しかも老境・五十歳。その生命を支えたのは、いったいどのような精神であったのか？　驚嘆というより、畏怖《いふ》の感情を私は抱く。吹き炎える小佐渡の雪を分け上り下る間に、「畏るべき人」に対する想いをつのらせていった。

天魔に売り・符《わた》したもの

眼には止観（『摩訶止観《まかしかん》』・法華経の根本義を修得する方規を示した書物）、口には南無妙法蓮華経、〔月星に向い奉《まつ》りて、諸宗の違目と法華経の深義を、談ずる程に年もかえりぬ〕、文永七年の正月十六日。塚原問答（法論）、日蓮は押しかけた他宗の僧共を、守護代・本間六郎左衛門重連の立会いの下に〔利剣もて瓜を切る如く〕完膚《かんぷ》なきまでに破折《はしゃく》する。

　さてその塚原だが、現在の根本寺が建っている場所と、根本的に何の関係もないのである。この寺の開山は、日蓮が流されて約三百年後・天正十八年（一五九〇）、京都妙覚寺の日典《にちでん》上人が佐渡にやってきて、〝祖師由縁の地〟に草庵を結んだことによる。

　単にゆかりの場所なのであって、塚原三昧堂の跡と称すること自体、まったくナンセンスなのだ。ところが慶長十七年（一六一二）、やはり京都妙見寺の僧・日衍《にちえん》なるものが渡来して、密かに身延山《みのぶさん》久遠寺と通じ〝一山独立〟をはかる。後楯は銀山を経営する味方但《た》馬《じま》、天文年間（一五三二～）に塚原はすでに発見されて、祖師堂が建立されていたと称する文章を偽造し、駿府の徳川家康に訴え出た。彼らはかくて元和元年《がんねん》（一六一五）、久遠寺法主・日遠《にちおん》を介添えにして、妙覚寺との裁判に勝利する。

　根本寺境内にいまある・三昧堂、実に立派《はで》やかである。「島流しに俺もなってみたい」と冗句《ジョーク》のひとつも言いたくなる堂々のたたずまい、日蓮の法難をしのぶ面影、さらさらまったくない。末法末世の腐れ弟子が歴史を偽造して憚《はばか》らず、〝祖師〟をおとしめて恥とせぬその醜悪に、私は胸がむかつく。

売僧《まいす》はニセの三昧堂を建立して法難の事実を消し去り、時の権力と邪宗を二つながら免罪したのである。こうした目昏《めくら》ましは、身延山の支配下に置かれた佐渡諸寺に共通する。妙宣寺・妙照寺・実相寺、ことごとく似て非なる足跡をデッチ上げて、史実を詐称しているのだ。

……伽藍《がらん》堂塔を、私は好まない。私にとって信仰とは、衆生に病み・野に叫ぶことである。そのことを、日蓮の酷烈な生涯は告げ知らせていないか？〔今末法の世に生れて、妙法蓮華経の五字を弘め、かかる責めに会えり〕

国仲平野に雪は降りやみ、私たちは寺をめぐって、もろもろ不実の所為を見た。妙宣寺の門前、「阿仏坊《あぶつぼう》」の標識は錆《さ》びつき、剝げ落ちていた。縁起には、開基日得上人・阿仏坊とある。「俗名を遠藤左衛門為盛、順徳上皇に供奉《ぐぶ》して当国へ渡り、院崩御《ほうぎょ》後禅門して阿仏坊と改む。祖師当国流罪、夫婦弟子となり日々飯を塚原に運びたてまつる」

かくて日蓮の危難を救い、佐渡第一号の弟子となり、妙宣寺を開いたと称する。「もと寺の地は新保村（現在の真野町）にて、嘉暦年中・今に遷《うつ》す」。嘉暦と言えば一三二六～二八年、ところがこれまた（根本寺に符節を合わせて）、三百年後の日貞に至るまで、住職は実在しないのである。

一目瞭然・境内の阿仏墓地には、同じ形状に同じ書体で、日園・日音・日存・日清……、と彫られた馬鹿みたいな墓がズラリ並んでいる。しかも三代から九代まで、没年が刻まれていない。ようやく十代の日貞（これもまた同じスタイルの墓である）、「元和七年寂」。コレスナワチ、根本寺の偽証の勝訴の直後、妙宣寺が**身延の支配下に置かれた実証**。

つまり、妙宣寺とは日貞が開いて、阿仏坊（房）に故事つけた虚妄の〝古刹《こさつ》〟、ニセ寺である。墓石の行列は、十一代目に当る日述が建立した、欺罔《げれん》の碑にまぎれもない。このように幼稚きわまる見えすいた詐術《トリック》を弄して、「祖師の衣鉢（正統）」とやらを言い立てる手口は、日述が実に愚物であったことの証明である。だが、この光景を眼前にして、私はむしろ滑稽《こっけい》を通りこした不気味な感情に襲われるのだ。

阿仏坊・中興入道・国府入道・そして沢の入道（一谷）、〔彼《か》の国に有る時、人目を恐れて夜中食を送り、国の責をも憚らず身に代らんとした人々〕（『国府尼御前御書』、全集一三二五ページ）。後生には霊山浄土《りょうぜん》にて会いまいらせんと誓言した〝同志〟、日蓮を支えた彼らの赤心を、僧形の外道どもは簒奪《さんだつ》する。

「聖地・佐渡」と称する、やれこの井戸の水で墨を磨った筆を洗った、あの石に腰をおろした、その松の木に袈裟《けさ》を掛けたら頭の白いカラスが翔んできた、波題目が出た等々。これらの伝承は、ほとんど近世の創作である。

……正確に言えば、身延山中興の祖と言われる日朝が嘉吉二年（一四四二）、妙照寺（一谷入道の在家）・妙経寺（同中興入道）・妙満寺（同阿仏房）を歴訪したときに、詐略の種はまかれた。日朝はめしい、中興入道邸跡の井戸で朝な夕な眼を洗った。それが、なぜか「中興御井戸庵」、日蓮の霊験で湧いたことになり、『観心本尊抄』執筆のさい蛙の声がやかましいので、墨を磨る手を休め、「黙れ！」と叱りつけたところ、お井戸のまわりの田んぼでは啼かなくなった、えとせとら。

民話・伝説を嗤《わら》うのではない、背後の作為を暴くのである。先に誌した妙覚寺日典は、天正十七年（一五八九）に佐渡を征圧した上杉景勝の家老職、直江兼続《かねつぐ》に招かれて渡来、根本寺・妙照寺・妙宣寺開山の基《もとい》をきずく。

下って元和年間、徳川幕府の庇護を得て、前に記述した通り、〝一山独立〟の筋書き。ほとんどなべての佐渡・日蓮説話は、この時代につくられた。そう、権力と結びついて・みずからも小権力となるために庶民をたぶらかす、ニセの足跡を描いた。つまりは障魔に祖師を売り、その使徒を符《わた》したのである。

〔こうして徳川時代、日蓮聖人をうたいながら、聖人とはまったく関係のない、〝遺跡〟を次々につくり出して、ついに真実をおおいかくしてしまった〕（日蓮と佐渡）。

御松山・実相寺縁起に曰《いわ》く、「祖師一ノ谷に住居の間、当山において毎朝・日天子を拝し、松の枝に袈裟を掛く」。正直うんざりしながら、この寺も我々は見たのである。境内に品のよくない悪相とも言ってよい日蓮の像が、大聖人（正宗のほかにこの称号は正式に使われていないはずだが）と銘打たれて、何やら悲しげに立っていた。

オーバー・ラップして、いまひとつの像が心象をよぎった。〝国賊〟の汚名を着せ・屠《ほふ》り・恕《ゆる》して、「日本精神の象徴」と称する。そう、かの悲劇の英雄、上野の森の**大西郷が**……

脈絡もなく・カキの土手焼きを食いたしと想う。加茂湖畔から両津港へ。雪再び烈しく降り、埠頭にたどり着けばジェット・フォイル欠航の赤札、夕刻のフェリーまで待たねばならない。小料理屋に入り、七厘《しちりん》でカキ焼いて喰わせろと注文すると、「そんなもん店がくすぼって困る。観光の若い人らも面倒臭がるで、どこでもやっていないよ」と剣もホロロ、ああ世も末なのダ！

現実にひき戻されて、タイムマシン・ストップ。北一輝の時代に針を合わせよう、〔獄裏読誦《トクショウ》ス妙法蓮華経、或ハ加護ヲ拝謝シ或ハ血涙ニ泣ク。迷界ノ凡夫、古人モマタ如斯乎（カクノゴトキカ）〕

と、遺書に言う。享年・五十五歳、過激な生涯であった。旧湊町の酒造家である北《きた》慶太郎の長男に生まれ・本名輝次《てるつぐ》、後に輝次郎と改名、北一輝（ペイ・イーフェイ）は、辛亥《しんがい》革命に身を投じたさい、中国人ふうに自称したペンネームである。

夷《えびす》と湊を合して両津市、縦貫する若宮通り。「北一輝の生家」と黒地に白く、隣家は白地に赤く福助食堂、またとなり鮮やかな緑で吉井商店、いずれも二階のしもたやだが、派手な看板がカラフルに三つ並んで人目をひく。

……右翼の巨魁という暗いイメエジ、地元にはない。愛郷の人として愛国者として、市史にも顕彰され、レリーフの記念碑が建っている。だが、「二・二六事件」の首謀者と目されて、天皇の軍隊の裁きをうけ、北一輝は銃殺の刑に処された。〝国賊〟の論理はこの人において、大西郷と等しく重くきびしい。そして彼はまた、熱烈な日蓮信者だった。

牧口常三郎は北より早く生まれて、遅く死んだ。この二人と日蓮を繋ぐ、一条《ひとすじ》の赤い糸がある。「国難来る！」という危機の意識、すなわち身を犠牲にして国家を諫暁する精神であった。

北一輝、〝怪《ミステリー》〟の原点

佐渡は〝一国天領〟、幕府直轄の地として明治の世替りを迎える。

……維新前夜、佐渡沖に異国船が度々あらわれ、嘉永二年（一八四九）七月十五日についに、〔背丈高く毛髪は縮れ色赤く、猩々緋《しょうじょうひ》の洋服を着た」（『両津町史』

市制施行前・S34）船員たちが外海府（西海岸）・北端の願《ねがい》村大野亀に上陸してきた。

間もなく立ち去ったが、島民は大いに恐慌する。奉行所は一貫目玉の大筒《おおづつ》を、海府と夷港に配置。さらに新砲の鋳造に励むが、言わずもがなドロナワ。

嘉永五年、米・英など五カ国と「通商条約」。さらに文久二年（一八六二）、遣欧使節はロンドンで覚書調印、江戸と大阪の門戸をひらき、神戸&新潟開港を約定する。当時の国際感覚では日本に裏・表の差別はなく、牧口常三郎の言う「花綵《はなづな》の内海」にはとうぜん、玄関口が存在するべきであった。文明開化の波は、さきがけて越佐を洗う……

慶応三年（一八六七）、五月の七日に英国公使パークス、随員をしたがえ夷に上陸、「新潟及び佐州夷港外国人居留取極書《とりきめ》」を作成した。佐渡一円・外人遊歩勝手ご免、と称しながら実は町内ごとに竹槍をつくらせて、「魔法使を乗せた不浄船」の乱暴狼藉に備えさせた。明治と改元（一八六八）、築港工事はじまる。

三年、前章で触れた英人技師マクニホール、新潟と夷を結ぶ蒸汽船建造に着手、加茂湖畔に仮造船所を設け、日本最初の鉄船である新潟丸を竣工する。

そして、明治四年（一八七一）。官軍越後府参謀の奥平謙輔、精兵を率いて二月の海を押し渡り判事として着任、ただちに諸般の改革を断行する。〝明治維新〟はまさに猛吹雪のように佐渡にやってきた。

鬼判官・奥平は島中の僧侶を呼び集め、吠え立てる。

「吾輩は宗教に浅学であるが、戸数一万八千八百十一・人口八万一千三百六十にすぎぬ小国に寺院が五百三十九（註・真言306、天台15、浄土38、曹洞65、真宗48、時宗14、法華53）とは、いかにも多すぎよう！ しかも坊主の大部分は、学問もなく怠けもので、百姓が辛苦して作った米を、気楽に喰らってオル。〝国家のむだもの〟であるによって、これを除くのが新政府の大方針である」カンカンガクガク……

一挙に四百五十の寺を潰《つぶ》し、民間信仰の竜神・白狐など数百の祠《ほこら》を壊し、僅か五十に整除してしまった。新政府の強権、まさに想うべし！ 島の人々にとってそれは、〝文化大革命〟並みの衝撃であり、不安と期待あい半ばする混沌に、佐渡は投げこまれた。

牧口常三郎誕生の明治四年、とうぜん越後の各地でも、佐渡と同様の〝改革〟・世替りが、強権を以て断行されたのである。言うならばそれは、官軍と戦って敗れた、戊辰《ぼしん》戦争に対する仕置き、戦犯処分であった。このテーマは、次章で展開する。ともあれ越佐は〝国賊の根城〃、新政府の地均《じな》らしは過激、かつ短兵急だったのである。

庶民精神生活の軸をなしてきた、寺のとり潰し、宗教弾圧を第一としたこと、きたるべき天皇巡幸（第四章）、「神々のパレード」を念頭におけば、容易に理会することができよう。第二は〃一国解体〃、佐渡は相川県となり（M4）、名主・組頭の制度を廃止（M5）、同年徴兵令を布く。順徳上皇御神霊木像を小木港より奉遷《ほうせん》（M6）、時の帝《みかど》に対する叛逆の象徴を、佐渡から本州に移す。

七十二カ町村を三十に合併、相川県を支庁に降格（M9）。西南の役・壮丁五十余名を徴募し、従軍させる（M10）。天皇北陸巡幸に当り、侍従・富小路敬直《ひろなお》、来島（M11）。こえて明治十二年、支庁分割、雑太《さわた》・加茂・羽茂《はもち》の三郡を置く。新政府の世直しに期待した人々、それは中央集権・専制の同義語にすぎぬことを覚り、造反に立ち上る。

明治十五年十一月、「北辰自由党」が結成された。夷の正覚寺に有志参集し、「みずからの村と国は、みずからの力で守り培《つちか》われる」と言う宣言を確認、中央支配脱却の旗を挙げる。

……北一輝の誕生は、佐渡が一国の誇りを回復しようと〃独立〃の叫びを発した、まさにその時に当るのである。お断りするまでもないが、近ごろ流行「佐渡島独立論」、タレント衆のお遊びに非ず。明治政府第三のテーマは、とうぜん〃言論弾圧〃、流行をともなう苛酷な統制が島人を襲う。

▽明治十六年（一八八三）・補遺

4・3　北一輝、旧湊町に生まれる。

10　政府、**北辰自由党を弾圧**。

〔註〕結党わずかに一年、解散という試練に遭って佐渡自由民権運動は、反政府の旗色をさらに鮮明にする急進派と、中央権力に協調する穏健派とに分裂する。北一輝の家系は最もラジカル、いわゆる「酒がめをこわす」、過激な闘士たちを送り出す。

そもそも・先祖は流れ者、朋輩を斬って尾張藩を追放された、無頼の浪人だったと伝えられる。一輝の祖父・六太郎は大男で気性が荒々しく、異国船の騒動のさいには、浜に出張って、陣頭指揮をとる名うての男であった。

曾祖母と祖母は信心厚く、親鸞上人の命日に死にたいと願い、その通り死んでいる。女系は理財に長《た》けて、一輝の父・慶太郎が生まれたとき、酒造業で成功した家産は蔵四棟・千両箱八つ・田地二町・山林二カ所を算《かぞ》え、他に銭屋五兵衛から買い取ったおびただしい骨董、什器類をたくわえていた。

父もまた力自慢、五斗の米俵（およそ八十キロ）を両手に提げて運び、寒中の海に跳びこみ難破船の漁師を救出して、素肌に抱いて人気《ひとけ》づかせるという、スーパー・マンだった。声望を集めて郡会議員となり、町長に推挙される。

母・リクは新穂町の本間家、根本寺の在所に生まれ、その母親は土屋敷と呼ばれる河原田の旧家の産。ここから、金北山《きんぽくさん》上に自由民権の旗をひるがえした、急進派の高橋元吉が登場する。

その盟友である本間一松は、リクの実弟である。また一輝の祖母の妹は、儒学者の円山溟北《まるやまめいほく》の甥である星野倭三次《わさんじ》に嫁ぎ、門下の萩野由之・山本悌三郎・高田慎蔵等々、錚々《そうそう》たる自由民権の闘士が北家に足繁く出入りする。溟北門下の俊秀・鵜飼《うかい》郁次郎も、その一人であった。新潟師範を明治九年卒業、東京府庁に勤務したが、ふるさと佐渡が官憲横暴に苦しむと聞き、職を投げうち帰国する。

これも東京から駆け戻って、『新潟日々新聞』『北越新聞』などに反政府の論陣を展開していたのが、相川町の「平民質屋営業」有田真平。明治十六年・松方デフレ政策三年目の不況、失業と重税の世相を背景に、島の知識青年たちは断乎として、政府弾ガイにハネ上った。

……六月二十日、『新潟日々新聞』に有田真平は一文を投じ、「王室の繁栄と人民の幸福は両立せしめざるべからず」と論じて、不敬罪に問われる。

理由は、〔其《ソノ》文中ニ虚弱無智ノ婦女子ガ帝位ニ就キ云々トアルハ、人皇・三十四代ニ当ラセ玉ウ、推古天皇ヲ指シタル評語ニシテ〕（裁判言渡書）、はなはだもって不敬である。よって判決重禁錮十カ月、有田は胸を病み床についていた。警吏は有無を言わせず連行し、新潟の獄舎に彼を収監した。あまつさえ拷問をくわえ、ついに死に至らしめたのである。享年二十五歳だった。

後年、北一輝「未曽有の怪説」（日本国体に関する十八歳のときの文書、『佐渡新聞』に掲載されて物議をかもした）を彼は先駆ける。北一輝・その生涯の〝怪〟《ミステリー》、「酒がめこわし」の血脈、やがて法華経に純化を遂げていく呪術的な信仰、そして佐渡一国社会（＝主義）、〔焉《いずく》んぞ、暗黒時代の魔群を折伏して止むべけんや〕（『支那革命外史』、大正五年）

〔〝東洋的共和制〟は仏人の為せしが如く、黄人自らの有する政体と・信仰の回顧より始めざるべからず〕（同）。こんにち北一輝を考えるとき、その法華経理解には、いささか首をかしげる点もあるが、〝土着の革命〟を天皇制と日蓮、――国家諫暁に先見した閃《ひらめ》きは、並大ていではない。地涌《じゆう》の菩薩を佐渡は生む、いや鬼と言うべきか？

国策を、倒《さか》さまにして

＊牧口常三郎・13歳

▽明治十七年（一八八四）

1・3　大阪鎮台兵、松島遊郭で巡査と乱闘・死傷者九名を出す。

1・17　福島県大梅村の農民三百名が負債の減免、延納を求めて群集。下旬、数千名にふくれあがり、金貸し・銀行等に強談判、「借金党」「困民党」と称する窮民組織が全国に拡がる……

〔註〕明治十四年十月の政変（第五章）・以降、大蔵卿に就任した松方正義は紙幣の整理・国立銀行創設（日本銀行）・財閥育成・金本位制度確立、という基本路線を敷いた。

　それは、西南の役によって破綻に瀕《ひん》した国家財政を再建する、最も有効な手段であると松方は信じた。不換紙幣を回収・焼却して、すみやかに流通の量を緊縮する。天皇みずから筆頭株主となる国立銀行の創設によって、隠匿もしくは死蔵されている金銀正貨を吐き出させ、融資のルートに乗せて、「資本」に転化させる。

　すなわち、軍備を拡張する・鉱工業を振興する・海運を発展する。明治十七年から官営事業場は続々払い下げられ〝政商黄金時代〟、財閥の基礎は打ち固められる。

　このようにしてはじめて、大日本帝国は列強に伍して、金本位国際経済の場裡に臨み得るのである、と。たしかに松方の国策は、〝明治の栄光〟を導き、ニッポンをいわゆる一等国にまで引き上げた。だが、それは何によってか？　庶民を限りなく収奪して、困苦のどん底に突き落とすことによってであった。

　松方デフレ政策のからくり、米価を下落させるいっぽうで、地租をすえ置くペテン。東京の米の値段は、明治十七年に入って十四年の半額に暴落する。ようするに百姓は一円の米を五十銭で売って、〝血税〟を国家に納めねばならぬという、〔一個の癲狂《てんきょう》国有るを見る〕（中江兆民『三酔人経綸問答』、M20）ありさま。

　そして増税・また増税……、とりわけ酒税はいっきょ二倍に引き上げられ、醸造業者の憤激を買う。北辰自由党に北一輝の家が挙げて加盟、パトロンとなり産を傾けるに至ったのは、実にこのためであった。農民の負債総額は一億円に達し（M18統計、以下同）、裁判にかけられ破産を宣告されたもの十万八千戸、示談を乞い土地を奪われ小作に転落したものはその数層倍、倒れた会社二万三千。

2・16　陸軍卿・大山巌、兵制視察にヨーロッパへ出立。

3・17　帝国憲法草案、起草。

4・7　清水次郎長、賭博行為により懲役七年（罰金四百円で釈放）。

4・16　横浜で海水浴場・開業。

5・3　群馬自由党、政府転覆の兵を陣馬ケ原に挙げて、鎮圧される。

〔革命歌〕

〽昔憶えば亜米利加の
　独立したるも蓆旗《むしろばた》
　ここらで血の雨降らせねば
　自由の土台が固まらぬ

5・21　秩父自由党・村上泰治、密偵を射殺し山中に埋めて発覚、官憲の拷問により死亡、二十歳。

6・1　鹿鳴館で、貧民救恤《きゅうじゅつ》慈善市《バザール》。

7・7　華族令公布、爵位を制定。

※公一一＝九条・鷹司・徳川など、侯二四、伯七六、子三二七、男七四。

7・9　自由党挙兵派・暗殺グループ、筑波山に会同。

8・10　八王子御殿山、窮民騒擾。

9・12　テロリスト鯉沼九八郎（栃木自由党）、投擲弾製造中、自爆。

9・20　山際七司、北陸七州自由党の連合を策し、新潟に懇親会をひらく。官吏侮辱罪で、来賓・星亨《とおる》ら逮捕。

9・23　**加波山事件**。茨城県加波山頂に、「自由の魁《さきがけ》」の旗をひるがえして、富松正安ら十六名決起。山を降って警官隊と交戦、囲みを破って潜伏する。

山県有朋内務卿は、兵隊を出動させて自由党員を一斉検挙（このとき、後年の足尾銅山鉱害闘争の義人・田中正造も逮捕されている）、富松らもついに網に落ちて死刑七名、並びに無期徒刑に処せられる。

絞首台にて、二十七歳・保田駒吉のうたえる――

　時ならぬときに咲きにし　桜花
　散りてぞ花の勲《いさお》なるらん

10・29　自由党大会、政府の弾圧によって・解党を決議。

10・31　**秩父困民党蜂起**。農民二千余「おそれながら天朝様に敵対する」と、猟銃や山刀等で武装して、埼玉県秩父郡下吉田村の椋《むく》神社境内に集合、高利貸を襲って借金証文を焼棄て・郡役所を占拠、「革命本部」の標札を掲げる。

総理・田代栄助、「この戦さは困民を救け天下平等の基を開く、正義の闘いである」と宣言、五千人をこえる大部隊を糾合して、政府軍に白兵戦を挑む。八ケ岳山麓まで転戦、十一月十一日潰滅した。田代以下四名を絞首刑（幹部、逃亡潜行したもの多数）、重刑二九六、軽罪四四八、罰金二六四二名、そして叛乱はなおもつづく。

11・19　**武相困民党結成**（18・1・15　兇徒嘯《しょうしゅう》集罪で一斉検挙）。

11　**飯田事件**。愛知県田原の村松愛蔵らは自由党の解党に憤激し、長野県・飯田愛国正理社の桜井平吉と連絡して、伊那の天険に遊撃隊を挙兵、甲州窮民を合流する叛乱を企てた。組織に潜入した密偵の通報で事前に露見逮捕（12・6）、村松ら六名禁獄七年。

12・15　**名古屋事件**。旧自由党壮士の公道協会、久野幸太郎ら政体改革を称《とな》え、資金獲得のため紙幣贋造を計画、役所・豪農・紳商に押入り、五十一件の強盗を重ねて逮捕された。久野以下三名処刑、二十五名に重・軽禁錮。

……逆説的に言うなら、佐渡における自由民権の運動は最も尖鋭であり、武装蜂起を前駆して言論で闘い、明治十六年すでに弾圧をうけていたがために、有田真平一人の犠牲に止まった。彼らは再起の方途を、国策を倒《さか》さまにして・中央権力を撃つパラドクスに求めようとする。

明治十七年、両津の医師・若林玄益ら「越佐汽船」を設立、相川の富豪である秋田藤十郎に資金をあおぐ。翌十八年、佐渡鉱山は大蔵省の直轄となる。政府の投資三十万円、佐渡全島一カ年の米産額を上廻る巨額だった。最新設備が続々と建造され・従業員は三千人を越え、ようやく訪れた好景気に人々は沸き立って……、島の輿論はまっ二つに分かれる。

すなわち国家の発展と大衆の幸福は不可分であるとする・中央集権派、なお人民の自由は島の〝独立〟、自力更生に存すると言う・地方分権派である。その対立を、「保守」「革新」と見るのは皮相の観察にすぎず、貧富の争いと言う経済概念でも捉えられない。

佐渡の自由民権運動は、中央に足蹴にされ、翻弄されてきたという、被差別の認識を根本におく。小木港は夷に繁栄を奪われ、そして今また、島の経済の軸は相川にかたむく、ことごとく国策の影響である。島全体の互恵平等なくして、何が民衆の幸福か！

中央が投げ与える餌に尾を振り、私腹を肥やす買弁を排除せよと、地方分権派は鵜飼郁次郎を中心に両津に団結、越後の自由党急進派と組んで、「越佐同盟」を結成する。これに対して、相川の町長に就任した秋田藤十郎、「改進党」に拠って一にも二にも・国家の発展は町村の繁栄よと中央集権万歳。「両津の馬鹿ども書生の議論、時代遅れの保守頑迷」と、革新を標榜するのである。

両津・国仲は連合して、地方分権派の形成有利に展開した明治二十二年、星野倭三次（北一輝の大叔父に当る）、秋田藤十郎と袂《たもと》をわかった若林玄益と共に、越佐汽船の航路独占を打破しようと立つ。湊出身・函館の資産家である服部半左衛門、これに共鳴して資金を援助。石川島造船所で両津丸を進水、新潟への定期航路を開く。

……と・そこまでは目ざましい勢いだったのだが、たちまちおこる〝値下げ競争〟。ついに無賃となり！まだ足りず弁当・景品付き、人々は我もわれもと争って越後の白山参りに出かけ、中には日帰りの便利屋を開業する頭のよいのもあらわれる始末。財力の差は如何ともし難く、両津側の敗北に終る。このため・北一族は家産を失って、没落するのである。

肥後もっこす、土佐いごっそう、佐渡いっこく（一国）とでも呼ぼうか？　もっこすの血をひく私は、北家の人々を嘲《あざけ》れない。思うにこの事件は、〝滅びの美学〟を一輝の心に培《つちか》った、原点なのである。二・二六事件の苦諦へと、それは連鎖していくのだ。

文字通り・国策を倒さまにして（一輝自身の言葉だが、彼は別の意味で使っている。私流の転倒法である念の為）、天皇のふところに入り、〝至高・絶対の神権〟を動かして、国家を改造しようとした彼・北一輝を殺したのは「天皇のご意志」であった。

錦旗を奉じて、国賊となる。二・二六青年将校が、〝君側《くんそく》の奸《かん》〟と断じた大官たちを、「朕《ちん》の股肱《ここう》の臣」と昭和天皇は称して極刑を命じた。

天皇《すめらぎ》は鬼畜にてあるか
自らの弥栄《いやさか》唱える若人《わこうど》を殺す
天皇制を打破せんために天皇を
奉戴《いただ》むとせし矛盾ぞあはれ

（アングラ歌集『謳吐』、S41）

だが北一輝は、「天皇陛下、何というザマです。皇祖皇宗におあやまりなされませ」「陛下、お叱り申します」（磯部浅一、北と共に処刑）と叫ぶことなく、たんたんと死に就いた、天皇陛下万歳も唱えずに……郷党が生まれ・育ち・愛し争って、骨を埋めていった〝佐渡一国〟、島の断影《グリンプス》は胸をよぎらなかったか？　なぜか私は、北一輝は高らかに哄笑しながら、死んだ・ように、思えてならない。

父母の姿を、己れにみた

相川は、死んだように淋しかった。

元和八年（一六二二）、運上「筋金」二十一貫匁、「砂金」四貫匁、銀六千貫（およそ十二万両）、小判三万五千両。戸数四千、人口三万五千、各宗百三十カ寺を数え、三遊郭に嬌声がさんざめく。江戸の栄華は愚かなこと、明治のブーム・タウンの名残りも、水に沈んだような町辻に、浮かみ上がってはこない。

小木港にただようなまめいた哀愁も、この陰鬱な廃市とは無縁である。火力発電所跡の残ガイ、その下に確か金銀積出しの船着場跡があったはずだが、瓦礫の水ぎわに破船がごろりと横たわり、殺風景な姿を曝しているのみであった。

明治二十三年・松方デフレの大反動で米価暴騰、六月末に小売一升十三銭と前年の二倍に達する。問屋はいっそうの高値をあてこみ、店先から米が消えた。湊では町長の北慶太郎が奔走し、島外に米を積み出さぬ旨の念書を集めたので、事なきを得たのだが、夷では悪徳商人の横流しが発覚、町を挙げて打ち壊しがはじまる。

これに呼応して、相川では坑夫たちが騒擾、手のつけられぬ修羅場となった。事件はプロレタリアートの「自然発生的叛乱」、と評価されてきたが、実は仕組まれた暴動だったという説が、最近は有力である。

打ち壊されたのは、越佐同盟派の家ばかり。検事・小泉輝三朗によれば、（町長の秋田藤十郎方から家宅捜索の結果、指揮の旗が三本出てきた。また、竹槍も匿してあった。相川暴動の出発は、下戸《おりと》炭屋町の桂亭であるが、この料亭は藤十郎以下、改進党の連中がいつも会合に使用していたところなのである」（S57、静山社刊／田中圭一『島の自叙伝』より）

だが、事件はうやむやにされた。島を二分する党争は、このような惨事を招くだけであるという意見が大勢を占めて、自由民権運動の退潮と共に〝独立〟の主張は影をひそめていく。

北一輝の驕激な革命思想は、こうした土壌に育まれて、大正・昭和史に異形の血の花を咲かせるのであるが、しばらく敬遠して（やがてこの人は牧口常三郎の足跡と・東京でクロスオーバーする）、現在の佐渡を歩き、〝日蓮の道〟に立ち戻ることにしよう……

〔インタビュー〕於、両津市

山口巳之吉（60歳）両津市会議員

松本妙子（55歳）主婦

◆

竹中　カキ、美味いんですがねえ。

山口　加茂湖で獲れる、洗わんほうがよいんですよ。そのまま焼くと、塩味がちょうど良い加減でして。

竹中　レモン、ちゅっと絞って。

山口　一つ作りますか、造作もない。

竹中　いやいや、お話が先です。山口さんお生まれは、両津ですか？

山口　ここです、父親は漁師でした。

竹中　網元？

山口　いや、小漁師です。二つあるんですよ・川と海と、私の父親は川漁師です。

竹中　川と言うと、つまり加茂湖ですね。

山口　……ハイ。湖は混ざっています・真水と塩水とが、それで魚の種類が実に多い。川魚もおれば海のもいる、父親がやっておった時分、冬の今ごろになるとチン、黒鯛のこんなのが（六十センチほど手をひろげる）、湖に入ってくる。

両津橋のこっち岸、あっち岸で投網《とあみ》を打つわけです。パアーッ・パアーッと唐傘《からかさ》みたいにまるく開いて、ぼくら子供は橋の上から石投げて、おどして追い込む役です。

竹中　一斉に、投網を？

山口　いや順ぐり、公平にしなくちゃいけないから。漁の仁義ですね、これはきちんと守られていた。

竹中　ああ、なるほど。

山口　もっとも、ぼくの父親は大男で喧嘩が強くて、名人と言われていましたけれど、まあ一番良い場所をブン取っているわけで（笑）。他人より余計に獲るものだから、金も稼ぐかわりに……

竹中　道楽もする。

山口　そう、家庭不和になる、片親の子供が同級生にいて、みんなが不幸だという。そんなことはない、俺なんか両親そろっているから不幸だと（笑）。一日中いがみあっている、子供としてはたまったもんじゃありません。変な話だけれど、ぼくはそれでヒネクレなかった。

竹中　と、言いますと？

山口　大人になったら決して酒呑むまいとね、博打も絶対にうつまい、芸者買いもするまい。とまあ、二十六歳まで辛抱したんだけど、ついに家を飛び出した。

竹中　当時は、独身で？

山口　女房、いましたよ。これは実家にあずけて、一人で上京したんです。手に職がありましたから、漁師の方じゃなく鉄工所でＪＩＧ《ジグ》を作ってまして、やはり名人と言われておった。

　それで、渡り職人やったんです。転々と歩いたわけ、工場に出勤するとき新聞みて、求人欄で条件のよいとこ探して、帰りに面接に行く。待遇が少しでもよけりゃ、すぐ移っちまう、それが越後の人間出稼ぎのチエ（笑）。

竹中　ＪＩＧ、つまり治具。つまり旋盤などの刃物《バイト》が正確に当るようにする道具、これ作れる仕上げ工は少ない、ひっぱりダコだったでしょう？

山口　へえ、詳しいんですね！

竹中　人生・ジグザグで（笑）、まあ様々なことをしてきましたから。

山口　いやねえ、僕の場合もかなりジグザグです。昭和二十八年に島に帰ってきてみたら、女房が入信しとった。これが四人目の産後の肥立ちが悪かったので、ひどい病気持ちなんです。夏でも足袋をはいて、えりまき巻かなきゃ寒気がして寝られない。

……ポッと入信したら、ポッとそれが治っちゃったと言うんですな、鼻唄まじりで働いてる。そういうのダメでねぼく、そりゃ治る時期と入信が、偶然一致しただけじゃ（爆笑）。

竹中　するとかなり頑張って？

山口　そうかなりね、翌年の春まで。

外山　二十年も頑張る人もいるんだから、みじかいほうです（笑）。

山口　まあこの土地はね、なんちゅうか宗旨だらけで、わけがわからんのです。父ちゃんは何宗だ？　サアテ親父はたしか浄土だ、そりゃ念仏無間で悪い。母方は真言じゃなかったかなあ、亡国だ。いや待てよ禅だわ、天魔だ。何を言ってる、みんな憑《つ》いてるじゃないか（笑）、他の宗教の悪口よせ！

　家計簿みたら四百円・三度払いで『御書』って書いてある。生長の家と同じだ、本売りつける宗教なんかよせ！　娘が足が痙る病気になって、夫婦喧嘩するたんびに、痙る回数が増えていく。それでも、目がさめない。げんに、自分が子供のころ見た地獄というものがだね、いま眼前にあるというのに……

竹中　ご両親、ですね？

山口　そう言うことです、アアーッと思い当って入信した。それでも、お経が長すぎるなんてまだ思っている（笑）。拝んでも疑うわけね、確信がもてたのはやはり折伏から。

竹中　ご近所をまわって？

山口　それも。「あいつがくるとロクなことがない」と戸を閉められたり、いい修行になりましたが、まず第一に父親です。入信しないとまた出て行くぞと、脅迫をした（爆笑）。

謗法払いで神札を焼いて、父親は青くなっている。なんともいい気持ちで（笑）。母親にね詫びたんですよ、極楽トンボの父親がね。

竹中　よかったですねえ。

山口　やっぱり、大聖人がいらっしゃした島だということですね。七百年以上も前から、我々にお導きがある。父母から代々ずっと、正道に立ち戻れと……

（松本出席）

竹中　どちらですか、お生まれは？

松本　畑野なんです。

竹中　日蓮さんの……

松本　ハイ、近くです。根本寺の寄りじゃなくて、平野のほうです。お百姓をやっていましたから、敗戦の翌年にお嫁に行って、満ではたちでした。

竹中　それまでは、何事もなく。

松本　ええ、なさすぎるくらい。結婚八カ月目におなかがふくれて。赤ちゃんじゃないの、急に大きくなってパンパンに。バストが百三十七センチ、爪が立たないくらい硬いんです。足腰も立たない、奇病なんです。それで離婚をされちゃいまして、いろいろ宗教をやりましたね。

……天理教を信じたころ、やっとおなかは小さくなって、十三年目ですよそれが。信じたから癒ったなんて絶対に思えない。ともかく、一人立ちしなくちゃと、編物学校で免許とって働き出したんですね、その卸しの毛糸屋さんに折伏されたわけです。

竹中　ああ、それで入信を？

松本　いいえ、すぐにはしませんでした（笑）。だって大聖人様でしょう、ダイとサマと二つも私の嫌いなのがつくんだから、そのころ無神論みたいな心境で、何一つ信じられませんでした。

三十二年の二月十六日、『佐渡御書』の講義がはじめてあったとき、誘われて行ってみたら、「ウーン！」って真剣な顔してみんな聞いているでしょ。（何を感心しているんだろ、七百年前に大聖人がなんて言ってるけど、後になって誰が書いたものだか？）と私は思ってる、全然マジメではないわけ（笑）。

外山　ああ、そういう人がいるともうちゃんと判るんですな。折伏の一番槍にされる、ガーンとね。

松本　ほんと、そうなんです。「前にきなさい！」と頭ごなし、ムカムカッとして、もう折伏されている。そんな紙に字ィ書《け》ェてある掛軸《かけじ》拝んで、ご利益あるものかって、田舎弁まる出しでポンポンポンポン、まくし立てたの。

竹中　ハハア、もう後にひけなくなっている。

松本　朝の四時十五分まで（爆笑）。

竹中　頑張りましたねえ！

松本　夜中に兄嫁が迎えにきて、いま帰ったんでは負けだからと、家に戻ってもらって（笑）、泊まりこみで反対をしたわけね。きついんだわ、私も。それで最後に、「試しもせずになにが判るか、拝みもしないで文句ばかり言うな、南無妙法蓮華経と一度でもよい肚《はら》の底から唱えてみろ！」と、怒鳴られたんです。

で思わず、「入信します」「よろしくお願いします」って答えちゃった。ワーッと口惜《くや》しくって、涙が出てきて……。隣にいた人が「良い旦那さん見つかりますよ」だって、それで泣いたんじゃないのに（笑）。

竹中　でも、見つかりましたね？

松本　ハイ、今の主人に。前に縁談があったんですけれども、へんぴな所で誰がゆくもんかって。あの多田の横の部落、日蓮大聖人がお着きになった、松ケ崎のすぐそばです。ご本尊様にお願いしたらすぐに縁が戻って、不思議なんですねえ。

——'83・1・11

そう、不思議なのである。佐渡にくる前に何冊の書物を、私は読んだことか。北一輝についても郷土史も、『御書』も可能な限り丹念に……。

しかもはじめての旅ではない。それなのに、まるで未知の国を歩いているような驚きと発見に、この取材行は充たされた。雪の季節であったからか、素晴らしい人々と出会ったからか、牧口常三郎の眼で（『人生地理学』の方法をかりて）、時代を追体験したからか？　いや、それだけでは足りない。私は島にきてずっと、〔重罪囚徒の追放処となる辺島〕（人生地理学）、〝国賊〟の声を聴いていたのだ。

すなわち、**日蓮の声をである**。畑野町字《あざ》目黒・ここが塚原、一群の松林の辺《ほとり》に三昧堂はあった。田中圭一氏は、綿密な踏査と考証によって、この地を推定している。そこに佇《た》ったとき、間ちがいないと直観した。誤解のなきよう、呪術的な感性と私は無縁である。

荒野の風景が、日蓮書簡の行間には窺《うかが》える。いや身読すれば、それは明瞭に展開してくる。……私の心象においては昏いモノトーンであり、手擦《てず》りの版画のように荒くかすれているのは、おそらく信心の三昧境に足を踏み入れていないせいだろう。とまれ、〔栖《すみか》にはおばな、かるかやおいしげる・野中〕（『法蓮抄』、全集一〇五二ページ）

〔朝に眼に遮《さえぎ》るものは、遠近の路を埋《うず》む雪なり〕（同）

日蓮は荒野に叫ぶ、〔邪智謗法の者の多き時は、折伏を前《さき》とす〕（開目抄）、寛容に人を恕し抱擁することを摂受《しょうじゅ》と言う。単なる無智悪人は許すべきだ、しかし末法末世の今、信仰を譏《そし》り邪悪に人々を欺す者が充ち溢れている。これを破折せよ、と。

今は折伏の時代であると、日蓮はくり返し強調している。誤ってはならぬ、折伏とは慈悲の行なのだ。合掌するその掌は、相手を撃つ同じ掌である。大悲の痛みもて斬れ、叩け！

帝《みかど》に天奏し、国家を諫暁《かんぎょう》すること。国と人を愛するがゆえに、〝国賊〟となる論理。西郷によれば「敬天愛人」、陛下オ叱リ申上ゲマス、北一輝・最後の言葉、〔国家はやがてとんでもない姿に変ってゆくだろう、そして現世は淡雪と消えるのだ〕〔日本国に法華経なく、知れる鬼神一人出づればこれに身を投ぐべし〕（『日妙聖人御書』、全集一二一六ページ）

その予言の通り、「どし打ち」内乱がおこり（北条時輔の乱、文永九年二月＝一二七二）、日蓮は赦免となる。鎌倉に還った文永十一年四月八日、蒙古襲来が近いことを幕府に諫言して容れられず、身延に退隠した。十月五日、二万五千の元・高麗軍は対馬・壱岐を侵し、博多に上陸した。

「外山《とやま》クン、きつい旅だったねえ」

「少し寝ましょうや……」

まっくろな海に、雪は微塵と降る。ローリングに身をまかせて、しばし白河夜舟、目ざめてデッキに出れ

ば遠く港の灯がゆれて、新潟であった。「旅も終りか、
雪が降る」

「何です？　まだ終りじゃないのに」

「さらばさらばと、雪が降る。日蓮さん、カキ喰べた
かな」

「さあ、ないでしょう当時は」

「身延山に、タコ持ってきた人がいる」

「国府入道でしょう、あれは海の蛸じゃないと」

「たこひとかしら、と書いてある」

「腹、減ってるんじゃないですか!?」

「新潟で、メシ喰えるかな」

「インタビューが先でしょう、我慢してください」

「強行軍であるねえ、実に！」

第七章　凍土と烈日

わが邦《くに》の歴史を見るに、国家の主力を費《ついや》したるところ、内部の擾乱《じょうらん》を鎮定して、主権を確立するにありき。

——『人生地理学』第25章・国家地論

なんで、入信なさらんの？

〔インタビュー〕

小川トヨ（70歳）　無職

石栗慶重（67歳）　食堂経営

永野博（64歳）　聖教新聞・業務

長谷川はまえ（57歳）　主婦

◆

竹中　……遅くなりました。佐渡からやっといま着いて、時間があまりございません。おとしの順に、伺っていきたいと思いますので、悪しからず。

小川　じゃ、私からだ。入歯の工事中だもんで、聞きとりにくいかも知らないけど。

竹中　いや、よくわかりますよ。

小川　私のほうから、一つだけ聞いてよいかね？

竹中　ハイ、どうぞ。

小川　なんで、入信なさらんの？

竹中　ホラきた！（笑）。それは後でお答えします、お元気ですね。

小川　憎まれもん世にはばかる、余りイイ人になったり、金離れがよくなるともう呆《ぼ》けて、すぐに死ぬんだワ（笑）。孫にべたべたしたり、占《うらね》えに凝《こ》ったりが一番悪い。死んだそのときが厄年、算木《さんぎ》並べて運命判るもんなら、易者はみんな総理大臣になってる（爆笑）。

竹中　お生まれは、新潟ですか？

小川　長岡。三男坊に嫁にいって分家をして、こっちに移ってきたの。それで、伴侶はじきに出征して、死んじまったんですテ。

応召したとき、娘がおなかの中にいたもので、しばらく内地に置いてくれて、子供の顔だけは見て行きました。それで戦死の公報が入ったのが昭和十四年の秋、ほんとうは十三年九月に死んで、一年も投げて置かれたの。

竹中　はあ、どういうわけです？

小川　わかんない。ずうっと慰問袋を送りつづけて、将校でしたから戦地から自由に手紙もきてたんです。それが、プッリと途絶えて、予感はしていたんだけど。一年もほっといて国は無責任だ、「こんな紙キレ嘘だ、ウソだーッ」て私が怒ると、義理のお父っさんが、そんなことを言うもんでないって。

「家を出るのも護るのも、お前の自由にしたらよい」と。それでずうっと、後家を立て通したの。今の人にはとっても理解がいかないと思うけど、日本という国では、あたりまえだったんです。

竹中　日本という国では、ね。

小川　昭和十五年になって、当番兵をやってた人が見えて、小川中尉の最期をご報告しますと。お父っさん話を聞いているうちに、「お前様もうしゃべらないでくんなせえ」って……

竹中　でも、報告の義務があるから。

小川　そうなんですテ、当番兵の職分だからって。頭部貫通でものすごい血で、敵前だから脚だけ斬って、持って帰って焼いて、「これがそのお骨です」と。お父っさんよりも、私のほうが気丈夫に聞いてました。

弱いもんの味方して、大東亜共栄圏をつくるだなんて。あげく泣きを見るのは誰でもねえ、一番弱い年寄りや女子供でないか。戦争イヤなのは理屈でないの、私にとっては、結婚したばかりの伴侶をもぎとられた怨みですテ。士族ならイザ知らず、私たち町人はお国のためよりも身内のためだもの。

竹中　敗戦後も、苦労したでしょう。

小川　ハイ、お茶持ってこい・ふとん敷けの身の上から、いきなり商売でしょ。小さな織物問屋で従業員も五人ぐらいだったけど、非道い世の中でしたから、女手一つで切りもりしていくのは辛かったですよ。取りひきが手形になって知識ないもんだから、ドンと倒されちまったの。

竹中　昭和二十七年ごろ、ですか？

小川　ハイハイ、そうです。

竹中　……朝鮮動乱が終って、不況のどん底でね。

小川　まったく、手形で殺される目に遭ったんだワ。三軒ほど夜逃げをして、手形って落ちないもんだって、はじめて知った（笑）。子供の貯金箱にまで手をつけたの、「母ちゃんさわるな、壊すな」って泣くでしょ。あー惨めだと、目の中を針でえぐられる思いでした。

金目のものみんな売り払って、やっとこサ落としました。気がぬけてしまって、何のために生きているんだろうと、神経衰弱ですテ。食欲はなくなる、不眠症にかかる、微熱がつづく。
　根がきかん気だものだから、弱味みせたらまた悪いのにつけこまれると、無理してほがらかにふるまって、映画見に行ったり。でも、夜になったらタメ息ばっか……

竹中　伴侶はいないし、ねえ。

小川　そうなんですテ、一人寝るのは淋しいもんダ（笑）。このとしだから、ぶっちゃけて言えるけれど、枕濡らした夜がいくらあったか。それで、入信をと思うでしょうが？

竹中　思います（笑）。

小川　そうでないの、フラリと入ってしまったの。和泉覚先生（序章・参照）が新潟にみえたとき、長谷川さんの兄さんやらにすすめられて話聞きにいったの。宗教のことよく判んないと言うと、「俺も判んねえよ」だって（爆笑）。
「おッかさん、まあついてこいや」と、大石寺《たいせき》のお山にさそわれて、お金いくらかかるんですか？　いくら持ってる？　二千八百円しかありません、「だいじょうぶ足りるよ」って、そのまんま連れていかれちゃった（笑）。

竹中　すると、登山のほうが。

小川　折伏より先なんだワ、まあ何も知らんから怖いものなし、「どちらからいらっしゃいましたか？」と偉そうなお坊様に声をかけられて、「ハイ、日蓮さまゆかりの新潟でございます」
「ご苦労さまですね」、あれ誰？　お上人さま、猊下ですよ。ゲイカってなに？　そんぎゃあなアンポンタンで、二十八年十月十二日入信して、第二十一番。

竹中　新潟で信心をした、順番が？

小川　ハイ、そして今日まで。折伏は下手の第一番（笑）、小川さんは願《ねげ》えをかけるとむきになるで困る、来んでくだせえって、他の人をたのんだり。気がついたらケロリ、からだは丈夫になっていて、それからは本当に朗らかに生きてきたんですテ。入歯の工事が終ったら、八十までも九十までも長生きして世にはばかるの（笑）。
　ねえ竹中サン、学会のために味方して下すって、私らは感謝してます。でも、信心がなかったらダメですよ、ホントですよ。

竹中　下手じゃないじゃないですか、折伏が（爆笑）。石栗さんは兵隊にむろんいかれたのでしょう、何年ぐらい？

石栗　まる十年、軍隊におりました。ほとんど満州でしてね、敗戦のときには南朝鮮にいて、運よくスムーズに帰ってこられたんですよ。人殺しもせんで済みました。青春をほとんど戦争でとられてしまいましたが、それだけがいま仏法者として救いだと思っとります。

竹中　階級は？

石栗　准尉でした、ポツダム少尉。

竹中　敗戦で、一階級上って。

石栗　そうなんです。

竹中　まかりまちがったら、第一線で敵を殺す指揮をとっていた？

石栗　と、いうことですね。

竹中　おとしからすると、ご家族が。

石栗　ハイ。軍隊生活の間に結婚して子供が二人できて、一家四人で引揚げてきたんです。

しばらく父の所で虚脱しとって、サテ働こうとしても、何もできんのですよ。言えば戦争しか知らない、手に職というものがない。それで、卵売りをしたり、おさだまりの闇商売ですが、心がそこにないし上手くいかん。女房の方が環境に順応するというのか、物々交換の仲介をやりまして……

竹中　古着か、何か？

石栗　そうです、知りあいや友人から衣料をあずかってきて、米などと。まあそんなこんなやっている間に、ひょいと職がみつかった。

竹中　ああ、よかったですね。

石栗　いや、それが暴力団なんです。

竹中　暴力団!?

石栗　テキヤですよ。新潟の闇市の統制がとれない、第三国人の問題や色々あって、毒を以《もっ》て毒を制するしか方法がないということで、テキヤの親分に依頼したわけです。

竹中　なるほど、露店商組合ですな。

石栗　そうそう、この親分は大学出で、立派なおやじさんでしたな。若い衆たちのたばねをしてくれ、と。

指導員という肩書きを貰いまして、ショバ割りやイザコザの仲裁やら、旧軍人にとっては分相応な仕事でした。真面目にやったので見込まれてこの親分の会社むろん闇商売ですが、会計係にバッテキをされました。

敗戦、その修羅で……

石栗　だが、統制経済というやつが終りますと、もう駄目でしてね。会社はつぶれる退職金はナシ、燃料・

炭を扱ってましたのでこれをひきとって、当時の金で七万円という借金を背負って独立した。それが、またぞろ上手くいかない。一年もたたぬうちに、路頭に舞い戻って氷水削ったり金つば焼いたり、借金こそありませんでしたがゼロ、もとの木阿弥でした。そこへまた変な話で、ラーメンの屋台をやっとる人が、自分ごと使ってくださいと言ってきたんです。

　私には人を頼るというか、頼られるというのかわからんが、ホイと乗ってしまうところがございましてね(笑)。それで一緒に食堂をはじめたのが、今につづいておるわけです。平々凡々の人生で、わざわざ聞いていただくような、そんな大げさなものじゃあナイ。

竹中　いや、感銘しています。私も敗戦直後の闇市で暮した時期があります。やき鳥の露店もやりましたし、ラーメンの屋台も曳《ひ》きました。

石栗　そうですか、そうですか。

小川　生きていかなくちゃ、それしか考えなかったものねえ。

竹中　バケツさげて、屠殺場にモツを仕入れにいく。始めは臭くって、気色が悪くってねえ。洗ってゆでて串に刺して、大きくみせるのが一苦労。鶏の爪先《もみじ》や頭《とさか》でスープ取ってチャーシュウうすーく切って、私は今でも支那そばを作るのが得意なんですよ。

石栗　あの時代のことは、国が豊かになりすぎたから、なかなか判ってもらえませんな若い人たちには。

　今も言ったが、私は人間がちとやわに出来とって、人から頼まれるとイヤとは断れない性格ですから、ちょっと商売が上手くいくと、資金や品物を人に廻してやって、それが返ってこない。金がのうなっていきましょうが、女房はてっきりコレが（小指を出して）、デキておると。

竹中　本当に、いなかった？

石栗　いませんでしたねえ、断らんかったかも知らんのにねえ（爆笑）。それなのに、勝手に黒焦げになってしまって、女房はヒステリーをおこす。そうなると商売も左前になる・福運が逃げてゆく、それで先に入信しちゃったんです。

竹中　ハハア、奥さんの方が先に。

石栗　これが創価学会じゃなくて、霊友会にとびこんじゃった（笑）。私は大の嫌いなんダ霊友会は、「馬鹿やめれーッ」とひっぱたいたが音《ね》を上げない、もう魔が憑いておる。それで・私のほうも、だんこ謗法払いをやったのです。

竹中　……ちょっと待って下さい、すると入信しておられた？

石栗　いや、折伏は受けておったわけなんです、ここにいる方々やらに。そこへ持ってきて女房の霊友会、完全に決心がつきました。

竹中　なるほど、そういう動機もあるわけですねえ。

石栗　いや、多いんじゃないですか。家族の邪教ぐるいを治すために、という入信の動機は私の他にも……

竹中　ゆえに、正宗ですか。

石栗　鉄カブトをかぶったように頭が重苦しい毎日が、女房との宗教戦争で、スッキリとしましてね。商売の方はあいかわらずで、ご利益なんぞあるとも思えなかったけれど（笑）。何よりかにより女房と心が通ったことですね、入信した初心の功徳は。

竹中　では、順番です。永野さん戦争体験は？

永野　私は台湾生まれで、ずっとあちら育ちなんです。旧制の台北高校を出て、胸をやられていたのですけれど、補充兵でひっぱられまして。

　私の宿命は挫折ばっかりですが、このときだけは陸軍病院ゆきで、逆に助かりました。戦友はみんな前線にやられて、ほとんど全滅しています。カムラン湾で輸送船が撃沈され、ニューギニアに上陸した連中は、密林で餓えて死にました。

竹中　引揚げてこられたのは？

永野　敗戦の秋、二十七歳でした。

竹中　お一人で？

永野　いや、親父は台湾に骨を埋めるつもりでしたのに、可哀そうに落胆して引揚げと同時に死にました。

竹中　あちらで、何か事業でも？

永野　橋梁関係の技師で、総督府から呼ばれていったんです。

竹中　あの淡水渓や、濁水渓の鉄橋を。

永野　そうです、全部やったんですよ私の親父が、橋梁の設計は。

竹中　台湾に行ったとき、大型台風がきましてね。蔣介石政権の架けた橋は、ほとんど落ちてしまった。植民地時代に造られた橋は一つも落ちなかった、道も崩れなかった。

永野　そうですか、親父の橋がねえ。草葉のかげできっと喜んでいるでしょう、落ちませんでしたか！

竹中　新潟は、お国ですね。

永野　ハイ、越後の人間は日本国中に散らばっております。こちらには伯母がいて、兄貴が寄宿をして新潟高校に通っておりました。卒業して、東大を受けに行くとき肺病になり、療養生活も短くて死にました。
　その翌々日、弟が腸結核で閉そくをおこして、臍の穴から内臓が噴き出して悶死したんです。
竹中　ああ、むごい話ですねえ。
永野　兄貴の葬式もまだなのに、弟がこんな死に様を、何かに呪われているのではないかと。申し遅れましたが、私は台湾総督府に籍を置きまして、公務員だったのです。悩みもしましたし、弱い性格ですから自棄にもなって、その公務員の証明書を復員のとき海に投げてしまった。
竹中　それでは、就職できませんね。
永野　ハイ、恥ずかしい話ですけれど命が荒みきっていて、闇屋どころかドロボーすれすれの生活をしました。日雇い労働者やって、バクチに狂いましてもう、めちゃくちゃでした。
　数年たって、なんとか人間らしい生活に戻ろうと、あらためて公務員資格試験をうけて三級に合格したんです。ようやく新潟県庁に入ったらとたんに肺病です、兄貴と同じ宿命かと思いましたが、三年療養して首がとぶ寸前に、退院することはできました。でも、肋骨七本取られて、ブラブラのお情けの半日勤務、つくづく生きているのが嫌になって、そんなとき折伏されたんです。
竹中　それまでに、宗教は？
永野　退官してから親父は、日蓮宗に凝りまして、朝から晩までドンツクドンとやっておりました。ハイ、身延です。戦時中はとりわけて狂信的で、私もその影響をうけていましたが、真剣に考えたことはなかった。
　だが、身延に何の功徳もない、という事実は私の一家の運命がまさに証明しているわけで、いわゆる〝日蓮宗〟、これと大聖人の教えがひとかけらの関係もないことは、教えられずとも判っていました。そんなニセ信仰で、不幸が救えると思いこんでいた父が哀れでしてねえ、信仰の動機になったのです。
竹中　無神論には、ならなかった。
永野　ハイ。当時、創価学会の唯一の出版物だった『折伏教典』、これを貸してもらってひと晩、徹底して読んだのです。一切が腑に落ちました、まっすぐに入信しました、昭和三十年の四月二十八日でした。
　ああ、これも言い遅れましたが、私は結婚をしておりまして（笑）、診療所の看護婦ですけれども一緒に入信をして、その勤め先のお医者さんが、「市役所で人を募集している、頼んであげよう」と親切に口をきいて下さって、給料が倍になりました。

竹中　功徳がありました、ね。

永野　ええ、たちどころにでした。

竹中　人生、楽しくなったでしょう。

永野　それはもう、小川さんのお家《うち》が町のまん中にありました、拠点になっていました。ふらっと寄ったりしますと、ニコニコしてるな、楽しきゃ時計のネジ捲いていけやと（笑）、二つ返事でもう何をやっても、楽しくてしょうがない。これで、宿業は切れた、と思いましたがまだ終らなかった……

暴悪、すなわち護神である

永野　入信して一年目に、子癇《しかん》というおそろしい病気に女房が患って、医者に見放されまして。たすかる見込みは万が一つにもない、気の毒だけど葬式の準備するだけだと宣告されました。このとき、私は本当に必死で、真剣に題目をあげました。二十時間ぐらいぶっ通しで一刻も休まず飲まず食わず、ただご本尊にお願いをしました。兄をとられ弟をとられ父をとられ、この上は自分の命をさしあげます、女房だけはたすけてください、と（絶句）。

竹中　……願いは、通じましたか？

永野　ハイ、通じました。うっすらと目が開いてきまして、息をとり直して、意識まで戻ってきたんです。医者がもうびっくりして、これは奇跡だと。

　でも、目はつぶれるよ。体も、一年は綿のようになってしまって動かせない、胎児は悪くすれば脳性小児マヒ、知恵はかならず遅れる、覚悟しておきなさいとこんこんと言われました。それがたった一週間目に、自分で起きて便所に行けるようになったんです。

　女房は看護婦ですから、病気の性質はよく知っている。見舞いにきた友人に、これも看護婦さんですが、目がみえるよ試してごらんと、扉のところへ立たせて指出させて、二本・三本と当てる。あ、アカンべをしたねえなんて、はしゃいでおるんですよ。一カ月で退院しまして、四十何日目でしたか、お山に行くこともできたのです。

竹中　お子さんは？

永野　丈夫で生まれました、健康にすくすくと育ちました。

竹中　聞き遅れましたが、石栗さんの入信年月日は？

石栗　三十一年、三月二十一日です。

竹中　（メモを見る）すると、長谷川さんが一番古いわけですね。ええと昭和二十五年……

長谷川　十二月二十六日です。

竹中　それでは、こちらではなく。
長谷川　ハイ、東京です。
竹中　外山君という、『潮』編集部の相棒が、仕事で一足先に帰りましたので、ちょっと質問の勝手が違うかもしれませんが、支部は蒲田・杉並・向島？
長谷川　ハイ、向島支部です。
竹中　戸田城聖さんのお話、常泉寺でお聞きになりましたか？
長谷川　ええ、常泉寺も学会本部にも参りました。
竹中　で、こちらには？
長谷川　三十年にきまして、五年間はあちらで信心して。
竹中　どなたの折伏、ですか？
長谷川　それが全然知らない人、わたしのところは母親が信仰好きで、まあ何でも拝みますの（笑）。私は結婚してから、主人の親戚の義理で立正佼成会、ほんのたまに拝む程度でした。
　ある日のこと、蒲田の人が道を尋ねに見えて、当時は焼野が原ですから住所ったたって簡単に探し当てられない。それで親切にお茶を入れてあげて、いろいろと聞いて、それじゃあの家でしょうよってやっと判って、帰るときにちらっと立正佼成会の札を見たんですね。
竹中　ああ、さっそく邪宗だと。
長谷川　そうなんです、「あなた不幸になりますよ」。主人が怒りまして、江戸ッ子で気が短いものだから、茶まで喰らっときながらなんダ、「このべらぼーめ、帰れーッ！」と、それは大変な剣幕で怒鳴りつけたんですけれど、また翌日にきて、その翌日もきて、教えてあげたその家の人もきて（笑）。
　……主人は頭に血がのぼっちゃって、「オウどこへでも行ってやる。できるもんなら折伏してみろ！」
竹中　ハハア、ひっかかっちゃった。
長谷川　怒らせるんですよね、それで座談会に出て行きまして、いつもすごい不機嫌になって帰ってくるんです。で、また行っては怒って、そんなことを何度くりかえしましたかしら。ある日、私に言うんです。「ちょっとお前、大急ぎで行ってこい」「一体、どこへ行くんですか？」。
　コレコレこういう家だよって、「行けば判るから、何も言わずに行ってこい」。
　なんのことかと行きましたら、待ち構えていて「さあ、これから参りましょうね」と、お寺に連れてかれちゃった（笑）。ええ全然もうわけがわからずに、ご本尊様をいただいてきたんです。

竹中　ホウ、けっきょく根負けして。
長谷川　いいエ、主人は中に入ってやっつけてやる魂胆で（爆笑）。
竹中　面白いですねえ、当時のご職業は？
長谷川　薬のアンプルをつくる会社を経営していまして、従業員も三十人から使って、まず不自由のない悩みも何一つない生活だったんです。
ただ、正義感が強くって、ヤミクモになるんですよね。戦争に負けたのは、神風が吹くとか何て言うんですか、シンシュウ……
竹中　神州不滅。
長谷川　そうそう、迷信のせいだって信じこんでいて、佼成会も自分は絶対に拝まない人なんです。それで、創価学会というのも、庶民をたぶらかす金もうけ宗教にちがいないって。仲間になれば、インチキが判るはずだ（笑）。そしたら座談会で、みんな欺《だま》されるなと宣言してやめるんだから、ひとまず一生懸命やれと、こう言うわけなんです。
竹中　なるほど、やりましたか？
長谷川　やりましたとも、私は拝むの専門、主人は折伏に出ていくの専門で、五時になるときっかり、友達やら親戚を廻るわけです。
ご近所の人たちは、頭が変になったんじゃないかと、下町だから心配してくれまして、本気でいさめにくる、それをまた折伏して（笑）。
竹中　……けっきょく、木乃伊取りがミイラになった。
長谷川　そうなんです。主人がクビをかしげはじめて、なんせいまの池田名誉会長が私たちの部隊長で、向島支部には戸田先生がしょっちゅういらして講義をしてくださる、質問にはスパッと美事な答えが出てきますでしょう。これはもうインチキだなんて、いくら力んだってもねえ。謗法払いのときも、「バチ当てるなら学会の連中にあててくれ」って（笑）、そんなふうだったのがころっと、信心に打ちこんで、幹部にもしていただいたというわけです。
竹中　おや、もう十時ですね。もっともっと伺いたいけれど、何かいまひとつ約束があるそうです。学会の専従幹部諸君、――弘教いちずに驀進する人々とつきあったら、メシも喰えないことになる（笑）。
では、小川さん。入信をしない理由は三つあります。その第一、私がもし創価学会の人間だったら、言うこと書くもの世間は信用いたしませんよ。いや、疑い深い人たち、「邪智謗法のもの」は隠れ学会員ではないかと、それでもカングったりする。創価学会に対する予断・世間一般の偏見は、それほど深いのだと思わなくてはなりません。

第二、私は現在の学会に、いくつかの疑問を持っております。信仰にではなく学会にです、全面的に支持をしてはおりません。このことは、いま詳しく述べる心算がないので、これから私の書くもの言うことを、見聞きしてください。

ただ一つだけ申しあげておきます。私は諸天善神のようなもので、羅刹《らせつ》の業を負って生まれてきた。小川さんと同じで、憎まれもん世にはばかっておるのです(笑)。「暴悪、すなわち護神である」、学会の外に置かねばならない、お判りいただけますね。

第三、信仰しないから本当の味方ではないと言うのは、増上慢ですよ。たとえ信仰を同じくしなくても、私たちは理会しあえる、共に闘うことができるはずだ。

日蓮大聖人の言われるように、「折伏を前《さき》とする」末法の世の中であっても・一面に摂受《しょうじゅ》の寛容を、それぞれの思想と行為と動機を、さらには立場というものを認め包容していく、連帯の精神というものがなくてはなりません。

ですから、折伏はおひかえください。そう、私にとっては唯一、あなたがたが庶民であること、戦中・戦後の苦しかった生命を、信仰によって支え、福運をみずから切り開いたこと、そこにしか私の拠って立つ魂は、ないのだということ。エライ人と無縁なんです、つまり。

あなたがたの話を聞くことが、私には楽しくて哀しくて、しんじつ人間革命の教師は民衆であると思うんです。私は、現世の業の深い男です。羅刹天は一名を速疾鬼と言って、つまりルポ・ライター。庶民の語部《かたりべ》でもあるわけでして、おしゃべりが長くなりました。

あすは村上へ、雪の中を向かわなくちゃなりません。きょうはこのへんで、ほんとによいお話を伺って有り難うございました……。

〝庶民宰相〟と差別の構造

昭和五十八年盛夏・八月十二日、再び新潟へ。この日・帰省ラッシュ、田中角栄もと首相もお国入り、〔十二日、墓参のため刈羽郡西山町の実家に里帰りをしたが、チャーターしたヘリコプターが途中上越県境の雷雲に阻まれて遠まわりし、一時連絡がとだえた〕(新潟日報、以下13日各紙朝刊にしたがって構成)。

――ヘリは大幅に遅れ、しかも位置が確認できず、「すわ遭難か!」と運輸省航空局・新潟県警は各空港から、〝行方不明〟機にコールを送り、マスコミ騒然とする。台風前の炎昼（フェーン現象）、灼けつくような役場前広場には、柏崎市長を始め地元の政治家、「越山会」幹部などお歴々が待ちうけて、こちらも大恐慌。気をもむうちに零時五十五分、〔やっと姿をみせたヘリから降りた、もと首相はさすがに疲れた表情〕

いわく、「新幹線の切符が取れないでヘリで来たがバカみた。雲が低く周りは何も見えず、位置はどこでしょうとパイロットが言い出す始末、おかげでなんと二時間半もかかった」

玄関前でのあいさつは、例によっての角栄ブシ。

「まー村の習慣で、家のあとつぎは八月十三日の盆の入りに戻ってないと、親不孝と言われる。私は（刑事被告人になっても）、不孝モノにだけはなりたくありませんッ。今年も、こうして帰ってきました（拍手）」

「タバコを最近やめて、声がよくなったものですから、カラオケに凝っている。本業はまーこれからも変えません、だが歌手にならんかという話もある（笑）、レコードが出ると思うので、そのときはよろしくッ（爆笑大喝采）」

越後の馬喰《ばくろう》の倅から身を立て、〝庶民宰相〟と出世した・その権力の絶頂で、金権汚職の刑事被告人に蹉《さ》跌《てつ》をしたこの人物について、一冊の共著をこの秋に出す（『田中角栄だけがなぜ悪いのか?』、幸洋出版）。その中で、彼をあえて私は弁護している。

田中角栄を裁くもの、それは庶民大衆を差別する、〝高層社会群《エスタブリッシュメント》〟の論理なのである。戦後三十八年がもたらした日本人の意識の変化、その最たるものは市民ことごとく良識ブリッコ、あるいは正義・真実・秩序・倫理・清潔ブリッコと化して、いわゆる犯罪者に指弾の石を投げることである。そう、はずかしげもなく、「罪なき者」の貌して。

巨悪・と田中角栄を呼ぶ、そのことに異議はない。なるほど、彼は政治的下等物件の徒党をひきい（軍団と称する）、官僚閥をあやつって、日本列島に利権の循環系統をめぐらしている。そこから、〝汚い政治〟は生まれ、社会を腐敗させていくのである・ウンヌン。社会・国家＝政治体制それ自体、腐敗の構造ではないのか？　という論議はさて措《お》こう、私の言いたいことは別である。

田中角栄を諸悪の根源と断罪する、そのマスコミの〝正義と真実〟、反対派閥・各野党・労働団体えとせとらのいわゆる〝政治倫理〟、そして疑いもなくこれに同調する一般市民の〝良識〟、くくって言えば「世論」。それはとどのつまり、〃法と秩序〃の下、〃清潔〃な政治は約束されるという幻想にすぎないのだが、それもここでは論証しない。ただ、「世論」の根底に、差別がありはしないか？　とだけ、私は言うのである。

ハッキリ、言わねばならない。越後の出稼ぎどん百姓、「あばら骨が一本足りない」「無能にして米つきを主に為す」卑しき者ども、〃賤民〃へ蔑視があるということなのだ。

マスコミ&知識人は、田中角栄の品性・趣味を好んであげつらう。下駄ばきの闇将軍、百万円の錦鯉、チョンガレ（浪花節）、オールド・パー、色好み、汗っかき、扇子、だみ声、よっしゃよっしゃ。かくて人々のいだくイメエジは、脂ぎった成上がり、土建屋のおやじ、田舎紳士、無知・無教養……

ヤユしおとしめる、みずからの裡なる優越（すなわち差別）、〃エスタブリッシュメント〃の感情に気づかないほど、我々の国の言論と報道は、上にむかって堕落している。そして・その感情は、人々を限りなく汚染していく。とりわけて、〃革新的〃と称する市民をである。

一つの例を挙げよう、『狭《はざ》間《ま》組《ぐみ》の総括／'83参院選』（話の特集、S58・9月号）、関心のない方々に、〃狭間組〃とは中山千夏&矢崎泰久コンビが政治寄席とか、講演に出演するさいの呼び名。

矢崎　こんどの選挙の無効票で、一番多かったのが「はむ」っていうのなんだって。公明党はカタカナで「ハム」、と書けって創価学会の組織の人に教えたらしい。つまり「公」、ところがひらがなで書いちゃった。

千夏　それはまずい（笑）。

矢崎　しかし、「ハム」って書けって言われてさ、ただ闇雲にひらがなでも、「はむ」って書く有権者に支えられてる公明党は、不気味な政党だ。

千夏　おまじないみたいなものだ（笑）。

矢崎　「はむ」という無効票が大量にあった現実は、すごくおそろしい。いまの日本の政治状況の象徴的な出来事、だとぼくは思う。

――「だって（？）」が、〃現実〃にすりかえられてしまう作為、ようするに彼らは、「はむ」としか書けない無学文盲、バカは政治に参加する資格がないと言っているのだ。創価学会に対する偏見は、このような人間に対する差別の惨心からうまれて、田中角栄をさげすむ感情と、まさに通底するのである。こう言わねばなるまい、知識や教養のあるなしで田中を見くだすこと

は庶民＝学会員自身を噉うことに他ならぬのだ、と。

このルポルタージュで、大勢の人々の生活・信仰体験を、私は掘りおこし記録してきた。無名であり無告である人々、彼らは教えられれば、「はむ」と書いてしまう、〃おまじないみたいなもの〃を頼りにして、生きてきたのか？ 人間・庶民を馬鹿にするな、衆生は一人びとり、彼らの願いを闘いかちとろうと、懸命に生きている。

〔凡夫にてあらんときは、世々生々・夫婦とならん。仏とならんときは、同時に仏となるべし〕（『兵衛志殿女房御書』、全集一一〇八ページ）

霊鷲山《りょうじゅせん》に約束されたユートピアで、日蓮大聖人・牧口常三郎・戸田城聖と会い、愛するものと涅槃《ねはん》を共にする、「死後の福運」をこの人々は信じているのだ。彼らと私は信仰を等しくしない、だが一味同心することはできる、衆生に病むのである。

矢崎泰久＆中山千夏、〃市民高層社会群〃に属する知的エリート（!?）、その差別の感情を私は唾棄する。何が「革新自由連合」、バカはお前たちだ！

議会政治のリアリズムに妥協し・搦《から》めとられて、庶民の過激な本音を言わない公明党なんぞ、おそろしいとも不気味だとも私には思えない（従って、期待もしていない）。だが、すくなくとも公明党は政治にかかわっている、一定程度の力を持っている。「革自連」の無力を思え、その無力のよってきたるゆえんを、庶民との断絶を想え！

たとえば、〃民衆の敵〃であると田中角栄を断罪する根拠は、とうぜん品性・趣味になく、法律にも道徳にも世論にもない。微視的《ミクロ》には、人々の生活にとって具体的に、彼の存在が害であり悪であること。巨視的《マクロ》には、日本の運命（国家と民衆）を、彼が破滅へとみちびいていくこと、それ以外にない。

ならば、汚職を免罪するのか・と反論するだろうな、度しがたき市民主義者諸君。だが、そのことは私の命題ではない。刑事被告人とされ有罪となる、ゆえに悪であると言う。それは・検察の論理であって、庶民の論理ではない。ましてや〃御用提灯〃、十手持ちのシリ馬に乗る醜態に、私はくみしない。

人が人を裁くむなしさ、百円玉を三枚ポケットに入れた下級駅員を懲戒免職して、罪なき家族を路頭に迷わせる非情。このような末法末世、酷薄な社会に私たちは住んでいる。しかも、差別という根暗い頸木《くびき》に繫がれて。

免田栄のアリバイを、検察も裁判所も認めなかったのはなぜか？　彼がやくざ極道で、平仮名しか書けぬ無学であり、犯行の夜の不在を証明したのは、娼婦であったからだ。人間を差別する裁きを、決して私は信用しない。法とは、つまり庶民を差別する権力である。「世論」もまた、しかり……

　権力の硬軟の二重構造に、人々は管理され・操作されている。〃民主主義〃を称する国家社会の秩序は、その欺罔《からくり》に成立つのである。

　いわゆる下ネタ・スキャンダル、池田大作名誉会長に浴せかけられた醜聞は、田中角栄元首相の場合と同じパターンであったことを、学会員読者は思い出してほしい。攻撃の材料は金と女、すなわち品性・趣味だった、「池田太作《たさく》」と少年時代の貧困を、無学をあざわらう。その背後には、あなたがたがいる。「はむ」としか書けない奴等と、差別された庶民信仰者がいる。

　あなたがたの住む国は、現在の国家と別にある。そこに、差別はない。世世・生生・人は信心を共にして、同志である、平等である。だが、権力はあなたがたをそこに、〃おまじないの国〃に囲いこみ隔離すれば足りる。

　ここにも、二重構造があるのだ。国家権力&マスコミは、あなたがたを特殊な集団・不可触《アンタッチャブル》の民とまとめて差別して、〃通常の人間〃の埒外に置く。不気味な恐ろしいあばら骨が一本足りない「人外」、非人の幻想をつくりだす。そう、あなたがたは、団結すればするほど総体として社会に孤立する。

　門戸をひらき、批判の自由をみちびき入れること。正宗に帰依はしなくても・真剣に参究して、庶民信仰者の側に立つ人々をも同志とすること。そうすれば、あなたがたの国の片隅に、私は住居《すまい》することができる。越後西山在の馬喰・覚右衛門《カクエン》のアニ（長男坊）、判決をうけてただの人となるだろうもと〃庶民宰相〃、布衣《ほい》の田中角栄もである。

夏草や、つわものどもが……

　第一部・雪炎えて、次章を以て最終回とする。テーマを括ろうとして、ために饒舌なのである。牧口常三郎をめぐる・時代と人々、「歴史」を由縁の地に私は追い求めてきた。

　一月凍土を駆け・八月烈日を歩く、取材はきびしくありたいと考えたからである。

「それにしても、クソ暑い喃《のう》！」

「まさに炎えてますわ、地べたに湯気が立っている」

雅《みや》びに申そうなら夏の陽炎《かぎろい》、ギンギンギラギラと目も昏まんばかりに舗装道路は揺れて、猛然たる熱気立ちこめ、天地は蒸し風呂と化しておる。

「念力《ねんりき》のゆるめば死ぬる大暑かな……」

「感じ出てますね、自作ですか?」

「いや・これは村上鬼城の名句、とても及ぶところではないな。蟬《せみ》啼かず敗戦の日もかくありき、これはぼく」

「ああ、もうすぐ八月十五日ですね」

「うん、河井継之助《つぎのすけ》が戦死したのはそのあくる日さ」

……編集部の外山武成クンと同行二人、戊辰《ぼしん》戦争の跡を尋ねて、まずは長岡市内の栄涼寺へ。

人は、郷党を誇りとする。英雄を所有したいと念じて、これを創るのである。河井継之助は長岡藩の家老、軍事総督である。戊辰(慶応四年=M1)、会津・庄内の諸藩と同盟して、山県狂介(後の有朋)・牧口常三郎のパトロンと伝説を残している黒田了介(清隆)らの率いる、官軍の精鋭と果敢に闘って死んだ。

司馬遼太郎によれば、〔彼は武士的な観念美の名のもとに、藩そのものを後世に印象づけようとした〕(『読める年表』現代用語の基礎知識'80年版・付録)。とうぜん、悲劇の英雄であり、「お国自慢」の最たるものと、誰しもが考える。しかし、事実はいささかならずちがうのだ。栄涼寺の一隅にある彼の墓所は、荒れ果てている。盆と言うのに香華もなく、ぼうぼうと雑草は生い茂り、夏まひるの白日に曝されている。

……無情な光景、である。郷党はこの人をむしろ、冷たく疎外しているように見える。夏草や兵《つわもの》どもがゆめの跡(芭蕉)

慶応四年(一八六八)、春三月・江戸藩邸処分、骨董や什器類までことごとく売り払って、数万両に換える。さらに大量の銅銭と米穀を船に積んで十六日、横浜を出港した。このとき河井継之助は、徹底抗戦の決意を固めていた、と考えるべきなのである。

五月・官軍との小千谷会談、河井はぎりぎりのどたん場まで、兵火を避けようとした。が、新政府側の拒絶によってやむを得ず賊軍となった。とする免責の論を、戊辰戦争から七十七年後・同じ釈明を聞いた私は、決して信用するまいと思う。〔堪《タ》へ難キヲ堪へ忍ビ難キヲ忍ビ、以テ万世ノ為ニ太平ヲ開カムト欲ス……〕

〔米英二国ニ宣戦セル所以モ、亦《マタ》実ニ帝国ノ自存ト、東亜ノ安定トヲ庶幾《ショキ》スルニ出《イデ》テ、他国ノ主権ヲ排シ、領土ヲ侵スガ如キハ固《モト》ヨリ朕《チン》ガ志ニアラズ〕

昭和二十年八月十五日、敗戦の詔勅《しょうちょく》を私は、神奈川県大船の海軍病院で聞いた。異端の少年であったから、〝反戦思想〟の持主と目されて、狂信的な教官のリンチを受け・食事を与えられず、餓えて工場のグリセリンを呑んだ。吐瀉し昏倒して、〝大腸カタル〟の病名で、生と死の境をさまよった。

　なぜか魂は冴え、意識は明瞭だった。窓外にかがやく緑と蟬しぐれと、しかしそのとき、奇妙な抑揚の天皇の玉音を、うつろに聞きおわったとき、ふつりと蟬は啼かなかった。

　戸板にくくられ、軍用トラックに放りこまれてたどりついた親もとは、下弦の月の光の下、いちめんの焼野原だった。「大東亜戦争」かくありき、そして言うまでもなく、戊辰戦争の長岡もまたと断ずる理由がある。河井継之助は、戦場になるかもという思惑で暴落した米を江戸で買い、これを逆に高騰した函館で売りさばいた。また、銅銭相場も江戸では底まで下り、地方では天井に上げていたのである。

　こうして得た巨利を投じて、彼はオランダの武器密輸商人・スネルから新式連発銃二千丁と、そのころ日本には三門しかなかった自動連射砲《ガトリング・ガン》を購入している。河井の戦略は、周到に兵火を準備しながら、口に恭順を唱えて時をかせぐことにあった。

　小千谷会談の決裂は、もちろん予定の行動であり、万やむを得ずに起つという大義名分の旗じるしを、河井は手中にした。かくて五月十日・開戦、三カ月余にわたる死闘が、長岡を中心に展開する。

　司馬遼太郎ふうに、〝武人《もののふ》の美学〟を言うのはよい。それはすぐれて、小説のテーマなのであろう。だが、「歴史」は別の位相を持つ。そのいわゆる観念美・士のエートスは長岡に、そこに住む庶民になにをもたらしたのか？　戊辰戦争とは彼らにとって何だったのか、河井がそこで果たした役割りを、いったいなんと呼ぶべきか？

　——**戦争犯罪人、と言おう**。私は、この人を決して嫌いではない。明治新政府の正体をあばいて、〝異議《プロ》中立《テスト》〟を後世に残したことを評価する。しかし、民衆の側に立って見るときやはり、ハタ迷惑な戦争屋でしかなかった。

　長岡郷土史研究会が昭和五十四年に刊行した『特集戊辰戦争をめぐって㈠』（互尊文庫）には、英雄・河井継之助を否定する論考が数多く見られる。

〔戦う意志はなかったがやむなく戦ったなんていうのは、よしてほしい〕（山田信子『小千谷会談について』）

〔危険極まりない賭が為されたといって過言ではある

まい」〔吉沢俊夫『長岡藩恭順派の動き』〕
〔河井だけが、越後人の具象ではない」〔岩下庄之助『小千谷談判の裏表』〕、えとせとらｅｔｃ。

紙数の関係で大幅に割愛するが、これは、戊辰戦争を賛美し・その光の部分だけを見る人々にとって、匿された陰影をあばく必読の文献集である。

〔互尊文庫・稲川明雄氏の話〕

よそからこられて、河井継之助ほどの人物に郷土は冷たすぎる、と憤慨をする方がいます。

ハイ、司馬先生なんかも。だが、ここは町人の街なのです。士族の血をひく者は、人口の百分の一にもみたない。そのひとにぎりが、勤皇だの佐幕だのと称して、攻防二度まで長岡を焼いておるんですから、怨みはあっても恩など誰も感じておりません。おまけに、第二次世界大戦でも、県下でここだけが焼かれて、オーバー・ラップしとるわけですよ戦争の惨害が。まあ、私なんぞは、河井継之助は一流の人物であったとも想わない、過大評価をされているんじゃないか……

お尋ねの森源三についても、菩提寺もわからない状態で、調べようとは思うのですがサテ、調べようがあるかどうか？　ついこの間も、森家の血をひくという奥さんが見えて、調査を依頼されたばかりです。ハイ、その方もまったく系図も文献もないとおっしゃる。

この文庫はご承知のように、戦災でほとんど史料を焼かれてしまっとります。むしろ、森源三が渡った北海道で発掘した方が、種々とはっきりするでしょうから、あちらに依頼しているところです。

森源三と牧口常三郎の関わり、これは当然あるはずですな。郷党をさきがけて、森源三は、明治五年に開拓使となり、札幌農学校二代目の校長にも後に任じられています。そのころでしょう、牧口さんが北海道に渡ったのは？（註・森源三の在職はＭ14～22、牧口常三郎が渡道した時期と一致している）

同郷の大先輩であり、牧口さんが師範・森源三が農学校と別れていても、おなじ教育畑ですから、直接知己を得たと考えても、不自然ではありませんね。ともあれ長岡の士族は、戊辰戦争後に流亡して、北海道へと新天地を求めたのです。いっぽう、街を復興したのは町人たちだった。去る者はうとし、当然のことです。

少年は、戦後を生活した

河井は江戸を出立するとき、謎めいた言葉を遺している。「いまより継之助は忠良の臣となろうか、はたまた英雄となるのか」佐々木克著『戊辰戦争―敗者の明治維新』（中公新書）は、これを政府側に立って英雄となると解している、逆ではあるまいか？　徳川幕府と崩壊の運命を共にしようとしたのは、三河以来の譜代大名、代々老中職・京都所司代を出してきた長岡藩主、牧野忠訓であった。

　君命もだしがたく、河井は忠良の臣となること・すなわち藩の無事安泰に就くことをやめて、観念美に散華する英雄の道を選んだのである。ただし、転んでもただは起きないこの人物は、起死回生の戦線を奥州諸藩と結んで北方に張り、薩長連合を撃ち破って、「王事」維新のヘゲモニーを手中にしようとした。

　だが形勢は利あらず、みずからガトリング・ガンを射ちまくる白兵戦場裡、左膝下に銃創を負う。八月、一里が十里と言われる山越えの険路を只見峠を経て・会津に向かう途中、創傷悪化して敗血症に患り十六日暮夜逝く、行年四十二。辞世の句にいわく、八十里・こしぬけ武士がこす峠。こしぬけは〝越抜け〟、敗残の自嘲をうたっている。

　こえて九月八日、副総督・山本帯刀《たてわき》以下三十二名、濃霧の裡に囲まれて降伏を拒み、全員が斬られる。この山本家に養子に入ったのが、のちの連合艦隊司令長官・山本五十六である。二十四日、長岡藩主は新政府恭順を誓う、**「戊辰戦争」終る**……

　長岡は完全に廃墟と化して、一物をも残さなかった。新保和雄の聞き書（長岡郷土史・既出）から、要約引用をする。〔侍なんかみんな死んでしまえ、と泣き叫んだ子供がいたと、私の祖父は話してくれました。戦火は家を焼いて、人々は逃げ場を失い半狂乱となり、修羅のありさまでした。『河井継之助伝』の槍隊戦記に、「市中の老若男女は路傍に平伏し・或は数珠を懸け、涙を流して」とありますが、じっさい人々は悲惨きわまりない極限状態だったのです〕

〔私の祖父・新保三代吉は、武士たちが家を焼き払うのに対しての哀訴だった、と言っております。戦史はおもに武士が記録したものであって、不当に改ザンをされていると祖父は申しました。事実は戦争の渦中に、邪魔ものだと鬼のような侍どもに斬り殺され、恐怖に人々はうずくまっていたのであります〕

〔叩っ斬るぞと刀をふりかざした、その侍《さむらい》共はどちらの軍勢だったのでしょう。彼らが発したのは、長岡言葉のようにも思えます。まことに地獄のごとき戦さの跡に、かり出された百姓町人が炎天下・屍を片づける光景は、凄惨そのものでありました〕

……秋になって、諸所を放浪する敗残兵とその家族は藩に呼び戻され、謹慎を申しつけられる。生活《たつき》の道のない彼らを待ち受けたのは、またしても流離の運命であった。この年極月、〔雪はすでに五、六尺に及び、家なく食なく窮地に立つ〕（今泉省三『長岡の歴史』）。

森源三は、河井継之助の腹心である。かつて同門だった黒田清隆と越後口に闘って大いに悩ましたが、戊辰戦争敗戦処理に当って軍務主事に任じられ、さらに、黒田の推挙で明治五年・北海道開拓使となる。いわゆる守旧派は、新政府の走狗よとあざ笑った。が、森は河井の遺族をひきとって、扶養している。

彼は生涯を北海道の殖産にささげて、札幌育種場、綿羊場、牧羊場、葎草園《りつそう》（植物園）、桑園、新冠《にいかっぷ》馬匹放牧場、木工場、苫小牧《とまこまい》マッチ軸木工場、妹背牛《もせうし》共同農場ｅｔｃ、あらゆる分野の開拓を試みている。

とくに、先駆的な実験である共同農場経営は成功をおさめて、晩年は代議士に推されて当選する等々、業跡を残している。だが、〝故郷に錦を飾る〟ことをしなかった。北海道に骨を埋め、戊辰戦争のあとさきを、（度々帰郷はしていながら）韜晦《とうかい》したのである。

安政四年（一八五七）、彼の兄に当る目付《めつけ》・森一馬は、すでに藩命をうけて蝦夷《えぞ》から樺太を調査している。北辺開拓は源三にとって、血脈につながる事業でもあり、敗残の郷党を新世界へみちびき、大地に根づかせる方途でもあった。

第二部春と修羅、北海道&東北篇でいますこし詳しく、森源三について述べようと思う。ここでは、戊辰戦争の結果、トップ・レベルの藩士から足軽、さらには士農工商を問わず、家を焼かれ職を失った人々が、北へ北へと流出していったことを押さえておこう。

新政府は明治二年（一八六九）の七月、鍋島直正を開拓使長官に任命、「此後《コノゴ》諸藩士族及ビ庶民ニ至ルマデ、志願次第相応ノ地ヲ割渡《カット》シテ、開拓仰《オオ》セ付ケラレ候事」と太政官布告を発令。七年七月・移住農民給与更生規則、入植後三年間に拓《ひら》いた土地を交付することをきめる。

くわえて、第五章で記述したように、十六年六月、「移住者ノ無賃渡航ヲ差シ許ス」。こうして、明治二年から十九年の道庁開拓に至るまでに、士族の移住者は八万二千八百五十九名に上る。その多くは東北・新潟出身であり、戊辰戦争の生き残りであった。

十五年六月、長岡藩の重役だった三島億二郎、森源三を頼って北海道に渡り、開拓地をもとめる。十九年

一月　「北越殖民社」を設立　石狩国空知郡幌向村字江別の凍土に鍬を入れて、〃越後村〃を建てる……

明治十八年・おそらく秋、と言うのは直江津〜小樽間定期航路が十一月に開通しているからだが、少年・牧口長七が北海道に渡った背景には、以上のような事情が置かれる。

少年は戦後を生活した。柏崎は、河井継之助と同盟した桑名藩の所領。出雲崎へと攻め上る官軍によって、長七の生地・荒浜も戦場となったのである。庶民大衆をまきこんで・流離の仕置きを与えたもの、それは戦争であった。

小川トヨ・石栗慶重・永野博・長谷川はまえ、庶民信仰者の体験した戦後は、百年の余をさかのぼって、牧口常三郎とその時代に合一する。「歴史」は決して遠く過ぎ去った断影ではなく、この世に支配者の国家があり、差別のつづく限り終ることのない、現在なのである。

▽明治十八年（一八八五）　＊牧口常三郎・14歳

1・1　往復はがき、発売される。

1　チンドン屋（当初は披露目屋と称する）、東京にあらわれる。

1　田中智学、「立正安国会」設立。

1・27　ハワイ移民九百二十七名、出発。

2・2　静岡県金沢村ほか「借金党」八十五カ村・農民騒擾、伊豆銀行等を襲う。

〔註〕前章・武相「困民党」、そして伊豆「借金党」弾圧後、農民の組織的抵抗は影をひそめた。しかしこの年、日本全国に凶作・飢饉が荒れ狂い、とりわけて新潟県下では、冷害のために餓死者が出る。都市部でも、魚市場で臓物を拾って食う子供たち・投身自殺者・乞食が増え、惨状は枚挙にいとまなかった。

2　尾崎紅葉ら「硯友社」を設立。

3・1　山手線、一部開通。

4・1　隅田川汽船会社、一銭蒸気をはじめる（吾妻橋・永代橋間船料一区間1銭）。

5・5　北海道屯田兵《とんでんへい》条令、制定。

5・9　最高額紙幣10円札発行・通称イノシシ。

5・31　富山大火、六千戸焼失。

6・15　淀川溢水《いっすい》、大阪市内・冠水一万四千戸に及び、罹災者七万人。

6　三菱汽船・共同運輸会社競争激烈をきわめて、乗客運賃七〇パーセント値下げ、佐渡の汽船と等しく（前章）、これも菓子弁当つき。

第八章　夢は荒野を

物を盗む者は罪せられ、国を奪う者はかえって、強として畏敬せらるる。
吾人は、狭隘《きょうあい》なる国家主義の一極端に偏すべからざると共に、汎愛虚妄《はんあいこもう》の世界主義てふ（という）、他の一極端に陥るべからず。

――『人生地理学』・緒論

かくて、「維新」は終りぬ……

▽明治十八年（一八八五）・承前

7・8　三カ年半の猶予を置き、和船五百石以上の建造が禁止された（太政官布告）。

7・16　大宮・宇都宮間、鉄道開通。

7　「婦人束髪会」結成。

〔註〕不便窮屈・不潔汚穢《おわい》・不経済、三つの理由でいわゆる日本髪を追放する運動、たちまち全国に流行する。いわく、西洋上げ巻、西洋下げ巻、イギリス結び及びマーガレット、〝洋化〟の風潮はかくて庶民社会をおおうのである。

8・1　郵便汽船三菱会社、共同運輸会社との値下競争を、政府の勧告（7・28）により停止、同社と対等合併すると回答。――9・29「日本郵船」設立許可（10・1　営業開始）。

11・23　**大阪事件**、大井憲太郎ら朝鮮独立のクーデターを企てて・発覚、一網打尽となる。

〔註〕明治十五年壬午《じんご》の軍乱以降、朝鮮の輿論はまっぷたつとなり、清国をたよる事大党と、日本にならって政治の一新をと主張する独立党が抗争する。独立党の指導者・金玉均は、清国の軍隊に追われ日本に亡命、自由党の後藤象二郎・板垣退助らはこれを支援して、朝鮮の改革を図ろうとした。

後藤の通訳・小林樟雄《くすお》は党内急進派と接近し、その領袖である大井憲太郎に〝日本人の手による〟朝鮮独立のクーデターを進言。大井はかねて、「日清ノ間ニ緊張ヲ作リ、モッテ愛国心ヲ振イ興シ、国内改革ノ手掛リトスル」ことを持論としていた。

ひそかに同志を糾合し、資金強奪・爆裂弾製造・武器調達等々の準備に着手するか・仲間の一人、磯山清兵衛の変心によって、大阪で事は露見してしまった。

同志百三十九名・全員逮捕、〝外患罪〟で処罰。紅一点の景山英子十九歳、のちに『妾《わらわ》の半生涯』をあらわした女流革命家・福田英子の前身である。このような自由民権派の軌道修正・海外進出は、一面、政府の歓迎するところであったとも言えよう……

12・22　**伊藤博文内閣・成立**、太政官制度を廃止する。

〔閣僚〕総理・伊藤博文（長州出身）／外務・井上馨（〃）／内務・山県有朋（〃）／司法・山田顕義（〃）／大蔵・松方正義（薩摩出身）／陸軍・大山巌（〃）／海軍・西郷従道（〃）／文部・森有礼（〃）／逓信・榎本武揚（旧幕臣）／農商務・谷干城（土佐出身）／書記官長・田中興顕（〃）

〔註〕長・薩・土に旧幕臣を加えた、藩閥均衡内閣である。ご一新の論功行賞、天皇巡幸VS自由民権、明治新政府の基盤づくりはここに完了する。西郷隆盛・江藤新平ら、〝内ゲバ〟の死屍累々、木戸孝允（桂小五郎）・高杉晋作・大村益次郎・大久保利通、維新の元勲もすでにこの世を去り、足軽出身の伊藤博文が最高権力者の座に就く。

かくて、「維新」は終った。大阪事件の意味するものは、自由民権急進派（左派）・武闘のエピロオグ。十九年・箱根離宮襲撃計画、落成式を襲って文武百官を殺害、政府転覆を企むエクストラ・インニングス未遂に了る。反体制政治運動は、議会での多数派工作という文闘に移行していくのである。

11〜12月　日本郵船は神戸・小樽間に西廻り定期航路を開き、直江津を寄港地と定める（週一便）。

牧口長七・十四歳、北海道に渡る。

創価学会初代会長の漂泊、「生死流転」のテーマは、こうした時代背景に置かれる。牧口常三郎の生涯は・なぜか画然と、歴史の結節点に区分されるのである。

……明治十八年、少年は一人よるべなき砂岸のふるさとを離れ、〝新時代〟へと旅立っていく。開拓地《フロンティア》の青春・それは、この国が世界の列強と伍して、急膨張を遂げていく過程であった。教師となり・地理学者をこころざし、『人生地理学』二千枚の草稿をたずさえて、日清&日露戦争のはざまに上京、幸徳秋水らの非戦論とアナキズムに影響される。

〝国家・国権主義〟への批判、一方に柳田国男らと親交を結び、甲州・道志七里《どうししちり》、九州・筑後川源流などの僻地を踏査、当時異端と目された〝地方主義〟、ふるさと中心のカリキュラム（教科課程＝『小学地理／郷土科』）を提唱する。かくて、「汎愛虚妄なる世界主義」の欠陥を衝く人生地理学の思想は、〝現場の実践〟にうつされる。

大逆事件（M44）、明治の終焉……　年号・大正とあらたまり、窮民街の教育に専念する。宗教的回心は、すでに・貧困と差別の巷に芽生えていたと見るべきである。衆生に病む、「価値創造」の哲学はすなわち、庶民の救済・自立を目的とした。

関東大震災（T12）、デモクラシーの余燼《よじん》・いまだ消えやらぬ昭和五年、日蓮正宗に帰依して創価教育学会を建てる。「十五年戦争」の谷間を法華経の行者として烈しくも誠実に生き、敗戦まぢかに殉教の生涯を閉じた。〝信仰以前〟、教育者として地理学者としての五十余年を、日蓮正宗の教義と分離して捉《とら》えることは誤りである。牧口常三郎その人の生涯には、貫通をする精神があり・行動がある。生まれながら、「日蓮の使徒」で彼はあったのだ。私はこのルポルタージュで、それを明らかにしようとしている。

——初源の風景に還ろう、〔いささか解釈に冒険を試みるが、請う吾人をして心意発動の自然の順序にしたがい、日常生活の最も卑近なる事実の観察よりしておもむろに歩を進めしめよ〕〔他なし、各自の郷里これなり〕（人生地理学・緒論）

〔汝《なんじ》、なにゆえに故郷を恋愛するか？〕牧口地理学の思想は、言うなら単純なこの設問に尽きる。そう、「何故に家を出《いで》しと折りふしは心に愧《は》じる墨染《すみぞめ》の袖」（良寛）流離の少年は、ふるさとを想う。彼の脳裏には荒浜の風景が、鰊を盗む子らの砂岸が常に結んでいた。〔乃至《ないし》童子の戯《たわむ》れに、沙《すな》を聚《あつ》めて仏塔を作《な》す〕（法華経方便品《ほうべんぼん》）という人生を、牧口常三郎は歩んだのである。

大愚・良寛のうたえる——「当時、我若《われも》し在らば、（童子たちの）後《しりえ》に随いて一帀《いっそう》を打さん」。自分もまた砂の塔をひとめぐり、共に遊戯《わるさ》をしたであろう、と。第一部八章を完結する前に、北川省一氏にもういちど会いたいと思った。『良寛游戯《ゆげ》』の著者であり、牧口常三郎の顕彰者でもある人に、このルポルタージュの感想を、ぜひとも聞きたかったのである。

また、雪の松之山で果たせなかった坂口安吾の事どもを、昭和六年の処女小説集『黒谷村《くろだにむら》』、その風景と季節に探ろうと私は考えた。さらにまた、安吾の描いている盆踊りのま夏、出稼ぎから帰る人の波に揉まれてみようとも……

　飯山《いいやま》線で長岡から長野まで、信越線に乗りついで上越高田へ、柏崎から荒浜・刈羽・西山と越後線、そして出雲崎で「おけさ流し」、盆踊りを見て新潟へぬける例によっての強行軍である。実以て我ながら速疾鬼《ルポ・ライター》の業と言うべし、故・添田知道氏ゆかりの人、加賀誠一さんなど会いたき方々も多いのだが、たったの一泊で突っ走らねばあいなりませず、ごぶさた平にご容赦・出発進行！

ピカピカの海、子供の悲しみ

　飯山線は、廃止の運命であるという。安吾の『黒谷村』、〔ぼろぼろと零《こぼ》れた十人ばかりの人々と、屋根もない〕山間の小駅と誌されたのは、越後田沢か鹿渡《しかわたり》か？　昭和二年に開通したばかりで、六年にはもはや落魄の情景である。

〔九月には劇《はげ》しい雨雲の往来、山という山の木々に葉は落ちつくし、いそがしく時雨が通る。十一月も終る頃にはもはやとっぷりと雪に鎖され、年変り山の路に煤《すす》けた吹き溜りがようやく、蒼空へ消え失せるのは、……五月〕

〔瞬間《ときのま》に夏は暮れ、生活もまた暮れる〕村々に、〝甘美な狂躁〟がおとずれる。それは盆踊り、〔出稼ぎの女工達も踊りたいばかりに帰省する〕。闇に溶けてゆく忘我のよろこび、そのエントウシアスモス（憑霊）、〔猥褻《わいせつ》と呼ぶには当らない、むしろ透明とか悠久とか、そんな漠然とした親密な名称で〕語るのにふさわしいふるさとの波動を、二十六歳の安吾は、『黒谷村』に万感をこめて綴っている。

　私は、この小説が好きだ。僧・龍然が女衒《ぜげん》に身を売った愛人と安吾（と言ってよいだろう、作中の矢車凡太）を駅頭に見送る最後の情景《ラスト・シーン》を、涙あふれて青春の日に、読んだことであった。

〔汽車は動きはじめた、さようなら。由良《ゆら》は泣きながら窓に堅くかじりついて、激しく手巾《はんかち》を振っていた。凡太もまた、デッキのステップに身を出して、目に光るものの溢れ出るのをどうすることもできなかった〕

〔超然として、全ての感情から独立したように開いた両股をがっしり踏みしめ、汽車を見送っていた龍然は、已《すで》に明るい太陽の下に一つ取り残され小さく凋《しぼ》んでいくように見られたが〕

〔（汽車が遠ざかると）、突然みにくく顔を歪めたように想像されると、小腰をかがめ、両手の掌に顔を覆って恐らくは劇しい叫喚をあげながら、倒れるように泣

き伏した姿が見えた……〉
昭和六年、不況は深刻であった。九月一日、清水トンネルが開通して上越線が完工する、その半月後に「満州事変」。失業者は三百五十万人をかぞえて、農村は冷害凶作に襲われ、娘らは売春の苦界に沈んだ。
安吾の小説を、非政治的な文学であると考えてはならない。ドイツ第三帝国の首相にヒトラーが就任して、小林多喜二が虐殺され、共産党獄中幹部総転向の昭和八年、彼は次のように発言をしている。〈文学とは社会制度に対する反逆であり革命だ、文学は政治の友達になってはならんのだ！　永遠に〉（座談『文学の新精神を語る』S8・5月、同人雑誌桜／創刊号）
文学は、政治に対立する。ゆえに政治とは何かを洞察し、すぐれて戦闘的に、これを撃たねばならない。文学を宗教と言い換えてみよう、やはり真理である。新潟が生んだこの作家は、「文学は政治の友達になってはならない」というテーマを、生涯つらぬき通した。
逆説的に言うならば、彼の文学はために政治的であり、反体制なのである。安吾は断乎として、率直明快に民衆の側に立つ。〈英雄になりっこない人々、当りまえの平凡な生活、その小さな幸福こそが大切なのだ〉（中野重治との対談『幸福について』S27・11月、新日本文学）と。
明治三十九年（一九〇六）、新潟市に生まれる。存命ならば、私の父と同年のひのえうま満七十七歳、本名・炳五《へいご》。父・坂口仁一郎は五峰と号し、〈政事にもかかわり、新聞にもたずさわり、また、このんで詩をつくり、いささか書もよくする。雅俗をあわせ鬱然《うつぜん》として、郷党の雄であった〉（石川淳『阪口五峰』）、阪は誤植に非ズ、土偏《へん》を嫌って本人がそう署名していたからである。
牧口常三郎誕生の明治四年、仁一郎は十三歳、散髪・廃刀奨励される。少年は腰に大小の刀剣を帯び、丁《チョン》まげを切ってイガグリ頭となり、大いに叛骨を示した（!?）。まことに奇矯・だが、〈維新の歴史の動きの上に、これを重ねて見ていかねばならない〉（石川淳）
新潟は天領・みなと街、城もなく寺もない土地柄である。〈明治の文明開化、という挿木はこの土に於て、とたんに花開いた〉。たとえば新潟一のホテル・イタリア軒の創業者は、明治七年早くも来演したチャリネ曲馬団が、脚にけがをしたため置き去りにしていった料理人である。〃西洋肉料理〃は、新潟で全国に先がけている。そして、〈五峰という人物も、文明現象の一つであった……〉

曲馬団に魅せられてか、この年、東京に出奔する。翌年つれ戻され、不貞腐れて三年寝太郎をきめこむ。度し難き腕白に訓戒を与えて、米穀取引所に勤めさせたのは、郷党の先輩で本間新作という仁《ひと》。正業についてからは、政界に頭角をあらわす。明治十一年、弱冠二十歳で郡会議員となる。県会議員（十七年）、議長（二十六年）、衆議院議員（三十五年）と赤いじゅうたんを踏み、憲政会に属して総務党務委員長・代議士会長を歴任。

新潟米穀株式取引所理事長・新潟新聞社長を兼ねて、地元では言わずもがな、超一流《トップ・クラス》の名士ともくされた。が、安吾によれば、〔私の父親は二・三流ぐらいの田舎政治家というべき人種で〕（『石の思い』、S21）、〝多くの不愉快な影〟を自己の性格に落としている。

……幼年の安吾にとって、〔大人とは子供の悲しみを知らぬもの〕であった。

〔私が父を見るのは、墨をすらされる時だけだった〕五峰・仁一郎は、生涯を政治にかかわり、『北越詩話』墨書一篇を残して、県下有数の大地主であった先祖伝来の家財を、すべて使い果たした。

人は清廉潔白と言う・しかし、〔父は単に悪事のできない男であった。なぜなら、人に賞揚されたかったからである。そしてそのために、自分を犠牲にする人であったと、私自身から割りだして、そう思う〕

このような理解、父を反面教師として、安吾は政治の根本を・その倫理を疑っている。彼もし生きてあれば、田中角栄をどう考えるか？　ともあれ、少年は孤独であった。母は安吾（五男）誕生の難産がもとで、強度のヒステリーとなり、わが子を憎んだのである。長男・献吉は左翼思想にかぶれ、早稲田大学で浅沼稲次郎・稲村隆一らと共に、「建設者同盟」をつくる。両親の関心はもっぱら、〝正道〟に総領息子を立ち戻らせることにあった。

大正八年（一九一九）・十四歳。県立新潟中学入学。ほとんど学校にゆかず、佐渡のみえる〔海の松林で、ねころんでいた〕（石の思い）

〔白い燈台があった、三角のシャッポを被《かぶ》っていた。ピカピカの海へ白日の夢を流して、古い思い出の匂いがした。佐渡通いの船が、一塊の煙を空へおとした。海岸には高い砂浜がつづき、日ざかりに蜥蜴《とかげ》が酔いどれていた〕（『ふるさとに寄する讃歌』、S6）

じっさい、安吾ほど肉体でふるさとを描き、〝地と人〟のかかわりを凝視した作家はいない、と私は思う。この連載をはじめるにあたって、『人生地理学』

に参究したさいにふと、郷土を同じくする安吾をおもい浮かべた。牧口常三郎と坂口安吾と、その初源の風景は、**究竟《くきょう》一つではあるまいか**、と。〝身読《ルポルタージュ》〟を進めていく間に、その想いは深まり、確信となったのである。そう、「子供の悲しみ」を、彼らは忘れ得ぬ人であったのだ。

〔政治家・事業家、人の子の悲しみの翳《かげり》をもたぬ者に私は本能的な反撥を感じて、一歩もゆずらぬ気持ちになるが、悲しみのかげりに憑《つ》かれた人の子に対しては不用心に開け放しで、垣《かきね》を作ることを知らない〕

〔私のふるさとは、空と海と砂と松林であった。私は今日も尚《なお》、何よりも海が、単調な砂浜が好きだ。一日中ねころんで海と空を眺めていさえすれば、心は充たされる。それは、少年のころ否応なく、私の心に植えつけられたふるさとの情であったから〕（石の思い）

汝、なにゆえに故郷を恋愛するか？

……そこで、子供であったから。牧口常三郎のテーマは、まさしく坂口安吾と合一する。砂の塔をめぐる『良寛游戯』と、さらには「大夢・大悲」、国家を諫暁して、立正安国の常寂光土《じょうじゃっこうど》を現世にもたらそうとした、北一輝・昭和維新の夢想とも。そう、「子供の悲しみ」に拠って人は文学者となり、宗教者となり、革命者となる。この世を支配する〝俗物の群《エスタブリッシュメント》〟、もろもろの権威、とりわけ政治・経済の現実と対立するのである。

〔空にある星を、一つ欲しいと思いませんか？　思わない？　それなら、君と話をしない〕（『ピエロ伝道者』、S6）

文学・宗教、その双曲線

帰省の庶民でごったがえす飯山線の車中、ようやく空いた席の窓からはもう、『黒谷村』の風景は遠かった、うつらうつらと眼を閉じて、安吾の影を追う……

田舎政治家と侮蔑しながら、父の血に影響されて、安吾の関心は生涯・政治の上から離れなかった。また、母に対する憎しみは、その晩年にかえってまったき理解と愛に転化する。小学校の五年生で母に棄てられ、身勝手を呪った私には、実に納得できる。

子供の悲しみは、母に対する悲しみに変るのである。生みの母と私が再会したのは、戦後もかなり時の経った、三十年後のことであった。上野の西郷さんの前で、まったくひと眼で彼女とわかり、何のわだかまりも心にはなかった。

……閑話休題《それはさておき》、『黒谷村』を発表した翌昭和七年、安吾は矢田津世子《つせこ》と会う。プロレタリア小説家として、すでに世に知られていた彼女は、「五・一五事件」（安吾の父・五峰の領袖であった犬養毅首相らが暗殺された）、武装共産党銀行ギャング事件など、左右に激しくゆれる時流の中で、いわゆる純文学への転向をはかろうとしていた。

津世子には他に愛人があり、安吾にも同棲する酒場の女がいた。二人の恋は、霊の域をこえることなく・ゆえに、苦《にが》く切なかった。またこのころ、親友の狂死という衝撃が起り、精神と生活の辻褄があわなくなっていく。

後半、〝無頼派〟と安吾は呼ばれて頽廃・乱倫・不道徳のそしりをうけた。健全と頽廃との境界を、何人《なにびと》が引くのか？　それは、公序良俗であり、法と秩序であり、すなわち支配の垣根である。常識、とこれを称する。そして、「子供の悲しみ」は、常識という俗世の約束になずまぬ、自由な非妥協な魂からうまれる。滔々《とうとう》たる愛国、〝国家主義〟の風潮に対して、安吾は協調せず、デカダンスの奈落に降りていく。酒場の女の亭主に刃物を持って追いまわされ、〔耳を澄ますように生き、やりきれない日常〕（『いずこへ』、S10）に埋没する。安吾と同じ年齢のころ・私も棲んでいた、京浜工業地帯のアパートに、ひっそりと息を潜《ひそ》めて……

昭和十年（一九三五）、安吾・三十歳。矢田津世子、人民戦線シンパとして戸塚署に逮捕される。その四月「天皇機関説」、不敬罪で美濃部達吉が告発され、時代は〝左翼総くずれ〟、転向の季節へ速《すみ》やかになだれる。

津世子宛の書簡、〔僕の生活も文学も新しい友人にすら次第に通じなくなってきました。そういう現実にとり囲まれて生きているのと僕ですら、自分のほうが間違ってやしないか〕（S11・1・8）と、自信を失いかける。

しかし、安吾はつづけて言うのである。〔ここから先は、決して疑ったり惧《おそ》れたりしてはならないという一つの線が、僕の中に育ちはじめ・勇気づけられてきました〕十一年、〔街には雪がつもっていた。血なまぐさい二・二六事件の気配がそのときはまだ目立たず、街は静かな雪道であった〕（『三十歳』）。本郷の菊富士ホテルにこもり、長篇小説の執筆にとりかかる。

津世子との逢いびき、釈放後の彼女は市井ものにペンを逸《そ》らし、『神楽坂』という作品を書いて芥川賞の候補となり、〝世間的な成功〟をおさめていた。〔その作品は、私を敬服せしめるものではなかった〕ただ・接吻《くちづけ》をして別れた翌朝、安吾は絶縁の手紙を速達便で出す。

書きかけの長篇を反古《ほご》にして、『吹雪物語』を書きはじめる。〔一九三×年のことである。新潟も変った〕と書き出され、〔肉体の真実なんて、往来へ落ちた馬糞の実感と同じようなものじゃないか〕

……と結ばれる七百枚の長篇、足かけ三年をかけてようやく脱稿、世評ほとんど最低であった。〔この小説は私にとっては、全く悪夢のような〕〔なぜ破り棄てる勇気がなかったのであろうか〕と、安吾自身が言う。〔虚しい墓にきざまれた虚しい文学〕（S22、再版に際して）、そうかな？ 私はそう思わない。きっとこれは、韜晦《とうかい》なのだ。安吾の筆法を模写して言おう、**嘘をつけ！ 嘘をつけ！ 嘘をつけ！**

〔再会したその人は、別人だった。その人はもう、現実の女のひとりにすぎず、私の心にのみ棲む、特別な・あの女ではなくなっていた〕〔一度夢にした女が、現実にあらわれるというそれ自体、実際あり得べからざる怪談なので、その現実に対する切なさに私は衰弱したものだ〕。絶対非妥協の坂口安吾、その絶望は津世子の転向にあった。と言い切ろう。

倫理と頽廃は彼において、紙一重の属性であった。『吹雪物語』はすぐれて思想的、かつ政治的な小説なのである。プラトニックな、と言い換えてよい。〔これをちゃんと読了した者は、数えるほどしかいないのではないか〕（冬樹社版『定本・坂口安吾全集』2巻／奥野健男解説）。私は読み了《おお》せた、敗戦三年目の夏であった。この年、日共に入党した。新潟の土をはじめて踏み、長岡の焼跡を見た。「ピカピカの海」への想い、だが安吾はふるさとの変貌を描き、〔むしろ抱負がこの土地では、無役《むえき》な障碍《しょうがい》〕なのだ、と語り出す。私・十八歳の意表を衝いて、彼の文学は一作ごとに鮮烈だった。

『黒谷村』の由良は、『吹雪物語』の由子となる。〝夢の女〟は甦《よみがえ》り・幻滅する。新潟に仮装の舞台をしつらえて、押し流されゆく時代を、安吾は苦しげにもの語る。由子・矢田津世子は、時代であった、時代と寝ることが自分にはできなかったのだ、と。

安吾をむさぼり読み、眼の鱗《うろこ》を次々に剝がされていった青春の日々を、昨日のことのように想いおこす。越後松之山、『黒谷村』は姉セキの嫁ぎ先、いく度か彼はここを訪れている……

第一部「雪炎えて」、終章にあたっていささか過剰に、そして感傷的に安吾を語ることに、学会読者諸君は違和感を抱くのではないか？　だが、こう考えていただきたい。坂口安吾が窮巷に沈淪して、無頼と人の言うデカダンス、非妥協の苦諦に堕ちたその時代、牧口常三郎は創価教育学会を建て、不退転の折伏に殉じた。限りなく近づき・そして岐《わか》れていく文学と宗教との双曲線を、戦時下二人の生き様は描いたのである。

　牧口常三郎が北海道・九州と、弘教に東奔西走する間、『吹雪物語』の作者は出版社からの前借と泥酔と居候、放下《ほうげ》の日々を送った。「戦争に背をむけた」と言ったら、あべこべになる。戦争は彼を必要としなかった、安吾は文学報国の隊伍からこぼれ落ち、〝無用の人〟とされたのである。

　創価教育学会の創始者は、言えば信仰の天辺にむかって・限りない昇華を遂げ、国家権力に殺された。いっぽう、無頼のもの書きは、夢を失った地底へと限りなく堕ちていった。両者の軌跡は、X軸にではなくY軸の上下に対称して原点は一つ・すなわち、「疑いも惧れもしない」確固たる信念に置かれる。

　安吾は、戦争文学を書いている。昭和十七年六月『真珠』、〔言葉のいらない時が来た、必要ならば僕の命も捧げねばならぬ。一兵たりとも、敵をわが国土に入れてはならない〕。軍国主義への妥協と、この作品は戦後批判された。安吾・お前もだ！　と鬼の首でもとったようにはやし立てたのは、日共系の文芸評論家たちだった。『野坂中尉と中西伍長』を書いて、安吾が日本共産党批判をあきらかにした昭和二十五年、〝一九五〇年分裂〟のさいである。私は党員だったが、野坂参三は嫌いだった。中西功派に近かったが、単なる一兵卒にすぎなかった。

　一兵卒は、『真珠』を読んだ。そして坂口安吾は正しい、中尉も伍長もろくなものではないと思った。真珠湾の十二月八日に玉砕した〝九軍神〟、特殊潜航艇乗組員を題材にしたこの小説は、ぞくっとする言葉で結ばれている。〔まったく貴方がたは、遠足に行ってしまったのである〕

　……そのイロニー、文脈にこめられた悲しみに理会しようとしない、いや実は判っていながら安吾を攻撃する連中は、ますます大馬鹿野郎であった。「新日本文学会」に当時、私は属していた。が、〝党派〟の文化方針に、ようやく疑問を抱いたのである。

　私事を言うのでは、ない。昭和十七年五月、安吾のこの小説が書かれたとき、治安当局の指示によって、創価教育学会機関誌『価値創造』、九号を以て廃刊となる。やがて・第四部「殉教の譜」で、克明に戦中の学会活動をたどるが、学会読者諸君はここで、内藤国夫・溝口敦・山崎正友・原島嵩らの悪口罵言《あっくめり》を、想起していただきたい。

彼らは、『価値創造』の文章から片言隻句をとり上げて、戦争協力・軍国主義追従と言う。安吾に対する非難攻撃と、それは軌を一にしている。民衆に依拠すると称しながら、X軸の左右対称に背離をしていく〝現実政治〟、日共VS公明党・あるいは社公民等々の問題を論ずる心算はない。私はただ、ものを書く営為は「政治の友達」となったとき、限りなく真実を遠ざかっていく、とだけ言いたいのである。

今しばらく・安吾に即して、最終章を括《くく》ることをお恕しいただきたい。昭和十八年の七月六日、牧口常三郎が逮捕された夏、安吾はしばらくふるさとに帰る。

〔山本元帥（五十六歳・長岡市出身）の戦死、アッツ島の玉砕と悲報つづく、国亡びれば我らもまた亡ぶ時、すべてを戦いに捧げつくすがよい〕（『巻頭随筆』、S18・6・28、現代文学）。

安吾はこの言葉の通り、空襲下の東京に戻って、敗戦の日まで生死の境を漂泊する。

十九年三月十四日、矢田津世子死す。享年・三十八歳。同三十一日、米軍機動部隊がパラオに上陸する。六月十五日・サイパン島に来襲、七月七日守備隊三万玉砕、住民の死者約一万。七月十八日、東条内閣総辞職。八月十日、グアム一万八千玉砕。同二十三日、学徒・女子挺身勤務令公布（私、大船海軍燃料廠に動員される）。九月三十日「大日本宗教戦時報国会」神仏合同、敵国降伏祈願。十月二十四日・レイテ沖海戦、連合艦隊潰滅する。十一月一日、B29百機が北九州に来襲した。

十一月十八日、**牧口常三郎・獄死**。

炎の中に、浄土を見る

【空襲録】昭和二十年（一九四五）

1・27　B29五十六機来襲、有楽町と銀座に爆弾投下、死者八十一、重軽傷者二百五十九名を出す。「東京大空襲」の前ぶれ……（東京空襲は百十二波、昭和十七年四月十八日が第一回）

2・3　マニラ、陥落。

2・16　艦載機千二百、東京・横浜を襲って銃爆撃。

2・25　二十六日と二波、B29東京に焼夷弾を降らす。

3・9　**東京大空襲**、翌十日にかけて無差別爆撃、死者十二万四千七百十一、焼失家屋二十三万、下町ことごとく灰となる。四人を動員して大穴を掘り、累積死体をようやく埋める。
3・13　**大阪燃ゆ**、B29九十機・深夜侵入して一挙に五十万戸を焼く。計・三十波に及ぶ焼夷弾投下、商都は完全に廃墟と化した。
3・17　**神戸燃ゆ**、二十三波。
3・18　九州各地空襲、二十九日まで断続して銃爆撃。
3・19　**名古屋燃ゆ**、三十八波。
4・1　**米軍、沖縄に上陸**。
4・13　京浜工業地帯空襲、十五日と二波にわたり、品川・蒲田・大森・鶴見地区を焼く。
4・22　連合軍、ベルリン突入。
4・28　パルチザン、ムソリーニ逮捕・惨殺。
4・30　ヒトラー、ベルリンの地下壕で自決。
5・7　ドイツ、無条件降伏。
5・9　日本政府、聖戦貫徹を声明。
5・24　東京・夜間大空襲、はじめて宮城が標的となり焼かれる。二十六日に第二波、参謀本部直撃。
5・29　**横浜燃ゆ**、市街の三分の一を焼失（被災三十九万九千人）。
6・6　天皇臨席「御前会議」、本土決戦方針を裁決。
6・23　沖縄玉砕、守備隊九万全滅。民間の死者はこれを上まわり、十万余を算えた。
——以降マリアナ基地B29・沖縄基地B24・硫黄島基地P51、中小都市を連鎖銃爆撃。
〔六月〕日立、千葉、静岡、豊橋、四日市、豊中、姫路、岡山、佐世保、延岡。
〔七月〕室蘭（7・15艦砲射撃）、苫小牧、根室、釧路、青森、八戸、釜石、仙台、宇都宮、富山、福井、舞鶴（海軍工廠のみ）、敦賀、大津を焼き、さらに甲府、沼津、岡崎、岐阜、大垣と、中部地方から四国&九州に及び高松、松山、徳島、高知、大分、佐賀……
8・1　**長岡燃ゆ**、市街地全滅。
8・5　前橋、高崎空襲（前橋は一万二千戸を焼かれて中心部全滅）。
8・6　**広島・原子爆弾投下**。
8・9　**長崎・原子爆弾投下**。
8・10　午前二時半、「御前会議」は国体維持を条件にポツダム宣言の受諾を決め、中立国（スイス・スウェーデン）に連合国への伝達を依頼する。

盛岡、花巻、一関、宮古、酒田等、東北空襲（被害軽微）。

8・11　阿南惟幾《これちか》陸軍大臣、全将兵に断固抗戦を訓示。

8・13　大月、長野空襲（軽微）。

8・14　敗戦前夜、B29は秋田、伊勢崎、桐生、熊谷を襲った（熊谷は市街中心地全滅）。

8・15　**大日本帝国、無条件降伏**。

いちめんに空を覆う黒雲と、キラキラ燦《かがや》きながら降る、無数の光の微塵を私は見た。爆煙にすすけた被災者の襤褸《らんる》のごとき列を、焼跡に累々と積まれて、焼き棄てられる屍を見た。五月・横浜空襲の記憶は、今も酷烈によみがえる。

恐怖と怒りと、そして美意識と。

焼夷弾の一斉投下を、夜に入って空を染めた紅蓮《ぐれん》の炎を、「綺麗だ！」と私は想った。戦後しばらくの間、そのことを人に言えず、自分は異常な神経の持主なのではないかと、ひそかに私は悩んでいたのだ。

安吾の文章と出会わなかったら、私はおそらく、〝偽善的反戦主義者〟（反核文学者のご同類）または、〝偽悪的反・反戦主義者〟（吉本隆明のようなもの）となっていただろう。〔夜の空襲はすばらしい、私は戦争が私から色々の楽しいことを奪ったので、戦争を憎んでいた。戦争の夜の暗さを憎んでいたが、空襲が始まってからは、その暗さが身にしみてなつかしく、自分の身体と一つのような深い調和を感じていた〕〔カチカチ光る高射砲、そして高射砲の音の中を泳いでくるB29の爆音、花のように空にひらいて落ちてくる焼夷弾、地上の広茫たる業火だけが〕

全心的な満足を与えてくれる、なぜかと言えば、〔そこには、郷愁があった。父や母に棄てられて、女衒に連れて出られた東北の町。小さな山にかこまれた、その山々にまだ雪のあったハゲチョロのふるさと〕〔みんな燃えてくれと、私はいつも心に叫んだ。町も野も木も空も、そして鳥も燃えて空に焼けろ、水も燃え海も燃え、憎しみも燃えてくれればよい。私は胸がつまり泣き迸《ほとば》しろうとして、思わず手に顔を掩《おお》うのであった〕（『戦争と一人の女』、S21）

……哭きながら、安吾を読んだ。昭和二十年五月三十日（横浜空襲の翌日）、やっと十五歳の誕生日だった。私はその齢で、死ぬことだけを考えていたのだ。同級生たちの多くは教師すら、戦争から逃れようとしていた。

親たちはニセの・電報電話で郷里に子供を呼び戻した。ソフシス・ハハキトクｅｔｃ、そのような親を、私は持たなかった。踏みとどまって死ぬことが、おのれの運命だと思いきめた。苦諦の眸《ひとみ》に、この世の終りは美しかった。

炎の中に、浄土を見ていた。十五歳で死を覚悟する悲しみに、いまの子供たちは理会するまい。それでよいのだと思う・だが、「不惜身命《ふしゃくしんみょう》」ということを好戦の思想とは、混同しないでほしい。間もなくその中へゆく者として、私は死者たちと亡びと、連帯していたのである。

それは……、ほとんど宗教的な感情であり、文学的な観照であったとも・いまは考える。牧口常三郎の淡々たる死に様、〔私ハ今、何ノ不安モナイ。毎日、読経ト読書トデクラシテイマス。本ト雑誌ガ友ダチデス、何ノ本ガ差入レデキナカッタノカ知ラセテネ〕（獄中書簡）〔大聖人様の佐渡のお苦しみをしのぶと何でもありません〕。十九年八月末日、三男・洋三戦死。〔ビックリモシタヨ、ガッカリモ。御前タチ二人（妻クマ、洋三の嫁・貞子）、ドンナニカト案ジタガ共ニ立派ノ覚悟デ安堵シテイル、……今、カントノ哲学ヲ精読シテ居ル〕（同・絶筆）

十一月十七日、定命を悟る。下着を取替え、羽織・袴をつけ、歩いて病監へ。病室のベッドに横たわり、そのまま深い眠りに落ちる、翌る十八日午前六時すぎ生涯を静かに閉じた。

この月、一日から二十三日まで東京上空に十回の偵察飛行、二十四日・本格的空襲はじまる。怪鳥《けちょう》のごとくB29は翔び、敗戦までに延べ一万七千五百機、爆弾十六万トンを投下して、日本全土に二百二十一万戸を焼く。被災者九百二十万人、死者およそ三十五万人（広島、長崎をふくまず）、人々は先を争って都市を離れる、とくに〔小説家、批評家、インテリの多くは、（安全圏にいち早く逃げ去って）自分の生命を信じている〕

〔彼らは、魂のデカダンスと無縁なのであり、自分自身の魂と争うことがない。魂と現実が真実つながっていないのだと私は思った〕（『魔の退廃』、S21）

焼夷弾ふりしきる下、ゆきずりの女と防空壕にこもり、安吾は死と隣あわせに明け暮れる。『黒谷村』の由良と、そう女はもと娼婦であった。「ハゲチョロのふるさと」から売られてきて、愛のない性の遍歴は冷感症インフォマニア（色情狂）に堕ちていた。燃えただれていく日本に、二人が分けあった、「子供の悲しみ」を私は想う。

祖国とは何か、反戦とは？　対米追随の好戦・風見鶏首相と、〝汎愛虚妄なる〟全方位外交の野党委員長の論争に、私は虚々《そらぞら》しさをしか感じない。平和とは、牧口常三郎のごとく・坂口安吾のごとく誠実で、やさしい魂を持つ人々の約束の地を言うのである。

宗教と文学の双曲線は、その浄土において合一する。「王仏冥合」の世界・すなわち、政治の現実に、信仰者・詩人の夢が撃ち克つことによってもたらされる、万物は斉同となる……

安吾、〝天皇制〟を撃つ！

東京大空襲の直後、安吾は次のような書簡を、編集者に書き送っている。〔原稿御返送のことについては、一向にこだわっておりませぬ。けれども小生、ケンエツというものを念頭にして小説を書くことは一切致しませぬので、（時勢と妥協してという）お求めのものを書くために心を用いる気持にもなりませぬ。平和な時代がきて何を書いても通用する時に改めて書かせて頂くことにいたしましょう〕（S20・3・20）

そして戦争は終った。反逆の精神はいっきに噴出し、安吾・阿修羅となる。

〔生きぬきそして地獄に堕ちて、暗黒の曠野をさまようことを希《ねが》うべきなのだ。げんに私自身が自分に課した文学の道とは、かかる曠野の流浪である〕（『堕落論』、S21）

〔私は世のいわゆる健全なる美徳、清貧だの倹約だの、困苦欠乏に耐えるだの、謙譲などというものは大嫌いで、美徳ではなく悪徳だと思っている〕（『デカダン文学論』、同）

〔（支配者は）自らを神と称し、絶対の尊厳を人民に要求することは不可能だ。だが、天皇にぬかずくことで神たらしめ人民にその号令を強制し、自らの欲するところを行うことは可能である。これが日本歴史を一貫する、天皇制の真の相《すがた》である〕（『続・堕落論』、同／以下要約）

〔藤原氏の昔から、最も天皇を冒瀆《ぼうとく》する者が、最も天皇を崇拝していた。彼らは天皇をもてあそび、便利の道具とした〕〔昨年八月十五日、天皇の号令によって終戦となり・天皇によって救われたと、人々は言うけれども、日本歴史の証するところ、天皇とはかかる非常事態を処理する方策であり、奥の手であった〕

〔たえがたきを忍んで、朕の命に服してくれと言う。

すると国民は泣いて　ほかならぬ陛下のお言葉だから、しのびがたいけれどもたえて負けよう、と言う。

嘘をつけ！　嘘をつけ！　嘘をつけ！〕

〔国民諸君、私は諸君に日本人及び日本自体の堕落を叫ぶ！　天皇制が存続し、このからくりがからみ残って、日本人の観念に作用する限り、この国に人間性の正しい開花はのぞめない。転落し・裸となって地に堕ちよ、まっとうに真逆様に堕ちねばならないのだ。道義頽廃・混乱せよ、血を流し・毒にまみれよ〕

〔まず地獄の門をくぐって、天国によじ登らねばならない。手と足と二十の爪に血をにじませ、じりじりと天国に近づく以外、道があろうか？〕

〔堕落者は常に、ただ一人曠野を歩いて行く。孤独の通路は神に通ずる、この道だけが天国に至る。キリストが淫売婦にぬかずくのも、彼女がひとり曠野を行く者だからなのである〕

〔政治・そして社会制度は、目のあらい網であり、人間は永遠に網に漁《すなど》れぬ魚である。生々流転、無限なる人間の輪廻に比べれば、一時代は露の命にすぎない。それを未来にむかって、絶対不変の制度とか、永遠の幸福を約束するなどチョコザイ千万である……〕

そろそろ、安吾と別れねばならない。未亡人はパンパンになれ　復員軍人は闇屋・強盗になれと、安吾は絶叫した。この聞書に登場した庶民、すれすれ、その修羅を歩んだ。満足の老後を今生きて、子供らが再び荒野を彷徨する時代のこぬことを、懸命に希い祈っている。だが、〔銃剣を突きつけられて、守れる平和があるか〕（安吾・中野重治対談／前出）。

時代は再び、暗黒へと向かってはいないだろうか？「大韓航空機撃墜事件」にさいして、日米軍事共同路線主導による、〝鬼畜ロシア・キャンペーン〟が俄かにまきおこったことを想え！

米英撃滅・神州不滅、原子爆弾二発で亡び去る。アメリカVSロシアもし戦えば、核兵器はどこに降ってくる？　それはモスクワでも、ニューヨークでもない。目触りな〝黄色い猿の国〟、コンピューターを操り、ロボットを造って経済大国とやらにのし上った**日本士人の首都・東京にである**。

富士山大爆発より、この予言はきっと正しいのだ。死ぬ覚悟のない子供らは、炎の地獄に炭素と化し、燐酸カルシュウムに還る。浄土を見るつかの間も、核戦争は与えてくれぬだろう。私の反戦とは、この国を支配する悪魔外道を、老残の夢を武器として倒すことの他にない。

戦後、荒野に火えん瓶を投げた青春はもはや遠く、私は安吾の享年をこえた。昭和三十年二月十一日没・五十歳。前年十月、両親の法要のため安吾は新潟に帰っている。

〔雪の晩げに道を歩くと、ユキジョロが出るすけ、オッカネゾと云うておっかながらすろも、そんげのことオラ信用しねわい。そんでもオレもオッキになって、ガキどもができるとそんげのこと云っておっかながらすかも知れね、人間てがんショウガねもんだて、そらすけオラも、いまから諦めてるて〕（『諦めている子供たち』S30・3・5、暮しの手帖）

死後、発表された文章である。新潟の子供たちは、〔小にしてすでに甚《はなはだ》しく、諦観が発達している。オトトやオカカは生活苦で、多少は自分を笑いたくはないようなやつれがあるが、子供にはそれがない。彼らの諦観はむしろ、大人よりも野放図もなく逞《たくま》しく表れる〕。……ふるさとへ、「子供の悲しみ」に立ち戻って、安吾は死んだ。

ここもまた夏草の生い茂る「戊辰戦争共同墓地」、高田市郊外金谷山《かなやさん》医王寺、木洩れ陽の下・掲示板には、〔埋葬者の内わけ、薩摩藩八〇・山口藩五五・新津藩一六・高田藩六七、計二一八〕とある。敵味方を葬ったのではない、徳川譜代の武将で、〃源氏車〃の異名をとり四天王と謳われた榊原の末裔、官軍に帰順して長岡藩と戦う。

当時のチョボクレ（浪曲）、〽先祖の武功も水の泡だよ、主家の大変・ナンと思うぞ！　言語道断、腰抜け武士だよ。〔長岡城攻撃の兵站基地となって、何を得たであろうか？　町家は僅かの手当で官軍の宿舎に当てられ、農村では一八～五〇歳の男たちは人足として徴発され、長いものは会津落城まで、およそ半年も家に帰らなかった〕

〔そのうえ官軍の中には、これが錦旗のもとに働く武士かと驚くような、暴行をほしいままにする者もいた。米を奪い、家畜を盗み、果ては白昼に婦女子を犯すなど、戦後に残された数多くの私生児、これを証明している〕（前出、『わが町の歴史・上越』より抄出）

〔北川省一氏の話〕

高田がどうして薩長に、官軍に味方をしたのかと、それは謎ですね。この町に私は三十年いるけれど、地元にも掘り下げて調べようとする人がいない。文献もありませんよ、たとえば自由民権運動の赤井景韶、やはり金谷山に墓はある。いちおう郷土の烈士、と顕彰はされているが、守りする人も保累もない。怪談ですな、明治は不可思議な時代なのです。

昭和に入っても、怪談はつづくわけでして、林泉寺という寺がありましょう、曹洞の名刹《めいさつ》で上杉謙信の菩提寺、「第一義」という有名な扁額《へんがく》が懸けられている。これが、戦後も天皇「第一義」。達磨さんひっくりかえるわね、王権より仏法僧が上だという根本の認識が欠落したまま、今日に及んでいる。戦後とは何か、戊辰戦争から天皇巡幸へと至る、明治時代の初源を検証しなおさなくちゃいけない。

ところが資料がまるでない、大逆事件の内山愚童にしても零ですよ。この前も話したように、創価学会初代会長の場合も、没収されたのか燃やしてしまったのか判らんが、ともかく証拠の湮滅が行われた。政治家ってのは、実にその点はしっかりしている、とりわけて宗教には敏感で、あらゆる術策を用いて懐柔したり・弾圧したり……

明治新政府まで、すくなくとも王権は宗教に共存の余地を与え、「第一義」を強制はしなかった。流刑に処した日蓮に対しても、法論の自由は保証している。いわゆる文明開化、西欧近代主義の波の中で、〝天皇制〟は現人神と称する欺罔《からくり》をつくりあげ、その神権に逆らわぬ限り、信教の自由を保証した。つまり、「第一義」を宗教から奪ったと言うことですな。

国家神道を、カビの生えた時代錯誤とナメてはいけません。それは、政治なのです。中曽根も後藤田も、つまりは国家神道なのです。宗教ではない、〝支配のイデオロギー〟である、そういう認識が必要でしょう。おっしゃるように、いま時代は確実に病んでいる。最悪の破局にむかって、いつ奔《はし》り出すかも知れないと私も考えております。

ま、七十すぎて命は惜しくない。いや惜しいけれど、諦めはつく。だが一体、宗教者の幾人が、日蓮や牧口常三郎のように、不退転であり得るか？　それが心もとない、心もとないが信じなくちゃこれも仕方がない。酔ったな、帰ります。車？　いや必要ナシ、（徳利を指して）もう一本だけ、これに乗って行きます。じゃ、また会いましょう！

戦争、終っていないんです

出雲崎で、「おけさ流し」を見た。

新潟では旧知の民謡歌手・木田林松次と久しぶりに会って、牧口常三郎の言う花綵《はなづな》の海、日本海を貫通する追分の道を一夜語りあった。庶民漂流の歌曲については、第二部で触れることにしよう。

……安吾旧居の周辺を歩き、いまだに残る西大畑の古い街並みを漫然と眺め、同じ町内の行形亭《いきなり》、五峰から父子二代愛顧の店を撮り、旧遊郭を一廻りして、旧県会議事堂に行くと本日休館、旧税関ここも休館？？？　考えてみれば・盆の十五日、写真のみ撮しておく。語ることなきふるさとを、ミノルタＣＬＥ（新規購入したのであります）、汝・よく語らしめよ！

雪の越路に記述を返して、新発田《しばた》から村上へ――ここは、内藤豊前守・五万石の城下町。

〔座談会〕
浅野美代太郎（79歳）　大工
浅野ユリ（76歳）　その妻
佐藤太一（66歳）　元公務員
半田　林《りん》（63歳）　主婦

◆

竹中　「ロッキード事件」のとき法務大臣だった稲葉修さん、この人は村上の出身ですね。
浅野　そう、あれは殿様のほうです。
竹中　と、言いますと？
浅野　ここは変な市《まち》で、士族と商人がきっちり分れている、今だに。
佐藤　もとの城下町と旧・村上、町村合併になってからも、同じグラウンドの道路をはさんで、小学校まで別になっておりました。
竹中　へえ！
浅野　稲葉は士族のガキ大将で、悪くチエのはたらくやつで、よう喧嘩をしたもんです。
竹中　稲葉の黒ウサギと、田中角栄は言っておりますね（笑）。
佐藤　まあ、私ら町家出身の者に人気はありません。士族たちは、稲葉のような頭のよい子供に金を出しまして、教育を受けさせる、政治家にする。
ずうっと明治時代から、そうして町を牛耳ってきたのです。財源は、三面《みおもて》川の鮭ですね。これを士族が独占している、彼らはただですが、私らはゼニを出して買わなきゃならん仕組み、それが争いの原因ですわ。
浅野　竿を立てても倒れんほど、鮭が上ってきていた。獲れすぎて大根一本と鮭一匹、そんな年もあったくらいです。腐れるほどいるのにケチンボがと、掻っぱらいに行くんだ、私ら。すると稲葉のガキが木刀もって待ち伏せしている、チャンチャンバラバラ（笑）。
ユリ　半田さんのとこは、旧家だからよく知っとるでしょう。

半田　ええ。ご膳のときなんか、武士は明日の命がないからって、お箸で切腹の形をしてから、頂くんですと……

竹中　お宅でも、そうやって？

半田　いえ、うちではしません。でも他所のお家ではまだ、そういった武士の行儀作法を守っているところも、戦後は残ってましたね。

浅野　だけんど、戦争は弱いんだ。

竹中　鳥居三十郎がいますね、一藩の存亡を荷って死んだという、戊辰戦争の英雄と言われてますが、この人なんぞは武士らしかったのでは？

佐藤　城に火を放って、会津藩に合流したのです。まあ地元では戦争をしなかったですからね、立派な人物だったのです。だがこの人に全責任をかぶせて、村上の士族は知らぬ顔の半兵衛、だいたいそういうところがあるんですよねえ、サムライって。

浅野　武士道だ、大和魂だなんて嘘の皮じゃねえか。わたしは補充兵で戦争に行ったんだけど、まず片目ふさいで狙いつけて鉄砲撃つなんてこと、したことがなかった。とにかく、自分の貰ったタマありったけ撃っちまえ（笑）。敵さんの弾丸に当たったら死ぬんだ、げんにコロッコロッと、わきでいっちまってるんですから、もう草の葉一本でも陰にかくれることばっかし考えてた。卑怯な兵隊だったけど、私ら補充兵は絶対にしなかったですね。やっぱ、カカアあり子供もあり、なんぼか・強姦するなんてこと、非戦闘員を殺すと戦争でも残酷なことやれないですよ。

ところがダ、平気でやるの。若い兵隊たちや下士官なんか、じいさんばあさん叩いちゃって、ブタみたいにぶち殺す。子供だって見境いない、奴等もふだんは空むけて鉄砲撃ってるのによ。あい手が抵抗できないと、鬼になっちまうんだ。ホント、日本人って怖しいなとつくづく思ったねえ。

竹中　親方、日の丸だから……

浅野　そうそう、お国のために人殺し大っぴらにやれるんだから、まあ弱い者イジメ、それが大和魂。

佐藤　なんでこの市は、戦争終っても百八十度転換しなかったのか？

浅野　頭ん中で戦争終ってない、まだ武士のつもりで威張っとる、一種の精神病なんだわ。

ユリ　お父さん、また口が過ぎる！

浅野　ほっといてくれ、言いたいこと言ってるから、長生きできるんだ。

ユリ　これですからねえ、職人気質で。
竹中　若いころ、ご苦労を？
ユリ　したなんて次第でないの、大工道具かついでふらッと、半年も一年も。それで、お金もって帰らない。手ぶらで戻ってきて、「この次はどっさり稼いでくるよ」。なんぼ優しく言われても、私はうれしくない（笑）。そのうちに、借金こしらえる。木工の機械にはさまって大ケガ、それで信心をはじめたんです。
竹中　入信年月日は？
ユリ　昭和三十二年、一月二日。
浅野　わたしも、一緒だ。
ユリ　あたりまえですよ（笑）。
竹中　佐藤さん、入信の動機は？
佐藤　私は、ちょっと変っています。海軍機関兵で復員しまして、まあ何とか県庁にすべりこめて、福祉係を担当しておったんです。たまたま、十日町地方へ。
　生活保護のケース・ワーカーで行ったとき、子供が大火傷した家庭があって、もう三分の二もやけただれてるんですけど、メシア教に入っとって、医者の目をぬすんで掌でさすったり、呪文を唱えているんですよ、一週間で死にました。宗教というものを真剣に考えるようになったのは、それがきっかけでした。
竹中　宗教なんて、迷信だと……
佐藤　いや、逆でしたね。メシア教はなるほど邪教ですが、子供をなおしたい一心の姿に衝たれたのですよ。これは、きっとほんものがある。〝正宗〟という言葉はそのころ知らなかったが、正しい宗教があるにちがいない。
　理詰めで考えて、勉強しまして昭和三十三年、一月十七日に入信しました。当時・学会は目のかたきで、上役からも組合からもいじめられたけれど、動機が動機ですから頑張れました。宗教というものがわからなくて、貧乏人は理解できない、と。
竹中　なるほど、半田さんは？
半田　私も似ているんですよ、朝日村の山奥から嫁入ってきて。
竹中　新潟県の一番はしっこ。
半田　そうなんです。十六軒しかない釜杭《かまぐい》という部落、ここだけが村上藩じゃなくて、米沢藩なんです。
佐藤　いまでも、半田様と呼ばれて。
ユリ　すごい大きなお屋敷、使用人もたくさんいて。
半田　それは、むかしの話。
竹中　村上のやはり旧家ですか、嫁ぎ先というのは？
半田　ハイ、婚約は親同士がもうしていたんですけれど、応召されて。戦争が終るまで待っていろと、二十八歳まで。乳母日傘《おんば》のお嬢さん育ちで、かえって苦労と思わないいんですね。

結婚した主人は、本は読むけど世間の読めない人で、口車に乗せられて事業に手を出したもんで、カマドを潰しちゃいました。ええ、破産です。おまけに気が弱いもんですから、神仏にすぐに頼ってしまうの。南無妙法蓮華経という神様が近所にいましてね……

竹中　あの、日蓮宗じゃなくて!?

半田　日蓮宗がキツネとひっついてるわけなんです（爆笑）、お狐様。みんな題目となえて、デンデンデンデン・南無妙法蓮華経って跳ぶの、眼が吊り上ってはねてくる。それで神様って人が、頭の毛をむしったりする。挙句の果ては、裸になって。嫌らしい仕草したり。私はもう切ないやら悔《くや》しいやら、拝みながらポロポロ泣いて。

佐藤　このへんは多いですよ竜神やキツネのたぐいが、修験《しゅげん》とか。

竹中　で、跳ぶようになった？

半田　全然（笑）、そのうちに主人が信者の女の人とおかしくなっちゃった。もう地獄ですよ、一家離散。浅野さんがさっき言われたけれど、戦争ボケ。田中智学という方、ご存知ですか？

竹中　ええ、「国柱会」でしょう。

半田　それに入っていて、戦争中から南無妙法蓮華経で、野干《きつね》にまで行ったということなんですよね。

寒中に氷を踏んでバーッと、みそぎをやるんでしょう。そういうことが精神鍛練だって、天皇陛下万歳！ほんと、戦争終ってないいんです。私が入信を決意したのは、そういうのは日蓮大聖人とは何の関係もない、大石寺へ行ってごらんなさいと折伏されたからです。はじめは半信半疑で、お山に登ってすっきりとした気分になって、三十二年の十二月十五日でした。

竹中　それで、いまはご主人は？

半田　やはり入信をして、ようやっと落着きました。

竹中　最近ですか？

半田　十六年目、ことしになって。

竹中　やれやれ（笑）。

浅野　まあ、わたしも他人様のことは言えないいんだけれど、城下町の人たちもいろいろと苦労が多いな。

ユリ　人の世、ですからねえ。

結び――

第一部「雪炎《も》えて」、完結。牧口常三郎とその時代、明治四年から十八年までの幼・少年期を間然するところなく、括り得たと思う。

読者の中には、「伝記」という既成概念とおよそかけ離れた構成・記述に、戸惑われたむきもあるだろう。とりわけて最終章・坂口安吾に託しての総括に首をかしげ、文学と宗教のテーマを強引なこじつけと、疑ったのではないか？

だが、序章から安吾は伏線に置かれて、庶民列伝の大団円を告げ知らせている。おのれの青春と戦中＆戦後体験を、無頼の作家に重ねあわせて・私はもの語ろうとした。

それはとりも直さず、衆生に病み・社会の不条理と闘い・宗教的な回心を遂げていく、個的な精神の軌跡を、さまざまな人々の生々流転に合一し・普遍とする、もの書きとしての営為なのである。なぜなら私は、言葉と文体を安吾から学んだのだから……

さて、別の言い方をしよう。『聞書《ルポルタージュ》・庶民烈伝』は、隈部大蔵・内藤国夫・溝口敦ら、謗法の野干《やかん》に対する、まことに懇切な回答である。君たちは明治を知らない、つまり歴史を読むことができない。とうぜん大正を識らず、昭和余年（戦前）、戦中&戦後についても・何一つ見えてはいないのだ。安吾に聞け、と私は言う。この作家の歩んだ修羅は、牧口常三郎を殺した神権国家権力・天皇制がもたらした。戦争が終って、〝平和と民主主義〟の時代となり、私たちはいま、浄土に住んでいるのか？　嘘をつけ！　嘘をつけ！　嘘をつけ！

坂口安吾流に言えば、「一つのからくりを壊して、また一つのからくりに換える」庶民支配の欺罔《きもう》がくりかえす限り、人の世に苦患《くげん》は終らない。常寂光土《ユトピア》は遥かな遠い彼岸にしかなくそしてそこへゆきつくためには、安吾の文学を摂受《じょうじゅ》包容しなくてはならぬのである。

唯物功利の穢土《えど》に偽わりの繁栄を説く政府与党、正義と真実を臆面もなく言い立てて機関誌を売る「擬制の前衛」えとせとらの政事とは、まったく別の白道を拓《ひら》かねば、広宣流布はあり得ない。さようさ、世に、頽廃と呼ばれ・公序良俗の埒外《らちがい》に棄てられた言葉と行いの裡《うち》にこそ、〝子供の悲しみ〟はある。拈華微笑《ねんげみしょう》の悟り「当所・すなわち蓮華国」、人みな正宗に帰依、あるいは参究する虹の架け橋が現世の涅槃《ニルヴァーナ》へと通ずるのである。

……党派に属する・または、「お友達」のもの書きに、そのような理会はない。彼らが掲げる大義名分、「第一義」は社会正義。すなわち創価学会は特定の宗教をなべての人に強制し、その暁に国家権力を簒奪しようとする陰謀集団であり、〝社会の敵〟であるとする論理でしかなく、どのような社会に敵対するのか、という視点はみごとにぬけ落ちている。

そして・学会の側にも、確乎とした反論はなく、かえって相手の術中におち入り、自分たちは反社会的宗教団体ではなく、〝民主主義のルール〟にしたがっているのだと弁明をしたり、政事でコトを解決しようとしたりしてきたのである。

日蓮・牧口常三郎・戸田城聖は現在社会の常識と妥協したか？　宗教の大衆路線は、党派をつくり政治のお友達になることの他に、求められねばならない・と私は考える。

言うまでもなく、これは個人的な意見である。『潮』はそれを述べること、〝自由な言論〟を私に保証した。したがってこの連載は、編集部の判断を是とする場合はあっても、外部からの干渉には制動されない。そのような私の非妥協を、こころよくは思わない人々もいるようだ。

連載中に投ぜられたトラブル・学会内からの石火矢について、ここで触れる必要はあるまいと思うが、そのような狭量は信仰と弘教を益するものではなく、かえって野干のつけ入る隙を再びつくるだけであると、きびしく言って置きたい。

聞書きに登場した人々は、第一部でかくも多数をかぞえる。二年連載の予定を、一年に一冊の予定で〝ふゆ・はる・なつ・あき〟と、四年間つづけなくてはならない。

当初、私は余り過密なインタビュー・取材を望まなかったのだが、新潟の金子重郎君ら、広宣流布を目ざしてひたすら驀進する青年幹部たちは、実以ておそるべき強行軍を、私に課したのであった。

かえって、今はよかったと思う。会う人なべて美しかった、この連載の主人公は、庶民人生のまんだらを語ってくれた、あなたがたなのである。

参考文献を掲げることを・これまで、どの著書でもしなかった。繁雑であるだけでなく、資料収集の豊饒を衒《てら》うようでもあり、ものを書く営為の内証を曝け出す気味もあって、私の美意識に適《かな》わなかったのである。今回も、つねの例にならうが、郷土史などの恵贈を受けた方々に誌上をかりて、厚くお礼を申し上げたい。

この本は、『潮』前編集長・高橋康雄君の手で編集される。昨年秋・『潮』誌上に、謗法の輩である野坂昭如・内藤国夫・山崎正友・原島嵩らを斬る文章を載せた因縁は、高橋君によってつくられた。単行本の上梓に当って、ともに再び仕事ができることは望外の喜びである。若き文芸批評家でもある同君の著書、『法華経と北一輝』を第一部で参照した。

明年新春から構想を新たに語りつぐ**第二部**「**春と修羅**」、東北&北海道篇では、これもやはり高橋君の労作『宮沢賢治』の論をかりよう、——多謝・合掌。

一九八三・十・六、深更

竹中　労

〔付記〕

本書の校正を了えたきょう十月二十五日、アラブへの漂泊に旅立つ。おそらくは私の不在の間に、店頭に並ぶであろうこの異端の本に、人々の理解と共感あらんことを――

二 春の巻

春と修羅

序章《プロロオグ》　北の海、白き波寄す荒磯に

〔唐突なまえがき〕

地には鬼火もえて、神無月《かんなづき》。十一月も尽《すえ》近く、シリア&レバノンの旅から、私は戻ってきた。そして、再び牧口常三郎を語る――

創価学会初代会長と、戦火のアラブと何の脈絡が？？？　と・疑う人々に、牧口常三郎・自身の言葉で答えよう。

〔耿々《こうこう》たる一穂《いっすい》の洋燈、また無言の裏《うち》にもの語る。「万里《ばんり》の外に湧出《ゆうしゅつ》し、運搬せられてここに至る」と。細民の寒夜、一瞬の生活、すでにすでに命・世界に関《かかわ》るにあらずや〕

〔五州の土壌を以て体駆を肥《こや》し、五色の人種を以《もっ》て膏《こう》血《けつ》に供する。かくのごとくして、吾人《ごじん》は命を万国に懸《か》け世界を家となすことを知るべし〕（『人生地理学』緒論より／抄出）

……明治三十六年（一九〇三）、牧口常三郎は日清・日露戦争のはざまに、世界をこのように認識していた。〔国と国、人種と人種、虎視《こし》眈々《たんたん》、いやしくもいささかの間隙《かんげき》あらば、競いて人の国を奪わんとし、これがためには横暴残虐、敢《あ》えて憚《はばか》る所にあらず。もって、いわゆる帝国主義の理想に適《かな》えりとなす〕

それは間然するところなく、〝経済大国〟日本と、その偽りの繁栄を支えるアラブの石油との今日的なテーマであり、一方に流離のパレスチナをめぐる、国際紛争の根元を言い当てている。シオニズム（イスラエル）&アメリカ帝国主義のいわゆるレーガン・プラン、イランVSイラク戦争、レバノン侵掠、アラブ社会を分断する政治と宗教の相克。

しかし、〔汎愛虚妄《はんあいこもう》なる〕平和主義は世界と人類の不幸を決して救い得ないと、牧口常三郎は俗流の二元論を喝破する。唯一、人々をふるさとに還《かえ》すこと。現身《うつしみ》を・という意味ではなく、魂をと言う。そうすれば、異郷・異国の人々が自己と等しく、ふるさとを愛する心情に理会できる。彼らの国を奪い犯すことなど、どうして出来ようか。〔各自をこの理法に適応せしめ、もっておもむろに歩を進ましめよ〕

パレスチナ難民・漂浪の運命を、私は見てきた。厳冬迫る大地、テント一つの生活、しかも故国に還る希望を失わず、神の日の来らんことを信じて夫きょうだい・子供の命を、解放の闘いに捧げる家族たち……

ふるさとを追われるとき、オリーブの樹々に頰ずりして、「かならず帰ってくるよ」と彼らは誓った。亡命の間に生まれた二世・三世、パレスチナの緑をゆたかな田園を知らない。

だが、まだ見ぬ故国は（まだ見ぬがゆえに）、彼らの魂にかぎりなく美しいイメエジを結ぶ。全ての家族は一つになり、オリーブがたわわに稔り、その下で平和に唄い踊る〝夢〟、幻想のユトピアに若ものたちは命を捐《す》てる。「アッラー・アクバル！（神は偉大なればなり）」

念珠《マスバ》を爪《つま》ぐりながら、〝革命〟を語る人々。いま私の机の上に、連帯の絆《きずな》にと彼らから贈られたマスバ、何本も載っている。難民キャンプに歩み入り、彼らの日常の営みに触れ、そこを吹く昏《くら》い熱い風に身をまかせて、トリポリの戦場まで行ってきた。

庶民信仰者、**その『春と修羅』**。

ふるさとを奪われ、奪いかえすためのあるいは、いずくの地にか第二の故郷を創り出すための闘い、彼らの〝戦争〟を私は肯定・支持する。*このように言えば、〝平和〟に慣れきって、おのれの頭の上にさえ核兵器が降ってこなければと〔汎愛虚妄なる〕、つまり利己的反戦のみを言う人々は、眉をひそめることだろう。

だが、すでにすでに（と牧口常三郎はくりかえし強調して言う）、命《めい》・世界に関るのである。アラブの動乱は、東南アジアへと波及する（フィリピンのミンダナオ、マレーシア、インドネシアは回教圏なのだ）。たとえば、石油タンカーが*ペルシャ湾で炎上し、さらにアジア・国内の備蓄基地も爆破されるとき、欺罔《きもう》の〝繁栄〟はたちまち崩壊する。妄想ではない、日本だけが世界大乱に超越して、平和であり得ると考えることこそ・非現実なのである。

……「日米運命共同体」・軍事同盟は確実に、イスラム＆アラブ革命の敵目標《ターゲット》とされ、狙い撃たれるのだ。異郷・異国の人々の不幸に無関心をよそおって、アメリカの核戦略の傘の下、一国の安全（保障）と利益にのみ汲々としてきたツケを、いま支払わねばならぬのである。

農業を安楽死にみちびき、自立の機能を失ったニッポン、この国のどこに人々の住むべき土地はあるか？

パレスチナの民衆の側に立ち　彼らの奪われた土地を、ふるさとを返せと言うことは、すなわち我々・日本人の切実なテーマであるにもかかわらず、その声はあまりにも小さい。

ロン・ヤスの蜜月に酔う買弁、風見鶏政権は当然のこと。反体制の知識人も、アラブという火薬庫を抱えている今日的状況、〝イスラム革命〟への認識を欠いている。むしろ、牧口常三郎に聞け。この人が透徹した吾人と世界、〔この広大なる、空間と時間との影響の焦点〕に、地と人との関係を洞察して、『人生地理学』を創出したのは、まさにその時期が日清・日露のリアルな戦争のはざまに置かれたからなのである。

そして、彼の理想は、退転の余地なく民衆に立脚する。牧口常三郎は、〔もとこれ荒浜の一寒民、漂浪半生〕を宿命とする漁夫の家にうまれた。日蓮と等しく彼は、「栴陀羅《せんだら》の子」である。ゆえに、虐げられ・流離する・貧しき人々、〝衆生〟に依拠する。全世界の窮民と、連帯するのである。

まえがき、唐突にパレスチナ難民から説きおこした理由を、納得していただけたと思う。

牧口常三郎の幼・少年時代を、我々は明治十八年（一八八五）故郷を離れて北海道に渡る時点で語り了えた（第一部『雪炎えて』）。それは、〝神権天皇制〟大日本帝国が維新の内部矛盾を統一して、基礎固めをようやく終り、鹿鳴館の欧化一辺倒から転じて〝富国強兵〟、世界の列強に肩を並べようとする、国家主義への転換期に当る。

後年・『人生地理学』に結晶する牧口常三郎青春の思索は、「世界」「国家」そして、「郷土」の上にあった。〔外は列国の爪牙《そうが》に防衛し、内は個人の自由を認め〕〔狭隘《きょうあい》なる国家主義の極端に陥《おちい》るべからざる〕立脚点を、人々が生活をしている大地・郷土に礎定せよと。

このテーマは、牧口常三郎の全生涯を貫通する。それはまぎれもなく、酷烈な北辺の自然に培《つちか》われた、フロンティアの思想なのである。第二のふるさと・北海道、**少年は夢と志を抱いて海を渡った……**

〝異端の伝記〟、同じ道を歩む。昭和五十八年（一九八三）十一月二十六日『春と修羅』取材行、アラブから戻って息つく暇もなく、私は新潟へ旅立った。およそ一世紀をへだてて、牧口常三郎・その人の断影《グリンプス》を追うのである。『越後追分』を聴き、新日本海フェリーに乗り小樽へむかう予定。しかし、新潟は早くも吹雪だった。

地元紙・新潟日報によれば、〔この天気はきょう午後から風雪がいちだんと強まり〕、海上は大時化《おおしけ》であると言う。〝福運〟を故人がひきあわせてくれたと思うべし。牧口少年が海を渡った明治十八年の晩《おそ》い秋、海は荒れていたか？

〽スイスイッ　スイッスイ
荒い風にもスイ　あてない主《ぬし》を
やろか　蝦夷《えぞ》地の荒海へ
船は出ていく　港の外にスイ
思いしのんで　見送れど
ハー　スイスイッスイ
誰も知らない　わたしの胸の内
沖の鷗《かもめ》がスイ　知るばかり
（正調・越後追分）

歩き・見すえ・考えること

それにしても、修羅の海。二十七日午後五時、新潟港を出帆したフェリーは、うねり飛沫を上げる狂瀾《きょうらん》のただ中に乗り入れて行く。

窓からデッキを窺《うかが》うと、さながら滝のように波が落ちてくるのだ。「まず、十メートル以上もあるんでないかな」と宅急便の運転手クン、一般乗客の姿はこの季節にほとんど見られず、彼らトラック野郎が主役である。

九千六百トンの船体、木の葉のように翻弄され、ぐらぐらと揺れて波間に落ちこみ、ドーンバリバリと音立てて軋《きし》む。「生きた心地でないね」、さよう船室のあちこちで、大の男達が吐気に苦しんでいる。横になっても・体ごと飛び上がり投げ出されて、芋虫ゴーロゴロ。運転手クンいわく、「船に酔うよりも先に、酒に酔っちまうべし」。なるほどごもっとも、仲間のコンボイ諸君を呼び集めて、ご当地は三波春夫・チャンチキおけさ。

よろけながら缶ビールを呷《あお》り、ついに一睡もせず十二時間、ようやく夜は明けそめて、右舷に幽《かす》かな山影を見る。津軽の沖か？　渡島《おしま》半島か？　狂風ややおさまり、日は薄く射す。

さて明治十八年、日本郵船の定期便は千トン余である。牧口長七（常三郎）少年は船底の三等室で、不安な雑魚寝の夜をすごしたことであろう。

ここに、〝史料〟がある――。北海道石狩国江別太《えべつふと》「越後村」、北越殖民社を開拓した旧長岡藩士（家老）三島意二郎の日誌によれば、明治十五年六月、横浜～

小樽間に就航した高千穂丸千四百七トン　函館直行・所要三泊四日とある。小樽へは中一日置いて、さらに一昼夜を要した。

直江津、夷《えびす》（佐渡、両津港）、新潟に寄港、酒田・能代・函館・江差を経て、小樽に至る日本海航路は紀伊丸（トン数不明）・所要五泊六日。たしかに、辛い船旅であったにちがいない・が、既に定期航路は北洋に開け、第一部でも述べたように、小樽の港には西洋型汽船や風帆船が輻湊《ふくそう》して、「北前船」は姿を消そうとしていたのである。

〔北海道へ渡るといっても、当時の交通事情では容易なことではなかった。海路以外に方法はなく（略）、二十日ぐらいかかったという〕（聖教新聞社編『牧口常三郎』、昭和47刊）

……ことは、ない。〝正史〟にケチをつけようと言うのではなく、私はたんに事実を述べている。明治十三年（一八八〇）、鉄道が札幌経由・幌内《ほろない》炭坑の間に敷設され、北海道拓植の玄関口として、この港街は殷賑《いんしん》をきわめた。

小樽は、文明の都であった。北海道へ渡るということを、等しなみに未開への冒険であるかのように、今日・私たちは錯覚しがちである。開拓地は言うまでもなく　苛酷な自然の中にあった。だが都市はちがう、漁場もまたちがう（この主題は別に展開しよう）。小樽・それはエミグラントの街、明治の人々にとって一攫千金のエル・ドラード、憧れの市《まち》であった。

投機と新知識の巷、少年はそこに虹の夢を架けた。「牧口常三郎・伝」のオフノート、これまで真摯《しんし》に初代会長に参究してきた先達は、おそらく不快な異議とお腹立ちであろうが敢えて言う、歴史の読みちがえ、〝傍証《サポーティング》〟の欠落から誤解は生ずるのである。

たとえば、第三文明社刊行『若き牧口常三郎』（斎藤正二、S56）、この大部七百二ページにわたる研究書の著者は、文献&史料を山積みにし、綿密な論証によって、これまでの「牧口常三郎・伝」ことごとくが、杜撰《ずさん》であり誤りであると指摘する。さりながら、〝論〟は論である。デスク・ワーク、つまるところ仮説の域を出ない。

実証（ルポルタージュ）、別の文章領域に属する。それはフィールド・ワーク、おのれの脚で踏査する営為なのだ。歩き・見すえ・考えること（身体が基本である）、データーを集め棄てること、現在に過去を重ねあわせること。

一昨年極月から五度の北海道取材を重ね、ようやく牧口常三郎の青春像は、その輪廓を明らかにしてきた。結論から言ってしまおう、少年はみずから望んで・新天地に渡ったのである。

そして・そこには、彼をむかえ入れる郷党の組織と、期待があった。成功は、約束されていたのだ。ただし苦学の試練を経た上で、教職者の道へと進む将来を、予納されて……

口減らしのために、叔父を頼ってふるさとを離れ、警察署の給仕に雇われて、署長の気に入られた。その温情で師範学校へという〝出世物語り〟、事実ではない。確たる証拠を得て、私はそう言いきることができる。署長とは、誰であったのか？　意外な人物、いや予想した同郷の脈絡を小樽に探り当てて〝史料〟の裏付けを得た。

章を追って、事実を明らかにしよう。とまれ・位相を変えて、第二部『春と修羅』は展開する。読者は（とりわけて学会員読者のみなさんは）、初代会長について抱いてきた、なべての既成概念を棄て去っていただきたい。

一つの例を挙げれば、『江差追分《えさしおいわけ》』を故人が愛唱してやまなかったというエピソードは、誤伝である。この謡が現在の形で完成したのは、明治四十二年以降に属する。〝瀬棚・江差の章〟で、当然くわしく述べることになるが、それまでは「詰木石《づみきいし》」「浜小屋《はまごや》」「新地《しんち》」追分、と三派に分立《ぶんりゅう》して、『江差追分』という名称に統一されたのは、牧口常三郎が上京して七、八年後のことなのである。初代会長の十八番は、おそらく『越後追分』、**ふるさとの謡であった。**

……〝追分の道〟は、越後を分岐点とする。『寺泊追分』『小木追分』『加茂松坂《かもまつざか》』『野良三階《のらさんがい》』、素朴で濶達なその旋律、海を渡って江差に至るのである。二十六日の夜、「イタリア軒」（新潟で最も由緒あるホテル）の渡辺一雄氏と、ささやかな宴を設けて、地元のうたい手松本政治師の素謡《すうた》を聴いた。野趣満々たる『越後追分』、げにこの曲こそ、牧口常三郎にふさわしいと私は納得したことであった。

朝もやは晴れて、くっきりと奥尻島の影が浮かんだ。沖の高波を避けて、フェリーは岸に沿いゆっくりと往く。少年を乗せた汽船も、このように航行したのであろう。

三島億二郎の日誌には、〔日没、小樽港着〕とある。積丹《しゃこたん》半島をまわって午後二時、すでに五時間も遅れているのだ、まさしく牧口常三郎その時代と、タイム・テーブルは一致しようとしている。

　四時十五分、小樽の街が視界に入ってきた。手にとるように陸は近く、「あれ俺の家のあたりだ、夏だったらば泳いで行けるんだわ」と運転手クン。港外で待つこと実に二時間余、街の灯は点り、夜の海にさんらんと万波の光彩を流す。北の海白き波寄す荒磯に紅《くれない》うれし、浜茄子《はまなす》の花（石川啄木）……

〔小樽の地、元・オタルナイと称す。蕞爾《さいじ》たる（ちっぽけな）一漁村、僅か三十年にして人口十万を数え〕
（『小樽日報と予』、筑摩書房版全集第八巻）

　と啄木が書いたのは明治四十年（一九〇七）、正確に言えば本籍・寄留の登録人口九万三百七十三、そのほかに無籍の流れ者がひしめいていた。明治十八年、登録人口は一万二千八百三十二、無籍者の比率は四十年代よりもずっと高く、漁場の最盛期には仲買人・行商人・船員たち・女郎衆、もろもろの流入によって、実際の人口は三万以上と考えられるのである。

　当然、洋燈《ランプ》の利用は一般の家々にまで及んでいない、街の灯はいまに比べれば淋しいものであったであろう。しかし、はるかな荒海をこえてきた少年の眸《ひとみ》にはきっと、竜宮にでもたどりついたように映ったにちがいない。そして、そこには〝郷党の人脈〟熱い歓迎の手が、彼を待ちうけていたのである。

　六時半、やっと上陸、『潮』編集部の外山《とやま》武成クン待機、「沈没しちゃったんじゃないかと思いましたよ」。縁起でもナイ、「北帰行」いま始まったばかりでありますゾ。酔狂な、と嗤《わら》うなかれ。わざわざ海を揺られてきたのは、牧口常三郎の生死烈々を、〝身読〟するために他ならぬ。

「では、越後村から考えてみよう……」

春よこい、春よこい！

〔皆川説次の話〕

　生まれかね？　明治二十七年日清戦争の年だから、ちょうど九十になる。ハア、耳がすっかり遠いもんだで、大きな声で聞いて下さい。日露戦争のときは、日の丸の旗持って江別の駅まで、兵隊を見送りに行った。すっかり古くなったもんだ、儂《わし》も。脚がきかないで、野良にもご無沙汰しております。

　ああ、「越後村」の話か。儂は三代目です、もう他には誰もおりません。みんな、四代目・五代目。明治十九年の六月二十二日、越後から十戸が入殖をした。表に看板が立っていましょう、昭和六十年で開村百年、儂の祖父《じい》さまは二町六反の土地をもらって、開墾をはじめた。子がないもんで大工を養子にして、ハイ儂の父親です。

それぞれが手に職のある者・左官とか鍛冶屋とかを、家族にくわえてきた。旧長岡藩士の大橋一蔵・この人が棟梁《とうりょう》で、学問の先生でもありました（と肖像画を持ち出してくる）。まだ若いが、立派な方でしょうが。

一蔵先生は明治二十二年、開拓援助の陳情に上京したとき、馬車の下になろうとした老婆を救い出して、おのれの身を犠牲にした・亡くなられたのです。で、関屋孫左衛門という方が、「越後村」と野幌《のっぽろ》の北越殖民社を兼任して、指導することになった。

三島億二郎先生？　ハイ、知っておりますとも！　長岡藩の家老だった人で、一蔵先生や関屋先生の親玉だ。この方が明治十五年に視察をして、ここを「越後村」創成の地と定めたんですわ。祖父さまから、そんな話を聞かされて育った。昔のことなら耳にタコでよく憶えております、最近のことはさっぱりと忘れてしまうが。

……ハイ、森源三先生のことも。越後出身の開拓使で、札幌農学校の校長さんだった。「越後村」もずいぶんこの人に助けていただいた、つまり県人の束《たば》ねを森先生がやっておられた。まあ・はっきり言ってこの村も、新潟県人のひき、つまり〝閥〟がなければ成立っていかなかったんでしょう。

野幌の原生林、見られたかね？　ああいう状態だったんだ、ここも。入殖したとき、儂の父親はかぞえで十六歳です。大工といっても丁稚《でっち》だわ、家建てるのがきつかった。まあ、いまどきの人には想像もできん、笹ぶきの掘立小屋。地べたにじかに丸太を組んで・野ブドーのつるで結んで屋根も床も熊ザサ、入口だけがちょっと洒落て白樺《しらかんば》の皮。

儂がもの心ついたころも、そんな家が方々にありました。板壁になったのは、明治も三十五・六年ころでしょう。入殖七年目の夏に親父が嫁とって、八年目の春に総領の儂がさっそく生まれて、あと七人きょうだい、五人までが元気に生きております。

四つか五つだったか、百姓の手伝いはじめたのは……新田の開墾で猫の手もかりたい、子供だからといって甘やかしてなどおられない。きつくって涙こぼすと、「こんなものじゃなかったぞ、昔は」とゲンコツ喰わされる。

実際、祖父さまたちが入殖したときは一面の原生林で、熊ザサだらけだった。焼いたってすぐ根から芽が出る、それでソバ植えるわけです。ソバは笹の天敵で枯らしてくれる、それに気がついたのがようやく三年目だった。それから伐木《ばつぼく》、手のつけようもない大木は、皮をはいで枯らしていく。

二町六反を切りひらいて、何とか畑にするのに五年かかった。馬も買えない、鋤《すき》も買えない。現金がほしいと、それで考えついたのが炭焼き。吹雪の江別川を渡って、女衆が町に売りに行くわけです。

当時はモンペも、地下足袋《じかたび》もない。二布《ふたの》の腰巻きに、きゃはん・わらじで炭しょって、儂の母親など三俵《びょう》かついで両手に二俵さげて。二十貫（八十キロ）もある、男もかなわなんだ。十や十一の娘でも二俵はしょって、雪の中を迷わんようにつながって声をかけあいながら氷の上を渡っていく。

渡し船も・橋もないわけで、氷が固く張らんと近道ができん。それに冬場は、炭の値も高くなる。そんな風にして馬を買い、蚕《かいこ》も飼えるようになった。このへんには、天然の桑の木が生えておりまして、さっきの話の森源三先生たちが目をつけられて、「桑園」を札幌市内に造られる。市内と言っても、そのころは小樽より人口が少なかったほどで、まず見渡す限りの野っ原だった。

オヤジ（ひ熊）？　これは敏感な獣で人間が入ってくると逃げる。鹿ですわ、子供のころ、なんぼでもエゾシカがおった。キョトーンと、儂らが働いとる姿を見ておる、獲って喰われちまうのに何故か逃げよりません。キツネもよけいおった、鶏を盗ったり悪さをするで困る。罠をかけてもすぐに覚えて、三匹とはひっかからん。

貧乏な暮らしだったが、自然に恵まれておりました。アキアジ（鮭）、びっしり川を埋めて上ってきよる。いまのように密漁だとか喧《やかま》しいことはないから、とり放題でした。

春がなんとも言えん、北海道は冬が長いからねえ。花が咲き鳥が囀《さえず》るのが、一番待ち遠しいわけだ。大人たちは鍬《くわ》を入れ種をまく、それが肝心だで毎晩寄って、相談をぶっている。子供は遊ぶことしか考えない。ウサギ獲りだとか魚釣りとかうたの文句の通りで、うきうきして春よこい・春よこい！

ウワのそらで馬っコを追ってて木の根っこさ当って、鋤の歯折っちまった。目ン玉から火が出るほど、ブン殴られたもんだわ。父親はまっ青になって、こう言いましたよ。「開拓民にとって命から二番目に大切なものは、農具だ。何して壊したか、この不忠者めが！」

サムライの気でいる、士族の出身じゃないが、教育されて侍になっちまった。〃屯田兵〃ですからねえ、北海道を開拓したのは。忠義の精神を叩きこまれて、それで頑張ってこられた、と今になって儂は考えている。

十戸が入殖して現在・六戸、川向うに分家して農業やっている連中を含めて、人数は百年前とポチポチ、それでも成功したんだわね、「越後村」は。途中で土地を棄てた者もいる、とくに戦後は商人やサラリーマンに転業した人が多いんだが、やはりみんな北海道の土地に、しっかり根づいて生きている。「越後村」は全道にあると、儂は思っておるわけだ。

昭和六十年の開拓記念日には、できるだけ縁を手繰って、出身の人々に集まってもらうつもりでいます。あなたがたも、ぜひお出かけ下さい。村を挙げて歓迎をしますよ、ところで何処から来られたのかね、皆さんは？

九十歳とは思えない、張りのある声で話す。記憶は、実に正確である。『三島億二郎伝』（今泉省三著、互尊文庫蔵）によれば、入殖十七戸中の第六番・皆川勇治（二町六反一畝二七歩）、この人が祖父に当る。

暫《しばら》く文献&史料に即して、「越後村」の沿革を見よう。

明治二年、『（旧）長岡藩士順名帳』席次の第二番目に、三島宗右衛門（改名、億二郎）の名が見られる。新政府職分は柏崎県大参事、同じく第十一番目に軍務主事・森源三とある。第一部で記述したように、戊辰戦争に敗北した長岡藩は、**〃流離の仕置き〃を受ける。**……生計《なりわい》・相立たず、人々は新天地を求めなくてはならなかった。明治五年、かつて同門であった（江川太郎左衛門の塾生）黒田清隆の推輓《すいばん》により、森源三は北海道開拓使・農業掛として出仕する。八年、札幌に在勤して業務局兼任、開拓大主典に任ぜられる。十四年、業務局長・札幌農学校々長となる（二代目）。

言えば森源三は、賊軍出身の唯一の高級官僚として、北海道におもむいた。明治期における越後人脈は、皆川説次の言うように、彼を束ねとしたのである。三島億二郎は森を頼って、というよりもおそらくその勧めにしたがって、殖民の事業に着手した。十五年、三島は一切の公職を辞任して渡道・七月十日に小樽上陸、十三日早朝汽車で札幌へ。

〔好晴（略）、□□《ムシクイ》より右折すれば森林広漠《こうばく》の原野なり（虫喰いの部分は銭函《ぜにばこ》であろう・竹中）、平坦肥沃を覚ゆ。着後早々、森氏へ人を出す〕と三島は日記に書いている。

十四日、森家に招かれる。〔待つこと久し、一昨年同氏帰省の際に面せしのみなれば新旧談話、暁《あかつき》に徹して不尽《つきず》〕ウンヌン、このとき三島の胸中すでに「越後村」創成の地は、小樽〜札幌間の原野に礎定されていたにちがいない。

折しもこの日、森は農商務省書記官を拝命しているのである（道庁行政資料室編集『北海道開拓功労者関係資料集録』、S47）。このようにして、新潟県人農業・荒地開拓の歴史は、北海道にはじまった……

〝郷党〟の運命と共に

十七年一月、太政官布告、〔北海道へ転籍移住の為め渡航するもの営業の目的確実なりと認むる時は、仮《かり》屋《や》作料並びに営業器具代及び農業者には特に種子代を給与す〕

さらに、渡航費免除の措置がなされることとなった。北方開拓は、明治政府の〝国策〟として推進される。

明治十九年一月、三島億二郎は政府要路に請願し、同郷地名士・財界人の協力を得て、北越殖民社を設立した。四月、旧藩士・大橋一蔵らを、石狩国空知郡幌《ほろ》向《むき》村字江別太に派遣、〔もつて県地窮民を救助仕度〔つかまつりたき〕計画、罷在候〕という願書を、岩村通俊《みちとし》北海道庁長官に提出する。

六月二十二日・十戸、次いで秋までに七戸、これが草分けである。げんざい、「越後村」は旧位置にそのまま、農業を営んでいる。江別市に編入をされたが、広々とした緑野のただ中にあり、生活は上流と言わぬまでも、余裕があり豊かなたたずまいを見せている。

神社を中心にして、六戸が小ぢんまりとまとまった集落は会館を持ち、〝共同体〟の絆で結ばれ、作付・収穫&出荷を協働する。カイベツ（キャベツ）・にんじん・馬鈴薯等の野菜を主に、小規模な牧畜も経営、米作・醸造をもと自給自足の態勢が整っているのだ。こうした農業経営の自立を、わが国の農村はいま失っていないか？

そう、ここにはふるさとがある、百年の大地がある。

……牧口長七・十四歳、単身北海道に渡ったのとまさに時を同じくして、新潟県人は荒野に鍬を入れ、第二の郷土を・「越後村」を創成したのである。労働と相互扶助だけが、〝庶民の幸福〟を約束する。彼らは、それを実現した。

土地なき民に民なき土地を、という開拓精神《フロンティア・スピリット》は明治において、「国家」の利益と一致した。とはいえ、

〈困苦に耐えず見るに忍びざる惨状裡に〉（『三島億二郎伝』）、離散崩壊していった開拓村も、枚挙にいとまないのだ。

パレスチナ民衆の上に、私は昏い想いを馳せる。彼らに、「国家」はない。アラブ諸国のみならず、南北米州・ヨーロッパ・東南アジア・イスラエル被占領地域までをふくめて、全世界に漂泊する五百万人が、〝安住の地〟を求めている。だが、ユトピアなど何処にある？　追われ追われて・彼らは望むと望まぬとに拘らず、「国家」なき自立という・涯《はて》しなく困難な荊棘《いばら》の道を歩まねばならない。

酷寒に天幕一つ、地べたに寝てしかもなお、人々は大地にしがみつき懸命に生きようとする。「越後村」を創っては壊され、また造りつづける。だから・「国家」は必要である、などと私は言わない。「世界」すら無益だ、それは、彼らの運命をもてあそぶ体制でしかないのだから。

究極、「郷土」だけが人の信ずるべき生活の単位であり、拠りどころである。彼らがみずからの力で地を拓《ひら》き・そこに住み、幸福になろうとする自由を何人も侵してはならない。それが『人生地理学』、牧口常三郎の思想であり、第二部で展開するテーマである。

明治十八年、少年は今、青春の戸口に立った。不安と好奇にみちて、新天地を眺めまわしている。視界に「越後村」、郷党の辛苦と・相互扶助の姿はとうぜん、映っていたにちがいない。

再び・森源三という人物を、クローズアップしよう。第一部で、我々は重大な二つの疑問を提出しておいた。森源三と牧口常三郎との間には、おそらく密接な脈絡があったのではあるまいか？　また森長保という警察署長、まったく文献&史料に出てこないこの人物は、いったい何者であったのか？　と。森源三の足跡を、『開拓功労者関係資料集録』『開拓に尽した人びと』（道庁文書課編）『長岡の歴史』『三島億二郎伝』同・日記等々から、編年風に構成すると――

明治十五年（一八八二）　三島億二郎、来道。

十六年　札幌農業事務所長兼任、この間に農学校は、内村鑑三・新渡戸《にとべ》稲造《いなぞう》ら逸材を輩出している。

一八八六（M19）まで在任、札幌育種場（苗木）・葎《りつ》草《そう》園（薬草栽培）・桑園・蚕室《さんしつ》等を所管して、養蚕の普及に成果を挙げ、さらに札幌綿羊場・真駒内《まこまない》牧牛場・新冠《にいかっぷ》馬牧場の経営に尽力する。現在の北海道農業・牧畜の基礎は、彼によって築かれたと言ってよい。

十九年　**「越後村」創成**、北海道庁制施行。森源三は意見書を岩村通俊長官に提出して、農学校卒業生は全員・北海道開拓に従事することを義務づけるべきであると言う。容れられず、校長をやめる。

二十年　新冠馬牧場長をやめる。公職としては亀田外《ほか》三郡長、これも二十四年（一八九一）退職。布衣《ほい》・一介の道民となって、実業界に転進する。

〔森源三は官界に身を置く間に、同郷の人々を救援した。靴の製造を身につけたおいの岩井信六をはじめ、武道より他に心得のない者は樺戸《かばと》集治監《しゅうじかん》の看守の職を与え、千島のらっこ漁場にも屈強の者を送りこんだ〕（『開拓に尽した人びと』）。

二十二年　野幌・北越殖民社に、越後開拓民百二十九戸入殖。

二十五年　妹背牛《もせうし》農場、札幌木工所を設立。苫小牧にマッチ軸木工場を開き、しょうゆ・味噌醸造を始める。養蚕場「桑園」の払い下げをうけ・軽川《かるがわ》養樹園を建て、雨竜《うりゅう》菊亭農場（いわゆる華族農園と称された・三条実美《さねとみ》らの経営）を譲りうける。

これらの諸事業は、なべて越後出身の開拓者との共同事業であった。

二十七年「培本社《ばいほん》」を結成、小作人協同組合を先駆する。禁酒運動をこの年提唱して、小冊子を印刷配布した。

三十二年　北海道蚕糸会々頭となる。

三十五年　衆議院議員・当選、十二月解散。支持者の要請を断り以後立候補を辞退して、事業に専念。

四十三年（一九一〇）六月三日、札幌で死去・七十六歳。

……札幌市中央区北一条西十六丁目の知事公館、ここはかつて、森源三が所有した二十一万坪の桑園の一部である。公的な文書によれば、明治八年・開拓判官松本十郎が旧酒田藩士に拓かせたとあるが、実際の経営には森源三が当った。〝退職金がわり〟の払下げ、と考えてよい。

和洋折衷《せっちゅう》の豪邸を建て、余生もそこで過した。木造三階、一階に十二畳三室・八畳六室・六畳三室及び土蔵、二階には十二畳と八畳、三階に展望室（八畳）を持つ、宏大な構えである。現在の知事公館は森邸をコピーしたものだが、規模はとうてい及ばない。この建物は、言うならば、新潟県人会館だった。

源三自身は三間ほどの和室に、老妻と簡素な生活を愉しんでいた。一人息子の広《こう》は、札幌農学校で有島武郎と同級であり、『或る女』の中に・木村という名で登場する。アメリカに留学して、将来を嘱望されていたが、大正二年に夭折している。

森家の墓は、市内・丸山にある。父と子の名を彫った雄渾な碑《いしぶみ》は、訪れる人もなく枯草に埋もれて、後に廻ってみると暴かれた痕すら見うけられる。先人は、忘れ去られていく。感傷的に言うのではなく、創価学会の歴史に深く関り、初代会長の人格と思想の形成に、色濃く影を落している郷党の死者たちに対して、せめて墓を清め香華《こうげ》を手向ける〝仏心〟をと、私は希《のぞ》むのである。

牧口常三郎が小樽の港に降り立ったときに、彼を迎えたのは、越後びとの連帯の熱い手であった・と前に述べた。その事実を、推論ではなく証明する。

読者諸君は、〔なにしろ北海道行政の中枢は、薩摩出身者によって独占されつづけてきた〕(斎藤正二)、云々という判断が、歴史の読みちがえであることを了解されたと思う。森源三という〝能吏〟、しかも郷党の運命を憂えてやまなかった人物を中心として、越後びとは道の行政・とりわけて農業分野・殖産分野、そして教育分野に深く強固に根をおろしていた。

少年は望まれて、海を渡った

地場最大の土建業「伊藤組」・初代の伊藤亀五郎は、新潟県出雲崎の宮大工の子である。父はゆくえ不明となり(牧口常三郎と同じ運命である)、明治十八年四月父を追い、北海道に渡って小樽で建築請負業の丁稚となる。

同じく最大手のデパート(井)百貨店の創業者・今井藤七は、新潟県三条の人。大火で家産を失い、父は無実の罪を着て投獄される。一家離散、明治四年函館の陶器商に勤め、独立して札幌に小間物屋を開き、今日の基礎をきずく。

サッポロビール・中川清兵衛、新潟県与板出身。明治六年ドイツで麦酒醸造の技術を習得し、開拓使として九年赴任、森源三の配下となる。十九年道庁を退職、二十年札幌麦酒会社創立、晩年は小樽で旅館を経営する。

——碓氷《うすい》勝三郎(カニ缶詰を始める、与板出身)、大滝甚太郎(札幌グランドホテル創業・造林王、岩船出身)、小池二郎(さけます孵化《ふか》の先達・北海道水産会長、大潟出身)、堤清六(シベリア沿海州のパルプ事業を計画・日魯漁業会長、三条出身)と産業界の重鎮、ことごとく新潟県人に占められる。越山を号とする宮尾舜治（開拓使長官・後年貴族院議員、新井出身）、天然痘根絶の医師・斎藤与一郎（後年推されて函館市長となる、糸魚川出身）。

そして関屋孫左衛門、刈羽郡新道村出身（現柏崎市、牧口常三郎生地・荒浜の隣村）、農兵隊を組織して官軍を先導、森源三らと戦った。明治十年、西南の役参加・隊長として武勲を挙げ、十二年北魚沼郡長（十五年南魚沼郡長を兼ねる）、大橋一蔵と親交を結び北越殖民社に身を投じた。野幌原生林三百七万坪、及び月形村の開墾地に新潟県民を入殖させる。さらに千歳川流域・浦臼村等々に水田を拓き、小学校を建設し、江別総代となり開拓民ドンとしての生涯を了える。

小樽に眼を転じよう……　初代区長金子元三郎《もとさぶろう》は寺泊の素封家の子、同郷・松前網元の養子に請われて、明治十八年、牧口常三郎と時を同じくして北海道に渡る。二十一年小樽へ、北海道電燈会社の創立に参画、二十四年『北門新報』を創刊、中江兆民を主筆に招いて道内外の言論界を瞠目させる。三十三年、小樽区長となる。港湾改修工事・教育五カ年計画等、大ぶろしきの非難を浴び、二カ月で辞職のやむなきに至る。一代の風雲児で、あった。

高橋直吉・荒物商から身をおこし小樽商工会々頭（物産商組合会長）、衆議院当選三回、刈羽出身。川島寅次郎・北海道養鯉の元祖、蒲原出身。高橋政吉・大農園経営、おなじく蒲原出身。商工会議所有力者もこれまた新潟県人が占有し、商都・小樽の経営を領導していた。

皆川説次の追憶談を、ここで想起してほしい。入殖した最初の十戸は、言えば開拓者プロジェクト・チームとして編成され、大工・鍛冶屋などの〝技術者〟を加えているのである。

さまざまな人材を、なかんずく・若き血の流入を、郷党は期待した。とうぜん〝知的技術者〟、農・商・工（鉱業）を発明&発展をさせあるいは、子弟の教育に当り・与論をつくり・政治を経綸《けいりん》する有為の才能を、その候補生を。「神童」牧口常三郎は期待をになって、越後から呼び寄せられたのだ、と考えられないであろうか？

いや、そう考えることのほうが、明治十八年のリアリズムなのである。荒浜小学校『校舎・新増築寄付帖』（M11～35）の中に、常三郎の叔父という渡辺四郎治の名がないことは、第一部ですでに述べている。この人を頼って渡道した、というなんの形跡も、我々は見出すことができなかった。

少年はあてもなく、ただ漠然と郷里を離れたという予断に昏まされて、一切は不分明となるのだ。十四歳という年齢、それは青春の戸口である。自己の判断と意志を有して、人生を設計しようとする覚悟の年齢である。

たとえば戦時下、私はその年齢で死を見すえていた。老いたる少年だった、と言ってもよいだろう。それが幸福であったか・不幸であったかは問わず、みずから思いきめた覚悟だった。私の父親は、同じ年齢でアナキストとなり、熊本水平社・無産者同盟の運動に身を投じた。

父は、警察署の給仕であった。貧しい未亡人の子にとって、それは恵まれた、出世の階段を上るコースだった。署長は養子にと望み、上級学校への進学も約束された。その恩情にそむいて、おのれの勤めている警察署の前で、官憲弾ガイの演説会を開き、〝国賊〟としてブタ箱にほうりこまれたのである。余談はさておき、警察署の給仕という職業を、蔑視してはなるまい。「やむを得ず雇われた」「いやな仕事だった」と考えるのは、それも歴史の読みちがえである。

こういえば、おそらく納得して貰えるだろう。給仕は署長の身辺雑事・プライバシーに関わり、ときには親書の代筆までする。つまり、小秘書官であった。少年の神童ぶり・利発さ、誠実な性格・荒浜育ちの忍耐強さ等々、郷党の評判だったと考えよう。おそらく養父の善太夫の運動があり、教師・有力者のすいせんがあったにちがいない。

……かくて、少年は海を渡る。望まれ招かれて、私はそう思う。彼を北海道に呼び、〝保証人〟の役割を果たしたのは、誰だったのか？　それは、余り重要ではない。荒浜小学校の寄付帖には、小樽市在住出身者が誌され、牧口・柴野（母の再婚先の姓）という名がずらりと並んでいる。その中の一人、と考えてよい。問題は、警察署長である。これまでの伝記はなべて、簡単かつ重大な見落としをしている。

郡・区長が警察署長を兼ねた、という点についてである。〔明治十五年三月、小樽警察署を設置し署長は郡区長これを兼ぬ〕（『小樽区史』、大正3）〔このときの警察署長は、森長保という人だったといわれている〕（聖教新聞社編『牧口常三郎』・前出）という推定が、〔当時の小樽署長は、森長保という人物であった〕（熊谷一乗・同／第三文明社レグルス文庫、S53）と断定され・さらに、〔森長保は薩摩出身の中級官僚だった」（斎藤正二『若き牧口常三郎』）と　エスカレートしてしまう。

森長保を探せ、彼は郡・区長である。だが（渡辺四郎治と等しく）どんな文献&史料にも、その名は出てこない。なぜか？　ほんらい、森長保なる人物は実在しなかったのでは、と口碑を疑うべきではないか？？

そして、郡・区長は警察署長をどんな風に兼ねたのかと、具体的に考えてみることだ。ナマズヒゲに官員服、サーベル下げて役場に座っていたのか？？？　あっちむいて署長・こっちむいて郡長と、職務を使い分けていたのか⁉　これをようするに、単に行政簡略化のために（給与の節減という一石二鳥をあわせて）、〝長〟を兼務させたのである。

当然、実務を掌理《しょうり》する専門職がいる。『小樽市史』によれば明治九年、六等警部・前森長明が巡査五名をしたがえて小樽へ出張し、〔元海関（税関）を屯所《とんしょ》として〕さらに十名の警官を増員したとある。すなわち、札幌巡査屯所（翌十年警察署と改める）の管轄下。

職制はともかく、「署（所）長さん」と呼ばれたのは誰あろう、六等警部マエモリ・ナガアキである。明治十五年、小樽警察署独立まで勤続して、次席（実質的な署長）に出世していたのかも知れない。

さらには牧口少年渡道まで、と押さえてみよう。そこで、（前）森長明が「森長保」と誤伝されたという推測は、充分説得力を持つ。なにしろ、どこを探してもモリ・ナガヤスはいないのだから、そうとでも片付けるより他に、〝実在〟を裏付ける論拠はない。

さて「区制」が小樽に布《し》かれたのは明治三十二年、それまでは郡であった。したがって兼務の警察署長は、すなわち郡長である。これは、姓名がはっきりと残されているのだ。

〔区制実施前に於《お》ける小樽郡役所、及び同支庁に至る首脳者左の如し〕（『小樽区史』第十一章・行政機関）

郡長＝北川誠一、**森源三**　―以下略―

一切はこれで、明瞭になる。二代目の小樽郡長は、森源三その人であった。在任の時期は明治十五年から十九年の間である。いわゆる三県分治時代、札幌県に小樽は属していた。森は開拓の要職にあり、博物局（物産の交易を担当する）責任者でもあったから、玄関口の小樽郡長を兼ねることは、職掌上からも好都合だった。

二都を往復し・郡役所を監督する間にとうぜん、「勉強給仕」とあだ名された牧口長七の噂を聞いて、直接会ってみもしたであろう。〝郷党を束ねる〟人に少年は見出されて、師範学校進学という出世間の緒口をつかんだ……
「推理小説かな、外山クン？」
「いや、ルポルタージュですよ。僕にもそう思えてきました」
「苦労するなあ、牧口さんは一代記を遺さない人だったから。それにしても、百年しか経っていないのにねえ、確かなことは何一つわからん！」

窮民のパースペクティヴ

明治十八年極月、太政官が廃止されて内閣制度発足（第一部参照）、初代文部大臣・森有礼《ありのり》は薩摩出身。一八六五（慶応一）、藩命により英京ロンドンに留学する、十九歳。アメリカ経由で帰国、外務大丞《だいじょう》として清国・イギリスなどに駐在、欧化主義を鼓吹して、「西洋かぶれの権化」と評された。その森有礼が大臣の椅子に座ると、とつじょ国家主義者になる。

小・中学校令、帝国大学令、師範学校令を公布、北海道師範学校にとりわけて強い関心を示し、全寮制を採用・軍隊式規律への服従を義務づけた。兵式体操・週番制度・軍事教練、上級生への絶対的服従、鉄拳制裁等々。

師範学校の環境については、次章で詳しく述べる。牧口常三郎の学生生活、教育者としての出世間、『人生地理学』執筆の動機に、欧化から国粋への時代的転換があったことを、ここでは指摘しておく。〔外に列国の爪牙に防衛し、内に個人の自由を認め〕という、『人生地理学』緒論に、若き学究・牧口のジレンマ（板ばさみという意味ではなく、いわゆる両刀論法）を推察できる。

……そして、森源三の罷官《ひかん》（農学校々長辞任）も、開拓を侵略にすりかえていく国家の教育方針に対する、プロテストであったと考えてよいのではないか？

今回の取材に当って、我々はもと道立教育研究所主任研究員・山崎長吉氏から懇切な協力を得た。氏は六十九歳、停年退職後の閑日月を悠々自適して、郷土史の執筆にすごしておられる。

教育者としての牧口常三郎を高く評価して、著書の『北海道教育史』（北海道新聞社発行、S52）で紹介している。氏は創価学会員ではなく、むしろ唯物史観の立場をとる。

しかも、一個の学者として、〝牧口教育学〟に傾倒し、『人生地理学』『小学地理・郷土科』等々の労作を、日本教育史上最良の成果である、と言うのである。さい″価値創造″の哲学だから・日蓮正宗への信仰に昇華する純粋な精神を、積極的に肯定するのだ。

　創価学会初代会長、その足跡を執拗に追うことに、どういう意味があるのかを疑い嗤《わら》う会内外の人々がいる。会員以外に興味のないことを、しかも神聖伝説を壊し、″異端の書″の謗《そし》りをうけながら、馬鹿みたいに歩きまわっておる。まったくもって、精力の浪費ではないのかと。

　そうかな？　ならば・借問する、君はパレスチナの民衆について、どれほどのことを知っているか。中東の問題について、″関心″をいだくのは、それが毎日の新聞に大きく報道されているからにすぎない。ジャーナリスティックな興味と、『聞書・庶民烈伝』は関係がない。

　私はただ、民衆宗教（庶民信仰）とは何か？　千万人を折伏《しゃくぶく》し組織する・そのエネルギーの根源を、明らかにしようとしている。初代会長の思想と人格、国家権力に屈せず獄中に昇天したその生死《しょうじ》烈々に、これを確かめること……

　それは・とりもなおさず、**″窮民の革命原理″なのである**。

　学会の草創とパレスチナ難民は、私の眼の底に・同じ焦点を結ぶ、そのパースペクティヴ（遠近法）に立って射ぬくがごとく、「世界」「国家」VS「郷土」を見すえよ！　明治・大正・昭和三代にかけて、この国の維新&革命は、″神権天皇制″下にことごとく・蹉跌《さてつ》した。理由は、数多く挙げられる。だが、根本は一つである。体制と権力を撃つ思想・運動が、つねに民衆プロパーの情念と、乖離《かいり》をしていたからだ。

　人々は、「信仰」という白道を踏んで未来のふるさとへ、全円のニルヴァーナ（彼岸）に至り得るのではないか、私はそう考える。ゆえに、牧口常三郎に参究する。創価学会の運動は、その草創において過激であり、まさに庶民の革命であった。現在を問わない、私はただ思想のよってきたる源流をさぐって、泉を発見しさえすればそれで足りるのである。

〔山崎長吉・聞書き〕

竹中　ルーツ、と言いますか。先生のふるさとのお話から。

山崎　ホウ、そういうことからお聞きになるんですか!?　あなたの著作は何冊か読んではおりますが、牧口常三郎先生のことをお調べになるようなスジとは、いささかちがった印象をうけておった（笑）。

竹中　ご出身は、北海道ですか？

山崎　大正三年・札幌生まれ、ほとんど外には出ておりません。先祖は越中、富山県ですな。そもそも北海道の移住者は東北と北陸で、三分の二を占めている。その中でも新潟が一番多くて、薩摩の官員なんてもな腰掛けにすぎなかったのです。

竹中　近江や、阿波《あわ》（四国）からも。

山崎　ええ、近江は商人です。阿波も交易が主なんだが、開拓民も道南の方に入っております。何といっても海洋の道は北陸が圧倒的で、そう「北前船」、松前・江差・小樽とつながる。ヤン衆は東北地方からやってくる、津軽・秋田・山形、日本海側から北上してくる。逆に太平洋側は南下するわけですな、東京に行って人足になり、女郎になる。

ぼくの場合は大正二年の凶作で、親父がカマドをかえした、おわかりですな家屋敷つぶしたということ。一家をひきつれて炭坑に入ったが、辛抱しきれずに札幌へ出てきた。

竹中　富山では、お百姓ですか？

山崎　自作、中農でした。「伊藤組」ご存じですか？

竹中　ハイ、伊藤亀太郎。

山崎　これに合ってまして、今の中島公園に地所もらって、豆やらとうきびを作って、「伊藤組」の会社給食を請負いましてね。

竹中　やっと、カマドをおこした。

山崎　そうそう（笑）、まず北海道の人間はルーツをたどっていくと、なべて漂民と言ってよい。故郷を棄てて流れてきた、はぐれ百姓やら出稼ぎ漁師。

……これは私の考えだが、農民は天を怨まない、宿命的な性格がある。そこへいくと漁民は、天下国家を論じたがる・なにせ十カ月も暇だから（笑）。つまり、そういう生活環境から、北海道の文化は形成された。

竹中　庶民の文化が、ですね？

山崎　そう、〝出稼ぎ文化〟。これは今日といえども同じで、北海道の庶民は流行に敏感です。さまざまな文化が、さまざまな土地の人によってもたらされたわけです。北海道は常に、時代の先端を歩んできた。函館や小樽は明治の昔からモダンな都会で、言うならば小横浜・小神戸だった。花の東京よりも、すすんでいた。

竹中　江差の五月は江戸にもない、と申しますね。すすんでいたのは、もっと以前から……

山崎　それを言えば、阿倍比羅夫《あべのひらぶ》まで戻らなくっちゃいけない（爆笑）。ま、開けとったんですわ。牧口先生が小樽にこられたのを、何か悲壮な決心だという人々がおるけれど、ぼくはちっともそう思わない。

　裏日本と、いつ言い出したのか？　むしろ日本海側は、表日本だったわけだから。〝水の道〟をスーッと、東京へ出ていくよりも近かった。水盃を交してなんぞと言う、大げさな話じゃァない。番茶を一杯飲んで、「じゃ、行ってくるぞよ」（笑）。海が荒れない春なんかはとくに、船乗りたちはそんなふうだったとぼくは思うんですよ。

竹中　そこで、牧口さんのことを伺いますけれど、先生にとっては・大先輩に当るわけですね。

山崎　そう、北海道師範学校卒。

竹中　先生が教職についたのは？

山崎　昭和九年、大凶作の年ですよ。親父からずっと凶作に縁がある、それが牧口教育につながっていく。

竹中　そのへんから、じっくりお話を聞かせて下さい。

第二章　漂える、黒き箱あり

『人生地理学』の原点

竹中　昭和初年の北海道では、凶作が連鎖しているのですね。

山崎　六・七と続いて、八年がやっと平年作だったが、そのあとまた九・十。〝農本〟の時代でしたからね、北海道の社会全体が崩れていく。

子棄て・身売り・夜逃げ、ルンペンが札幌の街にはあふれておりました。ま、そういう時期に教員になった。いやでも矛盾に突き当たる、子供たちが餓えに泣く現実が眼の前にあるわけで、アカくならざるを得ません。

竹中　いわゆる、教員赤化の時代。

山崎　世の中全体が、左に右に大きく揺れておった。二・二六事件の昭和十一年に、北海道で陸軍大演習が行われて、天皇がきています。

竹中　なるほど、凶作は満州事変から二・二六のちょうどはざまを、連鎖しているのですね。

山崎　つまり、因果関係にあった。

竹中　……日中戦争から、第二次世界大戦になだれこんでいく。

山崎　国民の窮乏は、革命にもなれば戦争にもつながる。赤化の左傾のと言っても、世の行末を見通していたわけではありません。

ただ、子供たちが哀れだと、学用品が買えぬのはまだしも、冬になっても夏服着ておる。カゼで死ぬのがいる、つまり栄養不良で抵抗力がない。弁当を持ってこられぬのだ、他の子が食べている間、便所に隠れたり階段の下にいたり、もう見ておれん。こんなことで、教員などやっていられるかと。

竹中　よくわかります。ボクらの少年時代も同じでしたから、それで、給食は？

山崎　欠食児童のね、これがまた実にひどいもので、米は一粒もない。燕麦《えんばく》・馬の喰うやつですな、オカラと大根葉をそば粉でつないだ団子とか、カイベツとこちらでいうキャベツ、これと馬鈴薯の皮を煮たり……「おしん」の下をいっている（笑）、〝原始食糧〟と私ら呼んでいた。給料の大半は子供らに喰わせるために消えた、教師も共に餓えたのです。

竹中　北海道は豊かだ、海の幸・山の幸に恵まれてという幻想がある。

山崎　戦後ですな、内地が食糧危機に落ちこんだので、北海道はユートピアであると想われてしまった。だが、ここは半年冬なのですよ。

竹中　むしろ、豊作の条件はない。

山崎　そういうこと、観光パンフふうの牧歌的情景は確かにあります。が、その背後に凶作・冷害の悲惨を見なければ、北海道を理解できない。きびしく貧しい土地なのだ、ということがね。昭和初年に戻して言えば、世界恐慌が凶作の前にあった。

竹中　第一次大戦の直後も、まったく同じシチュエーション、不景気と凶作がきびすを接して襲ってくる。

山崎　大正九年、いわゆる戦後恐慌。牧口常三郎先生はこのとき、欠食児童の給食を、東京の細民街の特殊学校で実践されたのです。

……日本で最初の試みだった。しかもご自分の俸給を投じて。私はそのことを知って、実に感動しました。同じ体験をした先達がいる。そしてこの人は教師のなすべきことを、行ったのだと。

竹中　国家のなすべきこと、を。

山崎　いや、やはり教師のでしょう。

竹中　牧口さんは、僻地教育の先鞭もつけてらっしゃいますね。

山崎　それは、僻地という言いかたに誤解があるんですよ。北海道は、すべて僻地だった。

竹中　ああ、なるほど！

山崎　いま我々は、都市に対応をして僻地とか辺境などと言っておるんだが、明治時代には末年でも、札幌・小樽・函館をのぞいて、全道が即・僻地ですわ。で、「単級教室」一年から四年まで（当時は四学年制）、全学年をひっくるめて教えることが妥当であると。

牧口先生は道教育会に進言して、全道に啓蒙した。明治二十六年の四月ですな、新任早々の二十三歳。

竹中　山崎先生もやはり、その年齢で教師になられた。

山崎　私はもう少し若かったが、とまれ理想を追う年齢ですわ。牧口先生は付属小学校の訓導で、母校である師範学校の地理科も担当したのです。

竹中　開校以来の秀才である、と。

山崎　頭でっかちではなく、実践の人だったのです。

竹中　卒業に際し、常三郎と改名。

山崎　長七では威厳がない（笑）。

竹中　内村鑑三『地人論』、志賀重昂《しげたか》『日本風景論』

と、翌る二十七年につづけて出版されていますね。
山崎　これは私の考えですが、『人生地理学』を生んだのは、北海道の自然と社会であったと。むろん内村鑑三、志賀重昂にも啓発されたが、根本的な発想は「郷土」、おのれの精神と肉体とを培《つちか》ったふるさと……
竹中　そして、開拓・自立・共生。
山崎　我田引水ではなく、牧口先生が北海道に住まなければ、『人生地理学』さらには・『創価教育学体系』も、創価学会もなかったのだと。
竹中　思想は地と人に適った、と言うべきでしょうね。
山崎　牧口先生の視野・ヴィジョンはこの土地にあって、壮大な思索の体系を獲得した。それが『人生地理学』、言い換えるならば、北海道をどう摑んだか、理解したかということに、先生ご自身の〝人生と哲学〟、文字通り精神の基盤と原点は置かれる……
竹中　同感です、第二部春と修羅のそれが、メイン・テーマ。〈新潟を考える〉ことで、牧口常三郎の幼&少年時代をルポルタージュしました。
　とうぜん、〈北海道を考える〉ことで青春時代は明らかになる。さらに・東北との関連づけから、東京下町のいわゆる〝細民街〟、明治末年の窮民社会に歩み入ろうとしているのです。ネタを割ってしまえば、『人生地理学』すなわち牧口常三郎の方法で、牧口常三郎を実証するという不埒《ふらち》な了見なのです（笑）。
山崎　いや、それがいちばん正しい。先生ご自身が引用しておられる、「地を離れて人なし。人を離れて事なし」
竹中　「人事を論ぜんとせば、地理を究明せよ」（吉田松陰）

　冬型低気圧去り・快晴、小春日和の札幌を、山崎長吉氏の案内で歩く。牧口常三郎旧居のあたり、昔を偲ぶよすがもなく、駐車場と化してしまっていたり、ビルの下敷にされた街辻を、氏は感慨をこめて、「ここに住んでおられたのだ」と指さして言う。

　第一部・雪炎えて、郷土史家の北川省一氏と等しく、牧口常三郎への畏敬の感情を、この人はかくさない。創価学会員の読者諸君は、初代会長が卓越した教育者であり、思想家であったということを、しかもその業績が正しく評価されていない事実を、なぜか？と心に問うべきである。

　教職に就いてから、同郷の牧口クマと婚姻するまでは（明治二十五～八年）、章を追って詳しく述べる。まず、疑問を提出しておこう。聖教新聞社編『牧口常三郎』年譜によれば、明治二十四年〔北海道尋常師範学校第一部三学年編入学、寒村の小学校卒という不利な条件を乗り越え、独学で勝ちとった栄冠であった〕……云々・とあるが、誤認ではないだろうか？　明治十九年九月十七日、札幌&函館の師範学校は廃止統合され、北海道師範学校となる。十月に編入試験が行われ、十一月開校式という記録が残されている（『北海道学芸大学―旧師範―札幌分校七十年史』、S31）。

さらに尋常師範学校と改称、本格的な授業がはじまったのは翌る二十四年四月・生徒数六十六名、二十二年第一回卒業生五名、二十三年も五名!?。これは、〔開校当初、修学年限の短い簡易科を置き〕（山崎長吉『北海道教育史』、S52）という説明で納得できる。「編入学」とはこうした事情、草創期の教育内容・制度の改変にもとづくのではあるまいか？

三学年にいきなり、というのは言葉の悪しき意味での飛躍である。「年譜」をそこに合わせるから、〔前回に証明した〕〝架空の人物〟〔森長保の札幌転勤に伴って〕書生として住みこみ、〔約二年間を過した〕ことになってしまう。その間・げんざいの受験生も及ばぬガリ勉に熱中し、前例も規則もない三学年編入を勝ちとった？？

リアリズムでは、ない。牧口常三郎は正規に入学して本科課程を修了した、と考えるべきではないか。

そう・かなり大胆な推論、〝仮説〟を立てている。しかし、取材を重ねた上でのこれが、我々の結論である。すでに述べたように、森源三という郷党の束ねに見出されて、設立まもない尋常師範学校入学、教育者への道を歩んだ、と。

そのように脈絡を整えて、「年譜」の空白は埋められる。さて、第二の疑問である。森は札幌農学校二代校長に、明治十四年二月就任している。この年、内村鑑三・新渡戸稲造らが卒業、言えば「道最高学府」（現在の北大である）、立志の少年にとっては、あこがれの的であった。とすれば・牧口はなぜ、農学校をえらばなかったのか？？？

貧しき子らの栄光への道《エリート・コース》

理由は、二つある。十九年、森源三は校長を罷《や》めた。道庁方針と「意見の齟齬《そご》あり」、民間の事業へと転進する。

農学校卒業生なべて、開拓に従事することを義務づけよと森源三は主張して、容れられなかったのである。分別盛りのしかも官僚の言葉としては、過激であり理想に走りすぎている。だがこの人は、念頭に開拓の壮図しかなかった。そして戊辰戦争の苦諦から、厭《えん》戦《せん》の思想を抱いてもいたのであろう。

源三罷官から三年目の二十二年・校則改正、「兵学科」が新設される。さらに別課を置いて、曹長免官の資格で屯田兵幹部候補生を入学させ、卒業後は将校に任用する。〝兵農一理〟、時の道庁長官は永山武四郎、屯田兵司令官の兼務である。「北門の防衛」を固めようとする、〝軍事政権〟の要請であったと言ってよい。

この時代、農学校には存廃の論議もおこり、「少年よ大志を抱け！」と高揚する開拓の精神しばらく混濁していた・第一の理由である。

第二の理由は「学費免除」、俗に言う親方日の丸、全寮制でいっさいがタダ、教科書・学用品はもちろん、黒らしゃの制服・青縞のシャツ・白木綿の靴下・皮靴・ズボン下・猿股・手拭《てぬぐい》に至るまで、官費で支給される。おまけに、週十銭也の小遣い（三千円ほどの使いでがあった）。年中六分四分の麦飯とはいえ、貧しい家庭の子弟・とりわけて牧口常三郎のように、ただひとり郷関《きょうかん》を出てきた少年には、夢のような環境であった。

軍国教育はここにも及んで、兵式体操・週番制度・軍事教練・挙手敬礼・門限点呼、起床から消灯まで喇叭《ラッパ》の響きにせき立てられ、ストーブに火が入るのは雪が二、三度降ってから。厳冬でも温水の使用は禁止されて、氷を割っての雑巾がけ。

……『学芸大札幌分校七十年史』巻末回顧録から、往時の学生生活を見ると、それは私自身の旧制中学時代、なかでも戦時下の勤労動員寮の明け暮れとそっくり同じである。

辛き目に会わされた日々、だが怒りは肉体的な苦痛よりも、少年の魂を傷つけひき裂く教官、将校の理不尽にあった。二言《ふたこと》目には天皇をかさに着て、ビンタを喰わされ、便所の土を口にねじりこまれ、尻をむかれて下半身裸のまま寒風の中に立たされた屈辱。

いわゆる軍隊式、忠君愛国の教育とは、そのようなものであった。むしろ青春にとって、〝規律〟は心地よいのである。辛苦にも、理由があり正当であれば耐えることができる。だが、「若い者はたるんでいる、軍隊で精神をたたきなおすべきダ」なんぞと、それこそ無神経に言う連中に会うと、私は兇暴な怒りに捉《とら》えられる。

どのような軍隊で、と言うのだ！ 弱い者いじめのほとんどサディストの病理集団だった、〝天皇の軍隊〟

を再びまねき寄せてはならない。極私的な感情はさておいて、山崎長吉氏との対話に戻ろう……

山崎　まあ、私の場合も聖職に就《つ》こうといった殊勝な了見ではなく、授業料の免除が最大の理由でした。学問をさせてもらって、小遣いまでくれるなんてこの世のことではない（笑）。

竹中　農学校は金が要りましょう。片っぽは全寮制でタダ、おのずとコースは決まってくる、貧乏人は師範に行けと。

竹中　先生のころ、お小遣いは？

山崎　月に九円五十銭だった、家庭に送るものまでおりました。

　戦前はね、尋常小学校六年生の段階で進路がきまってしまう。金持ちで成績がよければ中学・予科から北大へ、貧乏人はまず高等科へ行きまして、成績一番が札幌・二番が函館・三番が旭川と各師範学校受験を割りふられる、担任の教員がきめるわけです。

竹中　なるほど、牧口さんの場合も。

山崎　想像だが同じだったと、北海道師範学校は明治十九年創立・できたてのホヤホヤ、魅力のある学校だった。また当時、小樽には尋常高等科が設けられておりましたからね。

竹中　給仕をつとめながら、きちんと卒業をして。

山崎　そうそう、推せん入学だったと思いますね。

　おそらく牧口先生の場合、二十二年入学でしょう。新潟から小樽にこられて、高等科に入って一年くらいの遅れをみれば、辻褄《つじつま》があう。そのころは郡長の推せんだと、無条件入学です。ただし一学期たつと試験がある、パスすれば寮に入れる。

竹中　言うなら、貧しくて賢い子供の栄光への道《エリート・コース》。

山崎　そうそう、そうそう。

竹中　小樽の高等科には、夜学はありましたか？

山崎　ありました、官庁の勤務は午後五時までだから、夜学に通うのに都合がよかったのでしょうな。

竹中　おかげさまで、大変すんなりと謎がとけました。ちょっと、明快に割りきれすぎて不安なのですが（笑）、牧口常三郎伝としては、お人柄とも整合してきたようで。

山崎　そこが、肝心なのですよ。この人ならばこうするだろう、こんな運命にめぐりあうだろうと。

　牧口先生の資質・天性、内にきびしく烈しいものを秘めていた人柄が、教師という職業に適合した。そもそも十九年、札幌・函館の両師範学校が廃止をされたときには、「時こそござんなれ」と荷物担いで逃げた生徒が、多勢おったと言います（笑）。まあやはり、師範は窮屈な学校であったわけで。

竹中 それは体験談ですね（笑）。

山崎 私のようなやんちゃは、とくにそうでしたね。

これも主観ですが、牧口先生も大いに悩まれた時期があったと思う。このころ師範学校は時計台の向い、丸惣ホテルの横のあたりに裏門がありまして、出るととっつきが農学校。

竹中 ああ、新渡戸稲造……

山崎 そうなんです。明治二十四年にアメリカ留学から帰ってきて、いったんおかしくなった農学校が、また新思想のメッカになる。新渡戸稲造が図書館長、当時は主任と言いましたが、先生はとうぜんここに通って、読書に励んだにちがいありません。

牧口先生はそのときに三学年、新渡戸在任が三十年まで、知己を得たと考えて不思議はない。

竹中 いや、そうしましょう（笑）。

山崎 後年の「郷土会」、新渡戸さんといっしょに研究をしているわけですからね。当時の新思想・新知識、農学校は再び全国的に異彩をはなつのですよ。何も今の北大の先生方をどうこう言わんが（笑）、内村鑑三・新渡戸稲造・それに志賀重昂と、三大地理学者の影響はとうぜん、『人生地理学』大系にむかう。

これは、札幌農学校の存在ぬきでは考えられない。師範には、地理の先生はおらなかったのだから。

竹中 牧口さんがいますよ（爆笑）。

山崎 ……これが初代、ズバリ言ってしまいましょう、教師として牧口先生は非常にすぐれた方であった。が、生涯の天職という考えを、ふと疑われた時期があったろう。

竹中 なるほど、農学校ですか。

山崎 私は、そう思います。

竹中 そう思ったら、それが真実なのです（笑）。

先生はご自分の青春に重ねあわせて、思われるのでしょう？

山崎 まあ、そういうところかな。

竹中 荒浜村は、ご存じですか？

山崎 話には聞いております、強風の吹き荒れる、田圃《たんぼ》などは一つもない住み辛いところだと。

日本国文化の粋をまもれ

竹中 地理学とは、つまり空間観念の体系ですね。

山崎 ああ、そこを言われるのか。

竹中　越後から北海道にきて……

山崎　空間がひらける、日本・世界を望み見たのです。牧口先生は文検（文部省検定試験）をね、「地文」「地史」と二つとった。最初は作文教育、それが地理学に向っていった経過には、前に話した僻地教育との関りがあるのでしょう。

竹中　世界・日本を見る、そしてその中に無数の荒浜村を、土地にしがみついて生き、あるいは流離の運命にもてあそばれる人々を見た。

山崎　凶作のテーマに、戻りますな。

▽明治十九年（一八八六）　＊牧口常三郎・15歳

1・26　北海道三県を廃止、北海道庁を札幌に置く。

2・25　初代長官・岩村通俊、着任。

〈世界的不況〉　ロンドン・トラファルガー広場で失業者十万人のデモ、軍隊と衝突する（2・21）。

4・10　師範学校令公布。

5〜　コレラ蔓延、全国死者十万八千四百五人（道内・二五一五）。

6・10　「越後村」、江別に入殖。

6・25　北海道土地払下規則、公布。

〈バッタ騒動〉……いわゆる三県時代、生活苦から発狂者が出るという不景気に落ちこむ。そこへ、〝蝗害《こうがい》〟。明治十三〜十七年の五年間、実にのべ三百六十四億三千万匹というバッタの大群が来襲、道内の田畑を喰い荒らす。

「人民、呆然手ヲ束《ツカ》ネ、到ル処《トコロ》・惨害ニ罹《カカ》ル」（蝗害報告書、M15）

ついに、役人の給料遅配。人民は新任長官・岩村通俊に、「当分諸税をも免除さるるならん」と甘い期待を抱いたが、トンデモゴザラヌ、施政方針演説「自今移住ハ貧民ヲ植エズシテ富民ヲ植エン、換言スレバ人民ノ移住ヲ求メズ、資本ノ移住ヲ求メント欲ス」

開拓から侵掠へ――、というテーマはかくて顕在化する。〝財閥〟が乗りこんできた、まず札幌麦酒醸造所、大倉喜八郎に払下げ。以降続々と、官営工場並びに官有地・六十万円相当を十万円で大安売り《バーゲン・セール》。〝官僚〟天降る、道庁理事官・堀基《もとい》の利権マシーン、補助金を手土産に経営者となる。実に道庁歳出の二割を、彼らはくすねていった！

〝軍人〟が濶歩する。岩村初代長官は一年半で去り、屯田兵司令官（本部長）永山武四郎が二代長官に就任、たちまち不沈空母宣言。

「一朝、シベリア鉄道ノ竣工センカ、武勇倫《タグイ》ナキ数十万ノ猛卒《モウソツ》ハ、自在ニ千里ノ長程ヲ運搬スルヲ得ベシ、コノトキニ際シテ、大日本帝国豈《アニ》（どうして）独リ平和ナルヲ得ンヤ」

「我ガ北海道ハ、独立ノ戦闘ヲナサザルベカラズ」

「汝等《ナンジラ》・屯田兵ハ、往昔ノ武門ニ加ワリタルモノニ等シケレバ、兵員ハモチロン家族ニ至ルマデモッパラ忠節ヲ重ンジ、武勇ヲ尚《トウト》ビ、廉恥《レンチ》ヲ思イ、志操ヲ固クシ士タルノ体面ヲ汚ス様ノコト、有之不可（コレアルベカラズ）。汝等ノ身命ハ、天皇陛下ニ捧ゲ奏リシモノニシテ自己ノ生命ニアラザルナリ……」（屯田兵員及家族教令）

6・12　甲府・雨宮製糸女工罷業《ひぎょう》（日本最初のストライキ、16日・会社側要求を呑み解決）

8・13　清国水兵、長崎で巡査と乱闘。

9・1　チャリネ曲馬団、神田秋葉原で来日興行・連日満員。

10　万年筆、発売される。

10・24　ノルマントン号事件。和歌山県沖で沈没、外国人の船長以下は脱出、日本人乗客二十三名が全員溺れ死ぬ。海事審判所は船長を無罪とし、国民感情は排英にふっとうした。

12　軍艦・畝傍《うねび》、ゆくえ不明となる。

12・25　繰出し鉛筆《シャープ・ペンシル》、発売される。

明治十九年二月、札幌農学校の第四回卒業生・志賀重昂、ニュージーランド・オーストラリア・ハワイ・サモアなどの南洋群島を、海軍練習艦に便乗して踏査する。彼がそこで見たのは、非情酷烈な植民地支配、侵掠と差別の実相だった。帰国後、『南洋時事』を一気に書き上げ警世の論を鳴らす。

ときに二十四歳、「日本民族の価値に覚醒せよ！」紅毛碧眼・舶来の文明を盲目的に崇拝してはならない、甘美なるその幻想を絶て。日本国文化の〝粋〟をまもるべきである、と。

……国粋、それは国家主義・まして反動と同義ではナイ。志賀の唱えた〝国粋主義〟は、三宅雪嶺・岡倉天心・狩野芳崖《ほうがい》・坪内逍遥、さらには西洋通の森鷗外、文壇では尾崎紅葉・幸田露伴・正岡子規等々、宗教界から内村鑑三らの支持を得、いわゆる欧化から自立をした思想の流れを形成していく。

牧口常三郎の青春は、そうした時代にむかって開かれた。〝貧しく賢い子〟はいま、光の門に立っている。彼が師範学校を目ざして、懸命に勤労しつつ学ぶと

き　日本・世界は大いなる転換をむかえる。

*牧口常三郎・16歳

▽明治二十年（一八八七）

1・11　ビスマルク、ドイツ帝国議会で対仏戦争は近しと宣言（3・11、軍備増強法案可決）。

1・20　米国、ハワイ真珠湾の使用権を国王より獲得する。

1・22　鹿鳴館、白熱電灯を点す。

〈国内不況深刻化〉……2月・東京の貧民街に、「子を貸し屋」があらわれた。ものごい用に日当五～八銭で子供を乞食に貸すのである。

3・23　札幌農学校、工学科を新設。

所得税法公布さる。

4・20　首相官邸で大仮装舞踏会、貴顕大官の奢侈《しゃし》に批判高まる。

4・23　四月馬鹿《エイプリル・フール》、新聞に紹介される。

5・21　『女学雑誌』、4・20の舞踏会で伊藤博文首相、某華族夫人を凌辱せりと暴露し、発禁となる。

6・1　**憲法草案審議**・秘密裡に開始。

〔註〕伊藤はすでに、ドイツ人法律家であるロエスレルに依頼して、「大日本帝国憲法草案」のたたき台を完成していた。また、腹心の井上毅《こわし》法制局長官に命じて第二案をつくらせ、側近三羽烏と言われた伊東巳代治《じ》、金子堅太郎、井上をともなって神奈川県金沢沖の夏島に建てた新別荘にこもった。

八月末に至って、七章八九条の〝夏島草案〟を完成、さらに十月「日本帝国ハ万世一系ノ天皇之《コレ》ヲ統治ス」、いわゆる筆頭規定が付加される。これらの作業は、まったく伊藤腹心によって完全秘密裡にすすめられ、他者の介入を許さなかった。

8・19　関東・東北一帯、皆既日蝕《かいきにっしょく》。

9・9　東京帝国大学、ドイツ法学部を設ける。

9・28　首相、地方長官を招集、憲法の天皇親裁に異議を唱える輩を弾圧し、外交を人民の公議に決せんとする説を抑えて、〝帝王主権〟へと人民を導くことを訓示する。

10・3　後藤象二郎、民間政客七十余人を東京芝の三縁亭に招いて、大同団結を呼びかける。

10・10　板垣退助・星亨《とおる》・片岡健吉らは「外交策の刷新」「地租軽減」「言論集会の自由」等を要求、国約憲法（国民憲法会議方式の採用）を掲げ、全国的運動を開始する。

10・16　各地より有志続々上京、「日本壮士大運動会」と称して上野公園内に集合、治安妨害罪で解散。

11・6　警視庁、屋外集会&示威運動の届出許可を命令。
12・15　壮士集結、二千名に達する。
12・26　**保安条令**、官報の号外によって緊急公布。東京全域に警察官&憲兵を配置して秘密結社・集会を禁止する。さらに、公然集会をも制限し、中江兆民・尾崎行雄ら危険人物五百七十名を、皇居より三里の外に退去させる。「法律の罪人となるも亡国の民となる能《あた》わず」と命令を拒んだものは、逮捕投獄された……

挽歌、とこれを呼ぶべきか？

ふるさとの港を出でて　七日経《へ》ぬ
　水や空なる目路《めじ》のはて
矢の如く船は走れり　舷《ふなばた》の白き潮漚《しおなわ》
　そのあわい浮きつ沈みつ漂える
黒き箱あり　その中に何か入《い》りたる
唇紅《くちあか》く黒髪長き生首《なまくび》か
文字書ける尊き経か　はた空《むな》し虚《うつろ》か
　知らず　漂いて浮きつ沈みつ
恐しき黒き箱みゆ
（石川啄木『黒き箱』、M41）

明治二十年、自由民権運動再興の望みは絶たれ、〝大日本帝国〟の野望を載せた明治「国家」、天皇制絶対権力の鳳輦《ほうれん》は不気味に軋みながら走りだした。牧口長七・十六歳、むろん彼の双眸にはまだ、面とむきあわねばならぬ宿命はみえていない。

小樽の街で私は、もと警察署の跡に立った。博多屋旅館と看板かけて、古く朽ちているがゆかしい建物が、そこにあった。なぜか防犯連絡所、『赤旗』のポスターも貼られていたりして（!?）。この街は今一度、〈小樽法論〉の回でとり上げる。

おととし、聞書きに協力して下さった皆さんとの約束を、ようやく果すことができる。本章では明治二十年、向学の少年時代に触れておこう。牧口長七が通ったのは、量徳尋常高等小学校と推定される。いわく、〈明治十年六月創立、二十年小学校令改正せられ、高等科設けらるる〉（『小樽区史』、T3）

……右の記述に従って、初代会長の母校は量徳と考えてよい。なぜなら明治二十年の時点で、小樽には他の高等科がないのである。ならんで歴史の古い色内《いろない》小学校は十一年に合併、量徳の附属校となっていた（独立は三十四年）。

また、私立も余力学館ほか、二十二年以降の経営である。言わずもがな、小樽中学・高商・水産学校等々い三一年代の創立「一類学校に近って」云々とする説についてもまた、そういう名称・内容に合致する教育施設を見出すことができなかった。ほとんど我々の結論は正確だと、断定してもさしつかえあるまい。

　高ぶって言うのではなく、このような調査結果は、伝聞に頼り文献をまとめるデスク・ワークからは、けっして生まれてこないのである。

　我々はこの連載の取材と資料調べに、実に多くの時間を割いている（ただし外山武成君と同行二人ノミ）。五十枚の原稿の仕上げに、七日乃至十日間をついやして、しかも満足していない。恨みを言うなら唯一、矢の如く時は過ぎ去って、故人の足跡がかき消されていくことのみである。学会老幹部のみなさん、取材にできる限りの理解とご協力を——

　さて、『後志讃歌《しりべし》』（創価学会・後志園編集、S57）によれば、初代会長が度々おとずれた同郷の牧口啓次郎氏宅は、小樽運河のほとりにある。そしていま、「小樽運河百人委員会」事務所。埋め立てられ消えていく、〝古き時代〟への郷愁・いや歴史を失うまいとする、抵抗の拠点となっている。挽歌、とこれを呼ぶべきか？　明治&大正その面影を残す町角、古色蒼然としてなおも生きている建物の群れを、運河を傷ましく眺めた。

　滅びゆくものへの哀歓ではなく、この風景に変るもののおぞましさ・醜悪さを憎むのである。むかし同じ想いで人々は掘割を倉庫を見たのではないか、といえば言えよう。だが、ここには百年の時に浄化された存在がある。石の生命を水の生命を（物言わぬゆえにいっそう）、彼らを無惨に破壊する権利は**人間にない！**

　漂える黒き箱を、塵芥《ちりあくた》と泥土によごれ埋められ、押し潰されていく明治の河に見た。啄木はきっと日本の運命を黒き箱に仮託して、歌ったのだろう。そう。思想的にすぎるほど、彼は思想的な詩人であった。おなじ街に働き学び、教育者を目標とした少年を、私は瞼のうらに想いえがく。

　当時、まだ運河はなかった。だが明治二十年請願許可を得た、色内町海岸・三万八千坪の埋立てからその歴史は始まる。土木請負い出願人の岡野知荘は、「保安条令」で帝都を追われた自由民権の要注意人物だった。後年・運河の造成と石造倉庫群立の基はここに築かれ、現在の風景を現出するのである。

　いま・我々が立つこの場所を、少年はまぎれもなく踏んだ。利発な意志の強い彼・牧口長七は、郷党の人々から大きな期待をかけられていたであろう、そしてあたたかい援助をもうけたにちがいない。少年は海を見・空を見た、カモメの声も聞いた。埋め立てられ変貌していく街、資本主義の発達に目をみはり、無邪気に未来を信じたのだろう。漂える黒い箱はまだ、彼の上に影を落としてはいない……

山崎　まあ、「地文」「地史」などと言っても専門用語で、一般にはちょっと判り難い。私も門外漢だが、「地文」は自然地理学です、天文・気象・地勢等を指します。「地史」は地球の転変・移りかわりのこと。
　いずれにしても、地理学とは探究的な学問で、踏査が基本になる。

竹中　ルポルタージュですな、つまり。

山崎　牧口先生は、「地史」この移りかわりの方に力点を置かれた、私はそう思うのです。なぜなら、北海道はまさに転変の時代にあったわけだから。

竹中　滄海《そうかい》変じて桑田となる、小樽は埋め立てられて。

山崎　そうそう、眼のあたりにね。まあ文検を二つも取っちまうなんて壮挙は、稀有《けう》のことなんですが、文字通り学問が地についていた。
先生は最初、『社会地理学』を著書の題名にしようとしたくらいで、空間的な広がりと言おうか、観念の開化を現実の社会に求められたわけです。そのような発想を与え、触発したのがこれも憶測で申しわけないが、札幌の三吉神社の宮司だった。金《こん》三《みつ》穂《ほ》。

竹中　ハハア、神主さんがねえ!?

山崎　いやいやこの人は、いまどきの神主とわけがちがう。と言うと、またぞろ悪口になるが平にご容赦(笑)。
　何せ、開拓使長官の松本十郎を馬鹿者呼ばわりして、喧嘩をふっかける。男女共学論をブチ上げる、当時としては信じられない横紙破りでした。

竹中　北海道の中江兆民、ですか。

山崎　叛骨一本槍という点ではむしろ、上をいっておったんじゃないか。牧口先生のお宅が、この金宮司の筋むかい。

竹中　なるほど、目のよるところに。

山崎　玉がよりました(笑)、後年になって牧口先生も、臍《へそ》曲りの叛骨精神を発揮するが、私はこの金宮司の影響じゃないかと思っている。まあ、初期の社会主義ですわな、〃神道〃の人でいながら国家の力が大嫌いだった。

竹中　牧口さんのお宅、と言いますと明治二十八、九

山崎　そう、クマ夫人と結婚をされて構えた新居、これが二十七年に師範が移転した、南一条西十五丁目の校舎の近く、つまり三吉神社の前。当時、ケンカ宮司の名は轟きわたっておりまして、ここへ牧口先生が引越してきたのですよ（笑）。

竹中　……たちまち衝突して、喧嘩になったりして。

山崎　それはない、片方は新任の青年教師なんだから。学校での評判は、実に謙虚な誰の話も誠実に耳をかたむけて聞く人柄であったと。

竹中　冗談です、スミマセン。

山崎　わかってます（爆笑）、まあそんな具合で、意気投合したとしておきましょう。

ところでこの三吉神社の西方がずっと練兵場、牧口先生の軍人嫌いは金宮司の影響と同時に、朝夕の兵卒の調練。今日でいうしごきが原因だったと、私はまたもや憶測をするのです。

竹中　いや、それは正解でしょう。

山崎　あなたもご承知の年齢でいらっしゃるから……

竹中　ハイ、やられた方です。

山崎　日清戦争大勝利の直後、〝富国強兵〟の時代です。兵卒なんぞは消耗品、一銭五厘の召集令状で幾らでもかき集められると、まったく牛馬の扱いだった。

我々の時代も同じで、これぱっかりは性コリもなく、歴史はくりかえす。昭和十一年に兵隊にとられて、嫌という目に会って帰ってきたら、こんどは子供らをとられる番だ。幸いと言うか奇跡的に、私の教え子には一人も、戦死したものがおらんのです。

竹中　それは、すごいことですね。

山崎　少年航空兵を、クラスから何名出せと言ってくる。予科練ですね。私はまあいろいろと逃げ口上を考えまして、ついに一人も出さなかった。「軍国主義反対」と正面切った訳じゃなく、子供を死なせたくなかったから。

いまその教え子と語るときに、私は言うのですよ。俺が墓に入ったときに、「あの先生は兵隊になれと決して言わなかったな」と、それだけはかならず思い出してほしいとね。

三千の奴隷を、如何にすべき？

竹中　反戦、と言うのではなく。

山崎　兵隊になるなと言う、さてその真意が判ってもらえるか。昭和十年代、国全体がいくさに向きましたな、いまもむきかかっておる。

竹中　何せ、風見鶏ですから（笑）。
山崎　これは、理屈で喰いとめられるものではありません。
竹中　力でも、対抗できない。
山崎　……となると一人々々、心だけしかないのですよ。
竹中　兵隊にならないと言う、心。
山崎　そうです、日本・世界を論ずることもよい。だがこのさいは、まず自分自身・そして「郷土」、ふるさと山河を想うことです。単にエゴイズムで言うのではない、おのれの信念を確定しろと。
　ふるさとの町焼かれ、という歌がありましょう。何を言っておるのか、戦さをしたのだから、当然です。北海道でも、空襲をうけたのは軍事都市と施設。焼かれてあたりまえと思え、そんなやわな感傷で反戦を唱えていたのではダメ。
竹中　結局、一人びとりの……
山崎　心なのです。あすから徴兵制がはじまると、そう思いたまえ、私は若い人たちに言うんです、最悪の状況を覚悟しなさい。そしてその覚悟のどたん場で、おのれの心を守る勇気を持ちなさいと。
竹中　ああ、命ではなく心を。
山崎　手向うのですよ、頑固な一徹なそして迂遠《うえん》なことを、私は言っておる。だが、自分の体験をもとにしてね、それ以外の言葉では話さない。
竹中　烈しいなあ！（笑）、その心を信仰と言いかえてもよいのですね。
山崎　それぞれです、人それぞれ。

▽明治二十一年（一八八八）　＊牧口常三郎・17歳
　1・28　独・伊軍事協定、仏に対抗。
　2・6　ビスマルク、「我等は神以外に惧《おそ》れるものなし」と演説。欧州に戦雲急を告げる。
　2・23　岩村長官、幾春別《いくしゅんべつ》炭鉱・開坑及び鉄道工事、並びに幌内《ほろない》鉄道・運輸請負願いを政府に上申。
〈北海道・炭鉱開発すすむ〉すでに安政四年（一八五七）、白糠《しらぬか》で日本最初の採掘が行われ、松浦武四郎の露頭発見はこれに半世紀余り先立って、北海道が有数の産炭地であることは人に知られていた。
　近代設備・大経営の炭坑は、幌内（現三笠市）からはじまる。明治五年新政府「幌内煤田《バイデン》開採ノ議」、本格的出炭に至るまで八年、明治十三年大坑道開削。同十一月、小樽（手宮）～幌内間に鉄道敷設の運びとなった。三県時代は鉱業ふるわず、資本誘致の道庁制下となって俄かに振興する。

この年、幾春別・夕張・歌志内（アイヌ語でオタウシナイ）、続々有望な鉱床が発見されて、本格的開削に着手した。幌内出炭量は六万トンを超え、九州の三池・高島につぐ大炭鉱に発展をする。道庁炭鉱鉄道事務所長・村田堤《つつみ》、民間に天降って一手販売権を得る。背後に三菱財閥、日本郵船と組んで上海・香港への海外輸出、販路拡張。

さらに、「北有《ほくゆう》社」を設立して幾春別炭鉱の採掘&経営権、鉄道敷設と事業は順風満帆とみえたが、ハイソレマデヨ。村田は更迭《こうてつ》されて、もと開拓使・屯田兵取締り・前道庁理事官の堀基、〃官閥〃の親玉が乗りこんでくる。

後楯《うしろだて》は黒田清隆・永山武四郎、要路を動かして明治二十二年、入札は村田より安値であったにもかかわらず、「北海道炭鉱鉄道会社」に、幌内炭山の土地設備建物、及び手宮・幾春別間の鉄道は払い下げられた。過少に見積って評価四百万円、これを頭金たったの三十五万、以降は四十三年の割賦（！）、というぬれ手に粟。「北炭」、創立の一幕――

3　3　夕張開墾起業組合、結成。

3　「帝国」帝都に流行、屎尿《しにょう》処理業者は帝国掃除社と糞桶に大書、帝国車夫もあらわれ、大東京は帝国だらけ。

4・5　伊藤博文、内大臣・三条実美に憲法と皇室典範草案の脱稿を報告。

4・30　伊藤、枢密院《すうみついん》議長となり首相を辞任（後任首班・黒田清隆）。

5・8　天皇、憲法草案を諮詢《しじゅん》（よきにはからえと言う）。枢密院は6・18審議を開始、7・13これを了える。

6・15　永山武四郎、道庁長官となる。

6・18　志賀重昂ら、高島炭鉱の惨状をキャンペーン。

〈地底の生地獄〉　四月三日、志賀重昂・三宅雪嶺・杉浦重剛、「政教社」を結成。雑誌、『日本人』を創刊する。社員・松岡好一は、長崎港沖七海里の高島炭鉱に、みずから坑夫となって潜入ルポ・報告を同誌に載せた。

高島炭鉱は文化年間（一八〇四～一七）に開かれ、明治十四年に三菱の経営となる。〃地獄労働〃でつとに悪名高く、十五年八月・十月、十六年九月、十八年十一月と坑夫暴動が発生していた。

〃唐津下罪人《げざいにん》がスラ曳くすがた、絵にも文《ふみ》にも尽されぬ、と『炭坑節』の文句にあるように、囚人の強制労働は中でも虐遇をきわめたのである。坑内は摂氏35度・労働十二時間、高さ三尺（約1m）の切羽《きりは》、採掘現場では膝をかがめ、ときには横になって屈伸しながら先山《さきやま》が炭層を掘り進む。後向《あとむき》がその炭塊をスラと称する木箱に入れて運ぶ、八十キロの重量であった。

息をつこうとすれば、小頭《こがしら》・人繰《ひとく》りと呼ばれる現場監督が情ようしゃもなく、棍棒でブン殴る。逆らったら最後、後手にしばられ梁《はり》に吊り上げられて、生松葉を燃やしていぶされる。

逃亡をはかった者は逆さ吊り、肛門に焚木を突き刺して殺す。明治十七年夏、コレラが流行して坑夫の半数が死亡したとつたえられるが、真相は海岸に大きな鉄板を灼熱して置き、生死にかかわらず発病したものをほうり投げ、焼き殺してしまったのだ、云々。

……松岡好一の報告は、生地獄のありさまを、克明に描いて社会を衝撃した。「三千の奴隷を如何にすべき」と、三宅雪嶺は痛憤の論陣を張り、八月またもや暴動おこる。とうぜん・高島炭鉱の惨酷、北海道の炭田にも共通する。堀基は幌内炭鉱払い下げのさいぬかりなく、集治監《しゅうじかん》（囚人）使役の認可を得ているのである。

7・15　磐梯山大噴火、死者444。

7・20　石炭無税輸出法、公布。

7・30　道庁技師・坂市太郎、オタウシナイ煤田調査に出発、アイヌ人七名を雇い、幌内より山を越えシホロカベツ上流に大露頭を発見する（夕張炭鉱のはじまり）。

8・1　九州三池炭鉱、三井に払下げ。

8　酷暑・海水浴流行、神奈川県は男女を区分けして、混泳を禁ずる。

9・1　森鷗外、ドイツ留学より帰国。

10・7　皇居落成する、「爾今《イマヨリ》、宮城ト呼称スベシ」

11・3　（天長節）大隈重信外相、内外貴顕千余人を鹿鳴館に招待・馬車門前市をなす。

11・10　中江兆民、これを嗤《わら》う。

11・11　幸徳秋水、中江家に学僕として住みこむ。

12・7　幌内〜幾春別鉄道、開通。

12　川上音二郎、高座で『オッペケペー節』を演ずる。

〽権利幸福きらいな人に
自由湯をば飲ましたい
オッペケペッポー　ペッポーポッポー

大頓智協会、之ヲ統治ス……

▽明治二十二年（一八八九）　＊牧口常三郎・18歳

1・1　高島炭鉱また紛争、巡査抜刀隊出動して鎮圧。

1・10　フランス、象牙海岸を保護領とする。

1・22　徴兵令改正、戸主の兵役免除を廃止して、〃国民皆兵〃となる。

2・11（紀元節）文部大臣・森有礼が刺殺された。

この日、**「大日本帝国憲法」発布**。

〔註〕神権天皇制――一切の権力を有する統治者、「神聖ニシテ不可侵《オカスベカラズ》」と条文に明記された（第三条）、〃現人神《あらひとがみ》〃を上にいただく、欧化近代的国家がここに成立した。言葉を換えれば、日本現代史の一切の矛盾は、この規定から生ずる。

人はなべて天皇の臣民であり、兵役と納税と教育の義務を負った。非常大権による権利の停止、「戒厳令」下の自由の剝奪等々、こんにち明治憲法は典型的な君主独裁制の表現とされている。なるほど、〃君主制〃はこの国を暗黒にみちびき、人民を戦火と窮乏に投げこんだ。

だが、別の観点を立ててみよう。明治の人々は言うなら、太陽神として天皇を措定した。すなわち議会・政府・官僚・軍閥・政商の腐敗と非道を抑止する〃絶対者《オール・マイティ》〃、公正無比の神格を彼に期待した。

とうぜん、目瞞し・欺罔《からくり》である。法は統治者の手にあるかぎり、人民を管理する方便なのだから。明治憲法の矛盾は、敗戦日本の基軸に置かれた、「平和憲法」の虚妄とまさに照応する。たとえば、現行憲法第九条は、戦争を抑止する力を持っているか？

2・11　衆議院議員選挙法・貴族院令、公布。

2・12　黒田首相は地方長官を招集して、「政府は超然として政党の外に立つ」と訓令する。

3・4　宮武外骨、『頓智《とんち》協会雑誌』に「大日本頓智研法」を載せ、不敬罪で重禁錮三年・罰金百円。

〈筆禍の人〉　憲法発布にさいして、感想を聞かれた中江兆民はただ苦笑したと言うが、宮武外骨はまっこうから、神権天皇制をセセラ嗤った。巻頭、ガイコツが王座に立って大臣に詔書を渡す漫画を載せ、〔大頓智協会ハ讃岐《サヌキ》平民ノ外骨、之《コレ》ヲ統治ス〕（大日本帝国ハ万世一系ノ天皇……）

以下、〃不敬の条々〃を掲載して罪に問われたのである。いらい、〔筆のために禍を買い、入獄三度、罰金十五・六回、発売禁止二十回以上〕（宮武外骨『筆禍史』、M44）

4・1　夕張煤田鉱区地質図完成、試掘許可となる。牧口常三郎、**北海道師範学校・入学**

北国の夕暮れは、早い。午後四時半をすぎると、周囲《あたり》はもう暗くなる。幽かに茜色染める地平も、間もなく闇に沈んでしまう。

オーバー・ラップして、雪あかり。

白銀の世界が浮かみ上がる、束の間に変幻をするパノラマ、大地はその歴程を新たにしながら悠久である。

歌志内・美唄《びばい》・幾春別・夕張と尤《ゆう》にやさしい町の名がつづくここ、石狩炭田地帯。

たとえば、「月寒」＝ツキサップはツキサムと、殺風景に読みかえられる。郷愁を日々失っていく北海道で、黒ダイヤの繁栄を謳歌した町々は、時間がとまっている。

「なぜ、変らないのかな？　外山クン」

「サアわかりませんね、それよりおなかすいてるんじゃないですか？」

「どうも君は、俺が感傷的になるてえと空腹だときめこむ癖があるな。ハラ減っとらんのよ、悲しいのダ」

「何事ですか、深刻な顔をして!?」

「変らないのはね、街が死んでいるからなのさ。今、すぐにわかる」

……午後六時半、歌志内へ車はすべりこむ。「ごらん両側の軒並みを、見たまえ」

「ああ、電灯が点いていませんねえ！」

「ボロボロなのだ。市というが、とっくに人口は万を割っているだろうな、五軒に一軒は無人なんだよ」

炭住である、全戸に灯の消えた棟もある。家にも生命はあって、人がそこにいなくなると、速やかに崩壊をしていく。十二年前におとずれたとき、ここは最早ゴースト・タウンだった。荒廃はさらにどん底まで落ちこんで……

「唐傘の骨はバァラバラ、とくらあ」

「何だか自棄みたいですね、だがそれにしてもすさまじいな」

廃線になった歌志内駅、なぜか売店は営業していて、『うたしない、かもい岳（神威岳）名産・きのこボリボリ』やら、あんまん肉まん・お年玉つき年賀ハガキ発売中。駅員はいない、時計の針だけが正確に動いている。鉄路雪に埋もれ、踏切りは上りっぱなし。

翌朝・美唄へ、大正年間、第一次大戦景気で飛躍的に伸長した美唄炭坑、生産量三十七万八千トン（T

7）、夕張に次いで道内第二位。ここも、廃・閉山あいついで、「雪が降ったら旧坑までは行けないんだわ」とタクシーの運転手君、我路《がろ》の辻まで車を走らせる。かつては特飲街、カフエの青い灯・赤い灯、白粉やけした女たちが客の袖をひいていたところ。

ぱらぱらと民宿の看板をかけ、やはり無人のまま朽ち果ていく家々。選炭場はがらん洞、廃墟となった小学校体育館は屋根が落ちて・立ち腐れてある。

「外山クンもうええわ、泣きたくなってきた」

「夕張が残っていますよ、インタビューがあるのです」

〔インタビュー〕　連名・年齢順

三戸部菊太郎（67歳）　夕張ライオンズクラブ会長

竹原　肇（67歳）　創価学会地区指導長

西島建郎（61歳）　市会議員

西島文子（61歳）　夫人

※オブザーバー　渋谷安男（43歳）　学会副支部長、岡部永人（42歳）　学会壮年本部長

――於、夕張市・真谷地《まやじ》文化会館

◆

竹中　こちらも、雪が深いですねえ。

西島　だいたい積算しまして、一冬に多い年で十三メートル、少ないときでも十メートル。これさえなければ、夕張はよいところなんですよ。

文子　そう言いながら、四十年も住みついております（笑）。

竹原　サラサラしとるからね、新潟や東北とちがって、雪害ということはまずないんです。

西島　石狩川の上流に、人口十二万の都市があるのは、夕張だけでした。今は四分の一、三万そこそこ。

竹中　しかし、街は変りませんね。

竹原　そのまんま、道の幅が少し広くなったのと、人がいなくなっただけ。

西島　昭和三十四年に、人口が十一万六千を算えました。そのときは、すぐに十五万になるだろうと。ところが、スクラップ・アンド・ビルドで、ようするに不良炭坑はつぶしてしまえという政策になる。夕張には、中小炭鉱が二十四、五ありましたけれども、みな潰《つぶ》されて、それが大手炭坑に及んでいく。

竹原　若菜からむこうだ、北のほうに炭鉱が一つもなくなってしまって、無人地帯になった。そのぶん人は減ったが、風物はなんも変っていない。外からきた人は懐かしいだろうが、儂《わし》らはたまらない気分ですよ。

……希望退職が昭和三十五年で、それからずっと減

って、減りっぱなし。

西島　よその方には、何というか気の荒い連中の街だと。

竹中　そうでもないですよ、終戦後にはじめて来たときには、もう火が消えたような感じで。

西島　戦後、何年ですか？

竹中　昭和二十一年です。北海道とはいろいろ縁が深くて。

竹原　ああ、そのころは静かだった。

三戸部　間もなくたって、街を歩いていると酔っぱらいが寝ておったり、朝から殴りあい。

　まあ、それだけ景気がよかった。今になって言うが、喧嘩のないような夕張は夕張じゃないんだ。敗戦の直後、しばらく操業が止められていたと、私は聞いております。

竹中　ああ、占領軍にですね。ボクがきたときも、GIがジープで走っていた。

竹原　戦時中は昼夜兼行で毎日残業だったが、敗けたとたんにパタッと火が消えた。

　当時は大きな声で言えなかったことなんだけれど、朝鮮やら中国の俘虜《ふりょ》使っておったでしょう。虐待したのは誰だと、〝戦犯〟狩りですわ。暴動のような騒ぎになって、進駐軍が乗りこんできた。つまり、それで操業停止。

西島　召集で男がいなくなった、そのかわりに徴用、ハッキリ言えば強制連行してきた朝鮮人や中国人を、労務者として使役したわけです。

　これがもう地獄部屋で、食事もろくに与えない。餓死する人間が出る、逃亡をはかって殺される、中国人だけでおよそ千三百人が死んでおるわけです。当然、日本が負けると、責任追及という騒ぎになる。会社のえらい人たちはみな逃げてしまった、操業どころではない。

竹原　旗を立ててね、押しかけてくるわけですよ。事務所とり囲んで、それはものすごい勢いだった……。

第三章
囚人《めしうど》のいぶきにまみれ

夕張・中国人暴動の真相

竹中　そうしますと、ここにお出でのみなさんは、戦前から夕張に？

渋谷　そうです。ボクも昭和十五年の夕張っ子で、終戦をおぼろげに記憶しています。

竹原　暑い夏だった。

竹中　ゆうべ、『夕張市史』にざっと眼を通してきました。敗戦直後九月、〝華鮮人労働者〟のいわゆる暴動がおきた、その口火をきったのは、中華民国籍の人々だったと。

竹原　まあ、いちばん最初はね。

西島　確かに、暴動はあった。しかし無理矢理に連行をしてきて、食事もろくにあたえずこき使った。前にも言ったように、千三百人が死んでいます。

竹中　ほとんど、餓死ですか？

西島　大半はね。まあ事故や、逃亡をはかって殺された者もいる。その怨みがつもりつもって、爆発したのですよ。

文子　でも・中国の人たちは、乱暴はしませんでしたね。

西島　〝市街戦〟をやった、住民には何もせんかったが、警官隊や在郷軍人と衝突して、大変な騒ぎでした。

竹原　青天白日旗を掲げて、美唄から押しかけてきたんだ。私に言わせれば、朝鮮の連中のほうがずっと烈しい・一般の日本人を眼の敵にした。これも恨みツラミ、まあ言葉は悪いけど馬糞の扱いで、ずっと踏みつけにされてきたんだからな……

西島　差別が、きつかったからねえ。

竹原　だいいち数が多い、夕張全体で万をこえていたろう。

西島　一万二千、中国人は千人余り。

竹原　そんなものかな。ヤタラといたような気がするけれど（笑）、おたくが言うのなら確かだ。

西島　いや、二千数百いたのが死んで減ってしまったのですよ。

竹原　非道い話だ、まったく。

戦時下の夕張炭鉱には、中国&朝鮮人坑内夫ざっと一万四千人が働いていた。中国人二千・朝鮮人一万二千と称するが、〔公簿関係資料は見当らない〕(『夕張市史』上巻、P293)。隠匿・もしくは焼却された、と考えて間ちがいない。そして、市史の記述にも作為がうかがわれる。

……二十年(一九四五)8・15、敗戦時点で中国人坑内夫は三菱大夕張四五〇・北炭真谷地《まやじ》四一七・角田《かくた》二九一、計一、一五八名。公称の二千を信用すると、死者はおよそ八四〇、千三百人という西島氏の記憶と大きく喰いちがう。

西島氏は当時、北炭営業所に勤務していた。証言の信憑性は、きわめて高い。とすればおそらく、中国人労務者実数は二千をこえて、しかも死亡率は五〇パーセントを上まわるのである。このように歴然たるむざんな数字を糊塗するために、証拠は(すなわち公簿は)、湮滅《いんめつ》されたのではないのか?

そのように疑う根拠が、ある。〝華鮮人労務者〟、なかでも中国人は俘虜だった。賃金はおろか・命すら保障されぬ地底に監禁され、虫ケラのように死んでいった。

かくて、騒擾はおこった。『夕張市史』下巻・P34のタイトルに従えば、**中国人労務者の暴状**――

以下、市史からの抄略・引用。〔昭和二十年九月二十三日正午に、三井美唄の中国人五四名が視察のためと称して、大夕張に入ろうとした。代表者だけなら認めるという警察の説得に納得して〕、いったん引揚げる。〔しかるに、翌日一四〇名が各自棍棒を持ち、気勢を挙げながら〕、乗りこんできた。

〔彼らは強引に汽車を動かし、大夕張に押しかけた。寮内を視察、とうきび粉の饅頭を支給していたのを見て、はなはだ不都合なりと憤激〕、中国人労務者隊長(会社労務への協力者)・蓋範伍をその場で僕殺し、「漢奸」ともくされた同国人数名に重傷を負わせる。〔(寮の)建物・器物等を破壊、乱暴の限りをつくして〕中国人全員をともない下山、三菱所有の協和会館を占拠。会社幹部は、ことごとく逃亡する。

六百人余にふくれ上った隊列、〔市街を徘徊して通行人に乱暴、所持品を強奪するなど被害額は三万五千円に達した。婦女子の暴行はなかったものの(傍点筆者)、一時は無警察状態であった。警察は極力説得したが、彼らは真谷地をも視察するとして譲らず〕

二十五日午後、〔真谷地の中国人労務者代表三名と会談した。そのさい、「不良日本人は遠慮なく殺害すべし」という項目もあったが、何事もなく美唄から来た労務者は帰っていった〕。
彼らは日本人ではなく、裏切りものを殺した。婦女子には暴行をせず、何事もなく帰っていった。通行人に対する乱暴強奪など、事実あったのか？「不良日本人を殺せ」、という言葉をいったい誰が立ち会って聞いたのか？
市史は、《余録》を載せている。いわく、〔支那人労務者が夕張を暴れ廻り、名士は戦々兢々として彼らの機嫌をとることに命がけだったが、料亭みどりやの姉さんは〕女の提供を拒み、〔脅迫に屈することなく〕抱えの娼婦たちを匿してしまった云々……
わざわざ枠で囲んで載せたのは、〝支那人〟に暴徒の印象を着せるためであろう。誤解のないように、事実の有無を言おうと私はしていない。このくだりが警察資料によって書かれ、夕張中国人暴動の真相を、歪曲しようとする作意を指摘しているのである。
三井美唄の中国人は帰り、夜半より翌る二十六日・乱闘は挑発される。〔彼らは棍棒を持ち歩き、列車の往来を妨害する等、暴行の限りをつくしたので、他の警察の応援を求め〕
続々と、ポリスが到着する。〔夜十時ごろ、警官隊が襲ってきたと誤解して〕（正解だったのではないか？）〔双方が入りみだれ、乱闘となり〕、地元の在郷・復員軍人、警防団員等が警察側に加勢する。〔その数三〇〇が強硬態度に出た〕このとき、帯広警察署勤務の巡査一名、〔暴徒の強打をうけて殉職する、即日巡査部長に特進その霊をなぐさめた〕
ここで、占領軍が介入する。夕張警察署長の要請にもとづいて〔北海道駐留米第八軍のハビルトン大佐は、同署長に左の了解を与えた。〕
(1) 警備の警察官を武装せよ（拳銃を供与）。
(2) 事態急を要して、自衛上必要あるときは**射殺も可**。
(3) 治安維持上の必要あれば、（犯罪事実の有無を問わず）中華民国労務者の身体的自由を拘束することを得。
……これが、「夕張・中国人暴動」の事実経過である。警察資料に即しても、問うにオチズ語るに落ちて、至るところ矛盾だらけ。

なによりも『夕張市史』は、中国人俘虜に加えられた虐待、半数以上を死亡させた事実を、まったく欠落している。国定教科書のみならず、戦中&戦後史の読みかえはあらゆる分野に及び、極悪を免罪するのだ。

日本の炭鉱資本は、言うならば人間の血を吸い、肉を喰らうことで成り立ってきた。それはタコ部屋、集治監の過去にさかのぼり、熄《や》むことのない現在の悲惨に連鎖する。

鳥よ　などてここに来しや
囚人《めしうど》のいぶきにまみれ
光なき葉萎《はな》えの樹々に……
（石川啄木のうたえる、M38）

タコ部屋・残酷ものがたり

西島　「北炭」という会社は、何しろ天皇家が大株主、並ぶもののない権力をふるっておりました。二万五千分の一の地図に赤エンピツで印をつけて、ここで石炭《すみ》掘るからこれだけくれやと、冗談ではなく事実です、測量など必要がなかった。

竹中　地割りですな、まさに。

西島　そう、これで基礎が固まった。言えば斬りとりごめん、たちまち巨万の財をなす。金があると言ったら、ケタがまるでちがいますからね、いまの人には想像もできない。

竹原　社長といえば、神様も同然だ。

西島　二年にいっぺんぐらい、自分の鉱山《やま》を見にくる。そのときはもう大変、町長が先頭に立ちまして、ずらりと紺の仕立ておろしのハッピを着た消防団員が並んで、というのは会社がご祝儀に新調するからなんですが、〝車駕〟と称するミコシに社長を乗せまして、私ら職員は制服でお出迎えです。

竹原　わしら坑員は関係ナイ、社長がこようが酒一合・餅一切もらった覚えがないもの。

西島　職員と坑員の差別、これは徹底していましたね。私らの経験で言うと、職員のボーナスは何百円、坑員は一率に酒肴料五円。

竹原　一升買って、オセチの折詰めでポッキリだ。ま、余分な金は持たせないように、それが会社の親心（爆笑）。

西島　何よりも住宅の差。当時は公共施設を建てるとなったら、帝室林野局がタダで木材を払下げてくれます。これに便乗して、幹部職員の住宅などまるで御殿のようだった。それにひきかえて、坑員長屋は棟割り二間っきり、親子はびょうぶで仕切って寝なきゃならんのです。

竹原　そう、その逆もあった。家族が多すぎるんで間仕切り取っ払っちまう、タタミはなくて薄べり、水道も便所も戸外にあるわけで、〝衛生伍長〟と称するクソさらいの当番きめて。まず、哀れな生活だったなあ。

西島　同じ人間に生まれて、同じ炭鉱で働いてどうしてこういう差別がと、若いころはしみじみと思いました。

竹中　入社は、昭和十年代ですね。

西島　十五年の暮に夕張に来て、正式入社は翌春ですね。苫小牧の工業学校を卒業して、まっすぐです。

竹中　失礼ですが、初任給は？

西島　四十五円、勤務手当が十五円で六十円でした。

竹中　ボーナスは？

西島　入社した年の暮に、六十割。

竹中　……六十割！

西島　出炭記録を出した年です。正直たまげましたね、五百円で家が買えた時代ですよ。

竹中　独身でしょう、もちろん。

西島　そう、若僧が二棟建ちの社宅にふんぞりかえって、月給が百円になると女中がつく。

竹中　ははあ、派出婦さんですか。

西島　オバサンですな、賄《まかな》いから掃除洗濯すべておまかせ。

竹原　天地の差だ。私は小学校了えてその年に入った。昭和七年です。四年に世界恐慌がありまして、オヤジがクビになった。勤続二十五年で退職金は六百円、採炭じゃなく工場です、旋盤工で収入はよかったんだが。

私があとを継いで、二十八歳でやっと職員になれた。月給九十九円也、ボーナスを三十割もらって、ああこれで一丁前と思った途端に、大東亜戦争負けちまった（笑）。

竹中　昭和七、八年というと、「タコ部屋」はありましたか？

竹原　それは、炭鉱につきものです。

文子　ずっと後まで、戦争中も請《う》けの仕事をしていたのはナントカ組、タコの親方なんですよ。

西島　私らタコを助けて、逃亡させた体験があるものだから。

文子　主に関西からですね。ポーッとした若い子を、自分の考えではもの事が判断できないような……

西島　つまり、頭が弱いのを（笑）。

文子　欺《だま》してつれてきて、タコ部屋に入れちゃうんですね。

竹原　でなければ、借金で縛って。

西島　部落の人も多かった、ともかく大阪周辺ですわねタコ釣りの本場は、つかまったらもう逃げられない。
きょうお出でになった途中に、農協がありましたでしょう？　当時、あの道しかなかった。山越えはまず不可能です、夕張岳は千七百メートル足らずだがごらんのように険《けわ》しい。このあたりの山は荒々しくて、秋から春先にかけて雪のある間はもちろん、道というものがないから。
竹原　熊《おやじ》に遭うか、餓えて死ぬか。
西島　私が逃がしたのは、裏をかいて会社のトラックに乗せて堂々と。そう、髪をきちんと刈ってやって、古い作業服着せて、普通の労働者のかっこうさせて送り出したんです。恵庭《えにわ》か札幌周辺で、農家にかくまってもらえ。働いて旅費こしらえて、大阪に帰るんだよと。
文子　そしたら、戻ってきちゃって。
西島　馬鹿なんだわ、炭坑病院の前を通りかかったら、包帯をぐるぐる巻きで眼だけ出したのがいる。そばに、タコの棒頭《ぼうがしら》がついてます。ピーンと来ました、半殺しにされたんでしょうなあ。悲しい何とも言えん眼をして、じいーっと私を見ておるんです。
……さすがに声は立てません、これ以上は私もかかわりあえん。それでオシマイ、あいつは死ぬのだなと思いました。忘れられません、今でも瞼に灼《や》きついております。
竹原　タコ部屋、ご存じですか？
竹中　いや、話だけです。
竹原　だだっぴろい板の間で、布団はありません。五寸角の柱を枕にして藁《わら》の上に寝ておるのです。午前三時、木槌《きづち》でこれをひっぱたいて起床、だから棒頭という。朝めしの前に一立方メートル石を切らんと、粥を喰わせない。
戦争中は、燕麦の粥ですから。ヒョロヒョロなんですわ、体力のない者は死ぬしかない。逃亡しようとしても、昔から「北炭私服警察」といって、イヌだらけなんだからね。だいたい実行の前にバレちまう、そしたら拷問だわ。コンクリの床に正座させて、スコップで叩く。一番ひどいのは冬場の水風呂、死んだら心臓マヒで片づけちまうんだから。
西島　本人、ポーッとしているし。
竹原　どうせなら山下清、あそこまでポーッとしてりゃ握りめしもらえるけど（笑）、馬鹿の寸前というのがいちばん困るんだよ。
竹中　それにしても、みなさんタコに同情的なんですね。

三戸部　それは、庶民の正義感ですね。タコを逃がしてやらんまでも、密告するものはいませんでした。小学校六年生のとき、ボクの家では山の中腹に野菜畑を作っておりまして……

母親と一緒に、大根をぬきに通ったりしておったのですが、ある土曜日のこと弁当を余分におふくろが拵《こしら》えまして、不思議に思ってついていくと、草がけの小屋の中にタコが二人おりました。いま言われた私服警察、これが棒頭と一緒に家に参りましてしつこく聞くのですが、「知りませんよ」とおふくろはとぼけておりました。

竹中　肝ッ玉母さんですね。

三戸部　それから一週間ほど、食糧はボクに運ばせて、ほとぼりがさめたころ母親が行って二人を逃がしました。夜中に峠をこえるのだよと、駅に見張りがいるだろう、最終列車にホームの反対側から飛び乗りなさい。

竹中　すごいな、まるでレジスタンスですね！

三戸部　やっぱり、ちょっとポーッとしている人たちでしたね（笑）。まあ、タコ部屋の親方は鬼だ、人間として許せないという怒り、これは夕張庶民一般の感情であったと思います。

※三戸部菜太郎さん、夕張で戦後最初のダンスホールを本町二丁目梅ヶ枝通りに操業（S24）、「モンテカルロ」の名を高からしめたが大火に遭い、同三丁目に「アマポーラ」を開く。さらに旧・登座（日活館、これも映画劇場の元祖）跡に移り、もつか盛業中。

新劇俳優の三戸部スエは実妹、戦時下ご当人も楽団を率いて、樺太を慰問行に巡回した、〝芸能人〟である。

竹中　もともと、お百姓ですか？

三戸部　屯田兵の出ですから。父は山持ちだったのですが、破産しまして夕張の親類を頼ったのです。ボクは高等小学校を出てすぐ、「北炭」の養成所に入りました。

最初の仕事が、社員の弁当しょって坑内に入ることなんですねえ。生意気ざかりですから、男子一生の業にあらずと、四月の雪どけに無断で函館の叔父のところに出奔しました、そこから上京して、音楽・舞踏の道に進んだ。

まだまだ自由な、『笑いの王国』など全盛の時代。エノケン・ロッパ、浅草が芸人のメッカと謳《うた》われていたころです。兵隊検査は甲種合格でしたが、たちまち名誉の負傷、函館の重砲隊で分解作業の爆発事故、入院・退役。

竹中　そこで、また芸能界へ？

三戸部　軍の慰問ですね、ずっと。

〝魔の山〟の宿命を負って

竹中　人間・万事塞翁《さいおう》が馬。

三戸部　まったく、二十六歳で自分の楽団を持って、召集をずっとまぬがれてきました。

竹中　もう、ここから離れる気持ちはございませんか？

三戸部　ありません、ちょっと適当な言葉が見つからないのですけれど、敗戦と同じように底をついて、夕張はたとえば小さな村になってしまったほうが、幸福じゃないのか、と。

岡部　それは、同感ですねえ。ボクも夕張はどうしようもない、札幌に出ようかなと思ったことがありました。うちの父は畳職人で、江別の王子製紙の営繕をやっていたのですけれど、うだつが上らなくて、満州で一旗挙げようと決心してここの親戚に寄って、気がかわってそのまんま居ついちゃった（笑）。その年に、ボクが生まれた。夕張が一番景気がよかった時代、もの心ついてから間もなく斜陽で、ずーっと廃《すた》れていく。メッキがはがれていくような、そういう夕張が逆にだんだん好きになっていく。こういうことを言っちゃ何だけど、炭鉱なくたっていいいじゃないか、みんなが生きてゆく手だてを、一所懸命に探せばよいと。先輩のお話をうかがっていて、そう思うんです。すくなくとも、中国人虐待とか・タコ部屋なんぞを二度とくりかえしちゃいけないって……

しんしんと雪は降り積み、朽ち果てた炭住はその重みに軋《きし》る。ここは真谷地、戸田城聖・創価学会二代会長のいわゆる「臥竜《がりょう》の地」。

真谷地小学校の教員だったとき、彼は二十歳前であった。そして敗戦後十年、夕張は折伏の血戦場となる。小休止符を置こう、いささか私事にわたって・牧口常三郎とその時代、〝栄光〟の明治へとさかのぼる。

……昭和二十一年五月、東京外事専門学校（現・外大）の露語科に入学した私は、校舎焼失のため一年間強制休学の奇妙な身の上となり、北海道の大伯父をたずねて流浪の旅に出た。

夕張にふらりと足を止めたのは、九月半ばをすぎた、帯広からの帰途である。このころいわゆる「炭管」、石炭産業の国家管理をめぐって論議かまびすしく、『炭坑の夕べ』という番組を、ラジオはしきりに流していた。ヴァガボンドには関心これなく、〝炭都〟夕張に滅びゆく廃市の運命を見た。それは錯覚で、街は戦後再び束の間の繁栄をとり戻すのだが。

　敗戦の翌年・実稼働平均四時間。出炭盛時の三分の一に降落（三菱大夕張）、戦時下狂気の増産、そして非熟練坑夫・華鮮人徴用工の投入による荒廃はすさまじく、たとえば美唄の場合、〔大正三年のころの状態に逆戻りした〕（『美唄市史』）。しかも頻発する事故、十六年・三菱美唄ガス爆発（死傷者２０６）、以降毎年くりかえした事故は、〔戦時中のために、世間一般に報道されないままうずもれている〕（同）

　美唄の中国人たちが、北海道全炭坑にさきがけて決起した理由、その最劣悪の労働環境にあった。夕張の場合、戦時下百名もの死傷者を出す大事故はなかった。が、〔呪ワレシ炭坑〕（M45・北海タイムス）、と新聞記事にあるように夕張は、〝魔の山〟の宿命を負っている。

【夕張・事故抄史】

M・25・8・20　採炭開始半年後にガス爆発、死亡一八（負傷記録ナシ）。

　※この間九件、死亡六六。

M・38・1・16　夕張第二斜坑で安全灯引火、死亡三六・負傷一〇。

　※この間三件、死亡七。

M・41・1・17　新夕張五番坑原因不明（ガス爆発と推定されている）、死亡九一・負傷二一。

　※この間六件、死亡三九。

M45・4・29　夕張第二斜坑北一番で原因不明（発破《はっぱ》か?）、死亡二六九・負傷四、年明けの大正二年まで大事故三度くりかえす。

M45・12・23　同坑北三番で原因不明（炭じん爆発?）、死亡二一六・負傷一三。

T2・1・13　本坑第一ポンプ事故発火、死亡五三・負傷ゼロ。

〔註〕坑口から轟炎《ごうえん》を噴出し、運搬夫《ピンキリ》六名が即死する（4・29）、というすさまじい事故だった。会社としては切羽《きりは》・採炭の損失を防ぐことが第一、作業員の救出はさておいて、坑道を完全密閉するのが、当時の常識であった。

　負傷者・すなわち救出者が極端に少なく、さらにはゼロであるのはそのため。1・13、騒擾寸前の状況となる。『北海タイムス』によれば〔生死不明ノ五三名アルニ密閉、坑夫ハ喧《ヤカマ》シクナリタルアリ、警察ニ消防夫マデ繰リ出シ厳重ニ警戒シ居レリ〕

※この年四件、死亡四四。

T3・11・28　若鍋坑西一番・西斜坑全域で炭じん爆発、死亡四二三・負傷二五、遺体三分の二の収容を残し密閉水没させる。

※この間八件、死亡七五。

T9・6・14　夕張北上坑で局部的なガス流出から大爆発を誘発、全坑内に波及、死亡二〇九。一名の救出もなく坑道密閉、「北炭」は事故に藉口《しゃこう》して真谷地炭坑人員整理三〇〇、賃金二割カット。

※この間一四件、死亡六五。

S13・10・6　夕張第二坑天竜坑の第二ロング〔長壁採炭法＝未熟練の坑夫に適す〕、発破によるガス&炭じん爆発、死亡一六一・負傷二一。

地底に累々たる、屍……。 私の父は・大正の末年、北九州労働者同盟のオルグとして坑夫の生活を体験している。ヴ・ナロード（人民の中へ）、それは若き無政府主義者の感傷であったのかも知れない。が・ともあれ、採炭の現場で切羽で父は働いた。少年の日、思い出に聞いた地の底の修羅を、『逆桃源行』という小著の中で、夢にうなされるように私は誌《しる》している。

……実際・私にとって、炭坑とはこの世の地獄に異ならず、戦争よりも残酷な人間粉砕器であると想えた。「保安」という言葉の空々しさを、改善の余地なき労働現場であるという偏見を、戦後もくりかえす事故災害は実証していないか？

賃金と人間の生命を、ひきかえにする資本の残酷、そしてその頸木《くびき》にみずから繋がれる窮民の宿命。〝文明開化〟とは何であったのか？　牧口常三郎の青春・明治二十年代の北海道、日本資本主義の発達を見よう。

▽明治二十三年（一八九〇）　＊牧口常三郎・19歳

1・8　富山で米騒動、株価大暴落。

1　足尾銅山鉱害顕在化、渡良瀬《わたらせ》川流域に死魚氾らん。

4・7　「北炭」、札幌に出張所を開く。

4・11　空知《そらち》鉱、開坑に着手。

4・16　**夕張鉱**、開坑に着手。

ラフカディオ・ハーン（小泉八雲）、来日。第三回内国勧業博覧会。

5・1　世界最初のメーデー。
5　米価さらに高騰、前年の二倍となり、東京では餓死者発生。
6・20　教育勅語案、起草。
7・1　第一回総選挙。
7・22　北海道官制を改正、道庁長官の総理大臣直属を廃止して内務大臣管下とする。監獄を、再び「集治監」と改称。
8・20　岩見沢～夕張間、電話架設認可。
8・30　屯田兵制度を改革、志願者には土地一万五千坪を無償給与。
9・12　北海道の官有林・二百万町歩を皇室財産とする。津軽海峡。電信ケーブル設置。
11・6　「北炭」、本社を手宮より札幌に移す。
11　浅草十二階（凌雲閣）、完成。帝国ホテル、開業。

〈東京は花の都〉　当時・日本全国に、三階以上の建物はまだなかった。そこへ煉瓦建て八角形・高さ五十三メートル十二階、エレベートル仕掛けの凌雲閣が出現する（11・10）。追いかけて帝国ホテル、千三百坪・室数六十の本格的洋風とあって（11・20）、「鹿鳴館」を圧する威容、花の都は甚だすこぶる栄華を誇る。そして、冬を迎える北海道では……

囚徒拝借増加ノ義・請願

……『北炭七十年史』は粉飾されず率直であり、〝資料的価値〟がきわめて高い。創業の当初、〔山間僻地に多数の坑夫を集めることは、極めて困難であった。便宜上、親分肌の人物を求めて〕〔住居（飯場）、稼働、賃金等一切の責任を親分に負わせた〕（日本炭鉱労働組合編、S39）。

すなわち、「タコ部屋」制度を採ったのである。だが彼らは無頼の徒で、法外な賃金を要求するので、まことに困惑している。就《つ》いては、集治監の囚人貸下げを倍増していただきたい。

そもそも・集治監は、開拓の労働力を確保することが目的であった。いわく、〔其《そ》の設立当時方針とする処《ところ》、主として農業を本位とした在監者を悉《ことごと》く当らしむる計画なりしも、後《のち》農事の外《ほか》土木及《および》雑役に使役す〕（『月形村史』、S17）

月形＝樺戸《かばと》集治監の財産目録によれば田・十五万七百五十五坪、畑・六十七万三百八十七坪を、大正八年の廃監までに切りひらいている。プロロオグ「北越殖民社」、新潟からの移民も樺戸集治監地内に置かれ、囚人と共に開墾の鍬をふるった。

明治十四年九月、無人の荒野に忽然と二千人の囚人大集落が出現する。石狩郡の総人口は二千八百余人、北海道開拓はまさに囚人の奴隷労働を礎《いしずえ》とした。典獄／月形潔。

十五年七月、空知集治監（市来知《いちきしり》、現三笠市）、典獄／渡辺維精《これあき》。十八年十一月、釧路集治監（熊牛、現標茶町《しべちゃ》）、典獄／大井上輝前《てるさき》。さらに二十四年八月・網走、二十八年四月・十勝（帯広）、と分監を設ける。網走分監長は、空知第二課長から転じた有馬四郎助であった。

囚人の炭坑労働従事は、空知集治監にはじまる。いや、そのために設けられたと言ったほうが正確である。二十三年・空知の在監者数は三千四十八名、これは収容記録の第一位をしめる。

集治監は重罪人、及び自由民権運動の国事犯を懲罰の対象とした。稲葉小僧、熊坂長庵、五寸釘寅吉といった、世間をさわがせた怪盗・ニセ金づくりの他に、宮部襄（群馬事件）、堀口栄次郎（秩父事件）、河野広躰（加波山事件）、宮本鏡太郎（静岡事件）、奥宮健之（名古屋事件）等々。

空知集治監・国事犯二十九名、〝囚徒拝借〟の対象となり、採炭労役を強制される。青山伝次郎（名古屋事件／M20・12・16死す、在監五カ月）、佐藤金次郎（同じく／21・3・15死す、同八カ月）、原利八（加波山事件／23・3・24死す。辞世吟、国を懐《オモ》ふ心のたけにくらぶればあさしと想へ石狩の雪）、そして湊《みなと》省太郎（静岡事件29・1・9死す、釧路病監）。

鬼哭《きこく》愁々と野づらを渡る、彼ら有為の青春を、白くれないの北の奥墳《おくつき》に埋めた明治政府の残暴……

伊藤博文のいわゆる〝三羽烏〟、俊秀第一と称された太政官大書記官（のちに司法大臣）・金子堅太郎は明治十八年、北海道を巡視する。「復命書」を奉じて言う、〔（囚人は）固《モト》ヨリ暴戻《ボウレイ》ノ悪徒、苦役ニ湛エズ斃死《へいし》スルモ〕〔人員ヲ減少スルハ、監獄費支出ノ困難ヲ告グル今日ニ於《オイ》テ、万止《バン》ムヲ得ザル政策ナリ〕

いやむしろ、〔囚徒ヲ駆リ尋常坑夫ノ湛ユル能ワザル困難ノ衝《ショウ》ニ〕当らせよ。なぜなら賃金を比較してみろ、〔坑夫ハ概シテ一日四十銭、囚徒ハ十八銭〕ではないか！　死んでもともと、〔実ニ一挙両得ノ策トス〕。「人権か国益か？」などという・やわな問題ではない。実をもって、悪魔外道の言葉である。

かくして明治二十三年、囚人労働のべ六十八万人に達し、坑内夫の八割を下罪人が占める。高瀬善夫著

『一路白頭ニ至ル』（岩波新書、S57）は、二十四年四月末、空知集治監に教誨師として赴いた留岡《とめおか》幸助の見聞を通して、監獄労働の実相を綴っている。着任早々五月・脱獄事件、九月・連続して落盤&ガス爆発。翌《あく》る二十五年同月までに事故者千八百二十六人、うち二十六人が死亡した。

留岡は全道集治監一周、踏査の長旅に出発する。先立って新渡戸稲造に会い、〝監獄の現状を改めるために〟何を勉強するべきか、教えを乞うている。新渡戸大声をあげていわく、「これはだいじな仕事です！私も、フィラデルフィアとベルリンの監獄をみてきましたよ」。何よりも、自分の眼で見ること。君はそれをやろうとしているのではないかと言外に答えた。

こんにち残された数々の記録、そして聞書《もんじょ》はもの語る。たとえば・ガス探知のモルモットがわりに、腰縄をつけて坑内深く吊り下げたと言う。〔囚徒死亡スルトキハ、自今届出ニ及バズ〕（北海道庁長官通達、M19）

〔戒具等〕

搾衣《さくい》　皮と麻でつくる、裸にして着せ皮ひもで締め上げ水をかける。乾けば、胸・胴を狭窄《きょうさく》し呼吸困難となる。顔面は暗紫色となり、ついには失神する。

皮手錠（テッポー）　両腕を上下から背中にまわして組み細引きで縛る。搾衣同様、水をかけて用いる。銃をかついだ形になるので、鉄砲と称する。

足枷《あしかせ》　逃亡のみせしめである。両脚に一貫目＝4キロの鉄丸を鎖でつなぎ、坑内に追いこむ。事故のさい、かならず逃げ遅れて死ぬのである。

暗箱《あんばこ》（ハコ）　三尺四方＝1メートル平方弱、高さ六尺の密閉された独房。光はなく空気は濁り、寝具を与えぬので冬場は睡ることもできない。窒息または発狂の惧《おそ》れあり、三日限度とする。

〔統計〕　幌内炭鉱

年度	産炭量（トン）	囚人数	死亡
M15	三六七七	二九一	四
17	三一六八四	一〇二四	六九
19	五一五〇八	二〇〇三	八四
21	八九五九四	二一六三	七六
23	一二一三三二	三〇四八	一〇六
25	一四七二四〇	二五四九	六三

——明治二十三年、逃亡者史上最高の九十人を算え、罹病者はのべ十二万人に及んだ。かぎりない犠牲の上に、資本の原始的蓄積は達成される。

明治とは、そのような時代であった。〝栄光〟とは何か、窮民の血債であがなわれた、支配者の満足である。当然、「国家」の発展を第一義として体制の側に立つ人々には、異議があるだろう。論争しようとは想わない・ただ、〝開拓功労者〟という言葉を聞くとき（道庁は顕彰を制度化している）、複雑な感情に私は捉えられる。

真の功労者は（逆説をこめて言うのである）、荒野を耕し・険路を開き・地底を穿《うが》ち、うらみを呑んで死んでいった彼ら囚人ではなかったのか？

さて牧口常三郎は、二十歳の成人を迎えようとする。二十四年二月二十六日、本籍を小樽郡勝納町に移す。これは徴兵検査のがれ、当時・北海道は戸主兵役免除、二十五年四月五日には、夏目漱石が岩内町吹上《ふきあげ》に分家転籍している。

〔東京の場末に生れたが、妙な関係（と韜晦《とうかい》）から、余は籍を北海道に移しきたり、今に至って後志国《しりべし》の平民である。原籍のある所を知らぬのも変だと思うので、機会があれば一度海を越えて北へ渡ってみたい〕（T5・10『極東日本』、岩波版漱石全集）

山崎長吉氏の談話にある・牧口常三郎の軍人嫌い、この事実が証明している。師範学校寮生活の影響か、新渡戸稲造の新知識に触れて、〔狭隘なる国家主義に偏する〕（『人生地理学』）ことを、拒んだのであろうか？ ともあれ・彼の青春は、「国家」と体制に背をむけよう、という意志の裡にあった。

明治二十四年九月、新渡戸稲造は道庁技師を兼任・僻地を視察して、開拓実地指導にあたった。出張のさいには官から二等切符を支給されたが、三等車に乗りこんで、〔百姓・土方・民衆と語りあう事をよろこばれ〕〔茶褐色の厚司《あつし》、アイヌの衣料を洋服の上に着用し、わらじ穿きで山野を跋渉《ばっしょう》、最も貧弱な旅宿を選ばれた〕（小谷武治『新渡戸先生の札幌時代』）

……と当時を教え子は偲ぶ。牧口常三郎その青春に、決定的影響を与えた人物、新渡戸稲造をはじめ、内村鑑三も志賀重昂も、机上の学究ではなかった。彼らは実践躬行《きゅうこう》を旨とし、民衆の間に思想の拠って立つ場を求めたのである。内村鑑三・この年一月九日、いわゆる「不敬事件」をおこす。教育勅語への最敬礼を拒み、第一高等学校講師を免職となった。内村にとってそれは、クリスチャンとしての「思想と信仰の自由」、非妥協・不退転の抵抗であった。

日蓮正宗の本義をつらぬき、伊勢神宮神札に対する拝跪《はいき》をあくまで承服せず、「不敬罪」に問われ、獄死を遂げた牧口常三郎の殉教と、軌を一にしていないか？

軍隊教育、臍茶の次第サ

日清戦争はまだ、三年後。〃非戦〃の論潮は、遥かな海鳴りでしかなかった・とはいえ「臍茶《へそちゃ》の次第サ」。当世流行の軍隊教育に、半公然と叛旗をひるがえす横紙破りが師範学校生徒の中にいても、当然。

〔何様《なにさま》・森有礼文部大臣が、盛んに軍隊式を唱導されたご時勢。一から十迄《まで》ナンデモ彼《か》んでも、順良・信愛おまけに威重と来る。（拳骨で）下級生に威重を示す、途方もない奴もいた〕

〔夕闇迫る校庭で軍歌の稽古、運動場をグルグル廻りながら。三十分も怒鳴る。兵式体操の銃は屯田司令部払下げ、西南戦争の田原坂でぶっ放したエンピール、元込めの博物館モノ。今じゃ満州の馬賊だって、ソンナ物を持ってはいまい。是《これ》を要するに臍茶の次第サ〕

（『北海道札幌師範学校五十年史』より、S11）

これは、片岡隆起（大日本ビール会社専務・刊行時）のメモワール、『茫洋たる思い出』の一節である。片岡は牧口常三郎の二年先輩で、最も親しかった人物、「藻岩会」と名づけた在京同窓会の席上で、いつでも隣に座る間柄だった。学園に自由存す、そして市井にも……

ここで昔日の札幌、北方の首都として面目を整えつつあった当時を、再現してみよう。明治二十三年末・人口二万四千三百二十七とあるが、これは〃戸籍上の統計〃。寄留・無籍を併せて、その倍近い人々が生活していた。

札幌のにぎわいは、そもそも色街からはじまる。昭和三十年出版の『狸小路発展史』という奇書（内容は至極まじめで北海道郷土史中の白眉）があって、第三章〃商店街のはじまり〃にしたがえば、明治二年早くも旅人宿兼女郎屋が出現し、次いで銭湯とトーフ屋が開業する。

明治四年には「薄野遊廓」、すすきと竹藪の野原に、首の白い狸が出没する。「狸小路」とは何ぞや？　いわく、〔綽名なり。創成川西岸、南二条と三条の間の小路を云う〕

〔両側に軒を並べ、四十余の角あんどん（行灯）、灯《ほ》影《かげ》暗きあたりに一種異体の怪物、無尻《むしり》を着る下婢態のもの、唐桟《とうざん》にやっした下町娘風、黒チリ（ちりめん）一ツ紋の御令嬢的なる百三、四十匹が、夜なよな白き頸《うなじ》を伸し〕〔北海道に金庫《かなぐら》を建てようと、思い込みかつ呑み込み、故郷を威張ってはるばる出稼ぎに来た男どもをば巧みに生捕り、財布の底を叩《はた》かせる。ハテ・その化かしよう、狸小路と人の云うらん」（木村昇太郎『札幌繁昌記』、M24）

二十一年「赤煉瓦」、道庁の新庁舎が完工する。二十二年・札幌電燈株式会社設立、営業開始は翌々二十四年十一月。道庁は言わずもがな、屯田司令部・北海銀行・郵便局、(井)今井呉服店・越前屋・山形屋・小口肉店（牛鍋）、官庁&公共施設と競って、大商店や旅館料亭に灯が入る。〝不夜城〟の景観とあって、街はさんざめく。

……**そのような光景に、**牧口常三郎を置いてみよう。たとえば、官給の十銭の小遣いを彼は何処で、どんな風に使ったのか？　芝居小屋の看板を見呆けたり、なまめく夜をフトさまようことはなかったか？　石部金吉の青春と、この人を考えてはむしろなるまい。

百十戸・五百四十灯、〝文明の光〟を点した店の中には、多くの書店がある。歓楽の巷は新知識を蔵して、彼をそこにいざなったであろう。貧しい学生には購うことのかなわぬ書物を、ただ眺めて戻る宵闇に、頽《くず》れゆく女たちのせつない営みを、二十《はたち》の若者は見る。

その胸によぎる感情、「女人成仏《にょにんじょうぶつ》」の想いと、私は勝手に信じよう。残された断影（アルバム）、鞏固《きょうこ》な鋭利な意志をもの語る双眸の奥底に、無限の慈悲の光あるを見よ。甘いものに夢中になる年頃では、最早ない。おのれが何者に属し・属さぬかを弁別する一個の人格、おとなの眼で彼は地と人との関りを凝視する。虐げられた庶民、「衆生」に病み・共苦することを生涯のテーマとするのである。

▽明治二十四年（一八九一）　＊牧口常三郎・20歳

1　岩手、「小岩井農場」設立。

4　西郷隆盛生存、ロシアにいると風説しきり。民心動揺、「国家に大乱あり」と巷の声。

5・6　第一次松方内閣、成立。

5・11　**大津事件**。

〔註〕巡査津田三蔵・滋賀県大津において、来遊中の露国皇太子（ニコライ二世）に斬りつけ、無期徒刑判決・北海道送りとなる（同年7・2）。釧路集治監入獄、舌を噛み切り自殺（9・27）、世間には肺炎と発表された。

5　夕張川上流で、砂金採取《ゴールドラッシュ》。

7・11　北海汽船所有のタコ船（出稼ぎ人夫の運搬

船）、松前・白神沖で沈没、死者261。

7・15　幌内炭、上海・香港に輸出。

8　シャボン&ラムネ、大流行。

9・1　日本鉄道、盛岡〜青森間を開通して上野より全通（のちの国鉄東北線）。片道二十六時間三十分、料金下等四円五十四銭なり。

10・28　**濃尾《のうび》大地震**、全壊・焼失家屋は十四万戸に及び、死者7200。

11・17　文部省、各学校に下付した《御真影》並びに教育勅語謄本につき訓令、「校内ノ一定ノ場所ニ最モ尊重ニ奉置スベシ」。

11・23　濃尾の人民数百、救済の請願に岐阜県庁に押しかけ騒擾、警官隊抜剣して鎮圧。

〈不景気風〉　東京では下町ばかりでなく、山手にも牛めし屋が激増。「一椀一銭」の行灯を店先にかかげて客を呼ぶ、すなわち吉野家の牛丼元祖。

〝富国強兵〟さっぱり庶民社会に恩恵はなく、〽デカンショデカンショで寝て暮らす太平の逸民、つまりルンペン・ブーラブラ。「公園に徳利を立てて一杯やりたい（宏遠ニ徳ヲ樹ツルコト）」と教育勅語をもじった冗談がはやり、内村鑑三事件以後、「不敬罪」（不経済）が巷の流行語となる。

12・18　田中正造、「足尾銅山ニ関スル質問状」を衆議院に提出。

十二月九日・午後十時三十分、（師範学校玄関より出火して、本校・寄宿舎・付属小学校悉く烏有《うゆう》に帰せり）（吃驚《びっくり》しましてな、急いでみなを起こしにゆきました。何しろ寝入り端《ばな》です。殴りつけても起きない者が居る、一人も死ぬ者がいなかったのは仕合せでした）（前出『五十年史』、卒業生・工藤金彦談＝牧口常三郎の同級生）

「外山クン、狸小路でもぶらつくか？」

「面影、ないでしょう」

「当りまえ、八十余年も星移り時は流れ、売春防止法下の大ニッポン低国でありますゾ」

「情緒ないみたいですね、やめます」

「ウン、やめておこう」

この年四月二十日、『北門新報』が小樽に創刊された。主筆にむかえられた中江兆民、「帝国憲法審議」を衆議院に提出して黙殺され、（アルコホル中毒の為め、評決の数に加わり兼候に付辞職つかまつりそろ）幻滅、浪々の身であった。蓬髪《ほうはつ》ゆかたがけに大徳利を提げふらりやってきた七月二十七日。論説の第一稿「北海道へ来る者は必ず夏でも袷《あわせ》を用意すべし」、鼻カゼをひいちまったというお話。気がむけばやおら筆をとり、冬は北海道の敵なり！

おのれアル中を自認しながら、人々に節酒をすすめる。翌年、『北門新報』は札幌に本社を移す。小樽・函館の栄華、〃中央集権〃に吸収されていくのであります。

兆民先生は新聞をやめ、南一条で山林業を開業する。木材とパルプを商うと称し「土佐屋」の看板をかけ、郷里から仕入れた雁皮紙《がんぴし》とカツオブシを卸す。全然もうからない、調べてみたら原価で売っていた。〃黒字倒産〃、夜逃げの巻。

「他人事では、ありませんねえ……」

「何を言いたいのかね、君は」

「しかし、牧口先生も奇妙な時代に青春を送ったものですね、新渡戸稲造もいれば」

「そうさ、中江兆民もいたのダ」

戦後・ヤマは静かだった

囚人は地底に骸《むくろ》となり、窮女は街頭に春を売る。そして、汚吏《おり》・政商の〃繁栄〃。明治二十三年までに官営事業場は、わずかに札幌育種場・真駒内種畜場だけを残して民間の所有に帰した。道庁制とは、すなわち札幌中央集権。

岩村初代長官は訓示して言う、「須《スベカラ》ク官員ハ一家ヲ携《タズサ》エ、新《アラタ》ニ吏トナル者ハ本道ニ籍ヲ置ク者ヲ登用スベシ、東京転任ヲ事由ナク認メズ」

……かくて、「官吏ノ一妻君モナキ」サッチョンの悪風（？）、地を払うのである。そして、建築ブーム。

民間企業の進出にくわえて、三県制の廃止は、地方から中央に役人を集める。その家族たち、幹部の大邸宅から下僚の借家ずまいに至るまで、札幌はたちまち官舎・寄宿舎・寮・社宅だらけとなる。「北炭」は他社に先駆けて札幌桑園敷地の一部払下げをうけ、〃社宅団地〃を造成している。

〔しかも、同会社社長の堀基が建築した私宅は頗《すこぶ》る宏壮を極め（後に帝室林野局支庁）、札幌第一とうたわれた〕（『狸小路発展史』より）。

命・十八銭也の人柱の上に、「北炭」財閥は礎定される。囚人・タコ・俘虜、坑夫窮民の生血を吸い肉を喰《く》らい、肥えふとる食人鬼……

それは戦前の話、我々の国はもう資本主義でも、帝国主義でもなくなったと、軽々に言ってもらうまい。なぜならば・なぜ「北炭」夕張新鉱（S56）、そして三井有明鉱（S59）。とりわけて下請労働者たちの屍は、いまも積み重ねられるのか？

　牧口常三郎の青春時代と、本質的には何の変りもない、差別と搾取の仕組み。ただ・そのからくりは巧妙になり、見え難くなっているだけだ。「炭労」という労働者の組織がげんにあり、仲間の利益と人権を護っている・だって？　ウソをつけ、嘘をつけ！

　私も、労働組合運動をやっていた。そしてとっくに、一九五〇年代に幻滅しちまった。〝六三日スト〟、『女ひとり大地を行く』なんて映画もつくられたっけ、夕張でロケをやったのだ。そんなことはどうでもよい、ストライキの戦術批判をしようとも思わない。憶えているか、田中章という委員長がいたことを。

　彼は朝鮮人だった・国籍を偽っているとあばかれて、委員長を辞任した。一九五七年（S27）、〝血のメーデー〟の年である。「炭労」は何をしたか、**何もしなかった！**

〔このすぐれた指導者をついに守りきれなかったわたしたちの力の弱さも、反省せざるを得ない〕（労働旬報社刊『炭労十年史』、S39）。朝鮮人であるということのほかに、理由はなかったのである。仲間を国籍によって差別し、見殺しにしたのだ。「炭労」はこのとき、労働運動の精神を失ったのダ。

　とうぜん、〝労働組合運動〟の悪しき二重構造はまねき寄せられ、同じ職場の下請け労働者は切り棄てられる。

　タコ・朝鮮人・いま下請け、プロレタリアートの下にプロレタリアートを置く伝統的な資本のやり口を、「炭労」は代行する。しかも、最劣悪の条件で働く者との間に連帯はない。その意味で、労働者自身の（しかも組織的な）、差別を固定化した組合運動は、戦前よりも後退している。つまるところ、反階級的なのである。

　夕張における、「炭労」VS創価学会の対決は、〝信仰の自由〟をめぐる争いであったことは言わずもがな、同時に戦後階級闘争の矛盾を露呈したエポック・メイキングだった。私はそう思う、ではインタビューに返そう。この章で夕張を括《くく》り、厚田村へむかう予定であったが、「狸小路」飛び入りもあって、了《おわ》りそうにない。

竹原　緊張した感覚がないまんま、終戦になっちゃったということだな。なんせ、敵の編隊が空飛んだの、一度ッきりだもんな。

西島　爆弾落さんからね、のんびり回って帰っていっただけ。

竹原　八月十五日は寝ていた、女房がぼやけた顔で戻

ってきて、「お父さん、戦争負けたさ」「バカを言うな、頭でも打ったのとちがうか?」(笑)

……神国日本・負けっこない、そう信じていました。しかし、人間頼りないもんだ、中国人や朝鮮人の暴動が終って占領軍やってきたら、ギブミーだからな途端に。ほれ、赤丸のついたやつ美味い煙草があったねえ。

竹中 ラッキー・ストライク。

西島 そうそう。らくだの絵がついたキャメルも、放出物資の特配が夕張ではふんだんにありました。すぐ石炭を掘りなさいと、二十一年の暮ごろからずっと増産、増産で……

竹原 なーんも考えなかった、食糧が充分あれば、満足していた。

西島 我田に水をひくようだが、この国が復興したのは、エネルギーの石炭を第一に確保したからですよ。

竹中 石炭最重点政策ですね、「経済危機突破」のかけ声で。

西島 三千万トン出せ、と。

竹原 事故も、不思議となかった。

西島 二十六年だったかな。大夕張で小さなのがあった。

竹原 一人も死んでおらん。

西島 平和坑の陥没事故で、五人か。

竹原 それは、ずっと後だ。

西島 戸田先生がお出になった、その前の年だから二十九年。

竹中 無事故の原因は、何でしょう?

西島 簡単に言ってしまえば、無茶な採り方をしなかった。これが第一です。戦時中の乱掘でボロボロ、炭坑《やま》は荒廃をしきっていましたが、大惨事になるような事故はなかった。第二に、戦争から熟練した坑夫たちが帰ってきた。

竹原 ベテランが判断して、掘ってるぶんにはね、事故などそうしょっちゅう起きるものじゃありませんよ。

西島 会社は、口を出せなかった。

竹原 民主主義のおかげだ(笑)。

竹中 いや冗談ではなく、ほんとにそうだと思いますよ。

三戸部 喧嘩口論はあっても、ヤマは静かでしたね。まあ、妙な言い方だが、石炭にも命があるわけで、やさしくしてやったら怒らない。

竹中 ああ、いい言葉ですねえ!

竹原　「ケガとベントは自分持ち」とよく言ったものだが、戦後は忘れとったからな。

西島　逆戻りをしてしまった、そんな気がするわけですよ。私ら、どうなっているのかと思う。設備もよくなったと、保安体制も万全だと、コンピューターで監視《ウオッチ》していると、それなのに事故が続発する、それも大事故が。

浮《い》きと言います、天井や壁が崩壊する寸前の状態になっている。人間のカンで昔はね、パッとわかっていた。

竹原　機械に頼りすぎる、それもあるだろうな。だが、俺はねハッキリ言って会社がケツ叩くからだと、無理な採炭をやっておるんだよ。

竹中　組合は、何をしているのか。

竹原　交渉してるんだわ（笑）、交渉ばっかりで、他はなんもナシ。組合がどまぐれたのは、やっぱり昭和三十年だろう、創価学会とケンカはじめてからだ。

※ドマグレ＝炭層が錯綜していること

西島　……いや、どまぐれていたから喧嘩になったんだよ。

竹中　では、〝折伏戦争〟のてん末をうかがいましょうか。

竹原　これはねえ、最初から話さんと判りにくい。荒関政雄というのがいて、これが夕張の一粒種、東京で入信をして帰京してきた。昭和二十七年九月です。義理の兄弟なんですよ。で、十月には私が折伏された。そのころ、「炭労」は総評の御三家と呼ばれておりましてね、それは威張ったものだった。

竹中　二十八万人でしたね、「炭労」三十万と称して。

竹原　「炭労」にあらざれば、という勢いだったが、こっちもどまぐれでね。それが気に入らない、とくに選挙のシメつけがきつい。社会党以外は一票も出さないと言うんですな。これは、民主主義じゃない（笑）。肚の中で面白くない連中が、実さいはよけいおるんです。ま、信心の根っこのところに、動機の一つとしてそれがあるわけなんですね。

竹中　折伏に熱が入りますな。

竹原　そういうこと、組合のやりかたじゃなく、労働者が、庶民が幸福になれる道があると……

竹中　ききめ、ありましたか？

竹原　ありすぎた（笑）。

第四章
何処より来り、何処に往くや

夕張の谷間には、この世で不幸な人びとがいつか全国から集まりともどもに、蠢《うご》めいていたのである。

（池田大作『人間革命』・夕張の章）

"合理化"その実態は

労働運動の精神、とは何か？

大杉栄は、〈経済闘争よりも労働者の人格・魂の自立と解放〉が第一義であると言っている。

アナキズムと宗教とは、そこに接点を結ぶ。だが、「唯物無神」「科学万能」「経済至上」を旨とする旧・マルクス主義とりわけて俗流の"党派"、労働組合の運動は、人間ひとりびとりの霊の領域と根元的に無縁である。

――〈夕張事件〉、創価学会VS炭労の抗争は、おこるべくして起った。それは戦後のいわゆる階級闘争・いわゆる労働運動に、赤信号をともした。が、みんなで渡れば怖くない（?）。目前の転機を覚らず、炭労は増上慢の高みから奈落へのめりこむ。

学会の一粒種・荒関政雄が夕張に帰郷をした昭和二十七年九月、操業短縮・企業整備はすでにはじまっていた。貯炭696万トン、炭価暴落して大手十八社は生産制限一割をきめる。

7・18　三菱、希望退職者を募る。
7・31　住友新歌志内、閉山。
8・7　三井、企業整備案を提案。
10・17　炭労、無期限スト（いわゆる六三《ろくさん》日ストである）。

翌二十八年、しかも貯炭は累積する。全国750万トン、「北炭」一社のみで37万トン、〈生きのびるためにはやむを得ない〉と八月二十四日、"合理化"を発表する……

〈低能率事業場の整理統合、及び採炭中止〉〈希望退職を勧告（職員五〇〇・鉱員三〇〇〇）、併せて坑内直接部門への配置転換〉。同月、「三井」七六〇〇・「住友」一五〇〇・「三菱」四八〇〇を人員整理、全国

一四八五三人が離職

さらに二十九年、中小168の事業場休、廃山、四万人余がヤマを逐われる。かくて『石炭鉱業合理化臨時措置法案』成立の昭和三十年、地均《じなら》しはすでに完了していた。〝合理化〟それは、いったい何を意味したのか？　一方に生産を制限し、低能率の現場をきり棄て、片方では優良鉱区・つまりコストの安い切羽《きりは》に採炭を集中する。さらには事故の危険を承知で、タテ坑を開発し深部に掘り進み、「若がえり」とこれを称したのである。

魔の山は再現する。採炭コストの大幅切下げを予告した三十五年二月一日、「北炭」夕張二坑ガス爆発・死亡四十二人。豪雪の四十年二月二十二日、一坑ガス爆発・死亡六十二人。そして四十三年七月三十日、平和坑坑内火災発生・三十一人ゆくえ不明となる。

〔高温と煙のため救出活動困難をきわめて、二次災害の危険があり部分的に水没させることになり、ついに坑口を密閉、行方不明者に対して死亡が宣告された〕（『夕張市史』より）

遺体が収容されたのは、ようやく翌年七月三日である。言わずもがな、白骨と化していた。創価学会VS炭労の対決は、このような背景を踏まえて理解されなければならない。ヤマに生きる庶民は、何を欲していたのか？　魂に触れる革命・真実の大衆路線は、どこに求められるべきだったのか？？　労働組合はそこで、何をなし得たのだろうか？？？

当時、昭和二十七年から三十二年までの足かけ六年間、「一般合同労働組合」「自由労働組合（日雇）」無給書記に、孔版印刷のアルバイトをしながら、私は専従していた。この文章を、机上の空論で綴っているのではない。中小零細企業の労働運動には一円の報酬もなく、日常の生活はドン底をきわめた。

労働貴族ダラ幹、口に革新を唱えて仲間を喰いものにするやから。〝資本のパン屑拾い〟との論争・ときには実力行使、貧しくとも烈しく純粋だった。

前章で述べた朝鮮人委員長・田中章のあとを襲った阿部竹松（三菱大夕張）、二十九年・炭労第十一回大会で、「選挙闘争方針」を決める。いわく、〔政治活動・政党支持は自由だが、組合の団結を守るため統制処置をとらざるを得ない〕

デモクラチック・ファシズム、まさに個別労働者の思想と信条を、〝組織〟は統制し圧殺する。戦後の階級闘争・労働運動を破産にみちびいたのは、実にこの増上慢であった。総評傘下各組合は右にならえ、「政党支持の自由」をめぐって我々は所属の県労連大会を三度流会させ、中央に乗りこんで全国一般労組の大会をもたたき潰した。

……ひん発する中小零細企業の争議・集団投石を指揮し、煙突に上り、家宅侵入、公務執行妨害等々。ダラ幹を追って、警察に逃げこんだやつを署内の階段で蹴り落し、その場でブタ箱に放りこまれた。〝前科四犯〟を私は、二十代の終りに背負いこんでしまった。無頼を誇るのではむろんない、逆流する時代に屈折した、青春の感情に理会していただきたいのである。

昭和三十一年、阿部竹松炭労委員長は参議院選挙に出馬する。滅びゆくヤマの人びと、「ともどもに蠢く」その悲苦に身を寄せるのではなく、労働組合を単に集票の手段として……

竹原　さきほど言いましたように、荒関政雄と二人して細々と弘教《ぐきょう》をはじめた。会田はるみさんというご婦人も加わりまして、三十年に入信百二十三世帯。

この年、戸田先生が文京支部の幹部を率いて夕張にいらした、それで三ケタの折伏《しゃくぶく》が達成されたわけです。

竹中　三戸部さん、西島さんは？

三戸部　僕は、三十年の三月三十日入信です。

西島　私は同じ年の八月十七日。

竹中　奥さんも、ご一緒に。

文子　ハイ、夫唱婦随ということで。

竹中　「炭婦協」というのが、当時は幅をきかせていたでしょう。夕張だけで六千とか、七千とか。

文子　ハイ、泣く子も黙るって。

竹原　……まあ、テキも最初はタカくくっていたわけですよ。〝暴力宗教〟とか何とか、悪口は言いよったけれど。それが、選挙で肝ッ玉を冷やしたんだわ。

竹中　三十一年、参議院選挙。

西島　保守でも革新でもほかの候補はせいぜい三百、夕張からは組織票しか出ない。そこへ辻武寿候補、ハッキリ言って無名。それが何と市部で二千三百、近郊あわせて三千票。

竹中　炭労、ブッとんだ（笑）。

三戸部　それがですね、僕らは素人で選挙なんぞやったことがない、ともかく目標一万だ、三分の一以下しかとれない、ハラキリものだと口惜しくて泣いておったわけですよ。

文子　泣きましたね、夕張には嘘つきばかりいるって。声をかけたら票をくれるものだって信じてましたの。

竹原　馬鹿みたいな話だが、みんなが頼んだ人を計算して、数字を出してくる。これ、ダブッとるんだわ（笑）。オレは十五票集めた、二十票集めたと同じ人に声をかけとるんだから。

　辻武寿という名前を、ナニがなんでも徹底しろと、道を歩いている見知らない人に呼びかける。これが、刑事だったりしてね。

竹中　アハハ、めちゃくちゃですな。

竹原　いや、笑いごとでないの。もう片端からつかまっちゃう、我々の周囲は刑事だらけ。

西島　まったく、ウヨウヨいた。私はそっちの係で、刑事部屋へ行きますと、同志がたまっている。なぜかラーメン一つずつ前に手もつけず置いてあって、黙りこくっとるわけです。ようやく話をつけて返してもらう、するとまた入ってくる、すごかったですよ。

竹原　選挙運動と言ったってね、戸別訪問しかできない。違反だということは百も承知だけど、軒並みに頼んで歩く。刑事が来る、張番を立てておいて一・二の三、号令をかけて別々の方向にイチモクサンに逃げる！

　いやァ、やっぱり面白かったな（爆笑）。絶対に勝つとそれだけ、戸田先生のおっしゃることに間ちがいはない。オレたちをつかまえる法律の方が間ちがっていると……

炭労、ハリコの虎だった

三戸部　いま考えると、選挙違反などという大それたことじゃないんですよ。まったく無邪気なもので、猫のいる家にネコ貰います・仔猫いませんか？　票もついでに下さい（爆笑）。

　警察のジープが来たぞ、青年部走って報《し》らせてこいと、そんなことなんです。選挙の途中から炭労が危機感をいだいて工作したのは確かですが、それだけじゃないですね。〝学会つぶし〟を権力側も意識的にやろうとした、僕はそう思っております。

竹原　グルだったものな、炭労は全山放送をやったろう？

西島　そうそう、「新興宗教の連中がはびこって、戸別訪問をやっています。断ってください」なんて、ビラも大量に撒いたし。労働者の味方だと言うけれど、炭労と警察は協力していた。

竹原　それで、ますます闘志を炎やすわけだよこっちは（笑）、会員は増えていくし、オオやってくれってなものだ。警察を好きな者はおらんからね、わしらヤマの人間は。
文子　婦人部は共同浴場で、婆ちゃん爺ちゃんの背中流して、そのときそっと頼みなさいって。
竹原　耳が遠いから、つい怒鳴ったりする（笑）。冗談はともかく、三千の票が出たってことは、炭労のやり方にそれだけ不満があったからです。ところが少しも反省ということをしない。
西島　かえって、居丈高になった。
三戸部　七月でした、「炭労組合員は組合の統一候補を支持すべし」とこれが炭労のお達し。
その間に夏季折伏で、夕張地区は全国トップ百十二世帯が入信し、二千世帯を突破しました。こうなってくると、もうナリフリ構わずの嫌がらせ、学会攻撃がはじまるわけです。

……三十二年五月、炭労第十七回定期大会が開かれた。夕張からの要請で「新興宗教団体への対策」を行動方針に付加、〔階級的団結を破壊するあらゆる宗教運動には、組織を挙げて断乎対決する〕云々の決議を行った。彼らにとっての〝階級〟、労働者とは何か？
〔浮浪窮民《ルンペン・プロレタリア》・この旧社会が生みだした腐敗物は、革命のさいに労働者の側に投ずることよりも、反動派の策謀に利用される可能性が大きい〕（マルクス『共産党宣言』・要約）
そう・本篇に登場する庶民、開拓農民・囚人・タコ・娼婦・出稼ぎ漁夫、「この世で不幸な人びと」を、救いがたき腐敗物としてプロレタリア階級のらち外に置く。〝労働者〟とは、組織され・指導部の統制に服する群体を言うのである。**漂泊・浮浪する人びと・真人民**。
十四歳で家郷を捨てた牧口長七、この人もまた流民であったことを・押さえておこう。そして「旃陀羅《せんだら》の子」とみずからを称した日蓮、差別の最底辺に虐げられ呻吟《しんぎん》する衆生と自己を、一つのものと見なす思想こそ、戦後革命の源泉ではなかったのか……
この年三月、夕張地区の学会員は二千六百七十世帯を算え、とうてい黙殺することのできない勢いを示す。無告の下部組合員・下請け労働者・小商店の人々、未組織のプロレタリアート、本来ならば労働組合が包容すべき大衆を、学会は組織していく。
〔行解《ギョウゲ》スデニ勤メヌレバ、三障四魔《サンショウシマ》紛然トシテ競《キソ》イ起《オコ》ル〕（摩訶止観）
炭労の〝統制処置〟、学会系組合員に対する圧迫はあまりにも露骨だった。「労働金庫」の貸出し拒否、炭住長屋の補修サボタージュ、ついにはユニオン・ショップ制の労働協約をタテにとっての恫喝（組合を除名されれば失職する）。〝村八分〟は子供の世界に及び、「炭婦協」主催の指人形劇の会等で、学会員の子には菓子を配らない、という鬼婆ァの惨心に至る。

――〔乃至《ナイシ》、随《シタゴ》ウベカラズ畏《オソ》ルベカラズ〕。六月六日正午、〝前代未聞の〟抗議デモがくりひろげられた。学会員・百五十名が、日章旗を掲げて夕張市街を行進したのである。彼らは、『日本男子の歌』をノドも張りさけよとうたい叫び、「天下の炭労」と激突する真正面不退転の一歩を踏みだす。

括弧つきで、〝前代未聞の〟と私は書いている。イメエジは、「華鮮人労働者」敗戦直後の蜂起と重なる。差別と収奪の二重の頸木から解放をされて、彼らが掲げたのは、青天白日旗・大韓民国旗であった。

右翼反動とこれを呼べるか？　そのエントウシアスモス（憑霊）、棲むべき安住の地に回帰する願求《ごんぐ》を（たとえ・夢まぼろしであろうと）、否定することができるか？？

炭労は何のためらいもなく、戦後左翼運動のひずみ・真に民衆的なるものとの乖離《かいり》を自己批判することなく、そのころ台頭した「菊旗同志会」愛国労働運動と等しなみに、学会を右翼ときめつけ、六月十八日道炭労大会で、組織を挙げて〝闘争方針〟を決める。

道内七十五支部への指令、〔七月・創価学会員の行動把握、八月・ボク滅月間、九月、その成果にもとづき第二次のスケジュールを立てる〕

正気の沙汰ではナイ、だがこのような排除の論理、〝魔女狩り〟は今日もなお創価学会を標的としている。くりかえして言う・革命は、「不幸な人びと」の側に立たねばならない。実に当然のことを左翼は、一九五〇年代に見失った。こんにち総評＆同盟、四千万労働人口のうち一千万足らずを組織して、下請け・社外・臨時工・パートタイマーをゲタにはく。さらには未開発国・低賃金酷使の管理者と成りあがる、労働者階級差別の二重構造……

山谷・釜ヶ崎・寿町、寒波のドヤ街に餓え凍えて死んでいく日雇・立ちん坊、労働者ではないのか？？？　炭坑離職者がその中にいても、職場を去った者はもう仲間ではないという企業内のエゴイズム。〝被救恤的窮民〟、とせめてマルクスは称した。その末流、カユ一椀の救恤も念頭にはない。

何が、「国民春闘」！　賃金格差の上にあぐらをかく官公労＆大単産、ダラ幹の出世の梯子《はしご》と化した組織、この国に労働運動はなく、労働組合だけがある。
〈夕張事件〉は、そのことを告げ知らせた。〝信仰の自由〟は表裏一体、労働者階級の根本命題、決定的なターニング・ポイントを明示していた。が・思うに創価学会の側にも、確たる認識はなかったのだ。ただ、迫害に抗して立ったのである。

　誤解のなきように、ゆえに正しいと私は言う。強敵《ごうてき》・破折あるのみ、勝利はその向うみずな突撃のたまものだった。一点突破・全面展開、創価学会本部は夕張の折伏戦争に精鋭を投入する。

　総指揮に当ったのは、池田大作現名誉会長である（当時・参謀室長）。若き血に炎えた初心において、この人を私は評価する。学会がもっとも純粋であり、日蓮・牧口常三郎の白道《びゃくどう》を踏まえて戦闘的だったのは、この時代に属するのではないか？

竹中　六月六日のデモですが、これは本部の了解を得て？

三戸部　いや、責任は僕にあります。

竹中　と言いますと、一存で。

西島　……ともかく、苛《いじ》められてきた我々としては、口惜しさ怒りを発散する場がなかったんですよ。

竹原　血の気、上ってたから。

三戸部　よし！　やろうと、口を切ってしまったんですよ。あとはもう、騎虎《きこ》の勢いというか自然発生で、ワーッと行っちまった。

竹原　疑いもなんもなかった、当時は純真そのもので・正しいものは勝つと、それしか考えなかった。世の中が豊かになると、金持ち喧嘩せずであんなことは出来るもんじゃない。

三戸部　上京して、幹部に叱られた。軽挙妄動だと批判されてシュンとしていましたら、それまで黙って聞いていた池田先生が「いやここまで来たら、突っこむべきです」

西島　七月二日に、若菜の劇場で創価学会夕張大会を開きまして、千五百人もが大結集をしたわけです。

竹原　で、また行進をやった。炭労の事務所に押しかけて、討論をやろうじゃないかと。

西島　誰ひとり、出てこない。

三戸部　こんなものか、これまで何を恐れてきたのかと思いましたね。

竹原　炭労、ハリコの虎だったんだわ（爆笑）。

外山　話は尽きませんが、予定がつまっています。では、このへんで……

人の世は永劫の戦いなり！

炭労は、〈夕張事件〉をこう総括している。〔戦後数多く生まれた「新興宗教集団」に（傍点竹中）、日蓮宗の一派といわれる創価学会がある〕
〔学会信者たちが炭労の闘争に非協力的態度をとるばかりでなく、批判的言動を以て、組織混乱をもたらすことなどから対立を深め〕〔炭労・道炭労は、〃創価学会は労働者の団結を破壊し、会社側を有利にするばかりである〃として、学会排除の方針をうちだした〕
〔（これに対して）創価学会は、誇大な宣伝を行い幹部が鳴物入りで来道した。信者大会を開き、夕張労まで押しかけてくる騒ぎをおこした〕（『夕張炭鉱労働運動史』S50・要約）

……問うに落ちず語るにオチル、これまでの記述が故意に事実をゆがめたり、学会の側に一方づいたものでないことを納得できるだろう。昭和五十年に至ってなお、創価学会は戦後に生まれた〃新興宗教集団〃であるという誤解を炭労はあらためず、みずから恥じることなく、排除の論理を言う。

しかも、「鮮人労働者の暴動」「暴徒鎮圧」といった反階級的表現を平然と、『労働運動史』は垂れ流している。

戸田城聖いわく、〔労働運動の本義は資本家との闘争にある。はたらく仲間を弾圧するなど、労働貴族の増上慢にすぎない〕（夕張支部結成大会講演、S32・8・20）。こうして、創価学会VS炭労のトラブルは一応決着した……

長いインタビューを了えて、日暮れの雪の街を降《くだ》る。無住の長屋・廃屋の放列、人口四万足らずに落ちこんで昔日の炭都の繁栄・偲《しの》ぶ影もない。

ワッカナンペ（若鍋）、軒はかたむきいまにも押し潰されそうな炭住、ここは災害多発地帯、大正三年・四百二十三名死亡、〃若菜〃と地名を変えても事故はあいついだのである。夕張は漂泊の街、通称「軍艦長屋」・小粋な灯りを点した飲屋街も、本町二丁目の階段（三戸部氏経営のダンスホールに通ずる）あたり、盛り場に道ゆく人の姿はと絶えて、ただみる池塘《ちとう》春草《しゅんそう》の夢。

荒関政雄は、〃流民の宿業〃を負っていた。祖父は妻子八人を捨てて失踪、父もまた彼が十一歳のとき五人の子を残して蒸発。入信の動機は、祖父・父が家出をした三十七という齢を迎えようとして、発作的な脱走の衝動に悩まされたからだった。

啄木の文章を引こう、〔人、何処より来り・何処に往くや。航海に疲れし者、平安を得んとすれば其の船を、捨てざるべからざるごとく〕無為に入り・虚無に堕ち、〔肉のみ生き霊は死す〕（小樽日報、M40・11・18）
〔我とわが脚もて地に立つ上は、必ずや刻々戦うべき運命を有す。人の世は戦いなり、永劫に沈痛なる戦いなり〕

▽明治二十五年（一八九二）　＊牧口常三郎・21歳
1・28　予戒令公布（緊急勅令）、壮士集会立入りなど政治活動禁止の権限を、地方長官及び警視総監にゆだねる。
〔註〕選挙干渉が目的であった。
2・15　第二回臨時総選挙、運動弾圧に抗して各地騒擾、死者25・負傷者388。
3・8　札幌鉱山監督署、設置さる。
3・10　夕張、採炭を開始。
3・28　「北炭」堀基社長、専断行為のゆえを以て解任。
5・4　札幌大火、焼失・八八七戸。

〈狸小路、炎ゆ〉　当夜午後九時ごろから強風、南三条西四丁目（狸小路）、按摩《あんま》の服部文諸方より出火。原因はやはり盲人の妻と夫婦喧嘩をはじめて、ランプを倒したため。札幌の戸数は約四千五百、およそ五分の一が風に煽られて類焼し中心部は烏有《うゆう》と帰した。

大火災のため、札幌は不況のどん底に落ちこむ。『北海道毎日新聞』は、翌る二十六年六月二十三日、次のように惨状を報じている。〔内地各府県より渡道せる移住者は土地を得るに由《よし》なく、小都会に身を寄せて日雇人となり、あるいは工夫となりて生活を営みおりしが〕、天災のために夜逃げが続出した。

〔これは明治六・七年の大不況、同じく十八年の恐慌と共に、札幌の三つの暗黒時代だったと云われている〕（『狸小路発展史』より）

〈無茶苦茶節、禁止される〉
〽民の膏血《こうけつ》絞り取り、不義の富貴を鼻にかけ
それで紳士を誇るのか！
言論自由の今日に、圧制されては耐《たま》らない
干渉されてはタマラナイ、コレが立憲政治かい。
無茶苦茶ダ、わからない！

6　牧口常三郎、教生（実習生）として、**はじめて教壇に立つ**。
昭和十一年の北海道札幌師範学校附属小学校・創立五十周年記念『回顧録』に、牧口は一文を寄せている。

明治二十五年六月、師範学校四年生に義務づけられた教育実習の追憶を、〔よくまあ子供等が云ふことを聞いたものだ〕と述懐しているのだが、すでに後年の〝文型応用主義〟、ユニークな作文指導法を二十一歳の見習教師は創出しているのである。牧口常三郎は、おのれを語ろうとしない人であった。しかし、この文章の行間には、教育のあるべき姿を追求する気負いがにじんでいる。

つまり彼は、「自由発表」を旨とする従来の作文教育に疑問をいだいて、創意もまたつくられ、抽《ひ》き出されるべきであると考えた。

〔依《よ》て先《ま》づ、「新川」といふ題で一文をつくり・之《これ》を示して、次に「創成川」といふ文を子供等と共同作業で作り、また「豊平（川）」といふ文を子供等の応用自作で創らせる。其の次には、「円山」「手稲《ていね》山」「恵《え》庭《にわ》山」といふ様に一連の案を立て……〕

周辺の自然、まさに地と人との関りにおいて、子供たちの創作意欲と・能力を啓発していく。

この指導法は道教育界の注目を集め高く評価されるところとなり、〔初陣《ういじん》の功名、心ひそかに思ふべしであつた〕。〝創価の思想〟はかくて芽生え、『人生地理学』根本命題もまた、教師としての門出に置かれる。

さて道庁制下、官閥&政商の専横は目に余るものがあった。二十四年六月、永山武四郎長官は解任され、綱紀粛正を掲げて、渡辺千秋もと滋賀県令が新任長官となる。秋霜烈日、「北炭」のドン堀基をクビ切る。諸政一新はいちめん不景気風を煽り立てて、大火後・札幌の復興は遅々としてすすまない。

狸小路一丁目地主・南部源造（オリンピック三段跳びの忠平の実父）、「弁天小路」と名をあらためて特飲街の復活を願い出るが、札幌警察署長の山口綱三郎これをハネつけ、風紀の徹底的取締りを宣告する。

通称、雨だれ小路・狸小路、私娼ボク滅の嵐は吹き荒れ、不幸な女たちはわくら葉のように、炭鉱地帯の淫売窟《だるまや》、鰊《にしん》漁場の売春宿（浜小屋）、海員相手の港女郎と散っていく。かわって勧工場《かんこうば》、今でいうデパートが登場する。遊戯の設備を整え、蓄音器・吹矢・玉転がし等々、お子様人気で客を呼んだ。

新川は、狸小路を横断して道庁の傍を流れ、シャクシ・コトニ川に注ぐ人工の掘割りである。かつ、創成川の旧名でもあった。生活点に密着した印象から、街を囲繞《いにょう》する山脈に及び、そのむこうの異郷・世界へ想念を飛越させる。

〔知行合一の主義によって、価値創造力が涵養《かんよう》されねばならぬ」（『創価教育学体系』緒論）。〃牧口実践教育学〃は、とうぜん社会の矛盾・啄木の言う人の世の戦い、「永劫に沈痛なる戦い」へとむかわねばならなかった。

……すなわち僻地教育であるが、論を急ぐまい。貧民の子女に対する関心は、新渡戸稲造の感化にもよるのだろう。また、『一路白頭に至る』の留岡《とめおか》幸助が東京細民街に先駆け、札幌では新渡戸の愛弟子であった有島武郎が深く係っている。

同時代の思想は、ニュアンスと立場を微妙に異にしつつないまざり、混然たる一体感を形成する。括《くく》って言うならば、（人生に真面目である者は誰も）（石川啄木）、〃異端の道〃を歩まねばならぬ覚悟に連帯していた。

「今はそういう時代かな、外山クン？」

「じゃない、みたいですねえ」

「いや、人の世の本質にいささかの変りもないのさ」

「でも、軽薄短小・万流コピー」

「それは明治も同じこと、究極・正論は孤立をまねく、牧口さんの場合も教壇を追われた」

「明治三十三年……」

「まだ先の話だ、日清戦争もはじまっていない」

海山千里に風が吹く

7・30　松方首相、辞表を提出。
8・8　第二次伊藤内閣成立（いわゆる元勲内閣）。
8・20　夕張一番坑ガス爆発、死者18。

〈北海楼、吹雪の大暴動〉明治二十五年、茅屋《ボウオク》ヲ営ムモノ二十五、六戸にすぎなかった夕張は炭鉱開発二年後、人口数千の市街地へと発展する。

まっさきに繰りこんできたのは、『北海楼』すなわち女郎屋、新潟出身で越後常《えちごつね》と異名とる博徒・荒木常吉経営、タコ部屋飯場の親分衆も一目を置くプロフェッショナルの俠客である。呉服屋・雑貨店がこれに次ぎ、寄席も開場をして石炭ラッシュ、言えば日本版西部劇の情景、巡査はたった一名。

一日当りの坑夫平均賃金は、手取りで二十四銭（米一升九銭の時代である）、「鉱夫救恤規則」による、死亡者埋葬料一金拾円・遺族手当四拾円也、〃負傷ニヨリ廃疾トナリタル者〃補助金二円以上五円を一カ年支給。住宅は棟当り二十戸・八畳一間、窓は紙張り天井ナシ、隣家との仕切り羽目板一枚。かくて、日本炭鉱史上最初のストライキ、夕張に発生する。

……二十五年極月三十日、「北炭」の事務所に願いの筋ありと坑夫代表が押しかける、「米・みそを貸売りしてくれ」「賃金を上げてもらいたい」というのが彼らの要求であった。当時・夕張では、米一俵につき五升をぬきとって、飯場が懐《ふところ》に入れていたのである。日用品から酒代まで、ピンハネがまかり通っていた。

正月をひかえて餅も買えず、その日の米代にすら事欠く坑夫らは、飯場を通さず経営者に直訴する他になかった。交渉は年を越して一月三日、一人当り米五升の貸与を会社はようやく承諾する。ハラの虫は納まらず、坑夫たちの怒りは飯場にむかう。親分衆は身をかくし、たまたま運が悪く（?）、居あわせた石神組から酒三升と荒巻き鮭を分捕り、『北海楼』へ乗りこむ。

案のじょう、大盤振舞いの最中だった親分衆と口論になり、用心棒のやくざと乱闘、これがきっかけで四百人あまりが駆けつけ、猛吹雪の中の大暴動となった。片っ端から飯場を打ち壊し、市中三カ所に火をつけ三日三晩を荒れ狂う……

札幌から警官隊数十名を急行派遣、「兇徒嘯《しょうしゅう》集」五十五名を逮捕し、うち二十二名を騒擾罪で投獄した。

海山千里に風が吹く、北洋もまた板子一枚下は地獄、前章年譜で触れた道南・白神岬沖合の「瓊江丸《たまのえ》」遭難事件、明治二十四年七月十一日。二百八十七名を算えた犠牲者はヤン衆（出かせぎ漁夫）、季節労働を終って、オラが国さの東北に帰る途中の海難である。

七十九トンの小船に、三百五十四名をも積みこんで深夜の午前二時半、越後の貨客船三吉丸と衝突。暗黒の波濤に窮民は文字通り、**漂える屍となった。**

明治二十年代、水産は北海道全産業の第一位をしめている。とりわけニシン、〝春告魚〟と呼ばれる鰊漁の従事者はおよそ六万、鮭漁一万二千・他六千をはるかに上まわり、道水産の八割に及ぶ。

しかも、大半がヤン衆、東北地方からの出かせぎだった。二十五年の統計を見ると、青森一県のみで鰊漁従労二万一千七百二十人、そのほとんどが〝平雇《ひらやと》い〟、一季節（三月〜六月拘束およそ百カ日余）賄《まかない》つき最高二十七円、年少のものは最低八円という記録が残っている。

森梢伍『弁財船往還記――北海道岩内を拓いた人びと』（S57、日本経済評論社刊）によれば、〈年も押しせまるころ漁場の親方たちは大金を持って、東北・北陸方面に出かけ、ヤン衆と契約を結び前金を支払うのが普通であった〉

四分の一から全額信用貸し、旧正月をその金で迎えて、〔三月に入ると船頭の引率のもとにやってくる〕〔その他、単独でくる人々もいた。熊の皮の袖無し・赤毛布《あかゲット》という異様な姿で、二月になると間もなく、ポツリポツリとあらわれる〕。家族もふるさとも棄てた漂民、一匹狼と言えば態《てい》はよいがつまり流れ者たちである。

そして・道南の各地から、〔ヤン衆のうちでも下衆といわれた、多くの人々がやってきた。着替えを入れた行李《こうり》一つを担いで、陸行《おかだち》で〕

……出かせぎの漁夫の低賃金・重労働を下積みにして、巨万の富は蓄えられた。建網《たてあみ》一ケ統（漁夫約四十名）・一千石の水揚げで純益一万五千円、現在の金額で数千万円に当る。今に残る「ニシン御殿」、壮大な邸を建て庭園を造り、夜ごと美妓を侍《はべ》らせてドンチャン騒ぎのえよう栄華。

炭鉱では暴動、漁場ではヤン衆逃亡。明治二十年代に入って、各地の番屋に雇い漁夫の脱走があいつぐ。〔寡《スク》ナキハ伍円・多キハ拾円以上ヲ借受ケ、途中ヨリ或ハ被雇先ヨリ逃走シ、肝太《キモフト》キ輩ハ二重三重ノ前借ヲナシ〕と、義憤に燃えて（!?）、新聞広告を出した網元もあった。

漁民逃亡の実態については、次の章で詳しく展開しよう。ともあれここでは、「明治の聖代」の真相を、貧しき人々の上に見ていただきたいのである。

▽明治二十六年（一八九三）　＊牧口常三郎・22歳

1・11　牧口長七、常三郎と改名。

1・16　ハワイに米海兵隊上陸、保護領宣言・王政廃止。

2・10　天皇詔書、軍備拡張を命ず。

2・24　天理教・公認を運動、政府に軍艦建造費一万円を献納する。

〈流行づくし〉 木製手桶に代ってバケツ（馬穴、また馬尻とも）、登場。山高帽子にステッキ、肩掛《ショール》けに手提げ袋《ハンド・バッグ》、ビックリ箱・かるた（百人一首）・紙風船、子供の靴、コーモリ傘、天然痘（死者１１、８５２）・赤痢（４１、２８４）、学校騒動、写真入り名刺、速記術、探偵小説、マドロスパイプ、小鳥の飼育……

北海道岩内のニシン成金・浜喜三郎という人物、東京にて高価な小鳥数十羽を購入、二等車《グリーン》一輌を鳥カゴがわりに買いきってはるばる邸に運び、評判となる。日清戦争前年、世間は軽佻浮薄・華美に流れた。

3・20　郡司成忠海軍大尉、千島探検に出発。

3・31　**牧口常三郎、師範学校卒業。**

4・3　韓国・東学党、忠清道報恩郡に「斥倭洋倡義（日本ト西洋ヲ斥《シリゾ》ケ義ヲ倡《トナ》ウ）」の旗を挙げる。

〔註〕東学党は、〝西学〟すなわち天主教に対抗して韓国に生れた、農民宗教運動である。同時に、それは日本の経済侵掠に異議を申したてる、民族自立の運動でもあった（後章で詳述）。

5・2　文部省、官公立学校生徒の職員排斥運動に対して、厳重な処分を訓令する。

5・22　戦時大本営条例・公布。

6・19　清水次郎長死す、享年七十三歳。

7・31　フランス軍、シャムを封鎖（メコン川以東＝インドシナを占拠）。

8・26　「北炭」飯場制度を廃止、坑夫全員を会社直轄とする。

10・28　文部省、教員の行政・政策等に関する発言を禁止する（いわゆる**箝口訓令**《かんこうくんれい》）。

11・11　札幌農学校、農商務省管理より文部省直轄となる。

〈**学校騒動**〉……当時、全国的に当局の教育施策に対する批判が高まり・学校騒動が頻発、教師の政治的発言が問題とされた。文相井上毅《こわし》は箝口を訓令、ためにものを言わぬ不満は内訌する。

一方、文部省の方針に迎合・硬直して強圧的態度をとり、〝軍国主義教育〟を鼓吹する校長もあらわれる。二十五年、岩手県立師範学校から転任してきた清川寛は、その典型的な人物であった。牧口常三郎が卒業して一年後に排斥運動がおこり、二学年以上全員放校処分となる。

11・29　衆議院・星亨《とおる》議長不信任、星は辞職を拒否して大混乱。

12・30　天皇、衆議院に解散を命ずる。

先人のたどった道を

牧口常三郎は卒業後、ただちに母校の附属小学校訓導を命じられる。彼の他に和田義信（のちに北海道庁視学）、工藤金彦（既出）の三名が附属勤務、これはとうぜん成績最優秀の証明に他ならない。「もと荒浜の一寒民」の子、エスタブリッシュメントの階段に足をかける。

だが、彼は出自を裏切らなかった。明治二十四年十一月、文部省は各地の師範附属小学校に、「単級教室」設置を義務づけた。牧口はすすんで、その担任教師となったのである。

全学年を一クラスにまとめて教授するシステムを、

〝単級式〟と称する。僻地教育と同義語と言ってよい、中央都市で出世の軌道に乗ろうと望む若い教師は、これを嫌厭《けんえん》する。〔社会の下層において採用せらるるのみ〕（牧口常三郎『単級教育の研究』、M30〜北海道教育週報に連載／以下要約引用）

やがて、牧口にとって第一義のテーマとなる細民子弟の養護は、教師としての出立に宣言される。

〔彼等の父母は概《おおむ》ね労働者、就中《なかんずく》父は星を戴いて出で・月を踏んで帰る〕

〔服装の汚穢《おわい》なる、言語の野卑なる嗚呼《ああ》是《これ》誰《た》が罪ぞ、父母勤労の足らざるの結果なりと云はば云え、彼等にして何の責《せめ》かある。彼等は清浄無私、天真らんまん、未だ社会の何物たるかを解せざる、真に無邪気の児。偶々《たまたま》垢塵《こうじん》の来つて汚瀆《おとく》するあるも、尚《なほ》燦《さん》然たる光輝弊《へい》衣《い》の間より発するを見ずや〕

〔社会は遠慮なく、この可憐の児を駆《かっ》て階級内に投ず、酷なるかな。彼等唯一の庇蔭《ひいん》は教師あるのみ、**等しく生徒なり**、教育の眼より視《み》て何の異なる所かある〕

牧口常三郎・青春の志操《しそう》は、実にこの一文に尽されている。涙あふれてペンを走らせたであろう故人の姿を、私は想い描く。彼は、こう言いたいのだ。〝単級教室〟は即家族である。教師は父であり母であり、上級生は兄であり姉である。そう、幼なくして父はゆくえ不明・母に生きわかれたおのが苦惨を、生徒の上に重ねあわせている。

子供たちは、自分自身であった。その思想を社会主義と呼んでも差支えなく、しかも、マルクスのいわゆる階級闘争を踰《こ》えて魂の自立・解放、「人間革命」にむかう。虐げられた人びとその運命と、一化を遂げるのである。衆生病ム、故ニ我病ム（維摩経）。

野口雨情のうたえる――　海は見たれど海照らず、山は見たれど山照らず（詩集『別後』より）。明治四十年、石川啄木と小樽日報社に共に投じた雨情は、北海道・樺太を転々と漂浪した。なぜか鮭を商っていた岩野泡鳴と、出会ったりしている。

そのころ、内村鑑三『聖書之研究』に深く影響されて、カリフォルニア日本人教会を脱退、無教会派の伝道師となった浅見仙作が帰国して、〔石狩河口を去る三里の厚田村において農業に従事しつつ伝道に勤めた〕（渡辺惣蔵『北海道社会運動史』、S41）

浅見は新潟県北蒲原郡の人、牧口より四歳年長の明治元年生れ、北海道に入殖開拓にたずさわる。三十一年石狩川が大氾濫、一切は無に帰した。単身渡米、鉄道人夫など下層の労働を体験、メソジスト派の洗礼をうけて、熱烈なキリスト信者となる。

帰国は四十年一月、戸田城聖創価学会二代会長は当時、厚田《あつた》村小学校一年生。父・戸田甚七は石川県出身で、北前船の船頭であった。文明開化の波に呑まれて、失職。何度か訪れたことのある、鰊漁場の厚田村へと一家を挙げて移住した。明治三十四年、初代の会長が教職を捨てて上京したのと入れちがいに、乳飲み児だった二代会長は北海道に渡る。奇しき因縁というべきか。

……さて、浅見仙作は昭和十八年七月二十一日、反戦思想のゆえを以て検挙、翌年二月八日まで二百日余を札幌署地下コンクリート監房に収容され、さらに未決に送られたが、同月二十二日高齢重病のため保釈されている。牧口常三郎、不敬罪による検挙は同年七月六日。ほとんど同時に逮捕されて、監禁一年五カ月・獄死を遂げているのである。

夕張から厚田村へ、初代・二代の血の糸を繋ぎ、戦時下抵抗の不屈の志を偲ぶべく、雪の石狩川を渉《わた》る。同行、学会道本部の佐藤好弘組織局長・小池敏文クン。横殴りの猛吹雪、視界ゼロとある。

新潟と同じく、ここも強行軍、前へ進め！

〔インタビュー〕
鈴木藤吉（77歳）　もと小学校々長
古山チカ（85歳）　二代会長同窓生
住谷忠衛（55歳）　村長
山口悦男（58歳）　村会議員
山口一枝（62歳）　夫人、戸田二代会長メイ
——於・厚田村戸田旅館

◆

竹中　立派な建物ですねえ、「ニシン御殿」ですかこれも？
一枝　仲買所だったんです、ここらの漁場一円の親方の持ちもの。そのころは米・みそ、赤ちゃんのミルクにいたるまで小樽から船で持ってきて、村の人たちやヤン衆に貸売りをしていたんです、ええここで……
竹中　すると、ニシンが盛大に群来《くき》ていたころ、すくなくとも明治三十年代に建てられた？
山口　そうですね。明治三十七、八年、日露戦争のころと聞いています。戸田城聖の兄貴が買い取ったのが昭和五年で、当時四千円したそうです。こんな田舎ですからね、まあ大した金額だったんですよ。
一枝　でも、だいぶ改造をして。つい先だって瓦を全部はいで、当時は五尺も雪が積もるので、瓦の下に一

尺も土盛りしてあったんですね。冬は暖かくて夏は涼しいんですよ。私ら娘の時代に表から帰ってくるとひんやりして、生き返るようでした。

昔の面影がうすれてきて、何か淋しい気がしますね。村の文化財として、このままにしておいてほしいの。

山口　嫁に行かねばよかったんダ、家のお守りをしていて（爆笑）。

――ナベが運ばれてくる――

竹中　や、石狩鍋ですな！

一枝　これが本場のホンモノ、たくさん召し上ってください。

竹中　では、失敬していただきながらお話を聞いて参ります、鈴木藤吉先生も新潟のご出身だそうですね。

鈴木　越後です、長岡で生れました。雪はちっとも恐しくないが、厚田は風がきつい。

竹中　シベリアおろし。

鈴木　そう、まっすぐ吹きつける。

竹中　当時はここの厚田川や石狩川にも、橋は架かっておりましたか？

鈴木　いなかった。小樽へは船で楽に通えたが、札幌には歩いて行くより他になかったのです。息子を札幌の学校に通わせて、親戚の家にあずけておったから、冬休みの暮にむかえに行って、正月の始業式に送っていく。三月の春休みも、これがまことに難儀でした。

竹中　馬《ば》ソリですか？

鈴木　そう、冬休みは。三月になると馬ソリがきかない、雪がぬるみますからかえって危ないのです。

竹中　ああ、なるほどねえ。

鈴木　石狩川を渡るのに、氷が張っている間なら、たとえば柳の枝を目印しに固い氷を踏んで行く、まず割れて落ちることは考えられません、馬で渡っても。春先は雪でおおわれてはいるが、薄い氷と厚い氷の見分けがつかなくなる。

もっと非道い場合は、ひび割れた氷の上をピョンピョン、跳ねて渡らなくちゃならん、生命がけでしたよ。

鈴木藤吉氏は、学会員ではない。校長退任後、『厚田村史』編集・郷土史研究『弁財船』の発行等、ふるさとの文化に貢献している。

〔村史・序にかえて〕　……北海道の地図を開いて、厚田という地名を見出すのは、そう簡単ではない（中略）。華やかだった往時の鰊場も、いまでは古老の語り草、何一つ取得のない現在の厚田村、その生産性の乏しさから若者は都会に職を求めて、人口は半減。残るは老人ばかり、文字通り老化してしまった現在、村人は何をどうしたらいいのかを苦慮している。

　その昔、われわれの先人たちはどんな難関に直面し、それをどう切りぬけてきたのか。きびしい自然に耐え、汗と脂にまみれてこの地を拓き、生活を築いてきた苦難の歴史から、もういちど我々は学ぶ必要がありはしないか?

　川は流れて止むことはなく、時もまた休むことを知らない。歴史は一刻々々をきざむ、決して飛躍しない。来た道筋をふりかえりたどり直すことの裡《うち》にこそ、未来への課題と可能性を、見出し得るというものである。

ニシンは、また群来る?

竹中　お婆ちゃん、戸田城聖さんと同級生ですか?
古山　いえ、一年下です。
竹中　すると、明治三十三年……
古山　同い齢だけど、先生は早生れの二月でしょう、私は八月だから。
鈴木　俺より七つも上かね!(笑)
古山　元気なものです。
鈴木　自分で言ってりゃ、間ちがいはない(爆笑)。
竹中　そのころ、学校は?
古山　人数が多くってね、一教室じゃ収まらないの。甲・乙と二つに分けて、ちっちゃい弟や妹を背負って、子守りに学校さくるんだから。
鈴木　四月のはじめだけだ、それは。
古山　ハイ、子連れのヤン衆がどっとやってくるんでしょう、それで。
住谷　そうですね、ニシン漁の間だけ人数が増える。我々の子供のころも鰊がちょっとだけ群来た時期があって、同じ状態でした。
古山　六月十日のお祭り、そのあとはいなくなっちゃう。
鈴木　近隣のコタン、石狩の各地から出かせぎにくる。内地の衆とちがって、家族ぐるみですからね。ツブシと言って鰊を処理する、小刀《マキリ》で腹を裂いて白子や数ノ子をとり出す、二十匹を一連《ひとつら》にして魚屋《なや》で干す・身欠きニシン。これは女の仕事でした、つまり夫婦共かせぎ、子連れが当りまえなのです。毎年やってきますから、別荘のかわりに番屋を建てまして、何の誰べエ・私有なんぞと表札をかけておる(笑)。
　……こういう人たちの子供、いまの話にもありましたが弟や妹を背負って学校にくる。しかも四・五・六月、臨時短期の教育ですから。

竹中　つい、なおざりになる。

鈴木　そういうこと、子供はまことに敏感です。自分たちが厄介者あつかいにされていることを覚って、ひがむ・嘘をつく・学校に出てこなくなる。

大人の生活を見ておりましょう、自然ませる。男の子たちより、女の子の方が感化されやすい。芸者にあこがれたり、それに陸の孤島ですからね、札幌よりも小樽へと草木もなびくわけでして。当然ご承知と思いますが、港町は淫風が吹きすさんでいる。

竹中　先生の青春時代も。

鈴木　大正末期から、昭和のいわゆるエログロナンセンス時代です。大恐慌の煽りで、身売りがあいつぐ世相でした。その意味では、明治より退廃していたんじゃないだろうか。

竹中　明治は、まだ健全だったと?

鈴木　いやそうではなく、〝景気〟に左右されるということ。何せこの町は、札幌がまだ十軒ほどの部落のとき、厚田場所と称して栄えていた、すでに百軒にちかい集落があって……

竹中　鰊漁ですか、やはり。

住谷　追いニシンと言って、だんだん北上してくるわけです。松前から江差、江差から岩内へ、積丹《しゃこたん》・厚田へと漁場が移っていく。

古山　一時は、お祭りなんか小樽より厚田のほうが賑やかだって。

一枝　大相撲も、来たんですよ。

鈴木　親方連中が三人寄れば、何して遊ぶかという話だ。すもうでも呼ぶか、ウン呼ぼうやとこうなる。一季節に万の単位でもうかって、金が唸っておるんだからねえ(笑)。

タダなんです、野外で。重箱を提げて鍋持って、総出で見物にいく。隣近所の連中に飲めや食えや、いや知らん人にも無礼講です。

竹中　六月といえば、まだ春ですね。

住谷　そうこのあたりではね、考えてみるとちょうど漁が終って給金が入ったところで祭り、誰が考えたのか?

竹中　『沖揚げ音頭』ですね、歌は。

山口　節がちょっと、いまのとは違いますけれども。

住谷　浜がちがえば、節も歌詞も若干《じゃっかん》変ってくる。『沖揚げ音頭』、いわゆるソーラン節ですけれど、船頭衆がニシン追いこむ時にうたうのは、何ともこう独特のリズムで。

山口　三味線に乗えればだない　バンバンとぶなはたを叩いて、労働の唄なんだから。

古山　耳について、眠れないぐらい。

鈴木　一晩中やっておる、歌詞がまたエロチックでね（笑）。

古山　大漁のときは、ヤン衆も独身の人たちは祭りに居残るんです。いまでは考えられない、おみこしを担ぐのに白い詰襟で、踊り山（山車《だし》）も出たし。

竹中　へえ、洋服でみこしを！

古山　それが粋だったのね、娘たちはもうわくわくして（爆笑）。

竹中　お婆ちゃんの家は、親方？

古山　ハイ、もうすっかりニシンからいただいちゃって。でも、そんな大きな網元じゃなく中ッくらいです。

竹中　海がまっ白になるほど、群来《くき》てくるんですってね。

古山　そうなんです、沖から海が白く盛り上ってくるの、忘れられませんあの光景は。

竹中　春も、海は荒れるでしょう。

古山　荒れなくっちゃ、ニシンが来てくれないんです。

竹中　ああ、ハタハタと同じだ。

住谷　ハタハタは、厚田が日本一です。

竹中　秋田じゃなくって⁉

住谷　十一月に来るんですよ、秋田は暮ですけれど、一番最初にここに揚ってくる。小ぶりなんですが、骨がやわい。掛値なしに美味い、ただし値段が高くてキロ千八百円から二千円です。

竹中　ハハア、秋田の三倍以上、いや四倍ですな。

山口　先生、魚の相場もよくご存知でいらっしゃるねえ（笑）、そんなことも勉強するんですか？

竹中　いや、食い意地です（爆笑）。ショッツルですか、それとも焼いて食べますか、いずしですか？　どうも、こういう話になると、眼のイロが変る。実に喰いしん坊なんですよ、私は。

住谷　いずしですね、それぞれ家庭の独特の味があって、うちのいずし食べてみませんかというのが挨拶がわり、漬けものと同じです。

古山　ハタハタこないと、正月来ないと言うんですよ。ブリッコね卵を数珠のように、針で刺してつないで……

鈴木　飾るんだ、お供えと一緒に。

竹中　いい話だなあ。いまでも残っておりますか、そういう習慣は？

一枝　うちなんか、やってますよ。

竹中　ちょっと脱線したかな。話題を戻しますけど、ヤン衆が帰りますね六月十日のお祭りが終って、それからあとは漁は何になるんでしょうか？

山口　うちの浜はカレイ、ブリ。

住谷　七月・八月・九月と、コンブを採りますね。それからアキアジ（鮭）、ハタハタというサイクルで、十二月にはもう根雪《ねゆき》がくる。

鈴木　漁師の暮しはそう、親方は鰊でどーんともうけたら、あとは左ウチワ。博打をこいたり芸者呼んだり、札幌に用があると言っては遊びにゆく。

山口　その突き当たりの十畳ね、バクチ部屋だったんです（爆笑）。

竹中　まさか、冗談でしょう!?

住谷　いやホント、戦後もやってた。

竹中　戸田さんも（笑）。

山口　やりかねないけど（笑）、東京だったからね。

住谷　明治・大正のことは、もちろん知りませんけれど、戦後の二十四、五年ごろ、役場の給料が三千円少々でした。その時代にニシンが群来て、寝ていてもわかるんです、暁方に表がざわついて眼がパッとさめちゃう。…ツ、合羽《カッパ》を着て飛んで出る、まあたいてい朝の四時ごろ、もう役場なんかはそっちのけでアルバイト（爆笑）。現物支給で何貫目と貰ってくる、これを売りますと三、四千円。一カ月の給料、一日で稼いじゃうんですからねえ。

鈴木　しかし、夜の九時・十時まで休みなしの重労働ですわ。群来たときが勝負で、統計をとってみたんですが三年に一度も均《な》らして千石の大漁ということは、実際はないんですよ。

　これはもっと詳細に、データーにもとづいてお話しします。人間えてして、良い想い出しか残らんものだな。漁村の暮しむきは、苦しくきびしかった。

住谷　それは、言えますね。何よりもこの村の現状が如実に、もの語っているわけです。

鈴木　昭和二十九年を最後に、〝幻の魚〟になってしまった。もっともここでは、たまに網にかかるから、どうしても夢よもういちどと諦めきれない。間ちがって、群来が再現するかも知れんが、それを当《あて》にしておってはダメです。

竹中　漁業は、復興しませんか？

鈴木　濡手《ぬれて》にニシンはね（笑）。別の方法を考えなくちゃいかん、漁業自体に未来がないはずはないのだから……

第五章
かの赤き道を、又かの青き道を

俺も行くから、君もゆけ

住谷　ニシンの算え方で一本《いっぽん》・つまり千匹のことですが、実数は千百二十二なんです。

竹中　と、言いますと？

住谷　二十二匹つないで一連《ひとつら》、これが五十一連で一本。

鈴木　アイヌとの交易の名残りですな、勘定をごまかして余禄をかせぐ。鮭の場合はハジメ・一・二・三、十と算えましてオワリ、しめて十二匹になる。

住谷　海の上では、一間六尺じゃなく五尺立法、これを十石《こく》と言う。

　浜に積み上げた鰊を、帳付《ちょうつけ》が目分量で六千石だ七千石だ・よし一万石と、これがピッタリ。役場で税務係やっとりましてね私、全面的に信用して税金をかけていた。

鈴木　アイヌと同じで、ごまかされておったんじゃないのか（爆笑）。

山口　ま、何はともあれ大した景気で、税務署と喧嘩もできないようでは浜も終りだと。

古山　ニシン獲れなくなって……

山口　すっかり、さびれちまった。

竹中　鈴木先生は「豊漁の年はむしろ少なかった」とおっしゃいますが、お婆ちゃんの体験ではどうなんですか？

古山　ホント、算えてみればね。

鈴木　村史の年表つくるとき、大漁の年には二重丸、並みは〇、凶漁は×と、印をつけてみたのです。◎はとびとびですな、凶漁のほうが多いんだ。、ハアーこれでも、ニシン場の親方というものは儲かっとるんだわ（笑）。

　それだけ下で働くものは、搾取がきつかったんでないか。

山口　ニシンこなくなったら、親方は家たたんで逃げればよい、そうはいかんものね漁夫は。

一枝　このうちも内証は火の車で、それで手放したんです。

住谷　もう、戻ってはこないねえ。

鈴木　ひょっとすると、我々の知らん間宮海峡あたりで、ワンワン群来とりゃせんかな（笑）。
山口　いやホント、ニシンは北上するから。
住谷　水温が上っていますね、最近はとくにはげしい、北へ北へ漁群が行っちまう。
一枝　……私らの記憶でも、せいぜい三度ぐらいです、群来を見たのは。
住谷　戦後は、二度ですね。九年間にそれだけですから、鈴木先生の言われる通り。しかし壮観ですよ。海いちめんに銀鱗が逆まいて・ドオーッとくる、櫂《かい》を立てたって倒れないもの。
竹中　ところで、皆さんご先祖の移住は？
鈴木　わたしは古いんですよ四代目になる、北海道では上に算えたら、よったりか五人で止まり。
山口　俺のところも四代ですよ、青森出身だから津軽衆。
古山　私も青森、母のほうは東津軽で海っぱた・父は南津軽で米つくり、新参ものでやっと三代目です。
住谷　うちの先祖は加賀衆、石川県の橋立村です。北前船の水夫をやっていて、ここに棲《す》みつきました。ハッキリ言ったら流民、多いんですよ陸に上った船乗りが。
竹中　戸田城聖さんも、加賀ですね。
鈴木　まあ最近は、ナントカ衆という呼び方はすたれましたな、でも、屋号は残っている。
山口　先生のところは、「角一」
鈴木　カクイチ先生だものな、鈴木と誰も呼んでくれない。
一枝　ほんと、苗字で家をたずねてもわからないんだから、へえあそこ山口と言うの（笑）。
山口　うちは、「丸山」だ。
住谷　「竜宮屋」、これは由来がよくわからない。
鈴木　「両五」だろう、別家をするとリョウゴ〝二〟、ややこしい（笑）。
古山　あたしのところも「二印《にじるし》」と言うんですよ、やっぱり別家か知らん。札幌の五番館にアキアジ、鮭の新巻きを出してました。焼判が〝二〟、東京へもパンパンと箱さ押して。
鈴木　まあ、厚田村のルーツは津軽と越後・北陸ですな。秋田も少し、山形がおりません。
竹中　北海道とびこして、樺太へ。
鈴木　山形の人たちはね、貧富の差が極端ですから、次男・三男の生きる道は出稼ぎしかありませんわな。しかも山家育ちが多いので、樺太やカムチャツカの林業や土木に働きにいく。

竹中　一番、しんどいところへ。

鈴木　そうそう、これは四国・九州や広島あたりも同じです。南米やハワイの移民、実を言うと越後衆の私も、海外にあこがれた。日本中、そうでなかったかと思う、我々の青春時代は。南方雄飛か満蒙開拓です。『馬賊の唄』というのがはやっておりました。

竹中　〽俺も行くから君もゆけ、狭い日本にゃ住みあきた、支那は四億の民がいる……

鈴木　新天地を目ざした、侵略ということとこれはちがう。貧しさから何とか脱けだそうと、自分だけじゃなく日本という国全体のゆきづまり、人々はメシを喰っていけんのだから。

竹中　牧口常三郎さんは、そのことを言っておられますね、『人生地理学』でくりかえして。

鈴木　日蓮正宗の信仰と、私は無縁の人間だけれど、牧口先生には教師として深く共感するところがあって、荒浜村を訪ねたことがある。

　牧口荘三郎ですか、驚いたねえこれの邸には。芝生をきれいに刈って、大きな石臼を埋めて飛石にして、蔵がいくつもそびえておる。どういうわけか、台所に一番最初に案内されまして、へっついが人間の身の丈《たけ》ほどもあるんだ（笑）。でっかい釜がデーンとすわっとる、女中やら下男やら三十人もでメシ炊いている。

　＊第一部『雪炎えて』、参照

竹中　それは、常三郎さんの生家とは。

鈴木　ウン関係ない、あとで判明したわけです（爆笑）。何じゃこれはと反感を抱いちまった、殿様じゃないか。

　台所のわきが控えの間で、さあ二十畳ぐらいはあったか、それが二つも並んでいる。通りこして長い廊下をずーっと、やっと奥の間にたどりつく。そこで話を聞いたら、この家は荒浜村全体の漁網の元締めであると。冬中・村人を働かせて、春になると北海道に持っていく、大金をもうけておるんだと。

竹中　アッハッハ、先生の顔が見えるようですな。

鈴木　鳩に豆鉄砲だわ（笑）。

佐藤好弘　いまの話で思うんですが、牧口荘三郎家のような、とんでもない財閥が日本海側にはいたんですねえ、〃北海道植民地説〃ですか、実感でわかるような気がします。

外山　裏日本と言われている日本海側が、表日本だったということですね。

鈴木　そう京都を中心にしてね。

佐藤　北前船が、物産だけでなく文化も運んだ。

竹中　それは、〝追分《おいわけ》の道〟を海上にたどると明らかになる。今夜はちょっと措《お》きまして、江差の章で全面展開をするつもりです。牧口さんが愛唱をした〝追分〟、これは定説とちがって越後の元唄じゃなかったかと。

鈴木　あなたは、民謡も研究しておられるのですか？

竹中　ハイ、屋号は「よろず家」（笑）。

鈴木　深入りをすると、江差などでは問題がおきますよ、〝追分〟のご本家で体系ができておるんだから。

竹中　百も承知です、そもそもがこの連載は異端でして、学会の皆さんも鳩に豆鉄砲（笑）。これまでの牧口常三郎伝とは視点をいささか変えて、初代会長の人生と思想の軌跡を、地縁にさぐろうとしています。

鈴木　フーム、すると学会の人じゃ？

竹中　ございません。かなり傾いてはおりますが。

外山　話題を変えます（笑）、先生がさっきおっしゃった、京都を中心にしてと言うことですけれど？

鈴木　そう、いまの観光宣伝とちがうニュアンスで「小京都」、江差も松前もそう呼ばれてきた。明治になると、「小横浜」ですわな小樽など、〝文化果つる地〟ではなく、最先端に位置していた。まさに表日本だったわけで、言うならば日本海の側から光はやってきた。

一揆の連判状を、無学文盲の婆さんが持っていて、家の宝だから大切に蔵《しま》っておけと言ったのに、火事で焼いちまった。これがバリバリの奉書、立派なものなのです。

外山　庶民百姓が、ねえ。

鈴木　京都だろうと江戸だろうと、この国の中心にあったものは、わが厚田村にすべて輸入されておったのだ。

住谷　貴重な史料があって、保存しておかなきゃならんのだが。

鈴木　総務課長だったころは、ゼニコよく出してくれたが、村長さなってから財布のヒモばっか締めて。

住谷　オフレコ、オフレコ（爆笑）。

吾が名はナポレオン

竹中　いきなり話は飛びますが、昭和二十年の敗戦のとき、ここには占領軍が来ましたか？

住谷　すぐに来ました。ここだったな、宿舎になったのは？

一枝　……そう、いま皆さんが囲んでいるこのテーブルに脚をつけて、この部屋に泊めたんです。母と私と二人っきりで、役場からきょうくるって、いやだいやだオッカナイ、「鬼畜米英」なんでしょう、私たちそう教わっているもの。

　村の家はみんな戸を閉めて、鍵かけて出てこないの。まあ、酒呑童子《しゅてんどうじ》にとって喰われるみたいな気持ちですよね・人身御供、モンペ重ねて着て完全武装をして舌嚙む覚悟で（爆笑）、そしたらニッコニッコ、やってきたもんだわ。やさしい人たちなの、ゆかた着て盆おどり踊ってドッコイジャンジャンコーラヤッ、もうご機嫌で帰っちゃった。

竹中　一体、何をしにきたんです!?

一枝　不発爆弾の処理（笑）、ここは空襲をうけたんです。

竹中　軍事基地も、工場もないのに。

山口　室蘭やらあっちこっち、落とし残したのをここへ撒いていった（笑）。ちっぽけな村だけれど、実にいろいろなことがありました。

竹中　戸田城聖さんが、上京したのは大正九年ですね。

山口　昭和二十七年に帰郷して、この部屋で晩餐会をやったのです。次の間をぶっ通して、盛大なものでしたよ。

一枝　ふるさとということで、弘教に力を入れていたから。

竹中　お婆ちゃん、子供のころだけど戸田さんがそういう風に、ニッポンでも指折りの人になる、予感のようなものはありましたか？

古山　全然（笑）、でもやはり普通の人ではありませんでした。ナポレオンが大好きで、〝英雄伝〃と言いましたっけ、そんな話ばかりしてましたよ。歴史とか文学とか、夢のような。

竹中　『プルターク英雄伝』？

古山　そうそう、アレキサンダー大王なんかの話。

鈴木　学校の先生に聞くよりも、戸田さんのほうが詳しいと。ともかく大変な読書家で、成績も一・二番。まだ生きておられるけど斉藤のお爺ちゃん、これとトップを争っていた。

山口　役場に入った兄の外吉、これも優秀な成績で、小説家の子母澤《しもざわ》寛先生と同級生だったんです。

鈴木　ウン、その影響もあるな。

佐藤　池田名誉会長も、『プルターク英雄伝』を愛読しておられますね。

竹中　大正八年に亡くなった陸・海軍大学教授の箕作《みつくり》元八著『仏蘭西《フランス》大革命史』『奈翁《ナポレオン》と其の時代』がベスト・セラー、明治三十九年ですね、カーライル『仏国革命史』が翻訳されてこれも、当時の青少年にむさぼり読まれた。その後にくるのが、『プルターク英雄伝』なんです。戸田二代会長の青春期に当って、ナポレオン・ブーム。

古山　戸田甚一と誰も呼ばず、綽名《あだな》でナポレオン・ナポレオン。

住谷　屋号だわ、それも（爆笑）。

竹中　脈絡が合ってきましたね、戸田城聖を語るとき、『プルターク英雄伝』これが浪曼的原点であると、なぜか私は思いこんできました。

　というのは、この北海道をついの栖《すみか》にしようとした私の伯父、アメリカ帰りで賀川豊彦の熱烈なる信奉者でしたが、『プルターク英雄伝』の人でして、風貌は牧口初代会長、雰囲気は戸田二代会長によく似ておるんですよ。

鈴木　明治・大正の貌《かお》、だな。

竹中　ガキのころ、ハンニバルの雪のアルプス越えなど、精神講話ふうに聞かされまして、真冬に足袋もはかせてくれないんですねえ（笑）。

鈴木　それが、教育だったんだ。

　昭和五十七年刊『厚田詩情』（聖教新聞北海道総支局編集）は、二代会長のふるさとの早春を、（淡緑の星のようにフキノトウがちらばり）（崖を走る滝は白糸をほぐしてかけた風情）と、賦《うた》っている（筆者・渡辺千代）。残念ながら雪の強行軍、自然美の極致と言われるルーラン（もとはアイヌ語のルエラン・神々の通る急な坂）も見ず、茫々《ぼうぼう》と白く降りこめて人影もない街道を小樽へ、出発進行！

　早朝・喫茶店『厚田川』（飯田俊雄氏経営）で、熱いコーヒーのご馳走。「けさ珍しくニシンが揚りましたよ」とご主人。

「ほう！　手に入りますか？」

「札幌の市場に行っちまいました、まず三十キロぐらいのものだから」

　そのかわりにと、ハタハタ焼いて馳走して下さる。鯡《にしん》は消えても、人情の厚田川。「雪炎えやがて、春と修羅」と下手な色紙などを茶代がわりに、吹雪の231号線を一路南下。

　北上すれば安瀬（ヤソスケ）、そして濃昼（ゴキビル）＝第四十三代の横綱・吉葉山の生地、子母澤寛の異父兄に当る洋画家・三岸好太郎の年譜に（ルーラン十六番地に生れる）（実際はこの番地はない）、夢のひびきを持った約十キロの岩礁がつづく。アイヌを語源とする、押琴（オショロコツ）・古譚（コタン）など、十余りの部落が点在する。
望来（モーライ）、鈴木藤吉氏編集の厚田村紀要『弁財船』三十一号に地名の由来は詳しい。モーライとは、「死んだ河」の意味である。川の流れは海に注《そそ》ぐ前に丘にさえぎられて、いったん澱《よど》み静寂な淵をつくる。むかし・アイヌはこう考えた、河にも**人間と同じ命があると**。
暑い日に水量が減ると、「夏痩《や》せにかかった」と思い、冬をむかえて流れが遅くなると、「川は寝たのだ」と想う。彼らの言葉でＭＯ《モ》・ＫＯＲ《コル》（安息を待つ）、ＭＯはすなわち安息《やすらぎ》であり、〝死〟なのだ。この地に、戸田記念墓苑がある。
ナポレオンをゆめみた少年は、野心に炎えて郷関を出で、師・牧口常三郎との邂逅《かいこう》により教育者として立つ。随身して法華の行者となり、獅子吼七十五万世帯を折伏した。
降りしきる雪の中、仏陀伽耶（ブッダガヤ）に正対する二代会長・青銅の像を見る。〔我れいま仏の旨《むね》を受け、妙法流布の大願を高く掲げてひとり立つ、味方は少なし敵多し、誰をか頼りに闘かわん、丈夫の心は猛けれど広き戦野に風叫ぶ、捨つるは己が命のみ〕
昭和二十年、牧口初代会長・一周忌の法要の帰途に口を衝いて出た、『同志の歌』である。参会したもののわずかに二十数名、戦時下の弾圧で同志のほとんどは退転していた。その歌詞を、アナクロニズム・軍国調と嗤う者、世と人とを動かす力は究極『プルターク英雄伝』『三国志』『水滸伝』、〝男の情操〟浪曼であることに、けっして理会できない。そして、敗戦の修羅を生きぬき庶民大衆のユトピアを創る、「立正安国」の志にも……
この地上からいっさいの国家・権力を廃絶する、無政府の思想を抱く私だが、衆生との連帯によって、「ひとり立つ」孤独地獄を克服しようとする、宗教者のロマンを否定しない。そう、同じ道を往くことができる。
かの赤き道を、又かの青き道を（有島武郎）
〔……二つの道がある、揺籃《ゆりかご》の前で道は分れ、松葉つなぎに入れちがって墓場で絶えている〕〔人の世の凡《すべ》ての迷いは、この二つの道がさせる業である〕〔人は色々な名によって呼ぶ、霊・肉・理想・現実、空・色〕〔このディレンマを破らんがために、野に叫ぶ人の声があらわれた〕
〔一つの声は、二つの道のうちひとつは悪である、人が踏むべきではない魔道であると云った。これは力ある声である」〔さりながら一つの道を何処までも進むとき、人は人でなくなる。釈迦は如来になられた、清姫は蛇になった。そして、他の道を顧みるとき、ロトの妻のように塩の柱となる」〔『二つの道』M43・5、白樺／抄約）

彼自身・その矛盾に命を絶ち、人ではなくなったのである。有夫の女性記者・波多野秋子との恋に堕ち、大正十二年夏、軽井沢山荘に情死を遂げた。『春と修羅』、北海道篇のピリオドにこの人を置こうと考えている。

二つの道は一つである、という結論を急ぐまい。有島は、牧口常三郎より七つ若く、明治十一年に生れた。大蔵省高級官僚の子、学習院中等科を卒業して札幌農学校予科に編入。明治二十九年八月、新渡戸稲造の官舎に寄宿する。同時代の精神は、〝教育の場〟で一筋の赤い糸に結ばれるのである。

忠より為すべからず

新渡戸稲造は明治二十七年一月、札幌遠友夜学校を創立している。〔まずしい人々の子供らに初等教育を授け、英語を少しと測量も加えたい〕（M18書簡）、という年来の希望を、ようやく実現することができた。〔かかる計画は、神の栄光を崇める道となろう、片時《へんし》も札幌におけるこの理想は僕の脳中より離れない〕

遠友の語源は、朋《トモ》アリ遠方ヨリ来ル・マタ楽シカラズヤ。豊平橋に近い札幌独立教会・付属日曜学校の敷地を買いとり、たった一教室のちいさな民家に、貧窮家庭の子女及び晩学文盲の大人達を集めて、ユニークな授業がはじまる。教師は新渡戸自身（修身講話）、彼の教え子の札幌農学校生徒有志。

明治四十一年、有島武郎が校長代理に就任している（校長は札幌を去り・海外に赴任して不在の新渡戸）。また遠友夜学校は、貧民街の看護婦巡回診療・消毒薬の配布など、セツルメント運動をもさきがけた。

牧口常三郎の「単級教室」、いわゆる窮民子弟実践教育は、まさにこの時期、しかも一年早く着手されている。それは偶然ではない、「行き届かないところに教育があるのだ」という新渡戸の言葉はそのまま、牧口常三郎の信念であった。〔ようは熱心と慈愛なり、教育の効果は困難なるが故に得られる〕（『単級教授の研究』、M30）

……前章まで述べてきたように、明治政府の国内植民地政策は、流離の人民を海山千里に排出した。炭坑の奈落に追い落とされニシン場の出稼ぎにさすらい、狸小路の闇に身を沈める、漂民・窮女の群れ、暗黒の世界にも子供たちはいる。

〔等しく生徒なり、彼らの唯一の庇蔭《ひいん》は教師あるのみ〕

烈々の気概をみよ！　青年教師・牧口常三郎のおもむくところは言わずもがな、国家主義教育への批判であった。『単級教授の研究』の中に、我々は大胆不敵な言葉を見出すことができる。

いわく、〔二宮尊徳翁の一代は大むね諸徳を網羅せりと云えども、忠君愛国の頂に至りては、戦時に際したれば（註・日清戦争）変時の課業として、稍《やや》不足を感じたり〕

〔孝より始まるべきか、はた忠より為すべきか（略）、自己の心中に関連なく・連結なき思想に対しては、受納すべき力なく識得すべき心なし〕〔直ちに忠より始むるがごときは、おそらく有効にあらざらん〕（『牧口常三郎全集』第七巻220頁～／第三文明社、S47）

傍点は竹中、この章より全面的に引用文を新仮名づかいにあらため（読者の要望による）、句読点を打ち直し、若い人々にも読めるようにいささか表現をかえ文章を整除する。ただし、例外もあり・為念《ねんのため》。

私は想いえがく、遠友夜学校を訪ねて子供らと共に、新渡戸の訓話に聞き入る若き牧口常三郎の姿を。

日清戦争さなか働き手を奪われた貧しき家庭は、不幸をさらに重ねた。〝忠君愛国〟とは彼らにとって、悲苦を倍加するくびきに他ならなかったのである。

内村鑑三の大きな影がよぎる、新渡戸稲造・有島武郎、〝北方植民地〟に教育という魂の開拓の鍬を打ちこみ、窮民の苦惨の側に立とうとした、慈悲の群像がうかぶ。留岡幸助が東京スラム街に歩み入り、貧民研究会を組織し・たった一人の生徒を相手に家庭学校を設立したのは、それから五年後の明治三十二年十一月であった。

▽明治二十七年（一八九四）　＊牧口常三郎・23歳

1・12　文部省、貧困児童就学のための夜学・日曜学校等を勧奨。

2・15　韓国全羅南道・民衆反乱、政府は東学党の煽動と断じ、弾圧投獄を開始する。

3・9　明治天皇、大婚二十五周年祝典。

3・27　東学党蜂起、内乱となる。

〈**坐シテ餓死センヨリハ**〉　朝鮮半島における日清の対立は、ロシア南下政策にからんで一触即発の情況にあった。大韓民国内では農民窮乏すさまじく・酷税のために田畑を失って、一家離散の惨状にあえぐ。

前章で解説したように、「東学党」は民衆の憤りを背景に生れた世直し宗団である。中央政府への陳情をくりかえし、不正官吏の処分と年貢米の軽減を求めたが聞き入れられず、ついに「坐シテ餓死センヨリハ、ムシロ干戈《カンカ》ニ訴エテ潔《シ》ク倒レルニ若カズ」武装蜂起の狼火を挙げた。

反乱は全羅南道から忠清道・慶尚道にひろがり、五月に入って官兵を撃破し、三十一日全州を陥す。政府宮中あわてふためき、大清帝国京城駐在使・袁世凱《えんせいがい》に援軍の派兵を懇願する。日清戦争かくて爆発、と展開するのだが……

5・10　内村鑑三『地理学考』（『地人論』と改題）

5・16　北村透谷、自殺。

〈戦争前後の世相〉不景気風はますます深刻、東京市内に空家ふえる。貸自転車流行一時間2銭、甘薯一貫目9銭・焼いも大繁盛。運動会にぎわう（二人三脚・スプーン競争など考案）、劇場は閑古鳥。女学生の雨合羽（晴雨に関係ナシ）、汐干狩はじまる。貸事務所登場、一枚写真（ブロマイド）売れる。『西鶴全集』など、好色本発禁。銀座に服部時計塔出現・東京府庁舎落成、号外激増（東学党事件の発生以降）。

6・2　閣議、清国の出兵に対抗・混成一個旅団の派兵を決定。

6・4　清国北洋大臣・李鴻章《りこうしょう》、牙山《がざん》に援軍を送る。（9日上陸）

6・5　大本営を参謀部に設ける（総長・有栖川宮《ありすがわのみや》熾仁《たるひと》親王、次長・川上操六中将）。

〈戦雲、急を告げる！〉……六月七日、清国公使は陸奥宗光《むつむねみつ》外相に韓国王室の要請に応じ、「属邦保護」のために出兵を通告。駐清代理大使・小村寿太郎はこれに対し、「公使館保護」を理由に日本軍派兵を逆通告した。十日、韓国公使・大鳥圭介、陸戦隊の護衛下に京城に帰任する。

韓国政府は板挟みとなり、日清両国の衝突を回避するべく、十一日全州に立てこもる叛徒を説得して奪回、事態は一応鎮静するかに見えた。ところが、すでに出兵の決意を固めた日本政府としては、「イカナル手段ニテモ取リ開戦ノ口実ヲ作ルベシ」

十二日・仁川上陸、日本軍ぞくぞく大部隊を結集。ロシア両国に撤兵を勧告、イギリスこれに同調する。交渉一カ月をついやして成らず、こえて七月十二日、外国介入はむしろ事面倒と、大鳥公使に開戦を密かに訓令する。かくて、賽《さい》は投げられた。混成旅団三千は牙山に兵を進め、成歓《せいかん》にこれを迎え撃とうとする清軍と対峙して陣を張る。

二十三日、京城宮中に陸戦隊乱入してクーデターの奇襲に出、〝親日政府〟を樹立する。李鴻章、牙山に兵二千六百を増援。だが戦闘の火蓋は、陸上ではなく仁川沖で切られた。二十五日朝、佐世保軍港から仁川に向かった吉野・秋津州《あきつしま》・浪速《なにわ》は、援兵護送の清国艦隊と遭遇して砲火を交え、これを潰走させる。浪速の艦長・東郷平八郎、降伏の命令に従わぬイギリス輸送船を撃沈。

五日後、夜陰に乗じて敵陣に接近した日本混成旅団、二十九日払暁《ふつぎょう》を期して一斉攻撃、勝敗は僅々《きんきん》一時間半で決する。あくる三十日牙山陥落、清軍は北方に撤退した。

8・1　**日清両国、宣戦を布告。**
三井八郎右衛門（三井）、岩崎久弥（三菱）・渋沢栄一・東久世通禧《みちとみ》・福沢諭吉ら、財界有志戦争醵金《きょきん》談合、「報国会」設立。

〈李鴻章のはげあたま〉　博文館『日清戦争実記』・創刊、写真銅版を多用して大評判、たちまち売切れ（8・23〜M29・1月刊）、戦争錦絵《にしきえ》も大流行。川上音二郎一座、浅草で『壮絶快絶日清戦争』上演連日満員（8・31〜）。〽リ・リ李鴻章のはげあたま、負けて逃げるはチャンチャンボー、〽日清談判破裂して、〽道は六百八十里、〽火砲《ほづつ》の響き遠ざかる、えとせとらetc。

9・1　山県有朋、第一軍司令官に任じ前線の指揮をとる。

〔註〕李鴻章は万余の軍を南下させ、平壌を占拠する。砲台を築き堡塁を固めて、ここを決戦場とし、日本軍を撃砕すると宣言。これに対して、山県は天皇を陣頭に立てる。大本営を広島にすすめ、九月十五日の天皇着御を期して・平壌総攻撃開始、十六日未明、白旗を掲げて清軍は降伏した。

一方、十七日・黄海大海戦、丁汝昌《ていじょしょう》の率いる北洋艦隊潰走。さらに十月三日・大山巌が第二軍司令官となり、遼東半島花園口に精兵を上げる。これに呼応して第一軍は鴨緑江《おうりょくこう》を渡って九連城を陥す。「鋏《はさみ》で刈りとるように」第二軍は金州を攻略・大連占領、十一月二十一日・難攻不落と謳われた旅順要塞は、わずか一日の戦闘で崩れ去った。

戦争の虚妄であるごとく

内村鑑三は、明治二十七年夏、『日清戦争の《ジャスティフィケーション・オブ・ザ・コーリヤン・》義《ウォー》』（国民の友誌、英&邦文で書かれている）という小論文を発表している。非戦論ではない、〔支那は朝鮮の不能を計《はか》り、長く属国たらしめんことを欲せり。これ自由を愛し人権を尊重する者の一日も忍び得べき所に非ず〕

中国（清《シン》・支那）、〔最大退歩国〕の蒙《もう》を啓《ひら》く、目ざめさせる。〔天職を知らしめ吾人と協力して、東洋の改革に従事せしむる〕ための戦争なのである。〔永久の平和を目的として、吾人は戦うものなり、天よ！この義戦にたおるるわが同胞の士を憐めよ〕

やはりこの年、『日本及び日本人』の序文末尾に内村は、〔黄海海戦勝利の翌日〕と明記しているのである。憲法第九条的な発想からすれば、内村鑑三の主戦論は、まさにスキャンダルであろう。彼はこの時点で、徹底した絶対不戦の思想に未だ立ち至っていなかったのか？

当然・しかり、反省はあとからやってくる。牧口常三郎の場合も、「忠君愛国教育」への疑問は、〝戦後〟明治三十年顕在化した。私がここで言いたいのは、戦争・平和二つの道にも、魔道と仏道があるということだ。

そう・悪しき道とよき道とが、言葉を換えれば、霊と肉にも理想と現実にも、「色即是空」の大悟に至る、ひとすじの白道が敷かれる。日清戦争は、言うならば従属国解放のイデオロギーを免罪符として、〝正義の戦争〟の外観を有した。内実はとうぜん欺罔《きもう》であり、幻滅の戦後がおとずれる。過誤はくりかえして、北清事変・日露戦争・第一次世界大戦・十五年戦争と尾をひくのである。

しかし、戦争の虚妄であるごとく平和もまた欺瞞《ぎまん》にみち充ちて、人の世を地獄に誘うのだ。人間は相対の世界を彷徨《ほうこう》する、絶対の境界は失われた楽園、万物斉同であり・万類共存し・煩悩即菩提の一化を遂げる彼岸、ニルバーナとの間にある。そこに至りそこを踰《こ》える過程に、戦争と平和を歴史はくりかえす。

内村鑑三の思想は、「主戦」「非戦」というリトマス試験紙で弁別ができるような、軽薄なものではない。根本的な命題はゆい一、虐げられ差別され不当に迫害をうけている民衆の解放、〝生贄《いけにえ》の羊〟の救済にあった。

もし・日清戦争が、〔頑是《がんぜ》なき朝鮮の人霊《ひとだま》千五百万〕を圧制の檻から自由な天地にときはなち、真の独立を獲得する〝荒療治〟であるならば、あえてこれを肯定しようと、内村だけではなく当時の言論・知識人は考えたのである。野党も「支那撃つべし！」、挙国一致のスローガンの下、政争に終止符を打つ。庶民は勝

……臣民は……お国の為なら……どこまでも

ヤットンマカセたとえ火の中水の底……

日本人が強烈に、かくも強烈に国家を意識したことはなかった。もはや、自由民権は過去の遺物となり果て、みずから大みいくさの先陣に立つ国のミカドに、民草はなびき伏した。〝神権〟天皇制はゆるぎなく、なべての国民の合意の上に支配の体制を完成する。

内村鑑三が、幸徳秋水・堺利彦と共に日露戦争にさいして、不退転の非戦論を展開したのは・とりもなおさず、我身に課した懺悔《ざんげ》であった。こう言えばもっとハッキリする、日清への同調がなければ日露への不同調もなかった、と。

▽明治二十八年（一八九五）　＊牧口常三郎・24歳

1　樋口一葉、『たけくらべ』。（文学界、29年1月まで連載）

1・15　参謀総長・有栖川宮死去。

1・20　第二軍主力（二万五千）、山東半島上陸。威海衛軍港の陸岸を占領、一方、海上より艦砲射撃、水雷艇夜襲。「来遠」「威遠」「靖遠」（以上戦艦）他・撃沈。「定遠」（七千三百トン、東洋一の装甲艦で不沈を称した）大破・自沈。

2・12「鎮遠」（定遠と同型）他十隻降伏・拿捕、北洋艦隊全滅。司令丁汝昌、部下将兵五千名の助命を乞い毒を仰いで自決。

3・4　第一軍・雪解けを待って、作戦行動を開始する。牛荘、営口等を次々に占拠。この日、流星雨のごとく降る。

3・15　平安遷都一千百年を記念し、平安神宮を建立。

3・16　孫文・黄興など、「興中会」を結成、清国打倒の旗をかかげる。（3・16広州攻撃を計画し、〝青天白日〟を戦旗と定める）

3・18　李鴻章、アメリカ公使を通じて和議を申入れ、19日下関着。

3・20「春帆楼」で、伊藤博文・陸奥宗光両全権は李と会談。23日混成一個旅団、澎湖《ほうこ》諸島に上陸占拠。24日第三回会議帰途、暴漢に狙撃され李は顔面に銃傷を負う。和議中断し、諸外国に非難の声ごうごう。勅命を以て27日無条件休戦の進捗を指示。

4・17　**日清講和条約**・調印。

〔講和条件〕

一、両国ハ朝鮮ガ完全独立国デアル事ヲ確認スル。

一、清国ハ、日本ニ遼東半島・台湾及ビ澎湖諸島ヲ割譲スル。
一、償金二億両《テール》ヲ、七ヵ年間ニ支払ウ。
一、欧州諸国条約ト同様ニ、日清条約ヲ締結スル。
マタ
(1)沙市・重慶・蘇州・杭州ヲ、新タニ開港スル。
(2)揚子江ノ航行権ヲ、日本ニ与エル。
(3)日本国民ハ、清国デ各種ノ製造業ニ従事スルコトガデキル。

〈**戦勝景気**〉 〃正義の戦争〃とは、〔第一に我が国の利益を主眼とする〕(陸奥宗光『蹇々録《けんけん》』)植民地奪取、国益拡張の侵略戦争であった。朝鮮民衆解放と称する、絵に描いたモチのために国家は戦争をしない。〔毫《ごう》も義侠を精神として十字軍をおこす必要など〕、明治政府は認めなかった。

……これをようするに、チャンチャン坊主から領土をぶん奪ってやれ、ということである。朝鮮そっちのけ「ニッポン勝った、シナ負けた!」。巷では、「乗っとり汁」「凱旋雑煮」「北洋艦隊ナベ」「無敵タバコ」。

はやり言葉は、〔何事にても一寸手柄に為《な》れば金鵄《きんし》勲章受合《うけあい》と言うなど、時事的流行詞あり。京都花街に此の類多く、上七軒や五番街遊廓に遊ぶ者を「北進軍」[illegible]、島原遊廓を「海洋隊」となぞらえ、新地と先斗町《ぽんと》の仲を分けたる「鴨緑江」と云う〕〔娼妓を伏兵・仲居を赤十字社員・箱丁《はこや》(芸者のおとも)を朝鮮人夫・軍楽隊が舞妓・嫌なお客は李鴻章、大阪では無銭登楼を背水の陣〕(毎日新聞)

バリカンがめちゃくちゃ売れる、大人子供を問わずいがぐり頭、至るところ、「祝皇軍凱旋・国威振万邦《こくいばんぽうにふるう》」のアーチが立ち、幟《のぼり》がはためく。

田山花袋《かたい》は、戦勝の風景をこう描いている。〔都会も田舎も、すべて昂憤と、感激と壮烈とで満たされていた、万歳の声が其処此処《そこかしこ》で聞こえた。維新の変遷・階級の打破・士族の零落と云う何《ど》うにもこうにも出来ない、沈滞した空気が長く続いて……

其処から湧き出し漲《みなぎ》った、日清の役《えき》の排外的気分は見事だった、戦争罪悪論等その萌芽をも示さなかった〕(『東京の三十年』、T8)

牧口常三郎と田山花袋は同年、花袋の父は西南の役で戦死、九歳で母のもとを離れて東京京橋の書店に丁稚奉公。ものを書き世に出たのも明治三十年の前半であり、その自然主義文学・とりわけて『田舎教師』(M42)には時代の矛盾を牧口と共有するところが多い。

今ひとり、「東学党の乱、我国よりの出兵、清国と

の争端　この頃の事すべて書き尽くし難し」（日記、M27・6・20）。女子の知るべきことにもあらずと、開戦直前に誌している樋口一葉は、上田敏・馬場孤蝶・平田禿木《とくぼく》、そのころ錚々《そうそう》たる詩人や論客が、〔酒なけれども酔えるがごとく、積日の苦はみな忘れたり。萬《よろず》は凱旋の上〕（同、28・5・7）

と狂喜する姿に誘われて、〝主上東都還幸〟を奉迎する。〔戸々国旗を出し、軒提灯など場末の賤《しず》がふせ家まで、正午すぎよりは花火の音〕絶えまない情景を活写して、「雨など降りませぬように」と祈願しているのである。

　一葉は牧口のひとつ歳下、〝同時代の感情〟を我々はここにも見ることができる。戦争が勝利した、そして戦後は・何をもたらしたか？　目を再び、北の涯へと移そう。

牧口は、窮民の地獄を見た

　明治二十六年六月、一石・八円三十銭の越後米が半月の間に五十銭上って、以降うなぎのぼり。〔諸物価殆《ほとん》どすべて一、二割高、ろうそくのごときは五割、昨今トーフ屋も三割上げ〕（札幌史学会編『札幌沿革史』、M29）

物価高、そして不景気風が襲う。戦時下船舶徴発、いちどきにその煽りシワヨセがやってきた。北海道は経済活動を、いっさい海上輸送に頼っている。国家統制のタガを外せば、一挙にパニックに落ちこむことは、理の当然。運賃が暴騰する・滞貨山積み・倉敷《くらしき》料が嵩《かさ》む・給料も払えない・高利を借りる・返済に追われる・万策つきる、バタバタと倒産、夜逃げ首吊り。

　中小零細企業の苦境をよそに、笑いがとまらないのは親方日の丸の軍需産業、戦後も富国強兵の政策に乗り、石炭鉱業資源の輸出急伸、水産を抜いて第一位となる。一方・二十八年のニシン建網《たてあみ》は、平年の三分の一にも及ばず、徴兵による漁夫不足が原因だった。ようやく人々は不安を抱く、〔この先・戦争が二、三年も続かば、本道は如何なる惨状に陥《ママ》ちいるべきか〕（小樽新聞、5・7）

　そこへ、**ニッポン勝った！**　たちまち祝賀ブームとあって、麦酒《ビール》の出荷倍増、昼夜操業開始。清国からの償金、邦貨換算三億六千四百万円（戦費二億七千万円を差引き・現在の貨幣価値換算ざっと四兆七千億円）。だが、好景気は到来しなかった。日銀支店はじめ金融機関だけが、道内にやたらと設立される。

　庶民はどん底、札幌市南東の「細民家庭」平均日収五十銭（二千五百円）、北海道新聞社編『札幌百年』中巻の記述によれば、労働時間は十二乃至《ないし》十三時間。女房の手内職をあわせても、月収はやっと十五円。当時の家族構成は働きざかりの三十歳台で・親子五人、年寄りをかかえ「貧乏人の子だくさん」とくれば、七人八人はめずらしくない。

その一家が、今日の金額で言えば七万五千円で喰べていくのである。米の値上りはついに明治三十年、小売り一升十五銭を突破する。『にごりえ』で樋口一葉がえがいてみせた世界、〔ああ私が覚えて七つの年の冬でござんした、寒中親子三人ながら古浴衣《ふるゆかた》〕という疾苦《しっく》は、北の街の片隅でさらにいっそう、深刻であった。

子供たちも、労働したのである。明治時代のビール工場の写真は、ももひきに前だれ姿の少年少女、十歳前後とみえる年齢のちびっこが健気に立ち働いている姿を、記録に残している。

牧口常三郎「単級教室」、貧困家庭の子女への熱い思いを、我々は時代の流れの中で理会しなくてはならない。この人の生い立ちも・青春も、虐げられ差別される、〝末世奈落〟の衆生と共にあったと。そして、国家への疑いもまた、窮民の地獄を見た悲しみと怒りから生れる。

明治二十七年九月一日、札幌師範学校新校舎落成、南一条西十五丁目・敷地五万一千七百四十九坪、校舎一千九百九十坪（本校・附属小学校・寄宿舎）、〔当時付近は広漠たる野原にして、三吉神社の以西に人家なく〕、日清戦争後・第七師団練兵場となる。

「単級教室」が附属小学校の正課となり舎屋が設置されたのは、明治三十一年の八月三十日。五年間の実践が認められ、弱冠二十七歳で北海道教育会機関雑誌の編集、並びに評議員に推薦された夏のことである。

聖教新聞社編『牧口常三郎』年譜によれば、二十七年から本格的に地理学の研究に打ちこんだとあるが、私は見解を異にする。なるほど、『地人論』（内村鑑三）はこの年五月の刊行、『日本風景論』（志賀重昂）は同じく十月に上梓されている。

日清戦争下、牧口がこれらの出版物に触発をされたことは、想像に難くない。が、私はこう思う。青年教師二十三歳の魂を揺り動かしたシュトルム・ウント・ドランク（疾風怒濤）、何よりまさって教育現場への情熱であった、と。文部省検定試験地理科で、「地文」「地理」に合格したのは二十九年七月、いっぺんに二つの文検を取るのは、たしかに希有の所為にちがいない。

とはいえ・それは、独創とは別の努力なのだ。『人生地理学』体系の構想は、三十年以降からはじまった。私はそう言いきってよいと思う。〔（題名が適当かと）かく考えつつ、すでに数年を経たが〕と三十六年十月の初版・例言にある。という理由だけではむろんなく、この書物に提起されている思想は、〝日清戦後〟を総括しなければ醸成されないものだからだ。

　そしてまた、教師として地歩と自信と余裕を得なくて、生涯の研究のテーマにとり組むことはできまい。二十八年八月夏期休暇中、文部省が東京で開催した単級教授法講習会に、牧口常三郎は北海道代表として出席している。帰途ふるさと荒浜村に立寄り、縁談のあった牧口熊太郎の次女クマ（当時十九歳）と婚約。その家庭生活、嘱望される新進教師の活動については次章で述べよう。とまれ戦いすんで・日は暮れて……


「外山クン、こうして戸田さんの銅像を見ていると辛いねえ」

「……ハア、何を考えているんですか？」

「いまは平和なのダ、初代&二代会長の苦闘のたまもの。炭坑やニシン場や日清戦争なんざ、昔語りだと」

「ボクはそう思いませんよ、決して」

「三代会長だって、この北海道で修羅場を踏んでいる」

「これからだって、嵐はきますよ」

「いや・俺が言いたいのは、この国から地獄はなくなったと、みなが思いこんでいること」

「山谷・釜ヶ崎・寿町、ですね」

「それもあるが肝心なことはね、日本の北海道・東北はいま、海の外にあるってことなんだよ。一ヵ月七万五千円、いやそれ以下の生活が東南アジア・インド・アラブ・ラテンアメリカ、〝第三世界〟窮民の日常だということ」

「ああ、なるほど！」

「日本の経済支配は現在、いわゆる開発途上の国々に及んでいるのだ。その上にあぐらをかいて、のうのうと暮しとってよいものだろうか？」

「法を弘《ひろ》む、世界に道あり」

「戸田城聖、何処を睨んでいるのか！」

〔佐藤順良氏に聞く〕　戸田墓苑所長・66歳

竹中　戸田さんはお元気なころ、堂々たる体格だったそうですね。

佐藤　亡くなられる前の写真、これがイメエジとして定着しているんですな。八十日間ほど闘病をされまして、だいぶやつれておられる。先生の着ておられたモーニング、私にぴったりでして。ハイもっと太っていたので、あの銅像の原型を拵《こしら》えますとき、僭越ですが私がモデルになってポーズをつくりまして。

竹中 所長さんは戸田さんと、何度もお会いになっているわけですね?

佐藤 昭和二十九年、全道夏期折伏にいらしたときに。そのころ学会は、北海道弘教に全力を挙げておりまして、札幌が池田名誉会長・当時の参謀室長でした。函館が小泉理事長・現参事、室蘭が森田現理事長、小樽が柏原ヤス先生、帯広が竜年光・当時総務。

この年の八月十二日、私は入信をしたわけですが、戸田先生とは小樽でお会いして、それからもう毎月。上京しますと戸田先生のお部屋にすぐにこいと、お宅までうかがって……

竹中 なるほど、モデルとしては。

佐藤 癖やしぐさをですね、ひょいと真似ができる。

竹中 入信をしたとき、ご職業は?

佐藤 美容師です、女房とは敗戦後に一緒になったのですが、これが先にやっておりまして、私は復員したばかり。ハイ世の中混乱しておりました、喰うためにはじめたんですが・これが当りまして、小樽で十六人の従業員使って、美容院を開いたんです。

……それから信心を持ちましたから、地域くまなく歩かなくちゃいかんということで、何せ草創期のことですから、店をやめまして弘教に専念をしたわけです。

強敵・破折の地へ!

竹中 奥さんは美容院、ご主人は広宣流布というわけには?

佐藤 そう、いま考えてみると常識をはずれていますわね。でも、そのときは少しも不思議なことではなかった、当りまえのことをやっている、信心した以上これがなりゆきだろう(笑)。

竹中 敗戦後の小樽は、駅前にずうっと闇市がひろがっていて……

佐藤 引揚者の人たちにね、優先的に権利があったのです。花園とか稲穂町、駅前でいったら今の三角市場。飲食店や料亭、にぎやかでしたな。

竹中 売春も、すごかったでしょう。

佐藤 とにかく昔から、〝人買い〟と言ったら小樽。男ならばタコ部屋・女は娼婦と、仕入れにくるんです。そいつを樺太に売りとばす、千島へ持っていく。

それが敗戦後は逆流して、稲穂町の近辺に吹きだまっちゃった。

竹中　当然、美容院のお客さんも？

佐藤　多かったですね、うちの開店は昭和二十三年ですけど、そのころは客の半分以上が水商売・パンパンさん。私、美容院をはじめる前には、古物商の免許とって、我楽多《がらくた》相手にしとったんです。えらい環境のちがいで（笑）、両方とも人生まちがっておると。

　ま、心にわだかまっとりました。私のばあい曹長で、職業軍人なんてものじゃないが、神を拝んで戦争に負けて、よりどころというものがなかったのです。金はもうかっても、充たされぬものがある。そこへ折伏を受けまして、小泉理事長の奥さんからです。ちょうど子供が帰ってきました、七つなんですよまだこれが。「父ちゃん信心しろ」（笑）、

　奥さんはよろこんじゃって、「福子《ふくし》だわ、いやア子供のほうがわかってる」

竹中　それで、戸田先生と？

佐藤　二、三日たって、駅前の旅館で質問会がありました。だれも手を挙げる者がいないの、つい叛骨が出まして、「ハイ！」と言っちゃった、実は質問を考えていない（笑）。

　創価学会は部隊とか参謀とか、なんで軍隊風なのか・軍歌みたいな唱はやめたほうがいいんでないか？

するて、戸田先生はこう答えた。

「歌で戦争負けたんじゃない、人の間ちがいから痛ましい惨めな結果に終った。あべこべに、もし勝っていても、同じ不幸を朝鮮の人々や中国の人々は味わったろう。歌は士気を鼓舞するものだ、戦争犯罪人あつかいにしちゃいけないよ」

竹中　ああ、いい話だなあ！

佐藤　騎虎《きこ》の勢いと言うか、私もくいさがりまして、創価学会は上野から汽車占領してきたと新聞に出ている。ほかのお客さん乗せなかった、そういうことをしてよいのか？

　そしたら戸田先生は、「いやァ切符を一人前買って、一人前の席に座ってきたけれど。ヤスは尻が大きいから、二人前占領してきたかね」と、柏原先生に聞くわけですよ。新聞を信じるか、この俺を信じるかどっちだ？　私が何も言えんで黙ってると、「おまえは理屈こきダッ、信心しなくていいから帰れーッ」とものすごい声で一喝された。

竹中　ドーンと、腑に落ちた。

佐藤　もっと下まで、キンタマちぢみ上った（爆笑）。

戸田先生はショート・パンツに縮みのダボシャツで、度の厚い眼鏡。それに、薬罐《やかん》をわきに置きましてぐいぐいと、コップに注いで呑んでる。水かと思いましたが顔が赤い、「本日はこれで終り」、スススッとお帰りになっちゃった。

そして一年後、私は地区部長。〈小樽法論〉のときには支部長、いまこうして先生のお姿を、お護りさせていただいております……。

望来の坂上にさしかかると、〔墓苑を含む丘陵のすそに、慕いよるような青い海と、その湾入をやさしくかかえこんで銀紫に煙る山の連なりが、さーっと幕をあげたように〕一望に展《ひら》けると、『厚田詩情』は綴るが・海みえず山もおぼろ、石狩川の渡船場あたりは雪つむじ、ものみな夢かまぼろしか。

タイムトンネルをぬけるように、車は小樽の市内にすべりこむ。昭和三十年三月十一日、〔市公会堂において、創価学会と身延派日蓮宗とが、一千余名の聴衆を集めて〕（小平芳平編『小樽問答誌』、S30）、公開討論を行った。

問答誌・序文に言う、〔誠に「世皆正に背き人悉《ことごと》く悪に帰す」。敗戦の結果大衆は未曽有の生活難に襲われ・道義は地に堕ち・さながら地獄の様相を呈し・人人は生きる目的も希望も失って、ただその日その日を、餓鬼の如く畜生の如く生き延びてきた〕

しかるに〔戦後の宗教界は、頽廃の極にある。乱立した邪教邪義の宗派は自己の利益をのみ事とし、民衆を不幸のどん底に陥しいれ、また先祖伝来の既成宗教は実践力を失って、たんに法事と葬式によって、僧侶という非生産階級が生活しているにすぎない〕

〔創価学会の主張と、俗衆増上慢・道門増上慢、彼ら邪教の主張とを堂々公場において対決することは、我らの最も望む所であった〕

〔さて二時間有余の問答は、徹底的な大勝利であった。これを勝利と言わずして、何処にも勝利というものはない。実にこの勝利の記録は、創価学会史には云うまでもなく、日蓮正宗史にも・否、日本仏教史に特筆されるべき一ページであった　――昭和三十年四月八日、創価学会会長・戸田城聖〕

……釈尊生誕のよき日、双眸《そうぼう》に涙あふれて書き誌したのであろう。私はこの人の印象を、世間一般とは異にする。激情の人であった・比類なきオルガナイザーであり・豪放らいらく、外にむける貌には、一点のくもりもなかった。が・ひとみの奥に孤独がある、

『プルターク英雄伝』の子は、実にさみしがりやではなかったか？

ごく私的な追憶を重ねあわせれば、日本共産党書記長の徳田球一に、同じ面影を見る。敗戦・飢餓線上の修羅に起《た》って民衆を領導した〝英雄〟、一人は異国に非命の死を遂げた。一人はふるさと望来の丘に・庶民信仰者の象徴として祀《まつ》られ、はるかな涅槃《ねはん》をみつめている。〝二つの道〟は岐《わか》れ・屈辱と栄光の歴史を分け、究竟《くきょう》その出発点は一つだった。人がみな飢え渇いていたあの時代、焦土に**革命をゆめみた志において**……

この連載で・我々は、「書斎の学究」と信じられてきた初代会長の人間像を、〝時代背景〟との遠近法《パースペクティブ》によって、捉え直し・修正してきた。それは、あるいは学会の一部の人々にとって異端であり、冒瀆《ぼうとく》であるかも知れない。また、「牧口常三郎・正史」を著述してきた人々には迷惑なことであり、片腹痛いとも思っておられるにちがいない。

だが、門外の異見をふくめて、様々な解釈がなされ・評価が行われることを、人と歴史は求めている。ルポルタージュという分野を選び・実証に即しながら、しかも悪しき客観主義を排して・自己の主張を展開すること、これがもの書きとしての私の、〝方法論〟である。

戸田城聖二代会長について、また池田大作現名誉会長に関して、耳になじまぬ言葉を聞き・文章に接しても、謗法《ほうぼう》とはけっして考えないでいただきたい。かの赤き道を・又かの青き道を踏みながら、等しく常寂光土《じょうじゃくこうど》に至るのだ、牧口常三郎正宗入信の歳を、私は目前にしている。

それはちょうど、『雪炎えて』に始まり『春と修羅』『衆生病む』『殉教の譜』と四部を予定した、この連載が終るときおとずれる。牧口常三郎の人生、その誠実とその試行錯誤を、明治・大正・昭和の三代にたどり、おのれを折伏しようと私はしているのである。

業は深く、半世紀に根づく。さかのぼれば、さらに五十余年の昏《くら》き流れ、回転し回転する戦争と平和と民衆のテーマに往き暮れる。明治四年、〔もとこれ・荒浜の一寒民、漂浪半生〕（『人生地理学』緒論）の出立から、ようやく四半世紀の道程を地縁に従って検証した。

そして・西暦一八八五、十四歳の少年牧口長七がふみしめた文明開化の小樽。七十年後の「法論」、強敵《ごうてき》・破折の地に立ち戻る。正午、雪は小やみとなって、〝雪母摺《キララ》り〟の街、白銀《しろがね》の細片ちり舞う坂道を、小樽文化会館へ。

まずは、事件発生のいきさつから。

〔……昭和三十年三月四日、午前十一時突然、池田参謀室長より電話連絡あり。北海道小樽班と身延《みのぶ》派との間に、事件が発生しこれが調査を命じられる〕（星野義雄・当時学会男子青年部第四部隊長）

さらに戸田会長からも、事態は緊急を要するので飛行機で行けと指示。〔会長先生は千載一遇の好機なりと、お喜びのようすであった〕。そもそも・事は、学会から退転しようとした信者の再折伏に発する。そこへ、身延派の僧侶があらわれて〝宗論〟がはじまるのだが、やりとりは少なからずトンチンカンであった。

身延（妙竜寺・出淵啓進、鈴木景山の二人）「正宗《しょうしゅう》がただしいと、いったいどの御妙判《ごみょうはん》に出ているのだ！」

学会（谷紀恵子小樽班長、長谷川シメ班担当員、泉谷貞江組長）「ゴミョーハンってナニ？　聞いたこともない、わたしらは御書《ごしょ》を読んでるんだから」

第六章　行け小さき者よ！

〈小樽問答〉事始

〔おことわり〕

一週間前熱発、とつぜん鼻腔から血が噴きだし、寝こんでしまいました。只今三十八度三分とあって、ペンをもうろうと走らせています。鬼のかくらん・悪性の感冒、いのちに別条は無之《これなく》、すでに目次に刷りこまれた〝春と修羅〟（語呂を合わせるほどには元気回復）。編集部には非常なご迷惑をかけて、行数を大幅に削ってもらいました。

……したがって、〈小樽問答〉今回は記録にとどめ・年譜をはぶき・教学的な叙述までゆきとどかず、牧口常三郎その人の歴程も、次回へくりのべます。また〝中間的総括〟のために、創価学会青年部長・太田昭宏氏と対談をしましたが、これもブリッジをして、詳しくは次章に展開の予定です。

文章の乱れ、お恕《ゆる》し下さい。本誌のみならず、原稿八方ふさがりの態たらく、長い旅をしかもひかえて、すくなからず焦立っています。「日蓮大聖人の法難に比べれば」と・凡夫の心にムチ打って、昭和三十年春三月、小樽の地で何がおこったのか？

当時、小樽に学会百八十三世帯。戸田城聖二代会長が指名した谷紀恵子班長を先頭に、〝本部直属〟の折伏実践活動をくりひろげていた。学会員読者のみなさんには、いささかなじまぬもの言いになるが不悪《あしからず》。〈小樽問答〉の立役者は、この谷紀恵子さんである。肝ッ玉母さん風ではナイ、伝法な鉄火肌のひとなのだ。若かりしころは、きっと小粋であったと思う。小樽弘教の軸に彼女をすえたのは、戸田二代会長の慧眼《けいがん》であった。

〔坂道が多く、市民の生活は貧富の差が著しく、港町だけに商才に長《た》けひとくせありげな人物が多く、また、太陽の光に恵まれず、市内は灰色の暗い感じにおおわれ、その陰気な家の中に肺病人やら、骨の病人が目立つ……〕（小樽問答誌第二節『小樽班の結成と折伏活動』、柏原ヤス＝当時指導監査部長）

小樽、戦後十年。空襲をこうむらなかったこの街に、むしろ敗戦の混乱は尾をひいて、引揚げ・ヤミ市・パンパンガール、「星の流れに身をうらなって」明日に希望のない人々が犇《ひしめ》く。

ここもまた、まずしい庶民には夕張と等しく、〝吹き溜り〟であった。流離の宿業を少女のころから、谷さんは負っている。八十戸に足りぬ青森県北津軽郡の漁村に生れ、数えで十八歳のときに家を出て函館に渡った。二十三歳の春結婚、夫はぐうたら浮気もの。

〽なんだ、なんだ、なんだエー
　こんな男の一人やふたり
　ほしけりゃ呉れてやる　ノシつけて

※歌詞、「ほしくば上げましょ」云々というのは誤り。
　これが『サノサ節』の元唄である。

離婚、〔彼女は転々として旅の生活を送り、ついに満州に渡った〕（池田大作『人間革命』第九巻）。

昭和二十年一月、小樽在住の姉夫婦が三人の幼児を残して急死、彼女は日本に呼び戻され・養育の責任を負わされる。敗戦直後の九月、谷良之と結婚。小さな呑屋を開き、生活苦と闘う。

〔谷紀恵子の話〕

八月十五日に、天皇陛下の放送があるというから、聞いてみたけれどガーガー雑音ばっかでなんも判んないの。ロシア攻めてくるんだべ、ナンジ臣民に苦労をかけるけど、耐えて忍んでもっと戦えとおっしゃっている。在郷軍人会のひとがそう言うもので、ハイハイそうですかって。泣いている人もいるでしょう、泣かなきゃいけないんダ、泣くべえって涙を流したんだわ。そしたら、明日になって戦争敗けたんだって・アレー、それで終りさ（爆笑）。世の中ひっくりかえったんだと、だから二度とするまいと思ってた結婚したの。お国もやり直し・人生もやり直し、でも苦労は終らないものね。

ハラ痛めたんじゃない子供三人、実の母の心で育てなきゃいけないでしょう。けれども、夜の商売をやらないとマンマ食べていけない・両立しないの。頼るのは神ほとけ、まあどれだけ拝んだものだか。

どの宗教もききめナシ、亭主の母親が東京で創価学会に入っていて、手紙で折伏してくるんだけど、もう何も信じられないという気持だから放っておいたら、たまりかねて来ちゃったんだわ。昭和二十九年七月十三日、せまい家の中でダブダブ・グダグダ言うんだわね。しゅうとめには逆らえないから、ウソで入信しますよと言ったの。

……そしたら、八月八日に柏原ヤス先生が小樽にきて夫婦で呼びだされて、本式に折伏されたわけ。話は半分も判らないけれども、啓《ひらめ》きがあったさ。あッ、この人は私と同じだって。うまく説明できない、あんたは信心がないから。さっきから変な座り方して、痔なんでしょう？　ああ、神経痛持ちなのねえ、信心しなさいじきに治る（笑）。何の話だっけ、そうそういっぺんに腑に落ちて・朝から晩まで店閉めちゃって、ヤス先生と歩いたんだわ。もうこの街は坂だらけなんだから、先生デブでしょう、きついなあって。十日間上って下って、あっちこっちに火がついて、折伏六十二世帯・小樽支部結成。

戸田先生がいらして、「オカミサンよくやった、お前が大将だーッ！」。班長にさせられちゃった、もう無我夢中だわ。知りあいをひとわたり折伏して・日蓮宗の人ら、〝身延〟の信者を片っ端から、それがそもそもの始まり。

忘れもしない三十年二月二十五日・夕飯すんだころを見はからって、ここにいる長谷川シメさん・泉谷貞江さんと一緒に竹森の家に行ったの。

この人は、小樽の身延派の妙竜寺ってとこの檀徒だけど、その月の三日に入信したばっか。洋品屋やってて横着者で、主人は働かず奥さん泣かせてる。それが「御本尊かえす」って、自分のチエじゃない。案のじょう・話してるところへ、身延の坊主がやってきたんだわ。エバリくさってさ、言うのよ。「お前がた、善男善女を暴力で折伏しているじゃないか！」

出淵啓進と鈴木景山と二人して、理屈こきだ。

「御妙判のどこに、日蓮正宗が正しいと書いてあるのか？」。じゅず出して、こんな立派なの持っているかとか、言うことが卑しいんだわ。ゴミョーハンって何のことやら、ちっとも判らない。相手は嘘にも坊主でしょう、内心はがくがくしてるの、それでも虚勢張って……

〔インタビュー〕
谷紀恵子（74歳）当時、班長
長谷川シメ（83歳）〃　班担当員
泉谷貞江（64歳）〃　組長
※オブザーバー　泉谷正一、大橋スミ、秋山園子

——於・小樽文化会館

◆

竹中　入信して半年でしょう、〝職業坊主〟とよく対抗できましたね？

谷　対抗なんてものでないの、膝小僧ががっくがく。震

えが股からお乳のあたりまで上ってきて胴ぶるい、もう生きた心地じゃないんだわ。弱味みせちゃいけないと、煙草ばかりスパーッ・スパーッ（笑）。

長谷川　わたしら、谷さんがいるから大丈夫だって、見たところ、デンと落ちついているんだもの。

泉谷　私はね、事件の責任者なんです。その竹森という人は主人の友達で、折伏したわけですけど、酔っていたんですよそのとき。あんた危ないわよって、ナニ心配するなと言うんですよ。そしたら、案のじょう。

正一　酔ってないときに、いろいろと話したんだから、まさかとぼくは思っておったの。その日は前夜からものすごい大雪・汽車は止まっちゃうし、男どもは働きに出たきり降り籠められましてね。それでこちらの三人が、竹森さんの家に説得に出かけた。

谷　あとで考えると、この機会に逆に折伏してやれと、示しあわせて坊さんを呼んでいたんだわね。いきなり、「暴力宗教・創価学会」でしょう。

泉谷　女だと思って、頭から小馬鹿にしてるんですよ。『本尊問答抄』のキリモン（切文）、ねえ。

谷　とんでもない嘘こくの、「題目《だいもく》を以て本尊とすべし」と書いてあるから、竜でも狐でも何でも、南無妙法蓮華経と唱《とな》えて拝めば信心だって。

外山　「法華経の・題目を以て」が本文ですね。

谷　肝心のアタマをとっちゃって、第一『本尊問答抄』なんて聞いたことがないもの。負けちゃなんないけど、教学ゼロなんだから（笑）。「日蓮正宗が正しい証拠を示せ」と言われたってもオイソレと、出てこないや。

長谷川　でも、頑張ったよねえ。

泉谷　「ゴミョーハンのどこに書いてある！」（爆笑）。

谷　チンプンノカン、何のこっちゃ。

長谷川　私はおなかの中で、お題目をとなえていた。班長、負けちゃいけないようッて。

泉谷　そんなもの知らない、私たちは『御書』を読んでいる。

谷　馬鹿だと思われたべさ、我ながらよく言ったもんだ。あとから聞いたら、それは、〝御妙判〟だって。大聖人様のご遺文のことだ。ヘエ、『御書』と同じじゃねえの（笑）。

竹中　その二人の坊主は、妙竜寺の？

正一　鈴木景山というのは執事、出淵啓進はまだ学僧、身延山で荒行をやってきた男です。

谷　若いのは可愛げあったけど、あの鈴木のクソ坊主が（笑）。

正一　住職の伊藤啓竜、これが中風で寝たっきりで、鈴木が実権を握っておりました。〈小樽問答〉の仕掛けは、彼の謀略なのですよ。

竹中　すると、竹森洋品店でのことはハプニングではなく？

正一　竹森の母親が亡くなって、その骨を妙竜寺にあずけていた。宗旨がえするわけですから、返して貰って正宗のお寺・こちらには始照寺がある、そこへ移さなければなりません。

竹中　ハハァ、檀家をとられる。

正一　そういうことです。創価学会がどんどん拡がっていく、他宗にとっては困りものだ。

竹中　芽のうちに摘んでおけ、ということですな。

正一　それで、仕掛けてきたのです。

竹中　宗教戦争だ、大げさに言えば。

谷　大げさでないの、売られた喧嘩を買ったからには、生命のやりとりの戦争なんだわ。

長谷川　本当、御本尊を外護《げご》しなきゃ信心・どこにあるの！

竹中　烈しいなあ、もう（笑）。

谷　むずかしいことは判らねえ、三月十日に総本山の大石寺《たいせきじ》から、法王猊下《げいか》がおみえになる。学問のあるお坊さんも、きっとついてくるで、ゴミョーハンやら何やらその人に聞いておくと言ったの。そしたら鈴木のクソ坊主、「あらためて僧侶同士で法論しよう！」

ナーンチャッテ、そっくり返っちゃったんだわ。

泉谷　これは、大変なことになったと思いました。谷さんは度胸きめちゃって煙草スパーッ（笑）、「結構ですとも。面白くなってきたわ大賛成よ、法論でも鉄砲でも持ってこい」。

　今般左記ニヨリ、日蓮正宗・創価学会小樽班ト、日蓮宗・妙竜寺寄宿鈴木景山ト法論対決スルコトヲ誓約シマス。

一、日時　三月十一日午後七時ヨリ
一、場所　小樽市公会堂
一、代表者　各同数トスル
一、費用　勝敗ニカカワラズ折半シ前納スルコト
一、懲罰　日蓮宗が敗ケタトキハ鈴木・出淵ノ二名ハ直チニ還俗《ゲンゾク》、僧籍ヲ離脱シ日蓮正宗ノ信徒トナル。
　日蓮正宗が敗ケタトキハ、谷紀恵子並ビニ長谷川シメ・泉谷貞江ノ三名ハ日蓮宗ニ帰依スルコト。

右誓約書、各一通ヲ領有スル。

昭和三十年三月二日

……宗教に関心のない人々には、この対決がどれほど重く、きびしいものかを理解できまい。言えばそれは、信仰者の命を賭けた闘いであった。

谷紀恵子は言う、「柏原先生に叱られないだろうか。本部に相談もしないで、こんなことをしでかしたと、夜もねむれない日がつづいたの」。ただ、この信心は人をも世をも救う正法であることに、流離の半生にようやく見出しえた白道である一事に、彼女は賭けた。

行け、小さき者よ！　私には、必死に胸を張り顔を挙げ、〝降魔の石〟を敵に投げつけようとする谷紀恵子、しがない呑屋のオカミサンの姿が、何より巨《おお》きくみえる。そう、釈尊よりも。「不敬な」言葉とうけとっていただいて結構、私にとって仏とは・庶民衆生である。

礼拝し導かれるものこそが仏なのだという思想を、〝法論〟風にここで・全面展開するつもりはない。

〔お前たちは、遠慮なく、私を踏み台にして、高い高い所へ、乗りこえて進まねばならぬ、私の斃《たお》れたところから〕（有島武郎『小さき者へ』）。これが、（私の）仏の声である……

日蓮・日興・牧口常三郎、戸田城聖の声なのである。

〔会長先生におかれては、微動だにすることなく、かかる問題をお山（総本山・大石寺）で処置する迄もなく、とうぜん学会で解決せねばならぬ。また、学会でなければだめだ〕（問答誌第三節『事件発生のいきさつ』）

言下に、当時＝男子第四部隊長・星野義雄、第七部隊幹部・大川清幸を現地に派遣する。

学会でなければだめだ、小樽でおきた小事件を、創価学会総体を一大飛躍へと発展させる〔千載一遇の好機〕、と彼は捉えた。そう、**折伏とは勝負である！**

……『プルターク英雄伝』的浪曼と、前章で私は述べているが、戸田城聖その生涯はまさしく戦《いく》さであった。斃れたおのれの屍を乗りこえていく、衆生あとにつづくことを信じての。流離の貧苦に洗われて、かえって純粋無垢な魂をむきだしにしたオカミサン、谷紀恵子のしでかしたこと、向うみずな敵陣への吶喊《とっかん》を、彼はむしろよくやったとわが意を得ているのだ。

ゴリアテを倒す者は、ダヴィデである。〔日蓮は其の人に候わねどもほぼ心得て候えば、地涌《じゆ》の菩薩の出でさせ給うまでの口ずさみにあらあら申して〕（『本尊問答抄』、御書三七四ページ）、況滅度後《きょうめつどご》の鉾先に当る。

恣意の解釈と謗られても、いま日蓮をそのように私は読む。〈小樽問答〉の石火矢は・まさに小さき者《ダヴィデ》の手で放たれ、ゆえに勝利すると戸田は確信した。

妙竜寺側はひそかに、身延に連絡していた。彼らも事態の深刻化を察知して、元立正大学教授・長谷川義一、身延山の教学僧・室住一妙を小樽に派遣するよう根廻しする。三月八日、二人は隠密裡に北海道に到着した。

替玉を立てて、〃未熟な〃学会員なら鎧袖《がいしゅう》一触。もし正宗の理論派が来ても、「僧侶対僧侶」の法論で拮抗しようという姑息な手段である。

これに対して、学会は青年幹部を陸続と送りこむ。男子第五部隊長・秋谷城永（栄之助・現会長）をリーダーとする、第一部隊幹部・星野豊、第二部隊・伏木和雄、第四部隊・岡安秀夫、第九部隊・竹入義勝、三月九日小樽入り。つづいて石田次男理事、竜年光参謀が到着。

三月十一日、戸田会長・小平芳平教学部長・辻武寿青年部長、そして池田大作渉外部長（現名誉会長）。一方、第六部隊長・赤須雪秀の率いるオルグ班は旭川、同じく第一部隊幹部の竜登・曽根原敏夫は札幌へ、全道会員の結集を呼びかける。

水滸・一百八の星々のごとく、小樽へ小樽へ……

こういう描写が、実は私は嫌いである。しかし世の常の戦さとは、子供じみた昂憤にささえられ、その昂憤の高まりが勝負を決する。とうぜん、周到な戦略に裏打ちされてだが。

会場は人々に埋め尽され、学会の動員は身延を圧倒した。廊下には『謗法《ほうぼう》写真展』、久遠寺の観光売僧《まいす》ぶりがあばかれ、〽お釈迦様でも救えまい、エッサオーご開帳。「お札の中身は無間地獄行特急券」

日本山妙法寺とび入り、ドンツクドンドンと法華太鼓はひびき渡り、定刻午後七時開会。万雷の拍手にむかえられて、戸田会長が入場する。「法論」学会側の代表は小平と辻、司会者《スポークスマン》・池田。身延側は長谷川と室住、司会者はなぜか名乗らず（僧侶・松井某？）。〔学会の意気は物凄く、完全に身延側は呑まれた格好であった〕（問答誌／秋谷城永『開会を待つ』）

谷紀恵子は、最前列に座っていた。おのれが口火を切ったことが、こんな途方もない事態に、組織を挙げての全面対決にまで発展するとは！　身延の坊主どもを睨みすえて、彼女は歌の文句のように自分に言いきかせる、〽何がなんでもカタネバナラヌ、断じて勝つ、勝つ、勝つ！

地涌の菩薩、ある限り

竹中　勝ちました、ね。

谷　問題になんない、身延の司会者が二分間立往生したらそっちの負けだと、テメエから言いだして、二分間どころかしりめつれつ。

　長谷川という坊主は糞ッ丁寧なもの言いだけれど、〝新興宗教〟が増えると自分らのお布施が減ると、そんな話っかできねえ、何が大学教授だって（笑）。室住はどもりなの、ふだんはどうか知らないけど、クックックッ功徳がどうしたこうしたから、人々はよろこんで賽銭《さいせん》を上げるのでありますだと、これは本物の馬鹿ダ（爆笑）。

泉谷　黙って聞いているのに、勝手に詰まっちゃって、三分間ぐらい汗流していたわね。

長谷川　イイエ三分半、時計をもってはかっていた人がいたもの（笑）。

　〔一山の責任を背負って、法論に立つも何らの見識もなく、何らの教学もないということを私は痛感した。はかなきは、邪宗の教学である。何百年らい、宗祖を看板にして、懶惰懈怠《らいだけたい》にした身延派の僧侶の姿は暴露された〕（問答誌／戸田城聖『はかなきは邪宗の教学』）。

大聖人のお悲しみは如何ばかりであろう、と文章を結ぶ。この日、戸田は青年たちと共にいた。〔先生は、法論の終るまで朝より機中まで一滴もお好きな酒をお飲みにならなかった〕（同／池田大作『司会者の感想』）。

〔先生が会場にみえたとき、常に我等と共にあり、我等の先頭にあることを私は感じた〕（同／竹入義勝・現公明党委員長『法論終了後の新聞配り』）

　このように応えるものを、強敵・破折の戦闘精神を創価学会は、そして政教分離の公明党はこんにち失っていないだろうか？　みずから闘わぬ者、血を流さない者の上に、〝諸天善神〟の加護はあるのか？　便宜の連合政権は、広宣流布を約束するのか？？？

　発熱三十九度をこえている、ウワ言と受けとっていただきたい。私にとっての励ましは、読者からのただ一通の手紙であってよいのだ。大阪の満寿文雄さん、久しぶりにそういう励ましを、貴方から頂戴しました。この連載をより豊かなものにするため、〈小樽問答〉時代の幹部にインタビューを申込んで・拒否され、いささか怨嫉にかたむいた心を、お手紙は鎮めてくれました。学会の側に立ちつづけることは、〝現状〟まっことシンドイ。

　だが・庶民衆生、地涌の菩薩ある限りそのことを私はやめません。これまた『御書』の恣意的解釈、私度の放浪僧の愚痴でしょうか？

　たとえば、『小樽問答誌』がげんざい絶版とされていて、会員の手に容易には入らないこと。なるほど、〝現状〟よりすればと、私は納得している。これは、過激な書物である・烈しく美しい文字が綴られている。

〔私は、もう前のように無学の人ではなくなりました。私は実に御本尊様を拝したために、四十六歳より字を覚えました。御妙判は御書であることも判り、「南無妙法蓮華経」と唱えれば、なんでも字がわかるようになりました〕〔私はやりぬきます、命を捨てても必ずやりぬきます。広宣流布のために・また自分の幸せのために、一生懸命がんばります〕（問答誌第二節・感想／谷紀恵子『法論の発端者として』）

　如是我聞、『法華経・従地《じゅうぢ》涌出品《ゆしゅっぽん》』に言う。〔無量千万のボサツ、これらのものたちは、どこから来たのか？　いかなる謂《いわ》れあって集まったのか？〕〔阿逸多《あいった》（弥勒）よ、これはわたくしの子である。この世界にとどまって、常に僅かな衣食住に満足することを修行してきたものである〕

　文章の乱れ、お恕し下さい。と冒頭に誌したが、経典の引用すらウロオボエ、このように推敲しない走り書きは、近来まれである。読者と『潮』編集部に、（そしておのれ自身にも）深く恥じねばならぬのだが、しばらく行数をそろえる格闘におつきあいを——

竹中　けっきょく、坊主どもは還俗をしなかった？

谷　いいの、放っておけば（笑）。

竹中　ところでみなさん、話を法論の前に戻しますが、草創のころのご苦労は大変だったでしょうね。

長谷川　ウウン、楽しかったわ。

谷　うそだあ、ナンボ辛かったかなあお婆ちゃん。

長谷川　それは、わかんないから。

正一　また、ゴミョーハンか（笑）。

長谷川　拝んでみて有難い、それっきりだものねえ。

泉谷　入信して、半年だもの。

竹中　大橋さんはご主人、信夫さんが組長でいらした。

大橋　そうなんです、主人が報告書を本部に書いて出したんですけど、今日は聞くだけ。

竹中　法論の誓約書も？

大橋　あれは、佐藤順良さんです。

竹中　それで星野さんと、大川さんがヒコーキで。

大橋　ええ、旗持って迎えに行ったらヤセとチビだった（笑）。
泉谷　あんなので、大丈夫かって。
大橋　それがもう口を開いたら、戸田先生ゆずりで凄いの。でも、やはり名誉会長ですね。
谷　獅子王だ、あの人は！
竹中　どうも弱るな、「小樽法論」になってきちまう。
谷　あんたの聞き方、上手だから。
竹中　え、下手だからでしょう？
谷　そうでないの、すっかり三十年も前に心を戻しちゃったの（笑）。
竹中　じゃ・ちょっと変えます、泉谷貞江さん。
泉谷　ハイッ（爆笑）。
竹中　ご入信は？
泉谷　昭和二十九年九月二日です。
竹中　当時は、入信即・折伏闘争だったわけですね。
泉谷　そうなんです、『折伏教典』がありましたでしょ。これをふりかざして毎日毎晩、トビコノ折伏。
竹中　飛びこみですね、電報の文句が間ちがってトビコノ。
正一　よく、ご存知ですな。
竹中　……いちおう、勉強はしてきましたから（笑）。
泉谷　まあ、こんなこと言うんで若い人にけむったがられるんですけれど、今はみんなお利口さんね。私たちってつまりバカ、愚かなことを一筋にやってきっとむくわれるって。それで、毎日百世帯も折伏できたんですから。
　座談会がある日は、知らない人の家に行って、どこそこでこういう有難い話がありますからと声をかけて歩くの。もう片っ端、時間がかかりませんお金もかかりませんよって。当時、私も若くて少しはみられるお姉さんでしたからね（笑）、けっこう人が集まるんです、それで街頭宣伝をやったの。
竹中　ハハア、まさか花園あたりで？
泉谷　その花園で（笑）、「ちょっとお寄りになって」
竹中　キャハハハ、これはどうも。
正一　お前のかみさん、とんでもないことをやってるぞと（爆笑）。
泉谷　何も思わなかったから、平気でできたんですね。いま、長女がちょうど同じ年頃、「お母さんはこういう体験もしてきたんだよ」、ヤダウッソーそれでおしまい。
竹中　ああ、おかしい！
谷　先生、あんたおっかねえ顔をしているけど、やさしい人だ。

竹中　戸田先生みたいに、ですか。

谷　比べものになんねえ（笑）、でも信心したら・また話は別だわ、神経痛も痔も治っちまうし。

竹中　折伏されている（爆笑）。では最後になりましたが、秋山さん。

秋山　私も、聞いているだけ。

竹中　（メモを見て）入信されたのは昭和三十年五月二十六日、〈小樽問答〉のすぐあと。

秋山　ハイ、飛びこみです。何の縁もゆかりもない人が、いきなり入ってきてオバサン身延はだめだよって。まあ話は聞いてましたけど、「私ら関係ないです」と言ったら、悩みはありませんか？

そりゃ大あり（笑）、うちは樺太から引き揚げてきて、間口《まぐち》たった一間半でヤミ商売を始めたんです。主人が頭の廻る人だから、野菜・漬物・化粧品・毛糸・何でも仕入れちゃ並べて売って、どうやら食べてはいけたんですけど、悪い連中にだまされて勘定ひっかけられたり、外地育ちはおうようだから。

竹中　続けて下さい……

秋山　それで、毎日来るんですね創価学会の人がパンとミルク買いに、「ここで食べさせて下さい」

オバサンから奥さんになって、きっと言葉使いも教育されたんでしょ（笑）。正しい宗教は南無妙法蓮華経、それならうちも日蓮宗だけど。私は神もほとけもないの、敗戦の時捨てちゃった・何も信じていない。

竹中　ああ、家族に不幸が。

秋山　そうなんです、今度の戦争じゃなくってその前。

竹中　シベリア出兵、大正ですな。

秋山　＊尼港《にこう》事件がありましたね、そのころはあっちこっちで、ロシアの軍隊と戦って占領したりされたり。当時男の人は十五歳以上は抑留されて、帰してくれないんです。私の父はむろんのことで、シベリアの土になっちゃった、軍人でも何でもないのに。

……祖母はそれを言い暮らして、また戦争でしょ。裸一貫で引き揚げてきて、泣いてばっかりで死にました。そういう話をボツボツ、奥さんいま信心しろと言わないけれど会ってみて下さいって、今ここへいらっしゃる長谷川シメさんに、紹介されて入信しました。まあ、そんな平凡なことです。

竹中　〈小樽問答〉の後、ものすごい勢いで学会は増えたんですね。

秋山　私のようなものが、いっぱいいたと言うことね

（笑）。ともかく自信にあふれていて、朝日の昇るような勢いで折伏大行進が始まったんですね。

竹中　長時間、まことにいいお話を有難うございました。

谷　信心しなさいよ（爆笑・拍手）。

＊ロシア革命混乱に乗じたシベリア出兵時の一九一九年、ニコラエフスクで日本軍守備隊&居留民がパルチザンにより惨死、事件は反共宣伝に利用された。竹中労『黒旗水滸伝／大正地獄篇』に詳述。

〔太田昭宏青年部長との対話〕

——'84・4・6／東京都信濃町、喜久屋

太田　ぼくは学生時代に、竹中さんの本を読んでいます。マスコミ論・芸能論……

竹中　この職業をはじめて、そろそろ三十年ですな。いろいろ書きましたが、満足できる本は何冊もない。ルポルタージュの方法論だけは、だいたいあらゆる分野の試行を終りました。

いまは、単に古いと言われるだけ。『潮』のこの連載は、編集部にワガママを言わせてもらって、その古い方法でやっています。

太田　去年の暮の選挙で、全国の知り合いに電話しました。高校時代の友人に思い出してフッとかけたら、竹中さんの話なんですよ。手紙にまで書いてくる、本を買ってみたって。創価学会について知識もないし、好きでも嫌いでも何でもなかった。だがこの本を読んで、考えが変ってきたと言うんです。

竹中　どう、変ったんですか？

太田　普通にみることにした、と。

竹中　やっぱり、偏見があったんだなそれは（笑）。

太田　そうですね、「普通にみる」と言う言葉は、グサッときました。考えがちょっと及ばぬぼくらの活動の盲点を、指摘された思いでした。

竹中　かなり、優秀な青年ですね。

太田　いや、女性ですよ（笑）。

竹中　参ったねえ、これは私も盲点を衝《つ》かれた。

太田　オバサンにもてるそうですね。

竹中　からかわんで下さい。外山クン何か言ったな？

外山　さあ、関知しません（笑）。

太田　古くなんかないと、そう思っていただきたい。

竹中　あなたに会いたいと編集部に申し入れたのは、これが本題だけれど、若い子たちに会うとかならず太田昭宏の話題が出るんです。やがて、庶民烈伝の東京・下町篇に登場する中野輝子さん、彼女の息子さ

ん、それに、〝新右翼〟の野村秋介に可愛い娘がいるんだが、この娘さんなんかも、青年部に打ち込んでいますな。

この連載では、もっぱら大昔の青年を対象にしているわけで（笑）、そろそろ現在の若者と接点を持たなくちゃ、と考えているのです。

太田　わかりました、御批判もあるかと思いますが。

竹中　大いに、語りましょう。

第七章　涯《はて》なき荒野《あれの》の上、吹きすさぶ氷雪の中を

創価学会・三つの〝青春〟

竹中　率直に言いますが、創価学会はラジカルな過激な宗教団体であるという印象を、私たちの世代は持っています。とりわけて昭和三十・三十一年、〈小樽問答〉〈夕張事件〉のころ、私は地方で中小零細企業の労働運動にたずさわっておりました。

ついでに文化活動も。ご存知のことと思いますが、当時は〝六全協〟。日共が方針を全面転換・歌って踊って恋をして純潔だけは守りましょう（笑）、「うたごえ運動」民青ですな。争議などあまり烈しくやると、経営者《おやじ》と労働者とは手を組むべきダと党が介入してくる。火焔瓶闘争の敗残兵としては、欲求不満にあけくれていたのですよ。

太田　竹中さんは二十代ですね、そのころ。

竹中　後半にさしかかって、家もなく金もなく恋もない・苛立ちは相乗する。十代よりもある意味では、不穏な青春と言えます。そうした心象風景に、「暴力宗教」と世にはばかる創価学会はいっそ羨しい存在で……

太田　なるほど、わかりました・何を言おうとしておられるのか（笑）。

竹中　選挙違反で仲間が逮捕されると交番や警察署にウワーッ、「南無・妙法蓮華経」。ああ、俺たちの代りにやってくれているわ（爆笑）。実際北海道をまわって、身延のニセ坊主どもを破折し、炭労と対決した戦後草創期の会員の話を聞くと、ひしひしとせまってきますね、当時の学会は過激に炎えていた。

太田　しかるに、今はと？

竹中　いや、組織が大きくなり時代も移りかわっていく。とうぜん、水割りになる、ストレートではなくなるのです。だがもとは同じ酒、信仰の原基に変りはありません。そのことは二百も合点で、〝根問い〟をしているのです。おそらく十五年・いや十年の内に、日本の運命は大きく変るでしょう。

……核のカサの下にいて、「反核」を唱える矛盾。あるいは、経済を政治から切り離す虫のよい〝二元

論〟。つまり、世界大乱・民衆の悲苦を他所に、ひたすら富を蓄積してきたエゴイズムが、決着をせまられようとしている。

太田　それは、まったく同感です。

竹中　私ばかりしゃべって。申しわけないけれど、もうすこし。

太田　拝聴します、学会批判もどうぞご自由に（笑）。宗教者として、信仰と思想の根幹を問われる時がもう眼の前にきていると、ぼくも考えています。

竹中　またぞろ、「靖国神社法案」が鎌首をもたげた。戦死者の霊に手を合わせるか・否かではなく、誰が何のために世論を操作しているのか？　言うまでもありませんな、国家による宗教の統制が次のプログラムです。

　戦前とちがって強権ではなく、〝国民感情〟に合意を求める。かくてまつろうものは国民・あらがうものは非国民、と貶《おとし》められ差別される。デモクラチック・ファシズムの総路線は礎定され、信仰の自由は犯されなしくずしに奪われていく。そこへ「国難来る！」、この国の支配階層は彼らなりの対抗策・すなわち、挙国一致を準備している。

外山　〝国家諫暁《かんぎょう》〟の予防措置ですね。

竹中　そういうこと、度重なる反創キャンペーンも・おなじ根から出ている。我々も、スタンバイをしなくてはなりません。私は水割りを肯定します、一人でも多くの衆生と共に進み、地涌の菩薩あらわれるとき、広宣流布の彼岸を見なくてはならないのですから。だが、〝生一本〟の強烈な戦闘精神を、原点に戻ってまなび・血肉とすることが一方に必要だと思うのですよ。

　とくに・若い学会員諸君、誤解を招く言いようですが、彼らを武装すること。むこうみずであってもよい、ゆきすぎてもかまわない。〈小樽問答〉〈夕張事件〉強敵破折・猪突猛進の激情で、〝信仰のいくさ〟をたたかい、その闘争の中から沈着な戦士に育っていくこと。

太田　竹中さんは、学会の若い人々はおとなしすぎると？

竹中　いや、手紙をもらったり訪ねてくる人もいますが、激しいですよ。まあそういうたぐいの人にしか、支持されておらんのだろうけど（笑）。

　岸本加世子クン、私は彼女が学会員と知らないころからのひいきで、たびたび文章にもしています。この子なんぞは、かなり積木くずし風でもあるし・複雑にストレートで、学会の若い世代を過激に象徴しているんじゃないかな。
太田　そのへんを、もう少し……
竹中　いや、当方の問題提起はこれで終りです。あなた自身の若者論・そして青春体験を聞きたい、いわゆる全共闘世代でしょう？
太田　ええ、そうです。ぼくが大学に入ったのは三十九年、ちょうど佐世保・日韓条約にぶつかったわけです。安保闘争が終熄をして、三派全学連に流れていく。「新学同」を学会系も結成して、〝学園闘争〟をやる。そういう政治的な風景の中に、ぼくの学生生活は置かれました。とうぜん強敵破折（笑）、炎えたことは事実です。
　しかし、二十九年の入信で言えば創価学会二世ですからね。宗教を、ずうっとやってきました。学生運動の中での意義づけを、白紙にいったん戻してやり直さなくちゃいけない、と。
竹中　宗教と革命とを、ね？
太田　ええ、内的な要因と外的な要因とのからみ・接点を、現実の政治闘争の場にどう定立するかという次元の高いテーマで（笑）、大いに悩んだのです。自分のやっていることは凄いんだ、そう思っていました。
竹中　凄いのよ、当時の状況の中でねそれは。
太田　ベトナム反戦の高揚期、オルグ闘争ばっかりやっていてどうなるんだ。根本は民衆の原理・宗教を見ること、政治革命か、人間革命か。
竹中　ゆきつくところは、『立正安国論』『守護国家論』？
太田　最初は、マックス・ウェーバー。
竹中　なるほど、なるほど。
太田　〝宗教革命論〟ですね。正宗の精神とプロテスタンティズムの倫理とを結びつけて、これは独創である（笑）。けっきょく池田大作先生が会長になられて、『立正安国論講義』や『御義口伝講義』などを出されました。仏法思想への回帰、でも廻り道にそれなりの意味はあったと思います。
竹中　他を知らねば、これをするなりというのではなく。
太田　ええ、『庶民列伝』に登場する草創期の会員のみなさんも、さまざまな宗派に影響されたり、無神論者だったりしますね。真の信仰に至る道には、うよ曲折があって当然。だから、ハッとするような思想的な発言が出てくる、決して頭ではなく人生体験から。
竹中　……そう、「魔競わずは正法と知るべからず」
太田　マックス・ウェーバーは、魔だと今でも思っていません（笑）。戦後の学会には、おおざっぱに三つの青春があるとぼくは考えます。つまり、昭和二十・三十年代を、戸田城聖先生と共に闘ってきた第一の世代。この人々は言えば、戦争によって青春を奪われたりさいなまれてきた。それが、あの爆発的エネルギーの源泉になっている。

　第二の世代がぼくたち、〝全共闘〟の激動に身を置き、学会的には一九七〇年（S45）「言論問題」*にかかわった。戦後二度目の政治の季節と、若者として出会ったジェネレーションです。第三の世代は現在の十・二十代、竹中さん流に言えばきたるべき日本の運命と、世界の大乱を体験するであろう青年たちです。率直なところ温室育ちで、純粋培養的な脆《あやう》さがある。

竹中　だれしも、一度は挫折をする。

太田　確かにそうですね。学生運動が連赤リンチ*に総括され、ぼくらの場合は「言論問題」。政治的アパシーの無秩序状態、みたいなものがあって……

竹中　そこから、甦るのです。

太田　だが、スタンバイをしなくてはなりません。

竹中　あなたのように秀れた指導者がいれば大丈夫、これは世辞で言うのじゃナイ。第三の世代を戦士に鍛えあげて、戸田城聖のいわゆる「梁山泊」、百八の星々とする責任がある。

太田　アジられている（爆笑）、いや頑張ります。彼らはバランスのとれた現代風の性格の反面、命をインスパイアしたいという願望を持っている。だから狂信的《ファナティック》にではなく、我々よりしたたかな戦さをしてくれるのではないかと、実は期待しているのです。

＊第一部の巻頭座談会・参照、連合赤軍リンチ事件

日本の運命は、ゆれ動く

太田　話は飛びますが、「勝手連」の田村正敏さん、どうしていますか？

竹中　羊を飼って、元気ですよ。だが今年はご存知のように大雪で、六月まで消えないだろう。ヘタをすると農作物は収穫皆無、きびしい状況です。この間、ハート陣営から打診がありまして、来てくれないかと言うんです。

太田　へえ、アメリカの選挙に！

竹中　つまり「勝手連」、バークレー大学の生き残り、〝亡命〟した旧全共闘メンバーが運動をやっている。これぞ、「日本赤軍」に怒られるかも知れないが鞍馬天狗路線。

　アメリカも変る、ハートでと私は言わない・彼は次

の世代を担うでしょう。怒れる、そして考える若者たちのムーヴメントによって、アメリカ社会はひび割れる。ハートの運動やってるのはかつてのヒッピー、精神荒廃のサンプルとされた人々なのです。

これが、真面目になっちゃった（笑）。もう三十後半から四十ですわ、馬鹿やっちゃおられんのはあたりまえですけれど。

太田　ぼくも、こんど池田名誉会長とアメリカへ同行をして、それは実感してきました。一枚皮をベロッとむくと、キャーキャーワーワーのヤンキー気質の反面、精神的な充足という安堵がない。さまざま話しているうちに、会場一杯に若者たちでふくれ上ってしまいました。それが、いま言われたヒッピーの往時の年齢と同じなのですね。

竹中　そう、宗教によって救われ立ち直った若者に千万倍する、ハッキリ言って精神病患者がいい、いる。アメリカにとってのアキレス腱、だが裏返せば放っておくにしくはなしなのです。

真面目になるってことは、国家権力に帰順するんじゃなく、マジメに反体制をやるってことなんですからね（笑）。だいいち仕事がありますか、経済の問題ですよ。ちょっとさしさわりがあるけど、学会も信者を増やして非行青少年を更生させたと感謝されたが、これがひっくり返ると考え変ってくるんじゃないかな、ガバーメントとしては？

太田　そうですね、と思います。

竹中　ともあれ近い将来、アメリカに怒れる若者の造反がおこるのは確実だと、予言しておきましょう。

太田　ちがう角度で言います。これは本当に大事なことですが、「いまの若いものは」という短絡《たんらく》したご意見御無用、青年を信じ導いていただきたい。そして日本だけではなく、世界普遍の問題だということを認識してほしい。

火種はどの国にもばらまかれ、グローバルな規模で世紀末の危機をはらんでいる。まぎれもない実感として・ぼくら第二の世代は、そのことを見すえている。もっともラジカルだった第一の世代の理解と協力を、心から求めているのです。我々はそれをブリッジする、と。

竹中　老・壮・青、三結合ですね。

太田　毛沢東風にいえば（笑）、創価学会はそれを実践しています。一般論として、老人パワーの奮起をうながしたいわけでして。

竹中　それ、私のことだな（爆笑）。

……さわやかな対話である。太田昭宏という人に、『聖教新聞』『第三文明』そのほかの文章と発言を通して、格別の関心を私は抱いてきた。前章で述べた、若者たちの彼によせる憧憬にも似た期待を・実像は裏切らず、やがては学会の主戦投手となるであろう器の大きさを納得させた。めったに人をホメない私が言うのであるから、学会員同志読者諸君・これは掛値なしの評価でありますぞ。

さて牧口常三郎とその時代——二十四歳の青春にさかのぼろう。言うならば、〝全共闘〟同世代。日本の運命は、烈しくゆれうごく。いわゆる三国干渉、東方進出の野望を抱く帝政ロシア・これと軍事協定を結ぶフランス・そして外交戦略によって漁夫の利を得ようとはかるドイツ、三国は日本政府に対して清国に遼東半島を返還せよと迫った。

イギリス・アメリカは中立、日清戦争勝利のあとにやってきたのは列強・世界戦略のはざまに孤立する、政治的恐慌であった。明治二十九年五月四日、「三国政府の友誼ある忠告に基き」、遼東半島放棄を閣議は決定する。講和条約締結のわずかに十七日後、世論は湧き立ち軟弱外交糾弾から・臥薪嘗胆《がしんしょうたん》、「いつの日かロシア討つべし!」日露戦争を予諾する国民感情は、民衆の観念に醸成される。それは、武力による植民地獲得・支配という大日本帝国の総路線すなわち軍国主義を、庶民大衆の側から支えた。

戦争の犠牲者は常に庶民である・だがその庶民は、自ら望んで死地におもむく兵士でもあるのだ。この根本的な矛盾、〝国家のからくり〟を見ぬく覚めた眼を持ち、真に大衆の悲苦に依拠するものは権力によって罪人とされ、国賊の汚名を着せられる。ときに、民衆自身からさえ石もて追われるのである。

田山花袋の文章を引用して第五章に記したように、〔戦争罪悪論など、その萌芽も示さなかった〕のが日清戦争後における、この国の世論であった。

▽明治二十八年(一八九五)　＊牧口常三郎・24歳

5・25　台湾民主国・起義(蜂起)

5・29　近衛師団、基隆郊外に上陸。

6・6　基隆を陥す。

6・7　台北入城、台湾民主国大統領を称した巡撫(総督)・唐景菘《けいしょう》らは清国へ逃走する。

〈台湾征伐〉　フランス・ドイツの援助を得て叛乱をおこした本島人(清国系)、高官将軍は即座に鎮圧された。が、南部では劉永福（太平天国の乱の残党）の率いる「黒旗軍」が頑強に抵抗、これを鎮圧するために乃木希典《のぎまれすけ》中将の第二師団、伏見宮貞愛《さだなる》少将の混成第四旅団を投入する。

ようやく台南城を制圧したのは、十月二十二日であった。しかも・叛乱は熄《や》むことなく、本省人（山地原住民をふくむ台湾人プロパー）のゲリラが各地に蜂起する。一応の平定を見たのは、翌二十九年春。日本軍の戦病死者は近衛師団長・北白川宮能久《よしひさ》親王をふくむ四千七百八十八名、二万六千をこえる将兵が傷病のため送還された。

なおも、明治三十五年に至るまで掃討作戦はつづけられ、白馬将軍と異名とる首領・陳秋菊の帰順（樟脳製造の権利と広大な土地をあたえての）で、いわゆる台湾征伐は終る……

六月・日本では、日清戦争に参加した軍夫数百人、賃金不払いをめぐり騒擾。台湾パナマの帽子大もて、「勲章下げて剣吊って」帝国軍人横行闊歩。

〽人を喰ふて　鬼棲む島と思ひしは
　過ぎし昔のことなるぞ
　今じゃ台湾　ソンナコトナイ
　軍人進んで蛮賊征《せい》し　日本ますます
　広くなる　チョイトユケホイ
（『天籟《てんらい》節』）

7・6　韓国で反日クーデター、親露派・政権をとる。

8・17　宮中顧問官・三浦梧楼（長州藩奇兵隊出身もと陸軍中将）、朝鮮駐在公使に任命さる。

9　樋口一葉、『にごりえ』を書く。

10・8　日本人壮士&軍人、京城後宮を襲って王妃を殺害。

〈閔妃《びんひ》事件〉十六歳で李太王の妃となり、親日派の大院君を失脚させ、一族を挙げて清国と結んで「事大党」を全盛にみちびく。日本の圧力で退くが、三国干渉の情勢をみてロシアに接近、クーデターによって再び権力を掌握する（7・6）。

一貫し徹底した〝抗日〟、しかも並々ならぬ政治手腕。手をやいた出先機関は閔妃の暗殺をひそかに企て、三浦公使・杉村濬《ふかし》一等書記官・岡本柳之助（朝鮮浪人）とはかり、大院君の諒解を得て十月七日深夜、京城王宮に乱入した。

後宮に押し通り、〔コレゾ王妃ノ居間ナリト心得、直チニ白刃ヲ振ツテ室内ニ乱入。泣キ叫ビ逃ゲ隠レントスル婦人ヲ容赦モアラバコソ、服装容貌優美ニシテ王妃ト思ハレルモノヲ剣ヲ以テ殺戮スルコト、三名ニ及ベリ」（領事より外務省への報告）。その一名が、閔妃その人である。享年四十五歳、貧窮から身をおこし李朝に権勢の華を誇った烈女の末期《まつご》であった。

10・17　三浦公使、本国召還。京城駐在・内田領事名により、日本人壮士に退去を命令。

11・16　清国より、遼東半島還付報償金三百万両《テール》（英貨換算・四百九十三万ポンド）を受領。

12・9　レーニン、ペテルブルグ労働者階級解放同盟を結成・検挙。

子供らの感情と生活に

小樽・ここは、「開化党」の金玉均が日本に亡命をしてはじめて、安息を得た土地である。閔妃政権打倒の挙に（M15年・壬午《じんご》の乱）破れ、日本に渡る。大井憲太郎・中江兆民・後藤象二郎らと親交を結んだが、政府は金を小笠原島に流した。

さらに二十一年七月、北海道へ身柄を移す。旭川・札幌などを転々、亡命者の孤独と貧窮に苦しむ彼を庇護したのは、本篇すでに登場した〝風雲児〟、中江兆民を主筆にむかえ・『北門新報』を経営した小樽の金子元三郎であった。

往事は茫々として、ただ風雪を見るのみ。金玉均は一八九四年（M27）春、上海に誘《おび》き出され、「事大党」の刺客に暗殺された。同時代の修羅を・彼もまた閔妃と等しく踏んで、おのが信ずる道に斃れたのである。

いずれの側に、真理と正義はあったかと問うまい。一方を紛れもない善とし、一方を絶対の悪とする・二分の論理では歴史は量れぬのだ。確実に言えることはひとつ、列強軍靴の響き、とりわけて文明開化から富国強兵にむかう〝日本の運命〟、領土的野心がその背景にあったということ。時は血塗られ、人は戦火に駆り立てられる。

……滔々たる時代の流れは、とうぜん学園にも渦巻いた。二十七年九月、札幌師範学校「不敬事件」。

第四代校長、清川寛の教育勅語誤読に端を発して、新入生を除く全生徒が同盟休校、四十二名が退学処分となる。「偏狭なる国家主義者」（『人生地理学』）、軍隊教育を押しつけたことへの反撥だった。勅語の読みちがえを逆手にとった排斥運動は、卒業生をまきこんで・ついに引責更迭に校長を追いこむ。

日清戦時下の学園闘争は、〝錦の御旗〟をかかげて勝利した。そのことは・反面、天皇制の権威が日本津々浦々、あらゆる位相に礎定され終ったことをもの語る。日清&日露の役をこの国で体験したラフカディオ・ハーン＝小泉八雲は、「天皇と国家のために死ぬ」自己犠牲の精神を讃美しながら、こう述べている。

〔ところでこの国の前途には、まことに暗たんたるものがある。暗黒のなかから生れた、いやな夢がほの見える。日本はいま死物狂いに、列強と肩を並べようとしている。何千マイルという鉄道電信、鉱山や製鉄所や兵器廠やドック、それはみないつかは外国資本に使われるために整備・拡充されているのではないか？　いやあの讃嘆すべき陸軍も、あの勇敢な海軍も、列国の連合軍を向うにまわし、あたら望みもない戦争に、最後の犠牲と供されてしまう運命にあるのではあるまいか？〕（『神国日本』、M37）

天皇制のミソロジー、八雲立つ蓬萊《ユトピア》の島人を、〝神権〟によって西欧近代化へとみちびき、経済・軍事大国を志向するゆくてに、詩人であり教育者である彼は暗黒の運命を見てとっていた。

明治二十三年十月三十日、教育勅語が発布されたその春、ハーンは日本の土を踏む。九月、松江中学・師範学校に英語教師として奉職、十一月十五日に勅語の奉戴《ほうたい》式に参列している。

彼は、『英語教師の日記から』という記録を遺した。勅語については、意見も感想も述べていない。ハーンはもっぱら、生徒たちの怜悧さと礼儀正しさ・その死（二人の教え子を結核で亡くす）を、教師の愛情をこめて誌している。行間に読みとることが私はできる、「子供らよ欧化の奴隷となるな！　未来は西洋ではなく、東洋のものである」

克《ヨ》ク忠ニ克ク孝ニ、億兆心ヲ一ニシテどこへ向かおうとするのか？〔日本の場合は危険がある。質素な健全な自然な真面目な生活法を棄てる、危険があると私はおもう。日本人はそのシンプルな、祖《おや》からの伝統的生活を保存している間は強い。だが、もし舶来の贅沢観念を採用すれば、弱くなるであろう〕（『極東の将来』M27、熊本五高での講演）

〔日本と支那と朝鮮は、ロシア及び西洋列強の侵略に対して東洋を保全し得る、三国同盟を作ることができよう。公然と支那の分割を叫ぶ日本の新聞の短見を、我々は悲しまざるをえない〕（『極東における三国同盟』同年、神戸クロニクル寄稿論文）

第二部「春と修羅」、石川啄木・有島武郎を点綴し、新渡戸稲造・内村鑑三・志賀重昂・留岡幸助、そして小泉八雲を交錯させて叙述している理由を、読者はご納得のことと思う。

主題は、教育である。具体的に言えばその時代、〃知識〃は小さき者・あるいは青春との接点に立つ場で、どれほどの思想性を獲得したか、日本の運命とどう関りえたか、さらには国家と権力に、拮抗できたのか？

やがて、牧口常三郎が歩み入る東京の下町・細民街に樋口一葉を伏線に置き、飢餓線上の東北農民を、宮沢賢治『春と修羅』で括る。ここではラフカディオ・ハーン＝小泉八雲の〃予言〃を、記憶にとどめておこう……。

同時代の思潮は混沌と輻湊《ふくそう》し、牧口の心象に揺曳《ようえい》する。『人生地理学』以前に書かれた彼の教育学論考にその影響が顕著であることは、すでに記述した。単にまなび敷衍《ふえん》したのではない、知識は教育の現場で、血肉となり生々と躍動した。

教師・牧口常三郎、彼の拠りどころは生徒の側に一貫してあった。先に述べた「不敬事件」のさい、彼は附属小学校の教職にあって直接の関係はない。だが後年・札幌師範を辞して苦難の上京に至るきっかけも、〃学生騒動〃だった。当局の方針とあい容れず、「子供たちの感情と生活に身を置く」牧口の立場は、早くこの頃からつちかわれ・築かれたと見るべきである。

明治二十八年夏八月、文部省主催の「小学校単級教授講習会」に、北海道代表として出張を命じられその帰途、ふるさと新潟県荒浜村に帰省して、牧口クマと婚約した。

これは、私の推測である。翌二十九年七月、「文検」合格のさいであるかも。いずれにしてもこの間に、生涯の伴侶を牧口はさだめた。〔明治二十八年に牧口熊太郎の二女クマと結婚した〕（聖教新聞社編『牧口常三郎』）とあるのは、小さな錯誤である。この連載で・ときに増上慢を犯し、不躾けに研究者の瑕瑾《かきん》を指摘することがあった。私は、今それを反省している。

クマの父・牧口熊太郎は、嘉永元年の生れ（一八四八）、大正八年にかぞえの七十二歳で亡くなっている。二男五女に恵まれ、クマはその三女である。彼女は明治十年八月九日生れ、牧口よりも六つ歳下で、婚約をしたときは（二十八年と仮定して）、十八歳であった。遺された写真に見るように、面長の端麗な美貌の人である。

熊太郎は荒浜村の有力者の一人で、教育に熱心であり・日蓮宗の信仰に厚かった。郷土出身最初の文検合格者、そのころのことばで言えば学士様の牧口常三郎に、父親のほうが惚れこんで、ぜひとも娘をヨメにと懇願した（荒浜村古老・柴野孫七郎氏ほかの談話による）。こうして、新婦を迎えたのはおそらく二十九年秋から冬にかけての間。札幌区（当時）南一条西八丁目十三番地内に、一家をかまえる。間もなく、新築された西十五丁目・師範学校内教員住宅に転居して、三十四年の上京までそこで明け暮れるのである。

戸籍面には、明治三十一年一月十三日婚姻届出と誌されているが、（入籍が遅れるのは）当時の慣習であって拘《こだわ》る必要はあるまい。その年一月二日・長女ユリ、三十二年三月二十九日・長男民城《たみき》が誕生している。以上が札幌時代の家庭生活について知り得ることのできる、すべてである。

くりかえして述べてきたように、故人は私事を語らなかった。だが・その新婚生活は充実していた、歓びに満ちたものであったと、断言する根拠がある。なぜなら、明治二十九年から三十四年の間に、牧口は彼の思想の萌芽と言うべき厖大な初期教育学論考を発表し、『人生地理学』二千枚余の体系を完成しているからである。

第三文明社刊『牧口常三郎全集』七巻に収録された若き日の文章は、教育現場の実践者として情熱のあらん限りを打ちこんで、気迫と確信に溢れている。任意の一文を引こう、〔学校は家族より同衆社会に移るの橋梁たるものなれば、学校の組織の家族的ならざるべからざる論を俟《ま》たざる所なり〕

〔現今最も完全なるものとして行わるる学校組織をかえりみるに、果して家族的理想を満足せしめ得べきか。自由平等の自然の秩序なく、あるものは学力の優劣のみ、競争奨励の一点あるのみ〕

虚無をさまよう青春に

〔謂《い》う勿《なか》れ、寺子屋教育とは不完全なる教育組織の異名なり、と。吾人は今更、復古を夢想するに非ず、実際の事情より（この国には）、他の方面あると訴えざるべからず。氏の論は、米国におけるものとして雲煙に過ぎさしむるを得ば、余が希望の幾分を達せりと信ず〕（『パーカー氏の所謂《いわゆる》学校に加うべき社会的趣味の意義如何』・以上要約、念のため）

当時、アメリカ合衆国で〝新教育〟の父と呼ばれていたフランシス・ダブリュー・パーカーに対して、「日本の教育のあるべき姿は西欧とちがうのだ」と真向から言いきっている。生存競争ではなく相互扶助を、落ちこぼれのない同胞・家族としての教育を、

と

幼くして父を失い母と引き裂かれた記憶、十四歳で単身氷雪の異土に渡り、必死に勉学した少年時代。牧口常三郎にとって、家族は憧れであった。とうぜん人類共存の原基体であり、教育・国家に及ぼされねばならぬ、という認識に昇華していく……

そして、彼は家庭を得た。想い描こうではないか、電灯のまだ点らない郊外の寒夜・戸外は降りしきる雪、ラムプのほの昏い火影、文机に向い正座して筆を走らせ、筆を措《お》いて何事かを思案する夫。理想を背負ったするどい肩、風変りな畏《こわ》い人と想いつつ、頼りありげにうしろ姿を見て、甲斐甲斐しく夕餉の支度をする十九歳の新妻、充ち足りた愛の黙劇。

戦後の恐慌はようやく去って、景気は好転をする。『札幌沿革史』（M30）によれば、庶民の生活は通常米三麦七分、卵などは内地からの輸入品で、めったに口に入らない。だが、野菜は近村で自給自足でき、海の幸は豊かであった。

鮭・鱒《ます》・鰊はもとより、スズキ・エビ・アブラコ・ホッキ・ウグイ・チカ・タラバ、〝産地直送〟の魚問屋のにぎわい。年間五千石の酒が市内で売れ、二合五勺（半リットル）一銭なり、現在の貨幣価値で実質五十円と言ったところか。

地味噌・地醤油も出まわって、衣料は安くて丈夫な関西ものに人気が集まる。背広の仕立代四円（二万円程度）、外套二円八十銭、二重まわしは三円五十銭。つつましく暮らせば、盆正月に多少の見栄を張ることのできる生活が、庶民に戻ってきた。

……とはいえ、最下層の人々の悲惨に変りはない。「単級教室」の子供らは、親の貧苦をわが身に映していた。牧口に師事して実習生を勤めた、もと慶州博物館館長・大坂金太郎の回想を聞こう（聖教新聞社編『牧口常三郎』より）。

〔牧口先生は生徒を可愛いがられ、雪の降る日などは、登校してくるのを迎えに行かれ、下校のときも送って行かれた。小さな生徒を背に負って、大きな生徒の手を引いて行かれるのである。忘れ得ぬ光景は、先生がお湯をわかしてあかぎれだらけの子供たちの手を、洗ってやっておられる姿であった〕

〔昭和五年の四月、私が韓国の小学校を退職した旨を通知したとき、先生は東京白金小学校の校長をしておられた。次のような内容の手紙を、私に寄せられた。

「永年教育に従事をしてきたが、最近の教育行政も実務にあたる学校教師も全く事務的で精神がなく、教育の破壊をしている。日本の将来は危険である。キミ、ひとつ退職を機会に、東京に帰ってくれないか。かつて、母校の単級教室で語り合ったあの精神と態度で、現在の弊風を救済しようではないか」と……」

竹中　今の若い学会員に、牧口さんはどう受けとられているのでしょうか？　『第三文明』の編集長・佐々木利明君の話では、篤実《とくじつ》な学者肌の人だというのが一般の印象である、と。

それから、文章がむずかしい。旧カナは判らないし漢語が多い、チンプンカンである（笑）。仮名使いをあらためても、やはり壁があると言うんですな。従って私の連載も、若い人々にはあんまり広く読まれていないんじゃないか。

太田　……失礼ですが、多数の読者を求めなくていいんじゃないでしょうか。牧口先生との一体感、共鳴は若い世代にかなり強いと思いますよ。先生が国家・権力・官憲との緊急関係の中で、まさに不退転の闘いをたたかいぬかれたこと。それは牧口思想と言うよりも、〝学会精神〟として青年部にうけつがれていると自負します。

いま、ちょっと若僧にあるまじき逆説を申上げたのは、たとえば竹中さんの牧口思想の展開を理解する、ああこれは「理会」と言わなくちゃいけませんね（笑）、第一次集団が形成されて、ぼくら自身が若い学会員に深化し拡大していくべきであると思うのです。

竹中　学習・そして実践、みずからの信仰生活の中で身読していくこと。

太田　たしかにぼくらの中に、予断があることは事実ですね。『人生地理学』よりも、『価値論』であると入信以前と以後に線をひいてしまう。竹中さんは、そこのところをするどく剔《えぐ》って、まさに初原の風景の中に牧口先生を捉え直しておられる。

ぼくらの胸に刺さっている、「わたしが嘆くのは、一宗が滅びることではない。一国が眼前でみすみす亡び去ることだ。宗祖大聖人の悲しみを私はひたすら恐れる」と、先生が逮捕されるときにおっしゃった言葉に集約される、宗教的情念のよって来る根本を……

竹中　それは、歴史的情念でもあるのです。

太田　牧口先生は、法華経に入られる以前から宗教者であった。日蓮の使徒となることを約束されていた、と。

竹中　民族・民衆的情念と、あるいは愛国者のと言いかえてもかまいません。究竟《くっきょう》は〝立正安国〟、牧口さんの胸底にあったものは、日本の運命です。教育者として、あるいは地理学者として真摯に歩んだ道は必定《ひつじょう》、そこへむかう。
外に世界大乱の危機迫り、内に教育の荒廃が問われている今、牧口さんが明治中期にしかも二十代の若さで把握した、「衆生に病む」やさしい・そして烈しい思想を復権すること。
太田　十年前、ゾルゲ&尾崎秀実追悼集会が岩波ホールでありまして、ぼくはそこへ行ってみました。尾崎の名誉回復つまり復権を、多勢の人が言っておられましたが、ぼくの受けた衝撃は、彼が昭和十九年十一月七日、牧口先生とほとんど時を同じくして処刑された事実でした。
そのことの意味を、もっともっと我々は深く考え、求法のあり方を重ねあわせていかねばならない。
竹中　とうぜん、弘教の実践にも。
太田　ハイ、言うはやすく行うは難しですけれど(笑)。教育の問題ですが、池田先生もおっしゃっています。我々の仕事は、最終的には教育に集約をされていくだろうと。
ぼくらのことばで言えば信仰、ということになるんでしょうが、一般的には教育。時代がひとめぐりしてまたそこへ、牧口先生の原点に回帰していく。そういう時代を、学会はげんざい迎えています。
じっさい・牧口教育実践学は、日本の教育がこんにち逢着しているさまざまな矛盾を、予告し総括している。
竹中　九十年前にですよ。あなたの持論である「十三無」、若者たちの眼から光が失われて、スキゾのパラノのと逃げろや逃げろの時代であるからこそむしろ、明治の思想は前むきに、新鮮に革命的に甦《よみがえ》るのではないかと思うのですよ。小泉八雲にしても、有島武郎にしても然り。牧口常三郎の復権は等しく〝同時代の言魂《ことだま》〟を呼び戻して、虚無の無間《むけん》地獄をさまよういまこの国の青春に、たしかな希望を与えることなのです。
教育の荒廃と言うそれは、明治にもありました。ただし現在とちがうのは、貧迫られてのどうしようもない、無残な荒廃だった。
太田　ああ、なるほど!
竹中　「単級教室」から僻地教育への道程をたどって、瀬棚《せだな》という町に行ってみました。史料を調べて、予定していたことなのですけど、あらためてガク然としました。不況の年になると、子供らは学校に全然こない。いや、来られないのです。これは、詳しく書くつもりなので端折っておきますが。
太田　貧困が理由ではなく、その逆の贅沢が根元であるから、むしろ業《ごう》は深いと言えますね。
竹中　まったく、その通りです。いま私たちの国は病んでいる、旧約聖書風に言えばソドムとゴモラである。エホバはこれを滅すでしょう、日蓮ならばこれを救うはずです。余談を申しますが、いま空海ブームとやらで（笑）、「いわゆる旃陀羅・悪人なり」……〝仏法と国家の大賊〟と称する、私にはどうも弘法大師は俗物。テキヤさん以下に思える（爆笑）。
太田　ぜひ、それは書いて下さい。
竹中　品のよくない文章は、もう書かないことにしています（笑）。格調高く、『第三文明』にでも。
外山　『潮』の締切り、遅れては困りますよ（笑）。本日はご多忙中わざわざ、格調高きお話をありがとうございました。

※太田氏は現在、公明党代表。

旃陀羅の子はよみがえる

小樽駅前・三角市場、庶民雑踏にまぎれこみ、ラーメンをすする。敗戦の翌《あく》る昭和二十一年初夏、放浪の途上立ちよったとき、ここは一面の闇市。復員服と夜の女と、いやまっ昼間からネッカチーフに毒々しい化粧で、旅客の袖をひいていた。

「ルージュ哀しや、口笛吹けば……」

「また、感傷的になっていますねえ」

「汚れちまった悲しみに、今日も小雪の降りかかる」

「小雪なんてものじゃありませんよ、また夕方あたりからふぶき、そろそろ汽車に乗ることにしましょうや」

「散文的だなあ、キミは」

「単なる呑みすぎですよ労さんは、二日酔いじゃないんですか？」

「ウン、いささか疲れておる」

函館本線にて長万部《おしゃまんべ》へ、古びた木造の蘭島《らんしま》駅をすぎて、鈍色《にび》の海がひろがる、果せるかな吹雪いてきた。白い闇の中にニセコも見えず羊蹄《ようてい》山も姿を隠して、あのあたりが「有島農場」？　ただ見る心象の風景、明治のゆめ。

ホイットマンの詩をひいて、〔涯《はて》なき荒野の上、吹きすさぶ氷雪の中を〕と、有島武郎は来るべき時代、みずからの人生を措定した。

　道はなし世に道はなし　心して
あれ野の上に　汝《な》が足を置け

……明治二十九年九月、新渡戸稲造の官舎に寄宿したとき・十九歳、三十四年札幌農学校本科を卒業。森本厚吉・森広（本篇に度々登場した森源三の一子）・田島進らと共に、『札幌独立協会』史を編纂する。その学生時代は、牧口常三郎師範学校在職の期間と、奇しくも重なりあっている。

有島については、終章で論じよう。、明治二十九年二月、十八歳の正宗白鳥は岡山から上京・その年の夏、基督《キリスト》教夏季学校に参加して、内村鑑三の講演を聴く。〔少・青年期に渡って、さまざまな人間に心酔した。そのうちで誰にもまして心酔したのは、内村だったように思われる〕（『内村鑑三』S24、早稲田文学）

日清・義戦にあらず　開戦の当初に正義のたたかいであると書いた内村は、「戦勝国」日本に幻滅し、きびしい自己批判をおのれに課した。いわく〔支那との紛争は終り候（中略）、〝義戦〟は変じて幾分海賊的の戦争となり、其の〝正義〟を書きし一予言者は今は恥辱の中に有之候《これありそろ》〕

〔全国民挙げて戦勝会に忙しく、勝者の位置に立つや、隣邦の独立は問わざるが如く、新領土の開拓と新市場の拡張とに国民の眼を奪い、ひとえに戦勝の利益を十二分に収めんとして汲々たり。義戦、もし誠に実に義戦たらば、何故に国家の存在を犠牲にしても戦わざる。日本人、仁義の民ならば、何故に支那人の名誉を重んぜざる、朝鮮国の独立に勉《つと》めざる〕

〔余輩の愁嘆、我国民の義を信ぜずして義を唱うるにあり〕（M29・5・22、書簡）

内村の絶対非戦の思想は、〝日本人の義〟を根底としている・そこに立脚点を置くのである。戦後民主主義育ちの若者たちは、『武士道』という著書が新渡戸稲造にあり、内村鑑三にもまた『代表的日本人』があって、「国粋主義的」人物群像を描いていることに、首をかしげるかもしれない。

だが・明治の青春は、〝日本の運命〟と共にあった、日蓮を論じて内村鑑三は言う。

〔独立なる人、彼は独創によって仏教を日本の宗教たらしめたのである。彼の宗派のみ独り、純粋に日本的なのである。日蓮の大望は彼の時代の全世界を包容する、仏教は東方に向って進んだ。しかし彼の時代より、改善されたる仏教は西方に向った〕（『代表的日本人』日蓮上人・抄約）

謗法の野干《やかん》は、「日蓮宗には右翼的な体質がある」と譏《そし》る。したがって、創価学会も右翼・ファシズムの末流であると称する。戸田城聖の軍隊式折伏大行進、牧口常三郎の日本中心教育論えとせとらｅｔｃ。

ならばひっくるめて、内村も新渡戸も右翼であると言え。敗戦のそのときに、八雲のいわゆるシンプルな魂を・日本のこころを、〝義〟を我々は喪《うしな》ったのではあるまいか？

だが、庶民衆生の裡に、そう小樽の闇市の雑踏に、吹きだまりの夕張の炭住に、「旃陀羅の子」はよみがえった。さまざまな批判と現状に対する危惧を抱きつつ、〝日本の宗教〟として創価学会を、ゆえに私は支持する。太田昭宏君の言う第三の世代に、熱い期待を寄せる。

法戦折伏は、過去・現在・未来に永続する、悠久の革命である。願わくば青年会員諸君、牧口常三郎とその時代に真摯に参究されんことを。


「さみしい駅だなあ！」

「人影がまるでありませんねえ。そうかきょうは日曜日ですよ」

「カニメシ、売っとらんかな？」

湯けむりとかにの駅（国鉄のキャッチフレーズ）、長万部ＰＭ５到着、函館・室蘭本線の分岐点。広い構内は、がらんとしずまりかえっていた。

つむじを巻く雪の街道を、迎えの車で瀬棚に突っ走る。今金《いまがね》（男爵じゃが芋の本場）をすぎるころとつじょ、青白い閃光がゆくての地平にはためき炎える。ドーンバリバリーッと轟音、稲妻である。落雷である。雪中のカミナリは初体験、一瞬度肝をぬかれる。

それからはしんの闇、どの家も灯が消えて信号まで点っていない暗夜行路、ほうほうの態でたどりつけば旅館もまっくら。

「停電でごはん焚けないんだわ、困っているんだわ」

ローソク立てて、冷酒を呑む。風流の段ではない、暖房も電気ストーブだから胴ぶるいをしてオル。まさしく、涯なき荒野の上・吹きすさぶ氷雪の中である。

「いったい何のたたりだろうねえ、外山クン？」

「アッハッハ、舞台効果でしょう」

この人、ちっとも動じない。まこと彼とコンビを組んだのは福運と言うべきで、取材行の大半を彼に負うている。しかもその間に、日蓮正宗・創価学会の教義を時に応じて解説してくれる。

さて、待つこと二時間余り。ようやく灯が点ったのは、午後九時半であった。言えば幕間のご退屈さま、明治二十九年〝日本の運命〟を、ここで年譜に括っておこう……。

▽明治二十九年（一八九六）　＊牧口常三郎・25歳

1・1　渡島《おしま》・後志《しりべし》・胆振《いぶり》・石狩、北海道の四郡に徴兵令施行。

〈年始の流行〉　インバネス（二重まわし）、〔近来は婦人も洋外套をまとう世の中とて、男は二重まわしを着ざるはなく、寒をしのぎボロかくしにもよく、これいわゆる一挙両得なり〕（報知新聞、1・29）

2・11　朝鮮国王・世子、露国公使館に庇護を求め亡命。

2・21　山県有朋、特派全権大使としてニコライ二世戴冠式に出席。また「朝鮮問題」について、ロバノフ外相と交渉開始。

3・31　拓務省を設置、台湾及び内務省管轄の北海道に関する政務を掌握する（台湾軍政撤廃）。

〈職種別・賃金一らん〉

※29年3月、『東京風俗誌』調べ

農業雇人（年季）	男	二〇～三五円
	女	一二～二〇円
養蚕手伝（月給）	男	四～七円
	女	三～五円
季節労働（日雇）	男	一五～二〇銭
	女	一〇～一八銭
常雇下男（月給）		二～三・五円
常雇下女（月給）		八〇銭～一・五円
人夫（日雇）		二八～三八銭
漁夫（日雇）		三〇～四〇銭
菓子職人（月給）		四～一三円
漆器職人（日給）		四五～七五銭
大工左官（日給）		五五～六〇銭
活版植字（日給）		二五～五〇銭
和服仕立（日給）		五〇～七〇銭
洋服仕立（日給）		五五～六五銭

……物価・生活水準等より現在の貨幣価値に換算しておよそ五千倍、農業雇人の年季はわずかに十万～十七万円、漁夫は日給で二千円となり、最低は下女で月に四百円弱。ちなみに、インバネスが仕立代とも十円内外（五万円）、働けど働けどわが暮し楽にならざり。

4・7　道庁長官、原保太郎となる。

5・12　第七師団を札幌に置く、司令官永山武四郎。

〈軍備大拡張〉　富国強兵・着々とすすむ、陸軍は六個師団新設（別に騎兵&砲兵各二旅団）、海軍は四十一隻を増強。第七師団はそのトップを切って、北門の守りを固める。これまで兵役を免除されてきた北海道の全域に、〝国民皆兵〟を実施することを前提としての措置であった。
兵士の給料は二等卒日当三銭、一等卒四銭、上等兵五銭。逃亡兵士あいつぎ、二十九年は六百三十一名、三十年は七百七名、三十一年は千九十名。

人民《たみ》に元気がないならば

6・15　**三陸大津波**、倒壊家屋一万三千余を数え、死者二万七千。

〔註〕やがて第三部・三陸の章で詳述するが、旧暦五月五日（端午の節句）、宮城・岩手・青森三県にまたがり史上最大の津波襲来。沿岸四百キロに及び、阿鼻《あび》叫喚《きょうかん》の地獄図絵を現出した。

〔太平洋上はるかの沖に当って、轟々《ごうごう》と巨砲のごとき響きを聞く。汽車の鉄路を急行するかと聴こえたそのきに、恰《あたか》も地震あり・四十五回に及ぶ。忽然としてすさまじき響音、間近に聞こゆると同時に奇光海山に閃《また》き、昼を欺《あざむ》くばかりなり。これと同時に、滔々たる激浪は押し寄せ〕（東奥日報、6・19）

7　猛暑、全国を襲う。

8・30　この日以降、九月にかけて再三暴風雨、各地に被害甚大。

9・18　第二次松方内閣、成立。

9　芝の仕立職人二百名、賃上げを要求して同盟罷業。

10・7　門司港の石炭仲仕、三千名同盟罷業・要求貫徹。ストの波は全国に波及して、紡績・煙草職人等々、「この好景気に賃金を据え置いてドウスル」と続々決起。

〽軍備拡張と騒いだとても
人民《たみ》に元気がないならば
肺病患者の負け惜み　国の衰亡は
チョイト眼のあたり
（『元気武志』）

11・23　樋口一葉逝く、享年二十五歳。

12・14　ドイツ、清国に膠州湾五十年間租借を要求（翌年武力に訴え青島砲台を占拠）。

……しらじらと、まさに白一色に夜は明けそめる。熟睡（酔？）、泥のようにねむり呆けたマナコに、瀬棚の朝はすがすがしかった。「望海荘」という宿には我々のほか一組の客しかなく、定期便の若い運転手君たち。

朝めし前に、海を見に行く。突風は吹きすさび、そそり立つ三本杉（異形の巨岩が三つ並んでおる）。

瀬棚町民憲章、〔わたくしたち日本海を生きる町民は、三杉の岩のように風雪に耐え、きびしい自然を克服した先人のたくましい開拓の精神をうけつぎ、誇りと責任をもち心と力をあわせ、希望にみちた町づくりを〕云々、人口四千百六十七。

かつてこの町は、江差や松前をしのぐ勢いで栄えた。明治二十九年すでに、寄留を除く定住人口六千七百三と現在を上廻り、ニシン漁のヤン衆や仲買商人がひしめいた。この年の春、遊廓の開業が認可されている。

もと瀬田内、アイヌ語でセタルペシュナイ（犬の通る川）、時をさかのぼれば「ヘナウケの反乱」（寛永二十年＝一六四三）の古戦場、このころから〝セタナイ場所〟を定め、アイヌとの交易が行われていた。鰊だけではなく、鮑《あわび》・海鼠《なまこ》の産地として知られ、背後には原生林と草原がひろがる。海の幸・山の幸に恵まれて、明治の初期までは、「北海の桃源郷」（町民憲章）と呼ぶのにふさわしかった。

だが・文明開化の波に洗われ、開拓の鍬が入れられる。〝追鰊《おいにしん》〟のラッシュが押し寄せて（第四章参照）、ここは一攫千金の修羅場と化した。

繁栄のかげには、悲惨がある。地元の下層漁民たちはどん底の生活にあえぎ、子供たちは就学の年齢から、日々の糧を得る労働を強制された。少女は子守りに出され、娼婦に売られる運命であった。少年は丁稚奉公、さもなければ弁財船の炊《かし》ぎ（見習水夫）・漁の手伝いと、六つ七つから遠い町や海に出ていくのである。学校に通える幸せは、彼らと全く無縁だった。

しかもその運命は、明治のみではなく大正・昭和、三代にわたるのである……

〔少年と海〕　――福士長次郎さんの話――

生まれかね、大正十年一月二日になっているが、ほんとうは九年の十二月二十七日。まあなんちゅうかな、リクエストもあるようだが（笑）、俺の一代記なんぞは、生きるために六十何年も汲々としてきただけのことダ。

なんもはァ、魚獲るだけしか能のない人生で、読んだり書いたりすることは、さっぱりわからんもんでね。自慢になることと言ったらば、ランプもない焚火をくべて灯りにしていた時代から、生きてきたぐらいのことです。大正なら電灯があったろうって、それは認識不足なんだ先生。俺はこの先の乙部《おとべ》が在所だけど、漁師の家庭なんてものは、定額の電気もひけないんだわ。

海さ出たのも貧乏だからだよ、歴史は古いのね。算えで八つ、小学校一年のときから発動汽船に乗ってよ、胴さナワ巻きつけられて、イカ突きやってきた。六年生のときにはもう一丁前で、磯舟を買ってもらった。

これには哀れな・むごい話があるんだけど、ともかく十三で舟持ってね。まあそういうのはいいねいでしょう、貧乏が恵んでくれた。もともとまずしかったんじゃない、俺の先祖は津軽から来たんで、曽《ひい》じいさんは江差にいたったらしい。仲買人をやっていたのね。

なんか福士の家にこねば相場立たねいって、そのくらいの大したものだったという話です。俺が童《わら》しのころ、こんな厚い帳面があってね。矢立とかもあったんだ。

そんでも、親父は丁稚奉公だ。当時は当りまえのことだから、酒屋さやられて酒おぼえつまったんだわ(笑)。まんず道楽もんで、カマドつぶしちまったの。おまけに雷落ちて家まる焼け、はっきり言ったら夜逃げして、乙部に行ったんだべ。それで、にわか漁師になって生涯貧乏暮らしだ。タテマエで職業に貴賤はねいたっても、やっぱ百姓だの漁師だのって、下積みで上にはいけない。ハハハ、それが世の中つうもんでしょう先生。

ニシンですか？　大正には、めったに群来《ぐんらい》しなくなっちまって、ああ、「くき」って言わねえのプロの漁師は。それがよ昭和になるとバッタリ。俺のおふくろなんか、鰊場でずいぶん稼いだって言うが、けっきょく厚沢部《あつさべ》の開拓に入らねばなんなくって、そこから嫁いできたのです。そう、いま米どころで有名だけど、えらい苦労して田圃《たんぼ》つくったんだと。

ま・ニシンこなくなっても、スケソーやイカはなんぼでもいた。捕れて、捕れて、捕れて。もう夜も寝ないで、舟一パイ満タンで帰ってくる。夜の七時か八時、おふくろも弟も妹も待ってるの、焚火の炉端さ寝ころんで。今みたいに加工場にそっくり渡すんでないから、魚つくりは自分でやるわけです。タラコをぬいて、イカは一夜干し、するめは作れねえども手ごろな値段で売れるから、あけ方まで働くんだわ。

スケソーは漁不漁があるけど、イカは年中獲れたんだ。スケソーが不漁だと、サメが出る。江差はどういうのか鮫呼ぶ土地で、これは大物だから金が摑める。乙部にはあんまりこないのね、それでも獲りましたよ。ええ、小学校六年生の癖して、無鉄砲だったんだわ。

磯の仕事もありました。コンブやワカメがおもで、ウニなんかそのころは、ごろごろいても誰も見向きもしなかったんです。中国に輸出するナマコ、満州の大連に送るんだという話だったけれど、あまり金にならなかった。どこかで悪どく、もうけてる奴がいたんでしょう。

学校には行けなかったけど、海の上で勉強して、魚のことなら博士だ（笑）。まあ童しのことだから、辛くて泣いたこともあった。いまでも忘れねいのは、海の上で舟の中で筵《むしろ》かぶって、じーっとイカ寄るのを待っている。体が凍《しば》れて、霜降ってまっ白になるんだから。まんず人間、そのくらい寒ければ風邪ひかないもんだね。

生半可な寒さで風邪をひく、ブルブルブルブル震えて寝られないでいれば絶対大丈夫、海で勉強したことと言ったら、まあそんなことです。本になんか、なんねいでしょう？

〔付記〕小樽・瀬棚・江差の取材に当り、寺谷昭利・石田耕造の両氏に、とりわけ厚いお世話になりました。誌上をかりて、お礼申し上げます。

第八章　水の向うの悲しみへ

ただ、生きんがために

イカは、夜釣りだからね。夕暮れ刻《どき》に船を出して行って、ガスランプさ点《つ》けてじーいっとイカ来るのを待っているの。今だったらば、キロワットの電球で楽なもんだが、当時はハア幼稚な仕掛けであったんだわ。

　母親が刺してくれたサクリ、労働着に木綿のえりまき。銭ッこある人ならば、毛布《ケット》ぐらい着れたべさ。我々はボイルの合羽《カッパ》、これも夏の間に油塗ってつくった渋紙のやつ。それに、筵《むしろ》の前掛けです。ゴム靴や、ゴムのつなぎが出てきたのはずうっと後のこと。ま、そんだら粗末なものでした。

　先生・さっきも聞いたけど、たったの十三で夜中に海さ出て怖くなかったか。それは素人考えだ（笑）。怖いなんてヒマはねえの、生きねばなんねいということだ。現在ならば、メシ喰ってく銭がないってば、お上が出すでしょう。その当時は、誰からも貰えねいんだからね。貧乏してりゃ親戚は知らん顔、まずしい憐れな家には、ネコも寄らないですよ。マンマ稼ぐのは自分しか、親きょうだいしかいねえんだから。

　まして長男ダ、学校ですか六年卒業の免状はお情けでもらってるけど、実際は八ツのときから縁がない。父親が胃潰瘍やって、ガンになって俺が十八のときに死んじまった。十年間、ナンモ働いてはいないわけだから、その重荷が肩に諸《もろ》にかかってきたの、なにほど辛かったか、六月になるってえと、夜が急にみじかくなるんでしょう。ほとんど寝る暇ナシ、そのことは忘れられない、いまだってもあの辛さはね。

　イイ世の中だ・今は、だから親を叩く、教師もしばかれるんだわね（笑）。俺の時代は絶対服従、両親を養っていくのは義務だから、先生が家庭訪問して学校さ来いっていうのを逃げて・逃げて漁に出てゆく。

　判んねえでしょう、今の子には。何はさておいて、生きることが先決だった。生きんがために死んではなんねえ、それだけだ。もの心ついたのが昭和の初め、不景気のどん底です。それから間もなく動力船に切りかわる時代で、俺の父親も無理な借金して、船を換えたわけです。銭ッこあって買ったんならいいが、すぐ胃潰瘍を患ったもんですから。大黒柱がへし折れて、江差の裁判所さ日参して、けっきょくかまどの灰まで人手に渡っつまったの。まんず、船はもちろん柱時計まで、差しおさえの赤紙はられて……

俺が難儀をした・働いたことは良しとして、言いにくいことではあるけれど、姉や妹も身売りダ。乙部はまずしい土地だから、「芸者の産地」と呼ばれていたくらいです。めずらしいことではない。けれど察しがつくでしょう、ちっちゃいころから三味線習っての芸者なら、年季明けるのも早いし・銭ッこも稼げるし、玉の輿にだって乗れるべさ。うちの姉と妹は、そんなんじゃない本当の身売り。東京の新宿さ売られていった、あわれなもんだった。

俺の家だけでなく、部落に何軒もありましたよ。困っておるという噂を聞いて、周旋屋が目ッこつけて歩くんです。前借六十円ナリ、なして憶えてるかと言えば磯船がそのころ四十円、姉が身を売ったときに俺が十三、その金で二十円余して舟買って、十八のときに妹です。紀元二千六百年（S15）、お祝いの山車をひっぱって歩いたども心は闇。

また磯船を買って、一からやり直し。兵隊検査の数えで二十一までに、五百円やっとこそ返したわけです、涙こぼして払いましたね、稼いできては借金払い、踏みたおすとか払わねいなんて、言える世の中じゃなかった。即、うしろに手がまわっちまう。今でこそ大きな顔して、福士の親爺って立てられて、漁協にゼニ貸せや、あるとき払いの催促なしなんて啖呵切ってまかり通ってるけど、人民がオカミには逆らえない、おっかねえ時代であったんだから。

一代記、序ノ口だわ（笑）。とうてい終んない感じで、こんな話ばっか続けていいんかね、先生？

兵隊検査は何たって体でっかいし、文句なしに甲種合格。またもや一ツ星からやり直し、千島さ持ってかれてね・中隊長のふんどし洗い。そう、当番兵です。歓乎の声に送られてよ何の因果かメシタキ洗濯、軍隊ってとこは一日も休みなしダ、馬鹿でねいと勤まんない。まあ、古参兵になればハラが痛いとか風邪ひいたとか、ズル休みもできる仕掛けだけど、俺は根が馬鹿正直だから精勤賞七つも貰ったの。

射撃・銃剣術、もらえるものは何でも取りっぱぐれなかった。そんなもの一銭にもなんねいが、帰りの土産は星ッ子だと死物狂いで頑張ったんだわね。終戦は伍長でむかえました、星に線まで入れてもらったの（笑）。

千島は幌筵《ホロムシロ》、一番北の端です。後方でアッツが玉砕をして、これはもう一巻の終りだと覚悟しておったんだが、樺太へまわされる寸前に・月寒《ツキサップ》で八月十五日。

あの戦争では命びろいの連続、千島に渡るとき二月です。行ったら何もナイ、べたいちめんの雪の原、すっぽりと三角兵舎が埋もれている、ものすごい吹雪。俺はまあ海の上で育ったから、凪なんて恐れなかったども、隣の兵舎さ行くのに吹雪に目が昏んだり脚とられて、死んだ者が多勢いた。

風さ寄っかかって歩く要領、こう体を四十五度に傾けて、前むきは辛いけど、うしろからくる場合は風が運んでくれるわけなの。そんなことが、言ったら生き死にの別れ目です。人の棲むところじゃない、文字通りの生地獄だわ。

そこへ、艦砲射撃がドンパン・ドンパン、撃つと落ちるのと、のべつまくなし、応戦なんぞ先生・できるもんじゃないです。ああ、こんな戦争で死なれねい、絶対に死なれねいと思ったね。

……無抵抗だもの、玉砕なんて言えば恰好いいけど、ボロっきれみてえに吹っ飛ばされて死んでいくんダ。アーもスーもないの、壕の底さへばりついて・ただ生き残れますようにと、死んでも生命がありますようにって祈るのみだ。情けねいですよ、みじめですよ。

軍隊で死んだ者はね、食うものも食えないで、あずましい（安楽な）思い一つもしないで死んでいったんです、大半。クイモノの怨み、ドンパンの中でもえらいさんは、美味えものたらふく喰って、酒盛り毎晩だもの。銃殺覚悟で、俺は文句を言いに行ったですよ。

精勤賞七つが血相変えて抗命したもんだから、もう弾薬運びやんない、土《ど》のうも積まねいって。さすがに上官も閉口垂《へこた》れて、兵隊にも食糧や酒がまわるようになったけれど、死んだ者は浮かばれないですよ、憐れですよ。生き残った我々は、一生かけて戦友の不幸を弔っていかなきゃなんねい。

ノド元すぎればって言うけど、戦争は忘れられないね。若くて丈夫で気張っていたし、戦地では病気一つしなかった。ところが帰ってきて、ほかを知らねばで漁師の生活に戻ったんだが、体の具合がはかばかしくない。カカアをもらって、精出して子供つくったせいかも知んねい（笑）。

ま・それは冗談、親爺の体質が遺伝したんでしょう。胃潰瘍が出て血を吐いた。そもそも嬶ァは戦友の妹だ。おめえの妹ならと、写真も何も見ねいで来ていただいた。敗戦の十二月、糝粉《しんこ》細工のタイを拵《こしら》ってね、こっちではかたっこ餅と言うんだけれども、それにドブロクの三々九度でむかえたのが今の嬶ァさ。

まず、満点の女房に当った。だけんどこれは浜育ちじゃない、親爺の二の舞で憐れみせちゃなんねいと思って、〝ガンガン部隊〟の仲間に入った。そう何やるって芸もないから、手っとり早いとこ石油缶しょって闇物資の運び屋です。

それから魚の行商、最中《もなか》のあんこ詰めや、チリンチリンのキャンデー売り。これが五月、北海道はまだ春先ですからね、ブルブル震えながらキャンデー売ったの（笑）。運動会に行ってさ、先生に怒られねえかと思ったっけ。けっきょく、商売はだめだわ。キャンデーほしいようって泣く子がいたらば、ただでやっちまうんだから。やっぱ俺のような気質のものに、商売は不適当ダ。

体もやっとよくなったから、リヤカーをひっぱって歩いた。雑品屋ですよ、判りやすく言ったらボロッ買い・廃品整理というやつ、これは儲かったねえ。労働を厭《いと》わねば二人分・三人分、古鉄なんぞに当ると大した日当になりました。ただし百貫は積んだよ、馬よりも牛よりも力を出さねばなんねいんです。

ああ、金の世や金の世や！

朝から夜中まで、まっ黒になって働き通した。デーンと舟買って、海に戻れたとまあいう次第。どう思いますか先生、誰もした苦労だなんて、俺自身は考えてないの。

そんな巧者《こうしゃ》っぽい口きくように育っていねいもんで、聞き苦しかったらご免なさい。人の倍もけっぱってよ（がんばった）、無我夢中であったけれども、われながらまっすぐな道を真直ぐに歩《めぐ》ってきたもんだ……

俺ほどのものはいねいと、本心はそう言いたいんだわ。運ということを、このごろしみじみ考えます。たとえば童《わら》しのとき、浜に宝が転がっていてもこの掌に乗っけて取ることが、俺たち貧乏人にはできなかった。親方やいい家の衆なら、何したって楽に世の中渡って、仕事にも銭ッこにも不自由しない、学校さ行って出世も思いのままだ。おなじ人間でありながら、こうも運命がちがうものかと、正直ひがんだものです。けれども・今になってみれば、あべこべだわ。

福運とは信仰の功徳《くどく》、一生けんめいに努力して、やっと自分の掌に乗せて握りしめる幸せです。ご苦労なしの親譲り、他人の生血を搾《しぼ》った銭ッこで威張ってる連中とは、根本から価値がちがう。説教じみて申しわけねいけど、俺はそう思います。昭和三十四年一月二十三日、日蓮正宗に入信してまる二十五年、ちょうど海に戻ってから同じ歳月が経ちました。子供たちも立派に成人して、独立をしていった。

長男は役所に勤めて、コンクリートの街さ行くな、東京なんぞ人間の住む所でねいと俺は言ったども、大蔵省へ転勤になっちまったの。世間の常識からすれば栄転でしょう。でもいずれは、北海道さ帰ってきてほしい。次男もやっと給料をもらえるようになりました。こいつは、北大の大学院出て、二年半で助手になりました。ふつう五年かかるというから、サア困った、三十すぎたって家庭も持てないんでないかと胆病《きもや》んだけど、思いのほか早く一本立ちになって、この四月に結婚しました。

長女は、学会の支部婦人部長。あとのふたりの娘らもまずまず、たくさん孫をつくってくれることでしょう。俺の姉妹と比べたら、幸せすぎて涙がこぼれる。けれど・漁は一代限り、こっちのほうは跡継ぎナシ。

海が死んじまったから、これも仕方がねいんですよ。ハッキリ言ったら、もう生きる望みがないの日本の海は。イカもマスもいないわけで、スケソーだけで す頼みの綱は。

いるところにはいる、でも捕りに行けば例の二百海里、でなければ大資本の遠洋漁業、俺たち小漁師の働き場所はせばまっていくばっかダ。とどのつまり自然が育てる時を待たないで、あったら乱獲してきょうの息をやっとついている。

俺も何かの間ちがいで、産業功労者の表彰状もらったけど、そんなもん日本の漁業の将来には屁の役にも立たねい。昔のくり言さ並べて、けむったがられるだけの存在です。

こればっかりは何ボ努力したっても福運ゼロ、国の根本から変らねばどうにもなんねいでしょう。米もとれねい魚もとれねくッて、先ゆきどうなることやら。これは、老人の愚痴でないの。若い人に、真剣に考えてもらわねばなんねい!

(一九八三・十二・三)

瀬棚小学校には、和綴じ罫紙《けいし》の『学校沿革史』が保存されている。歴代教職員名簿・明治二十九年二月十六日～三十年五月二十九日まで校長不在、〃雑録〃を見ると訓導も欠員、翌三十一年に及んで例年四月一日より一カ月半「生業繁忙に付《つき》」、臨時休校とある。

三十一年七月三日、人口六千七百余をかぞえる街で、尋常高等小学校の卒業生十三名（これも臨時措置）。この記録が何を意味するかは、前章ですでに述べた通り。つまり、学校はあっても、生徒と教師はいなかった。『瀬棚町史年表』によれば、**この年・鰊凶漁**。

二年制にくり上げた就学年限、いわゆる簡易教育を四年制に再延長して、〃正常〃に復する、だが、豊漁のときは生業繁忙、凶漁ならば身売り丁稚奉公、窮民の子女に教育の機会均等は、言えば絵に描いたモチ。小学校十銭（今日的な経済感覚では五百円）、高等科二十銭の月謝に事欠く家庭が多かったのである。

この間、北海道庁参事官兼学務課長の横山隆起をはじめ、視学・岩谷直次郎、函館アイヌ学校教師・ネットル、第七師団本部付・大嶋少佐らの訪問があったと、『沿革史』は誌す。視学の来校は再度にわたり、郡・支庁長出張がそれと日程をあわせている。思うにとうぜん、瀬棚における異常事態と、関連する。

簡単なメモの行間から、牧口常三郎が教師として、「単級教室」「僻地教育」実践に青年の理想を捧げたその背景を、読みとることができる。私たちは明治資本主義発達の過程を踏まえながら、浮きしずむ庶民の生活史を北辺につづってきた。

言わずもがな〃富国強兵〃、貧しき人々の犠牲を礎に築かれる、財&軍閥のバベルの塔である。そしてその反面に、「開明」のイデオロギーであり・アジア解放の擬制でもあった。

〃自由民権〃の運動は、日清戦争の困難に当って・挙国一致に収斂《しゅうれん》される。ようやく人民大衆に立脚して、権力と対決する革命の思想が獲得されるのは日露戦争の前後、これにさきがけて教育・宗教者の啓蒙があり、衆生庶民の中へと歩み入る、実践活動があった。

……青年教師・牧口常三郎は、まさに先駆者の栄光を担う。その生涯の営為を分けて考えてはなるまい、教育と宗教とそして革命は、民衆原理に依拠する点において、一つなのだから。換言すれば、初期教育学論考がもしなければ『人生地理学』はなく、『人生地理学』を経なければ、『価値論』もなかった。

当然、五十九歳の入信、七十三歳の国家諫暁と殉教はあり得なかったのである。

想い描いてもよいのではないか、明治三十年夏、牧口常三郎は視学と共に瀬棚小学校の惨状を見た。この年一月から、北海道教育週報に彼は、初期教育学論考の代表著作、『単級教授の研究』の連載をはじめている。そして、師範学校同窓会誌等々に、瀬棚の子たちのために書かれたと読みとれる、はげしく美しい文章を載せている。

〔社会は遠慮なく、この可憐の児たちを駆って自己の階級内に投ず。社会もまた酷なるかな……〕

▽明治三十年（一八九七）

＊牧口常三郎・26歳

1・1　読売新聞連載・尾崎紅葉『金色夜叉』、一般大衆の人気に投じ、「小僧女中も新聞の配達をば待ちかねる」超ベスト・セラー。

1・4　小学校教員俸給、月平均基準をさだめる（文部省令）。

尋常小学校・本科正教員　一二～一六円

高等小学校・本科正教員　一八～二〇円

2・15　大阪南地演舞場でシネマトグラフ上映、連日超満員（ひきつづき東京神田錦輝館でバイタスコープ公開、3・6）。活動大写真、ブームの魁《さきが》け。

3・3（ひなの節句）　足尾銅山鉱毒被害者・二千余が結集、徒歩にて東京にむかい操業停止の請願行進。

《人間・万事金の世の中》

――日本資本主義発達巷史・I

戦前（M26）、総額三億円だった会社資本金、戦後三十年に倍以上の七億円に膨張をする。その四割は金融企業、『金色夜叉』描くところのアイス（氷＝高利）貸し。いわゆる〝鼠《ねずみ》講〟、庶民日掛けのとりこみ詐欺もあらわれて、人間・万事金の世の中。

日清戦争賠償金二億両《テール》・及び遼東半島還付金の三千万両を、英国を通じポンド金貨でうけとった政府は、三十年三月・「貨幣法」公布、純金2分を以て一円とさだめる。〝金本位制〟の確立、かくてゴールドラッシュ、いわゆる賠償景気がやってきた。

サラ金のかげに大手銀行あり、資本は略取され・投下される。〔高利貸と商業とによって形成された貨幣資本〕は、〔工業資本へと転化せしめられ〕〔少数財閥により、独占的に経営された〕（野呂栄太郎『日本資本主義発達史』）のである。

明治二十五年、三十九カ所・生産一千万貫に充たなかった綿糸紡績工場、三十年には七十四カ所、二千六百万貫と飛躍。五年後の三十五年には八十カ所、三千八百五十万貫と集中発達する。とうとうたる〝産業革命〟、三菱造船所・鐘ヶ淵紡績・八幡製鉄所等々、日本資本主義の根幹となる、民&官営の大工場ぞくぞく建設。

……そして、足尾銅山。経営者である古河財閥の当主・市兵衛の次男は、明治政府の重鎮として知られる陸奥宗光の養嗣子《ようしし》。時の権力の庇護のもと、公害企業は繁栄する。

二十九年九月八日、銅山下流の渡良瀬川が氾濫、鉱毒は田畑十万四百五十余町歩を汚染した。かくて流域農民決起、大挙政府への請願デモを春三月にくりひろげる。

〽ああ　金の世や金の世や！
毒煙燃ゆる工場の
見えぬ鎖に繋がれて……

（添田唖蝉坊）

鱗《うろこ》の呼吸をきくこと

4・2　遠洋漁業奨励令公布（大型漁船建造に交付金）。

5・8　ロンドンで清国賠償金二七四万英貨《ポンド》を受領、翌三十一年残額及び利子分皆済となる。

6・1　官営八幡製鉄所、創立。

7　東京電燈会社（東芝）、「電機扇子」と銘打ち扇風機を発売。

8・10　両国川開き、欄干が壊れ涼み客転落、死者&行方不明三十六人。

9・11　陸軍兵器廠条令、公布。

9・24　海軍造船廠条令、公布。

10・9　勅令によって、尋常師範学校を師範学校と改称する。

明治三十年十一月一日、牧口常三郎は北海道師範学校・助教諭に任命され、附属小学校訓導を兼ねる。第七回卒業同期の誰よりも速く〝順風満帆〟の登竜門をくぐり、前途は洋々とひらけた。因《ちなみ》に前出の岩谷直次郎視学は、第三回卒業で四年先輩に当り、北海道教育界の次代を背負う人材と目されていた。

単に理想家・学究肌の人間像を、若き牧口の上にみるのではなく、彼が道教育経営のエリートとして認められ、将来を約束されていたことを、押さえておかねばならない。翌る三十一年三月、北海道教育会機関誌編集委員、まもなく五月には評議員、同年十二月に地理懸賞論文審査員を委嘱される。

さらに三十二年五月、小学校教育乙種検定委員となる。三十三年四月、教育会役員総選挙で評議員最高点（一〇五票）、そして三十四年、機関誌編集主任・幹事（事務局長代行）、五名の理事の一人に任じられた。

牧口常三郎・ときに三十歳、かけ足でエスタブリッシュメントの階段を上る。野心も抱いたであろう、〝出世〟に心を動かされたにちがいあるまい。が、彼は予約された成功に、みずから背をむけて市井の一学徒・現場の一教師**「もとこれ荒浜の一寒民」**、貧しき人々の間に漂浪半生を志す。

水よ　わたくしの胸いっぱいの
やり場所のないかなしさを
はるかな　マヂェランの星雲に
とどけておくれ
そこには　赤い漁火《いさりび》がゆらぎ
……たえず窮乏をつづけながら
　どこまでもながれて行くもの
わたくしは
しずかな　鱗《うろこ》の呼吸をきく
　　　（宮沢賢治『薤露青』）

薤露《かいろ》とは、にらの葉に宿るつゆ、人の命のはかなきを言う。ニシン群来せず、漁火消えゆく北海道漁場の春から、東北三陸大津波・飢饉の修羅へと、庶民列伝は継走するのであるが、いましばらく鱗の呼吸に耳を澄まそう……
「きこえてくるかね、外山クン？」
「ええ、何もみえませんから」
「まっこと荒《すさ》まじい、新潟も烈しかったけれど」
「格別ですなあ、瀬棚の吹雪は！」
「けれども悪魔というやつは、天や鬼神とおなじように、どんなに力が強くてもやっぱり流転のものだから」
「また、わけのわからないことを」
「賢治の詩さ、いつか晴れるってこと」
「ぼくはまた、江差追分の話をしているのかと」
三味線にもつれる笛や、尺八や。瀬棚から江差へ、突風はひょうと磯をたたき、海から雪を掻き上げ、いいい、るるるると巨人の口笛を鳴らし、棉《わた》のような汐の花を降らす。ゆくえに幻現する没骨《もっこつ》水墨・奇岩怪石のたたずまい、寄せては返す波がしら。
〽スイスイッ　スイーッスイ
　荒い浪風スイッ　もとより覚悟
乗り出す船はうきよ丸　ハースイッ
西も東もしら波の　スイッ
こころ墨絵の浜千鳥
どこの港でスイ　果てるやら
　　　（『越後追分』、松本政治師による）
……追分の歌詞は、土地によってそれほどちがわない。つまり、全国に流行をしたからなのである。『江差追分』が最も洗練され、節まわしも滑らかで美しいと言う。だが私は、三味線も尺八も絡《から》まぬ素謡《すうた》いの『越後追分』、寂びて悲しげでふとぎこちない、完成されぬメロディが好きだ。

牧口常三郎が愛唱した追分は、〝ふるさとの謡〟であった。『江差追分』ではなく、『越後追分』なのである。序章で触れておいたが、あらためて証明する。

これは推論ではなく、実に単純な事実に立脚している。すなわち、彼が北海道を去った明治三十四年、げんざい謡われている、『江差追分』なる歌曲はどこにも存在しなかった。より正確に言うなら、その名で呼ばれていた俚謡《りよう》はあるにはあったが、「浜小屋」「新地」「詰木石《づみきいし》」の三派に分れて・それぞれ演唱を異にしていた。

そもそも、江差における追分の発祥は「浜小屋」である。ここは岡場所、ありていに言えば下級の売春窟、〔鯡《ニシン》漁中、町並ニ住居ノ者共ハ我家ヲ他国ヨリ来ル商人ニ貸渡シ、其家ノ者共ハ砂浜ニ出テ仮小屋ヲ作リ餅酒ナドヲ商ウ。或《アルイ》ハ料理茶屋モアリ、昼夜トナク三味線太鼓ニテ賑ウ、是《コレ》ヲ浜小屋ト云《イウ》〕（江差在勤幕吏・松田伝十郎著『北夷談』、文化4）。

ながれもののヤン衆、荒くれ男を相手の娼売《しょうばい》である。しぜん謡は淫らで、野卑であったにちがいない。伴奏は太鼓のみ・または手拍子、酔いが廻り宴たけなわとなれば三味線ご無用。

忍路高島不正企《おしょろたかしまおよびもないが》　歌棄磯谷猶矣《せめてうたすついそやまで》

『日本風景論』の中で志賀重昂は、札幌農学校卒業まじか江差に旅して、追分節を聴いた感想を誌している。

〔奥嬢越児《オウジョウエツジ》・顔玉ノ如シ、琅々《ロウロウ》唱イ出ズ〝追分曲《オイワケノキョク》〟、一唱二唱皆悲涼タリ、不知《シラズ》・何《イズ》レノ声カ我ガ郎ニ適《カナ》ウ〕。

公共出版物『江差追分』（江差追分会編集、S57）、淳風美俗に気兼ねをして承知の誤訳をしているが、言わずもがな遊里の感想である。奥嬢越児は「東北や新潟のまだうら若い娼婦たち」、苦界の娘が絶唱する追分に、志賀青年は哀切な情動に胸せまりつつ煩悩する。どの妓《こ》が今夜の敵娼《あいかた》なのだろう、と。

それは、「浜小屋」であったのか？　あるいは、親方衆や仲買人元締め・官員・富商の登楼する花街、「新地」であったのかは問わず、追分節が日本海を渡って越後・佐渡から江差にもたらされたこと疑いを入れない。

さて、〔（江差は）札幌・小樽方面がしだいに開け、無動力船＝北前船が駆逐されて行くにしたがって、凋《ちょう》落《らく》の憂目を見ることになった。それでも鰊の豊漁が明治二十年代の半ばまではつづいていたこともあって、諸国の回船も多く繁栄を維持し得たのであるが、明治三十一年春ついに壊滅的な凶漁となって……」

街市は、急速にさびれ果てた。牧口常三郎の学生・教員時代は、ちょうどこの時期に当っている。〔追分節も衰微した。まだ百人ほどの芸妓はいたが」（同、『江差追分』）新地芸者の数人と、「浜小屋」節の村田弥六が細々と追分をうたっていた。

村田弥六は、佐渡の出身である。私がこれまでのいわゆる追分研究に、小さな異議を申立てる根拠に、理会をしていただきたい。『江差追分』そのルーツは、越佐（越後・そして佐渡小木港や寺泊、各地にうたいつがれた追分節）に求められる。水の道は謡の道であり、『小諸《こもろ》追分』の山唄へ転化していく分岐点も、とうぜん日本海交通の中心であった越後・佐渡に置かれねばなるまい。

信州馬子唄を原点とする・追分発祥の通説は、高田瞽女《ごぜ》の杉本キクイの証言を根拠としている。だが、本人の聞きあやまり・思いちがいではないか？　という疑問に反論をする根拠も・また、ないのである。

ただ一つ確実に言えることは、歌を運んだのは無告の庶民、文字を読み書くすべを知らぬ水夫、そして芸を売り春も売った娼婦たちだったということ。若き日の志賀重昂の文章を、そのように納得することで、私たち・鱗の呼吸を心に聞くことができる。すなわち、

流れゆくもののうたを

また、断言してよい。「浜小屋」節は、『越後追分』なのである。海の男のせつない望郷のうた、それを慰める親にわかれた貧しい娘たちのうたであった、と。牧口常三郎の青春を、私は余りにも感傷的に語りすぎているのかも知れない。だが、〝琅々《ろうろう》と〟この人がうたい上げる十八番は、追分節であったこと。

その一点に限っても、彼の思想と信仰が不幸な虐げられた人々の中に、おのれもまた・同じ漂泊の宿命を共有するものとして、深く分ち難く根づいていることを、確信することができる。彼は旃陀羅の子であり、旃陀羅の子の悲苦に歩み入った。約束された俗世間の栄光に背を向けて、海山千里を流離する庶民衆生の感情と一化を遂げていく。

しののめのストライキ

うたにさすらうことを、いますこしお恕《ゆる》し下さい。私・音楽評論家の肩書きもあり、何冊かの本も出して

おります。〝追分論考〟いずれは全面展開するつもり、ホンノさわりだけ。『江差追分』の名が天下の所有に帰したのは、権力者の不慮の死によってだった。伊藤博文・明治四十二年十月二十六日暗殺、かつて北海道を訪れたさい、江差芸妓の追分節を聞いて絶賛したと巷間につたえられる。のちに、村田弥六がその墓前に名唱を捧げるエピソードが、マスコミの美談となる。

これより先、〔鰊の凶漁以来、沈滞しきった人心を一新し（略）、郷土の誇りとして追分を普及宣伝しようと〕（『江差追分』・前出）、地元有識者が申しあわせて、詰木石《づみきいし》町で追分大会を例年もよおすこととした。本来、「詰木石」節は職人・馬方・人夫などの男うた、〝芸事狂い〟の旦那衆がこれをアレンジして、一種独特の曲調をつくり上げ、「浜小屋」「新地」に拮抗する。

三派覇《は》をきそい、いずれもが我こそ正調と称してゆずらなかった。そこで、「伊藤公の霊を祈念するためにも」手を打とうではないかと、四十二年十二月の某日、中山雄蔵桧山《ひやま》支庁長の肝煎りで、神官の藤枝貞麿が各派とりまとめ、師匠免許あずかりと決する。

席上「二声《ふた》上り・七ツ節」、すなわちこんにち正調とされている、統一唱法が規定された。このとき基本となったのは「浜小屋」節の村田弥六、が・大正期に入って、〔前時代の古調を脱して、より洗練された座敷唄、「新地」花柳界のひきと財力が主流を占める。さらに、〔卑俗な歌詞は淘汰され・整えられて〕〝正調追分〟が完成した。ようするに、牧口常三郎の愛唱曲と、ほとんど容《かたち》を変えてしまった。

誤解のないように、だから現在の謡を認めないとか、ニセモノだと言うのではない。それはそれ、すぐれた歌曲であると私は思う。どのように変容をしても、こめられた人の想いを、消し去ることはできない。

ただ、『越後追分』へと海上の道を逆にたどれば、歴史はより鮮明によみがえって、牧口常三郎とその時代は身近なのだとだけ、私は言う。〝富国強兵〟の明治は、窮民窮女を水の向うのかなしみへと押しながす、衆生離散のときを刻む。

▽明治三十一年（一八九八）　＊牧口常三郎・27歳

1・1　北海道全域・沖縄県・小笠原島、徴兵令施行。

1・12　第三次伊藤博文内閣、成立。

2・10　三井・富岡製糸通勤工女七百四十三人同盟休業、同福島県白清館製糸、3・1愛媛県西条綿練工場と女工ストあいつぐ。

《工女聞書き》——日本資本主義発達巷史・II

……新聞は報じて、〔女ばかりの罷工とは珍らし〕〔東京日々〕、ようするに冷やかし半分。野呂栄太郎いわく、日清戦争後・工業発達過程における通弊《つうへい》は、〔"膏血制度《スエッチング・システム》"をもって呼ばれる最も劣悪な労働条件、なかんずく婦人と幼年労働者の虐使であった〕

しかるに、一般世論は黙殺。政治家も〔自由党の一小部分の注意を惹くにとどまり、何ら改善策は講ぜられなかった〕（前出『日本資本主義発達史』）

労働条件の劣悪を、むしろ憂えたのは当局だった。「工場法」制定を建議して棚上げにされた農商務省は、この年から実態調査を開始する。〔工女ヲ使役スル極メテ苛酷、日々織《オ》ルベキ過度ノ定尺ヲ課シ、織ル能ワザル工女ニ対シテハ夜間深更ニ至ルモ強イテ就業セシメ〕〔ソノ食ヲ減ジ或ハ全ク屏去《ヘイキョ》シ（食事を与えない）、寒中裸体トシテ殴打シ、モシクハ冷水ヲ注ギ、股ヨリ肩ニカケテ之《コレ》ヲ縛シ鴨居ニ釣上ゲ……〕（農商務省『職工事情』全5巻、M36）

工女・聞書き、〔一夜暴風雨、しかも暗夜にして人目も見えざればこの機失うべからずと、仲間五人にて手に手をとり逃走し、夜明けにようやく大阪につき、妾《わたし》はしばらく料理屋に入りて下女働きをなせり。それより流れ流れて遂にかくの如き稼業（酌婦）、同じ工場に一緒せし百余人の落ちつく所は知らざれど、妾のように諸所を浮浪して、行末もわからぬ者が多からん〕

2・24 **日本鉄道会社機関手スト**（待遇改善要求）、上野〜青森間の列車とまる。

3・3 ロシア、清国に対して大連及び旅順の租借を要求。

3・6 ドイツ、膠州湾を租借。

3・26 本所・深川印刷&活版工、「同志懇話会」を結成。

4・1 警視庁、上野公園にて3日開催予定の「労働組合期成会大運動会」禁止を命令。

4・9 フランス、広州湾租借を要求。

5・10 閣議、歳入不足を理由に増税をきめる（三千五百万円）。

6 物価高騰・細民困窮して白米を購えず、スイトンやひきわり麦と野菜の雑炊を常食とする。弁当を持てぬため、小学校の長期欠席が急増・社会問題となる。

6・11 アメリカ軍隊、キューバ上陸を開始。20日グアム島を占拠、7・25プエルト・リコ侵略。

6・24　伊藤首相辞表を提出、後継に大隈重信・板垣退助を推す。

〈インフレ&増税、ストライキ〉　賠償景気の反動は、物価高騰&増税となって、庶民の生活をおびやかす。帝都・飯米の価格指数明治二十七年を100とすれば、三十一年は142、白米一升十七銭。日当三十銭の貧困家庭にとって、「喰うな!」と言うのとそれは同じことであった。

いっぽう、諸外国列強は中国をはじめ全世界の後進地域に、植民地化の魔手をひろげる。「日本は指をくわえてこれを座視すべきではない」と軍備拡張、増税また増税。伊藤博文内閣はもっぱら喰い逃げ、製鉄所建設の当初予算四百万円を千九百万円に五倍増、三十二年度予算の不足分じつに三千五百万円を、地租酒税&所得税、さらには鉄道電信値上げ等々で埋めあわせると称する。野党はとうぜん反対、〝伝家の宝刀〟解散!

スタコラサッサと、政権を投げ出して大隈・板垣に下駄をあずける。総選挙、ハイソレマデヨ短命四カ月で政党内閣瓦壊。バトルロイヤル山県有朋の登場、「増税案」第十三回議会を通過、このときばらまかれた買収費用は、清国賠償金の利子半期分であった。

政局はゆれた、世間も動揺した。日本鉄道会社ストを契機として、罷工の波は全国にひろがり、労働組合結成の気運がみなぎる。高野房太郎・幸徳秋水・片山潜・堺利彦ら、〝自由民権〟は社会主義思想へと転生して、新たな時代の潮流をつくるのだが、それは次章で。

窮巷に人々は餓え、ただ生きんがために流離する。暗色の女たちの群れ「奥嬢越児」のかなしみ、風に吹かれて遊女のうたえる。

〽自由廃業で廓《くるわ》は出たが　ソレカラナントショ
行場ないので屑拾い　しののめのストライキ
サリトハツライネ
テナコトオッシャイマシタカネ
高利貸でも金さえあれば
コリャマタナントショ
多額議員ででかい面

（不知火山人『ストライキ節』）

〈ゴシップ一束〉　ちかごろ上京勉学中の女学生で、学資不足のため密淫売をなすものあり（愛人バンク元祖）。府下質屋は入質のみ多く「当分お断り」の掲示を出す、利用者は中流以上と言う。物価騰貴の世に兵士の副食費は一日たったの四銭五厘、本来は六銭の頭をはねている由。

紅葉『金色夜叉』、ヒロインのお宮がダイヤモンドの指輪に目がくらみ云々、指輪が売れ歌もはやる。〽たった一度の初恋を、金《かね》やダイヤとなぜ変えた……小説貸本屋盛業、貸自転車屋繁昌、南京賭博流行、ジフテリアとチブスも流行（M31、新聞&雑誌より）。

前代未聞の大凶漁

江差、〃蔀戸《しとみど》〃の町。夏であれば姥神《うばがみ》大神宮例祭、十三台の山車が巡行する。それは京都祇園祭のミニチュア、〔家に入りてみれば、掛物は言うに及ばず襖・屛風にいたるまで京大阪の名ある書画〕を並べてと、『東遊雑記』（古川古松軒著、一七八八＝天明8）。さよう宵山《よいやま》の屛風祭り、ここは〃上方文化圏〃。つまりは町衆の天下、大衆はうなぎの寝床で間口狭く・奥行きは深い。

時はいつなんめり、十五年とは経っていないが私この街を訪れて、横山家に宿泊した、ヨコヤマヤと言うとご主人はたちまち不機嫌となり、「ちがいます、ヨコヤマケと呼んで下さい！」。なべて由緒がある。鉄口旅館という今宵のやどもそこはかとなく、格式を偲ばせておる。

「何と読むんだろ、テツグチかな？」

「カナグチ、かも知れませんねえ」

「いずれ昔の網元だろう、お女郎屋じゃないなこの造りは」

……冬は寂《さみ》しい、雪に降りこめられてなおさみしい。よんどころなく、仕事に出かけていくのである。江差町文化センターにて、町史編集室・宮下正司氏とよもやまの対談。

竹中　明治三十一年の凶漁は、〃前代未聞〃だったと言いますが？

宮下　いや、その前代未聞は翌々年にやってくるわけでして。私どもが調べたところ、明治に入って長く凶漁ということを体験しとらんのです。維新の直後だけ、これはまあ戦争がありましたから、鰊が群来しなかったのではない。
明治二十九・三十年と、不漁がつづき三十一年に大不漁です。これが前代未聞と思っていたら、三十三年に桧山郡前浜総体・つまり全漁場で五千石に充たない潰滅状態になる、江差の鰊漁はそこから滅びていくわけです。大正二年に最後の豊漁・それでおしまい、バッタリと群来しなくなった。「至ルトコロ歎声ヲ聞カザルハナシ」と記録にあります、戸数を半ば減じたと。

竹中　そして、〝追鰊《おいにしん》〟ですね？

宮下　そう、漁場をもとめて移住した人々がやはり一番多い。それから、店をたたんだ商人、海を見かぎって開拓地に家族ぐるみで入った連中。ともあれ灯が消えたように、江差はひっそり静まりかえってしまった。

竹中　今、に至るまで。

宮下　まさに然りです、江差の五月は江戸にもないとうたわれた繁栄も、槿花《きんか》一朝のゆめ……

竹中　このあたりの漁網は、新潟県の荒浜から来てますね。

宮下　これは全部「大牧口《おおまきぐち》」、牧口荘三郎が独占していました。そもそも・最盛期の江差は人口二万と言う、しかしそれは本籍を有するもの、近江商人など出店を開いて二百年も住みついておっても寄留者（笑）。むろん、女郎・出稼ぎ・流れものは数の中に入りません。実際は四、五万人、たとえば網元のばあい常時五十人もの食事を出している。ちゃんと記録に残っています。

　鰊漁の最盛期には、それが何層倍にも増える。「浜小屋」と言いますが決して掘立小屋じゃなく、三階建てなのです。ヤン衆がどっとやってくる、女も寄ってきます。医者のまねごとをする祈禱師、ばくち打ちや小商人、甘い汁を吸おうという手合い、人口二倍や三倍になっても不思議はありません。

竹中　なにやら愉しそうに、お話しになってらっしゃる（爆笑）。

宮下　いやいや、当時の文献や網元の帳面に忠実なだけです。もっとも現在の人口が一万四千、正直に言えば羨ましくもあるわけで。

竹中　それがホンネ（笑）、ところで流通機構ですが、漁網だけでなくこれも越後衆が押さえていたのでは？

宮下　そうなんです、ぼくらも子供のころ憶えていますが、軒なみ「越後屋」「佐渡屋」、米みそしょうゆはむろん、わらじや石地蔵まで。それから北海道は竹がない、かごやざるですね。佐渡から輸入をしてくる、桶のたがやら数ノ子を干すスダレ。

竹中　失礼ですが、お齢は？

宮下　大正五年生れです、もう七十に手が届きます。

竹中　遊廓も、はなやかだった。

宮下　それはもう、正規に登録した芸妓だけで五百人をこえていた。酌婦や密淫売をふくめれば、どのくらいの数がいたものか？

竹中　そこで『江差追分』、この唄の発祥ですが。

宮下　さあ、それは難問（笑）。

竹中　やはりここまで、〃最高の日本民謡〃とされてしまいますと。

宮下　定説をくつがえしては、ということになりましょうな。山のメロディが海に入ったと、私はそのあたりに疑いを持っておるわけですが、ともかく越後がルーツであることは間ちがいない、いま唄われとるのは元唄ではございません。『沖揚げ音頭』、俗にいうソーラン節もご同様で、「浜小屋」で唄われておった海で働く男たちのうた、女郎衆のうたがホンモノだろうと。

追分というのは、上流階級のうたじゃないんで、地下《じげ》のものでしょう。つまり庶民のうたです、三味線や尺八はあとでつけくわえられた粉飾《よそおい》、「新地」芸者の工夫ですね、これはもう生活感が薄れてしまって当然です。

竹中　昔風のうたい方をする人、おりませんですか？

宮下　おります、非常になんと言うか潮臭い、青坂満というのが。この人は、江差追分全国大会の第六回で優勝をしていますが、節まわしが独特です。

竹中　それは、ぜひ聴きたいですね。

……宿に戻って、いわゆる正調『江差追分』を聞く。青坂氏は所用あり不在、謡は渋田義幸（十二回大会優勝）、尺八は湊谷七郎、三味線が近江タキという豪華メンバーである。

渋田君は若手一の美声、湊谷氏は追分江友会会長。タキさんは七十五歳だが、一目で花街出身と知れる色香を残しておる。ところがこのお婆ァちゃん江差民謡界のドン・故近江八声夫人、町教育功労賞・道文化功労賞にかがやくエライ人なのであった。

ようするに地元としては、吹雪の中をはるばる東京からやってきた酔狂連に、『江差追分』の最高峰を聴かせてやろうというはからい。なるほど声は美しく、尺八は神韻ひょうびょう、バチのさばきソイ掛け（ソイソイーッとあいの手）、絶品ではあった。が・その演唱から鱗の呼吸は、きこえてこなかった。

いわく、〈中央東都においては、一般知識階級に歓迎せられ居るにも拘《かかわ》らず、わが北海道においては全然知識階級より斥《しりぞ》けられ、あたかも労働者や下層人民の俗謡なるが如く蔑視せられ居るは、甚だ遺憾に耐えない〉（前出『江差追分』収録／小樽新聞記者・市川天涯のことば、T13）

「きれいきれいですねえ、江差追分は」

「ウン、ほとんど西洋音楽・リード風であるねえ」

「こういうもの、ですか?」

「ああ、さっきお婆ァちゃんに艶っぽいと言ったら叱られたろう」

「でも、もと芸者さんなんでしょう」

「文化功労者なのダ、文化はふるさとを滅したのさ。心の裡なる山河・祖《おや》たちの生活感情をね」

「民族・民衆的なるものを……」

「そういうこと、江差追分だけじゃなく日本全国きれいきれい、沖縄もいまにそうなるのさ。明治・大正・昭和三代の文明開化、ヨーロッパナイズ&アメリカナイズの毒は、戦後の植民地文化政策で骨がらみになってしまった」

「ぼくは、ジャズが大好きですよ」

「俺もそうさ、我々は異国の歌に土着を聴いているのだ」

「でも、美空ひばりがいます」

「哀愁波止場から太平天国へ、ひばりはもう歴史、演歌もはるかな白鳥の歌よ。君はチョー・ヨンピルを聞いたか、彼の『恨五百年《ハンオベンニョン》』を」

「ハイ、すばらしいうたですね」

「隣の国では、〝地唄〟まさに祖たちの感情が甦っている」

「日本では、なぜよみがえらないのか」

「歴史を忘れたからだよ、たとえば福士長次郎さんの話ね、姉も妹も身を売ったという」

「恨五百年を、忘れたのですね」

「黒板を拭くようにね、〝牧口常三郎とその時代〟を」

「教科書問題にもつながって」

「今夜は発想が根クラだな(笑)、もう寝るか」

「ええ、明日も強行軍ですからね」

駅弁と娼婦と革命と

▽明治三十一年(承前)

7・16　杉田定一、道庁長官に就任。

7・31　東京の木挽職人二千二百人が手間賃値上げを要求しゼネスト、神奈川・千葉県下に波及し他業種職人にも不穏の動き。

8・21　尾崎行雄文相、**共和演説事件**をおこす。

〔註〕「日本にかりに共和政治ありという夢を見られよ。恐らく三井・三菱が大統領の候補となるであろう」(帝国教育会での演説)と拝金主義を攻撃し、共和云々は不敬に当ると藩閥の非難ごうごう、10・24辞表

を提出。

9・6　北海道、豪雨に襲われる。

〈知らず、誰が罪ぞ！〉……二昼夜にわたり157ミリ（札幌測候所記録）、局地によっては200ミリ以上もの未曽有の降雨量。わかりやすく言えば、一坪に三石余の水をぶちまけた（三・三平方メートルに六百リットル）計算になる。

とうぜん石狩川・夕張川・空知川などの許容水量を上まわり、道内河川は氾濫した。石狩川水位八メートル、夕張川は実に十一メートル、濁流は津波のように護岸堤防を決潰して人家を呑み、二百四十八名が溺れ死んだ。

浸水二万四千戸・流失千八百戸・倒壊千三百戸、水田四千八百ヘクタール・畑地五万五千ヘクタールが冠水、作物は泥濘の下敷きとなり全滅。当時の北海道全耕地面積は水田四千八百余ヘクタール、畑地十一万七百ヘクタールである。田のほとんどすべて、畑の半分が失われた。被害の最たるもの開拓民、本篇冒頭の「越後村」、江別・野幌《のっぽろ》入植者の苦闘は文字通り水の泡と消えた。

しかも彼らは言う、「我々は今後とも水災を敵として、魂気《こんき》のつづかんかぎり闘争し、斃れてのち止《や》むの覚悟なり」。小樽新聞特派員・平野文安、一開拓民の右の言葉を載せて誌す。〔この民をしてこの窮境に立たせ、而《し》かもこの悲壮の言を放《はな》たしむ。知らず、誰が罪ぞ！〕

内務大臣・板垣退助は、多忙を理由に視察の要請を断り、杉田長官は「人民は米穀欠乏に苦しみ居るものに非ず」、政府の財政は苦しい民間の義捐金で復旧せよ、と放言をしてはばからなかった。〝隈板《わいはん》内閣〟瓦壊と命運を等しく、在任五カ月で首をチョン切られる。

オカミの事情はさておき、交通寸断の被災地に絶食を余儀なくされた庶民は、ようやく手に入れた米の値段にびっくり仰天する。きのうまで十五銭だった白米一升が二十八銭、そのほかの食料も五～七割の暴騰、道庁の呼びかけ少しも効果なく天井知らずの物価高。

（『北海道百年』中巻／大洪水より）

10・15　美術学校校長を辞任した・岡倉天心、共に野に下った橋本雅邦・横山大観・菱田春草と「日本美術院」を創立する。

10・18　片山潜・幸徳秋水・安部磯雄ら「社会主義研究会」を結成。

10・29　板垣内相以下、旧自由党系閣僚・辞表提出

（尾崎失言をめぐる紛糾）。大隈首相・後継文相犬養毅ら旧進歩党系も連袂辞任、政党内閣倒れる。

11・5　山県有朋に組閣命令。

11・7　伊藤博文、清国視察より帰国。

12・3　第十三回議会開催、〝増税法案〟ぞくぞく可決。

12・10　アメリカ、アギナルドらの独立運動を簒奪してフィリピンを属領植民地とする。

〈西郷、上野の山に立つ〉　十二月十八日、高村光雲の彫刻になる西郷隆盛銅像・除幕式。参集する朝野《ちょうや》の知名士八百余、会場入口には国旗をひるがえし、山県有朋及び勝海舟の祝辞代読（山県は国会・勝は病気）、英国公使のアーネスト・サトー、その他の貴顕から讃辞が捧げられた。

――国賊の復権、彼を戮《ころ》した者は彼を祀《まつ》る。来会した鹿児島人士は、ひそひそささやきあった。「西郷《セゴ》どんに少しも似ておりもはんのう」「薩摩の犬《イン》は耳がとがっておろうが、何じゃ負け犬ばつれて！」

列車がプラットホームに入る、『江差追分』が流れる。小さな駅、五稜郭《ごりょうかく》まで七九・九キロの短い道程、吹雪の樹林をぬけて湯ノ岱《たい》・吉堀、昭和初期の面影を残すひなびた古い駅舎を眺める。松前線分岐点・木古内《きこない》、このあたりから窓外の風景はがらりと変って、道内の日ざしにぬるんでくる。

パステルカラーの海、あるいは点描の家々、甘美に言えばスーラーの絵を見るようにものみな光に粒立ち、旅も終りに近くはじめての晴天、駅弁喰いたくなるなり。だが、広い北海道で、ベントベントーの売り声を聞くことができるのは、現在わずかに三十駅ほど。事始めは明治二十三年春、業者鑑札交付は三十四年（駅弁は二種類十五銭、すしまんじゅう十銭、土びんつきお茶五銭）（北海道新聞社編『北海道鉄道百年』、S55）。

缶ビール飲んで、ぼんやりと詰まらぬことを考える。駅弁が売れなくなった、窓のあかない車輌が増えたからであると言う、そうかな？　むかし、汽車に乗ることは庶民にとってのぜいたく。そして卵やき・かまぼこ・鮭の切身（上等なら季節の焼魚）、〝三種の神器〟に経木《きょうぎ》の香りがぷーんと鼻をくすぐって、駅弁はわが少年時代のあこがれ、それは大した奢《おご》りであった。

いつのころ、日本人は駅弁をご馳走と思わなくなったのか？　上京するとき、大船駅で六百円の普通弁当を買う、味覚とは郷愁である。千円以上もする（京都萩の家は二千円である！）特製弁当を、美味いとは想わない。いや、高度成長の時代、「人のうましと言うもの」を私も食べ歩いたことだったが……

読者のみなさん、とつぜん駅弁を論じたりして戸惑われたでしょうがこれにはわけがあるのです。昭和二十九年の冬・甲府市長リコール運動、私がうけもった地域は赤線地帯。娼妓は住民登録が義務づけられ、とうぜん署名の権利がある。独身でまあまあ男前だった私は、大いに歓迎されました。

「あたいたちも、人民だものね！」

……と、健気《けなげ》を言う子もいて、素顔の彼女たちは、二十代半ばの私から見ても意外に稚なかったのです。そう、まさに愛される共産党を、私は実践しました。窮女の奈落をしかと見た日々、わが民衆原理は定立したのだ、といま思います。「人民だものね！」の子と、よい友達になりました。

他愛のない会話、「何が食べたい？」と聞く（そのころようやく人は餓えから逃れて、街の食堂にはすしや五目ソバやカツドンが並びはじめていたのです）、「**駅弁！**」と彼女は答えました。もっと深く・そのときそのことの意味を、私は考えるべきでした。

十年以上も経って、中山千夏を〝駅弁才女〟と私は呼んだのですが、本人には悪口としか理解できなかったようです。東北か北海道か九州か、いずれへんぴな土地の小さな駅で、売られていく少女の姿を脳裏にうかべるほどの優しい魂を、政治の季節の中で、私は失っていたのでありましょう。どんな想いで、少女は駅弁を噛みしめたのか……

「どうしました、疲れたんでしょう？」

「いや、ハラが減っておる。外山クンの言う通りだよ、空腹と感傷とが同居しておるのダ、吾輩の胃袋には」

第九章　雲の火ばなは降りそそぐ

みちのくの旅（中間的総括）

諸天・天鼓《てんく》を撃って
常にもろもろの伎楽《ぎがく》を作《な》し
曼陀羅華《まんだらけ》を雨《ふ》らして
仏、及び大衆《だいしゅ》に散ず
（『妙法蓮華経』・如来寿量品《にょらいじゅりょうほん》）

みちのくは、ノウゼンカズラの夏。

……凌霄《のうぜん》と書くのだが、空をしのいですずしげではない。炎昼にけだるく朱を撒いて、〔触れれば脆《もろ》く・しどけなく、地に堕ちてしまうこの花に〕（『芸能の論理』映画人点鬼簿'81）女人成仏の哀傷を、みた。はなやかに旃陀羅である者・うかれめ遊芸稼ぎ人、化粧《けはい》して朽ちもせで散る命かな、全き花多し凌霄の下掃かず。

一九六七年・京都の八月「神事無之《コレナク》トモ山鉾《ヤマホコ》渡シ度《タ》シ」、町衆法華一揆を描く、『祇園祭』映画製作の志やぶれて、ただむしあつい王城の夏まひる。ノウゼンカズラは、そこここに咲いていた。まぼろしの夢を現《うつつ》に見る人はと、キューバ&ラテン・アメリカへの漂泊に私は旅立ち、そこでも根を嚙めば気が狂うという赤い華《はな》に出会った。十七年の暦日、回転し・回転する季節を点綴して年々歳々花相似《アイ》タリ。

「祇園会・法華一揆を、もういちど捉え直してみたい」

「天文年間、十六世紀ですね」

「そう、フランス大革命の二百五十年も前に人民の共同体・コミューンを京都の町衆は打ち立てたのだよ、妙法蓮華経の旗の下に」

「余り知られていませんね、学会では」

「うむ・いわゆる五老僧の流れ、京町衆法華は鍋かむり日親、中山法華寺異端によって興った」

「やはり、正宗ではない」

「と言うことになるのだろうね、だが別の考え方がありはしないか？」

日蓮高弟である六老僧のうち、日興を除く五人は邪義を唱え・大聖人の正法もゆがめた。そのことに異論はナイ、だがどのようにわい曲されても、その教えは不滅である。

　信仰は時を得て溶岩のごとく、庶民の間から噴出をする。天文の法華一揆は、そのあらわれではなかったのか？　町衆（市民）のみならず、馬借《ばしゃく》（運輸&交通労働者＝非人）、弦召《つるめそ》（武具製造＝賀茂神社賤隷）、河原乞食と蔑まれる芸人・遊女・露天行商、一切衆生をつつみこむ「常寂光土」。現世に涅槃《ユトピア》を闘いとる、そのような宗教は、日蓮の前にこの国になかった。

　戦前・十五歳の少年にとって、日蓮は憂国の象徴であった。戦後・イメエジは断裂して、革命の道標となるのには長い時間を必要とした。法華経をいまいちど読みかえしたのは六七年、『祇園祭』をキャトールズ・ジュイエ（フランス革命記念日・七月十四日）に、重ねあわせたときだった。

　何という美しい文章だろう。戦火から二十余年をへだてて、そくそくと言葉は胸に迫った。曼陀羅華を雨《ふ》らすように。「牧口常三郎とその時代」を書く機縁は、このとき、生じていたのである。

唾《つばき》し　はぎしりゆききする
おれはひとりの修羅なのだ
（風景は涙にゆすれ）
……………雲の火ばなは降りそそぐ
（宮沢賢治『春と修羅』）

紀元二千六百年（S15）、浅草六区で不思議な映画をみた。島耕二監督、片山明彦・大泉滉主演『風の又三郎』（日活多摩川作品）、それは私にとって最初の〝文芸体験〟だった。ラスト・シーン、硝子《ガラス》のマントの又三郎がふわーりと空に消えてゆく場面で、なぜか涙が止らなくなったのだ。宮沢賢治・その名を、胸に刻んだ。

　法華経如来寿量品――（汝等よ諦《あきら》かに聴け）、一切の天・人・阿修羅に如来は仏国土の如実を説く。（何をもってか、衆生をして無上道に入り、速かに仏身を成就することを得せしめん）。賢治のうたえる、（きみたちがみんな労農党になってから　それからほんとのおれの仕事がはじまるのだ）（作品一〇一六）。

　キューバから帰って、山谷解放闘争にかかわり、いわゆる東京都庁襲撃事件で検挙された私は翌一九六九年、『山谷／都市反乱の原点』という書物を上梓して、この詩をひいた。

　仏身成就とは賢治にとって、とりも直さず、〝農民革命〟だったのである。周知のように彼は、法華の行者としての生涯を全うしようとした。その作品には法華経の文言が、あたかも銀河のようにちりばめられている。

明治二十九年八月・三陸大津波の夏に生れ、再び大津波が襲った昭和八年九月・三十七歳の定命を了えた。遺言、法華経を千部刊行して友人知己に分けてほしい。〔私の生涯の仕事は、この経をあなたのお手許に届け、そしてこの中の仏意にふれ、あなたが無上道に入られんことをおねがいするのほかありません〕（父・政治郎の聞書き）

翌る昭和九年・東北大凶作、『岩手県凶作誌』（S12、県庁発行）によれば、4・30降雪五十センチ。5・27鶏卵大の降雹《ひょう》、〔穂孕《ほばら》み期の稲は裁断された〕。7・27豪雨襲来、〔北上・和賀その他の河川はにわかに氾濫して五都二十余町村耕地水没〕。8・7白昼またも雹降る。

〔三十年来その比をみぬ〕凶作、中でも九戸《ここのへ》郡は**九割二分の減収**……

サムサノナツに人々は饑《う》え、木の根を嚙んだ。そうゆめみながら狂い死ぬ、というノウゼンカズラを。その地を埋め朱《あけ》に散り敷くその花は、身を売った娘たちのかなしみ。風景は涙にゆすれ、〝時代〟はまさに半世紀をへだててよみがえる。

〔盛岡を午前十一時に発車する急行列車が沼宮内を経て、奥中山の南方を通過するとき、決って食堂車から乗客の残飯が掃き棄てられる（略）。飢えきった農家の子等は犬や鳥を追い立ててむさぼり喰い、パンコーけろ！（パンちょうだい）、と列車にむかって叫ぶのだ〕

……『岩手県凶作誌』には、この世の地獄の描写が生々しい。一九七〇年代、沖縄独立運動と在韓被爆者ドキュメンタリーの製作に全力をそそいで、蔵書をほとんど売り払ったさいも、この本は手離さなかった。いつかみちのくへ旅して、心の眼で修羅をみるとき、読み返さなくてはならないと。宗教への回心・その紆余曲折、一九七四年に東南アジアを旅して、頭をまるめ私度僧となった（七三年にも一度坊主に化けたがそれはタイ・ビルマ国境越えの方便）。

これも勝手に、瑞巌寺中興の祖の名を拝借・花和尚雲居《うんご》と称した。言うなら、野狐禅にたわけて七年。〝行《ぎょう》〟の公案のナンジャモンジャ・それがどうした、と悟ったのは一九八一年、『戒厳令の夜』映画化にまたぞろしくじって、五十路の背なに刺青をほどこし、われとわが身に体罰を課したとき。禅坊主がしゃらくさい、庭詰めなんぞガキの辛抱。そもそも苦行を経なければ信心に至れぬというのは、衆生に対する恫喝《どうかつ》ではないのか？　真言もまた然り・鼻糞まるめて万金丹ぞネ、小鉢たたいて目瞞しからくり、オカルト「チャンチキオケサ」

悪態・まっぴらごめん、学会の多くの人々にとって、〝無頼のもの書き〟突如お味方となって登場、初代会長一代記を執筆する経過は、それこそ摩訶不思議。いささかならず信用できぬと、お思いのことだろう。そしてまた、会外の読者は逆に・信仰者へのエクスキューズを、ほとんど無益のことと思われるかもしれない。だが私はおのれなりに真摯に、法華経を読もうとしている。それが、この連載の主要なテーマなのである。

率直に言って、禅をまだ私は吹っきれない。『聖教新聞』『大白蓮華』などの教学論考にも、納得していない。ひとりの修羅としての自覚、そこから出立して、法華一揆を捉え直すこと・宮沢賢治に参究すること。「牧口常三郎とその時代」を生きた信仰とは、何であったのか？　どのような、涅槃を現世に描いてみせたのか？　第二部『春と修羅』を、終章を前に中間的に総括する。天災はくりかえして明治三十一・三十五・三十八年、東北地方大冷害。賢治の幼年時代は、農民の悲苦と共にあった。

その間に、牧口常三郎の身辺に風浪は渦巻く。『人生地理学』素稿・二千枚をたずさえて上京するのだが、それは東北窮民が一家離散、大都会に落魄流入する運命と軌を一にしているのである。明治六年七月・地租改正令、（オカミハ堂々タルモノナレバ、瑣々《ササ》タル人民共ノ企テ及ブ所ニ非ズ。コレヲ受ケザルモノ即チ朝敵ナリ、ユエニ赤裸ニシテ外国ニ追放スベシ」(新政府布告)

外国とは、北海道のことである。第二部で我々は〝集治監〟、囚人強制労働について語った。北海道は屯田兵・開拓民・坑夫・出稼ぎ漁民、内地からのボウ大な労働力の供給によって、植民地としての発達を遂げた。その大部分は、青森・秋田・新潟・富山・石川、東北と北陸からの移民だった。

いっぽう、（祖先以来依《ヨ》ッテ立ツ土地ヲ（地租改正令で）・公売セラレ、妻子ヲ蔽《オオ》ウ家屋ヲ奪ワレタ」（棉糸集談会記事、M18）流離の農民たちは、都市に流れこみ下層プロレタリアートの大群となる。北へ向かう人々と逆さまに進んで、女工寄宿舎・土建港湾のタコ部屋・坑夫長屋等々に囲いこまれ、前章で述べたスエッチングシステム（膏血《こうけつ》制度）、低賃金重労働のくびきにつながれた人々によってである。

新たな一揆よ、おこれ！

江戸八百八町、〝大都〟といえど人口六十万。明治に入って二十年代までは、ざっと百万。ところが日清&日露戦争を経て、四十一年には二百十六万八千と、〝東洋一の大都会〟に膨張する。これに対比して、明治六年から三十九年（日露戦争後）までに、農家は実に十八万戸の減少を示しているのである。

これら完全消滅した農家に、次三男の流出、娼婦・紡績工女に売られていった娘たちをくわえれば、どれほどの人口が都市に吸収されていったかを、推量することができる。

また、御一新後の下級武士の窮乏化はすさまじく、〔タトエコトゴトク然《シカ》ラズト雖《イエド》モ、百五十七万ノ士族ノ過半ハ、無職者ノ中ニアルヤ疑イナシトス〕（日本之社会軋轢救済法、M26）、かくて、都市細民街は形成される。たとえば現台東区（浅草・下谷）、明治十六年すでに人口十五万八千。大正期に入ると五十万七千七百、げんざいの人口が二十六万に充たないことと比較すれば、その稠密ぶりをおして知るべし。

樋口一葉日記、〔我が門通る俥《くるま》の数をかぞえしに十分間に七十五輛なりけり〕（M26・8・3）。下谷・浅草人力車夫あわせて九千三百八十三（M31調べ）。二十九年四月二十九日、『日本之下層社会』の著者・横山源之助は樋口一葉を訪ねて、〔はなすこと長し〕（日記）。おなじく六月二十三日、〔鎌倉材木座に在りて、横山・文をおこす〕。

このとき『日本之下層社会』は、ルポルタージュとしての構想を得たのである。源之助は一葉の賤民傾倒の心情に、触発されたのであろう。〔我が一生はやぶれ破れて、道端にふす乞食かたいの夫《それ》こそは終生の願いなれ。さもあらばあれ、其の乞食に至るまでの道中をつくらんとて朝夕もだゆるなり〕（『塵の中日記』）

……〝一葉の世界〟は、牧口常三郎の教育現場となる。

前に述べたが一葉は牧口よりも一つ年下、同時代を生きた。彼女はやがて牧口が歩み入る細民の子らを描写して、『単級教授の研究』と同じ思いを叙《の》べている。〔生まれると直《すぐ》さま、橋の袂《たもと》の貸赤子（乞食が憐みを買うための小道具）に出されたなんぞと、朋輩の奴等が悪口を言う、もしかすると左様《そう》かも知れない。いまの傘屋に奉公する前、己《おれ》は角兵衛の獅子を冠って歩いていたのだからと打ち萎《しお》れ」

「己が本当に乞食の子なら、いままでのように可愛がってくれないだろう、振り向いてはくれまいね。と言うに、串戯《じょうだん》をお言いでない、おまえが何《ど》のような人の子か夫《それ》は知らないが、非人でも乞食でもかまいはない、なぜそんな意気地なしをお言いだ」（『わかれ道』）

明治という時代を、〝遠近法〟で視ること。それは遥かな過去であり、同時に眼前の現在なのである。

みちのく九泊十日の取材行を、我々は花巻からはじめた。羅須《らす》地人協会『春と修羅』、宮沢賢治の足跡をたどる。四年つづきの冷害、ようやく高温の夏がきて稲穂はたわわに熟れ、タバコも勢いよく葉をひろげ、豊年を告げ知らせていた。だが・立ち昏みするほどの猛暑、虫害と旱魃《かんばつ》の不吉な予感。

玉蜀黍はとれすぎて、直売一本三十円大安売り、いんげん一袋（三百グラム）たったの十五円。〝流通機構〟は農家を統制して、豊作貧乏に追いやる。そして、**日本カラ米ガナクナル！**

減反政策・猫の目農政、飯米備蓄底をつき、外米輸入依存のなりゆき。つまりニッポン人はやがて、アメリカに胃袋を支配されてしまうのである。牧口常三郎と共に、「郷土会」のメンバーだった小野武夫はこう述べている。

「明治五年一月の我国総人口は三千四百八十万人、有業者は一千七百三十二万人、そのうち農林水産業に従事する者は一千五百三十二万人であった」

「それから五十八年を経た昭和五年には、総人口六千四百四十五万人とほとんど二倍となり、有業者二千九百六十万人、然るに、農林水産業に従事する者の数は一千四百六十九万人で、かえって減少をみせている」

（『近代日本農業発達史論』* S25 ＊この論稿は戦時下発表の機会なく書きつがれ、戦後に出版された）。

さらにまた・半世紀、この国の農業は過疎と荒廃の一途をたどる。米の問題については、第三部『衆生病む』秋田県大潟村の章でくわしく述べよう。とまれ明治に確定された農村滅亡のテーマは、その本質において、こんにちいささかの変りもない。

民話のふるさと・遠野へ、柳田国男の道を歩く。この人も「郷土会」、「牧口君が文部属として小学地理編集に従事していた頃、同行して甲州南都留《つる》郡道志村を踏査したことがあった（略）、爾来《じらい》二十余年、吾々の郷土会の熱心なる同志として」（牧口常三郎『創価教育学体系』序言、S5）云々。カッパに出会う!? という不可思議な体験を**柳田は**遠野でするのだが・それはさておいて、三陸大津波の田老&田野畑へ。出稼ぎ還流の八月、下北半島を一周して青森「ねぶた」。

ラッセーラー、人出・三百四十万人。五日後、若者二人が警官の暴行をうけ骨折三カ月の重傷（'84・8・9、読売新聞）。近年祭りの規制きびしく、午後九時になると解散命令、反抗すれば警棒でブン殴られてこの始末である。

権力にとって、祭りはすなわち一揆のイメエジ。弘化四年（一八四七）・切牛《きりうし》弥五兵衛率いる総勢一万人の遠野強訴、嘉永六年（一八五三）・弥五兵衛牢死に端を発して、三浦命助を盟主とする一万七千人の仙台越えと、南部は農民蜂起の伝統を有する。

飢饉と一揆と……、たとえば・岩手県大迫町「あんどん祭り」、高さ七メートルもの巨大な行灯に、武者絵を描きねり歩く。が・江戸のそのむかしは、天明大飢饉の死者を弔って、小さな行灯を一人々々が持ち歩いたのである。庶民が力を得て、エネルギーがみなぎるとき、祭り一揆は活性化する・豪壮華麗となる。それが、「ねぶた」である。南部と等しく津軽の農民も、極端にまずしかった。

まずしいがゆえに、年に一度の祭りを徹底的に享楽するのである。ふるさとの夏の夜の一刻を、若者らのなすがままになさしめよ！　青森・弘前・秋田・角館と祭りを追っていく間に、我々はそこに潜在する、〝新たな一揆〟のプロバビリティを実感した。

祭りとは、涅槃であろう。曼陀羅華を雨《ふ》らし大衆に散ずる万類共存、天と人と阿修羅のコミュニケーション、すなわち祇園会＝法華一揆、民衆を抑圧し欺瞞するものは民衆に滅ぼされる。田園まさに荒れなんとす、若者たちよ大地に帰れ！　持てるかぎりの田に稲を植えよ、縁故米三十キロと言わず無制限に都市住民に産直供給するのだ。それが、一村一町規模にひろがれば、まぎれもない一揆となる。

さらにただしく刃《やいば》を合わせ
霹靂《へきれき》の青火をくだし
四方の夜の鬼神をまねき
樹液もふるうこの夜さひとよ
赤ひたたれを地にひるがえし
雹雲《ひょううん》と風をまつれ

（宮沢賢治『原体剣舞連《はらたいけんばいれん》』）

ジンタ・北の巷を流れる

＊牧口常三郎・28歳

▽明治三十二年（一八九九）

1・25『中央公論』、発刊。

2・1 東京〜大阪、長距離電話開通。

2・4 フィリピン独立運動、反米武装闘争を開始する。

3 中国山東省、義和団蜂起。

3・1 北海道旧土人保護法、公布。

〈**アイヌ、平民となる**〉

天明大飢饉のあと、田沼意次は穢多頭《えたがしら》弾左衛門に、全国えた非人二十三万人のうち七万人を蝦夷地に移住させるべしと命じたが、失脚・沙汰やみとなる。以降なべての開拓移民政策は、罪人を筆頭にえた非人・淫売婦・無宿人等々、「厄介払い」をたてまえとする。

じじつ、被差別部落民の北海道流入は明治・大正とあいついで、〃新平民〃はそこに自由の天地を見出した。反面、〃地つきの非人〃であるアイヌは、和人《シャモ》に漁場を奪われ猟場を犯されて、流浪の民となった。これを、救済しようとしたのが、「旧土人保護法」である。農業従事希望者に一戸・一万五千坪以内を無償下付、三十年間は地租及び地方税を免除という〃特恵〃、だがそれは絵に描いたモチにすぎなかった。

与えられたのは不毛の地、〔種子は食料に農具は飲酒代に変ずることあり、撫恤《ぶじゅつ》は怠惰の風習を助長し、独立自営を阻害した〕（『新選北海道史』四巻、S12）と称する。甘言で飾られた俄か仕立てのアイヌ農民にとって、独立自営もハチのあたまも無之、部落《コタン》は貧に迫って差別を再生産する観光見世物、〃故家喪失《ハイマート・ロス》〃の吹きだまりと化してゆく。

3・22 北海道拓殖銀行法、公布さる。

4・1 郵便はがき一銭五厘、封書三銭となる（電報十五字二十銭）。

4・21 大浦警視総監、「オイ、コラ」口調を改めるよう全警官に訓示。ただし、立ちん坊・土方等は従来通りで差支えなし。

4・30 横山源之助『日本之下層社会』出版、話題のベストセラー。

5・6 函館新港・ドック、竣工す。

〈**大誤植・活弁・ビヤホール**〉……何かと話題の夏、読売新聞「全能全智と称せらるる露国皇帝」ウンヌンの社説を、事もあろうに**無能無智**と誤植、号外を発行して陳謝、校正オソルベシと満都を笑殺する（5・24）。国産初の実写映画（銀座風景・芸者の手踊り・浅草仲見世など）、歌舞伎座で公開。入場料、上等桟敷五十銭・平土間三十銭・大向う二十銭。弁士として駒田好洋が登場、カツベン事始（6・20）。そのむこうを張って、耳にゴム管を挟み街頭でレコードを聞かせる珍商売・一聴二銭ナリ。

日本麦酒株式会社、「ビーヤホール」開店。〔今般・欧米の風に倣《なら》い、京橋区南金六町目五番地に於て、ビーヤホール（BEER・HALL）を開店し、常に新鮮なる樽ビールをば氷室に貯蔵致し置き、最も高尚優美に一杯売り仕《つかまつ》り候《そうろう》。賑々《にぎにぎ》しく御光来、恵比寿《えびす》ビールの真味を御賞玩あらんことを願う〕（7月・新聞広告）

半リーテル（リットル）十銭、一日千リットルをこす売上げとあって会社はほくほく、ビヤホールの魁《さきが》け。

負けじと甘党、アメリカで菓子製造を学んだ森永太一郎が赤坂溜池に二坪の店をひらき、キャンデーを売り出す。ヌガー、キャラメルと評判を呼び、たちまち大会社へと発展、言わずもがなエンジェル・マークの森永製菓元祖（8・15）。第二次世界大戦後、〃砒素粉ミルク〃を販売して乳児死亡百十二・一万余の被害を出す（S30）。一九八四年げんざい、「かい人21面相」のターゲットとなる……

8・28　四国地方暴風雨、香川県下死者三百四十、別子銅山で山崩れおこり死者六百余を算えた。

9・27　足尾銅山・鉱毒被害農民、七千人上京して陳情。

10　義和団、直隷省に進撃する。

明治三十二年十月三十日、北海道師範学校は総工費一万五千八百六十五円をついやして、三百五十七坪の寄宿舎・自習室・食堂の増築工事竣工。さらに十二月二十七日、浴室・洗濯所が完成する。その面目を一新と言いたいところだが兵式教育の蛮風あらたまらず、什《じゅう》長・伍長の暴力が舎生を威嚇、支配していた。

くわえて食事の不満、賄《まかない》の請負業者が什・伍長につけとどけをして、日々十一銭の食費からピンをはねる。〔単なる同情を通り過ぎて、全く救済を希わねばならぬ事さように悲惨な〕（M31入学・村井為吉、『師範学校五十年史』）空腹にさいなまれて、〔いよいよやり切れなくなり〕賄征伐の大会が開かれる。

かくて業者は追放され、自炊制度を学校当局に認めさせて、食費は十五銭に値上げとなる。〃造反〃の気風と・学生同士の対立が醸成され、寄宿舎は不穏であった。

この年三月二十九日・長男誕生、民城《たみき》と命名。おなじく八月六日、荒浜村にて養父善太夫死亡。牧口常三郎は公私共に寧日なく、道内各地から単級教授講習の要請をうけて東奔西走する。しかもその間に『人生地理学』二千枚余の素稿を書きすすめ、『北海道教育雑誌』などに数々の論文を発表している。

また前章で記述したように、教育会評議員&幹事をはじめ、機関誌編集員、小学校教員検定試験委員と道教育界の中枢に位した。ここで、当然と言わねば成るまい。とうぜんその名望、二十九歳という若年の成功に、姑息なやっかみ・怨嫉がうずまく。そうした俗世間的な人間関係に、円滑に応対をする年齢でも性格でもなかった。

信念を曲げず妥協を排する、牧口の圭角は、（これもとうぜん）青春時代を貫通するのである。人と争わぬ・柔和な老成した、〃人格者〃のイメエジを彼に与えることは正しくない。

初期教育学論考にみる、牧口常三郎の思想は反体制である。現行の教育制度に対する過激な批判に充ち、新渡戸稲造の言葉をかりるなら、「如何にして教育は改造さるべきか?」という気概に溢れている。（現代の教育の禍根は、遠く明治維新の建設期に当って西欧の教育を換骨奪胎して適用せる、模倣教育に胚胎していると思う」（新渡戸稲造・献言、『創価教育学体系』）。

牧口はかく論じ、かく実践した。教育会評議員選挙における最高点の当選は、「改革派」によって投じられた期待の集票であった。と考えれば、彼がいっさいの地位・約束された出世コース（又・とうぜん妥協しさえすれば）を、おしげもなく投げ棄てて、教壇を去った激情に理会することができる。

三十三年一月十日、**舎監を命じられる**。〃賄騒動〃で前任者は退き、かねて難問題の師範学校寄宿舎の管理を委《ゆだ》ねられた。ときに西暦１９００、〃十九世紀〃の幕は閉じて、さらなる欧化の潮流、滔々と日本帝国の津々浦々を洗う。

北海道庁長官は園田安賢《やすかた》、在任・明治三十九年極月に及んで歴代最長記録。警視総監を二度、生粋の内務官僚。園田は開発十年計画を唱え、三千三百万円の国費を手土産に乗りこんできた。

行政・千百万円、拓殖・二千二百万円という大盤ぶるまいに全道はわき立ち、景気風が吹きまくる。ところが、実際に投下された金額は一千八十一万円でしかなく、「計画は計画にすぎなかった」ことを道民は思い知らされる。

むしろ・国庫補助を好餌にして、中央支配を徹底することに、十年計画の真の狙いはあった。又々・とうぜん、それは教育の分野に及ぶのだが、後段の記述にゆずって、三十年代の狸小路かいわいを散策してみよう。

……牧口常三郎がはじめて札幌の土を踏み、北部の電灯のまばゆさに心躍ったそのときから十一星霜。明治三十三年春三月、市内電話が開通する。216番までの加入者の内、今井呉服店（現在の◯井デパート）を筆頭に、商工業の進出が目ざましい。

芸者検番が152、水商売もますます盛ん、番号つづきの153が師範学校。既出『札幌狸小路発達史』によれば、年間の営業所得一万円以上の店、狸小路のみで十六（現在の金銭感覚で言えば年商五千万円、ちなみに五千円以上二十九・M32調べ）。

米穀・雑貨・煙草、在来のノレン街にくわえて時計商・缶詰屋・写真館・西洋家具・ガラスならびにペンキ職・牛乳店・西洋洗濯屋等々、〝新商売〟ぞくぞくと開業して、移りかわる街市のありさまをもの語っている。ぽつりと一軒、「土人細工販売店」とある。

一丁目は商店街、二丁目は遊戯場からはじまって音にきこえた白首通り、紅をつけた狸の出るところ。三丁目も同様、「安田焼芋店」変じて札幌最初のビーヤホールとなる。四丁目には「開進亭」・改築して「第一神田館」、これも始めての映画常設館。ジンタのメロディ・活弁の名調子、北国の巷に流れる……

三十四年四月十八日（なぜかこの日は牧口常三郎・師範学校退職と重なりあうのだが）、札幌大火。文字通り新市街は復興をして、日露戦争までの束の間を、〽なにをくよくよ川端柳、焦がるるなんとしょ、世と人挙げて歓楽と頽廃に流れゆくのでアリマス。

〝革命〟と娘義太夫と

発刊の辞にいわく、〔若《も》し夫《そ》れ偏頗《へんぱ》の論を聞き陰険邪曲の記事を見んと欲する者は、去りて他の新聞を読め〕。またキャッチフレーズ、〔記事も意見も穏健綿密、何の事件に関しても最も信頼して読む可き新聞、一年三百六十余日・日々味わいて飽きることなし、趣味と実益の無尽蔵――新聞紙中の米の飯〕。

明治二十五年十月一日、『萬朝報《よろずちょうほう》』は創刊された。主筆・黒岩周六（涙香）、幸徳秋水・内村鑑三・堺利彦ら気鋭の論客を記者にむかえて、明治三十年代は日本最大の発行部数をほこる。

自由民権から社会主義、そして戦闘的人道主義への転型のターミナルとしての『萬朝報』、それは〝文闘の橋頭堡〟、言論の自由の拠点であった。資本主義の発達と共に、労働運動もまた勃興する。アメリカ帰りの高野房太郎、キリスト教社会事業・キングスレー館の片山潜らが「労働組合期成会」の旗を上げたのは、明治三十年七月四日。一年後に鉄工組合三十二支部二千七百名をはじめ、各地に労働者は組織される。

だが、〔吾輩は諸君に向って言う、革命の意志を拒め、急進の行いを斥けよ〕(高野『職工諸君に寄す』)云々。その方針は労資協調、資本家に反省と温情を求めることを主旨とした。民衆の血と汗と涙を搾り、富国強兵に驀進する官・財・軍閥に対してそれは、ほとんど無意味な理想主義である。

北海道にも三十一年十月・滝川二十九支部、三十二年三月・旭川三十四支部、同年五月・札幌三十五支部、「共働店」(生活協同組合、滝川郡・渡島郡上磯)と鉄工組合の組織が生れた。が、三十二年七月、片山潜が遊説に来道したさいに、〔砂川駅で乗りかえて旭川に向いながら、滝川に立寄った形跡が全くない。すでにそのころ、二十九支部は何らかの事情で衰滅していたのではないかと思われる〕(渡辺惣蔵『北海道社会運動史』S41、レポート社)

事情は、明らかである。誤解なきよう、調査と考察の不充分をとがめ立てするのでは決してない。『北海道社会運動史』の空白を埋めることによって、明治三十年代労働運動が衰退した理由は、明瞭なのである。

二十九支部は、片山の来道直前・五月以降会費を納入していない。すでに、組織は潰滅していた・なぜか？　前年の赤痢・ペスト大流行(死者二万三千八百余名に上った)、この年の四月・株式相場暴落&不渡手形急増、享楽にさんざめく有閑階級をよそに不況は深刻。五月猛暑が襲う、六月九日鉄工組合本部総会、〔炎暑の季に際し疾病と死亡者平時に二、三倍する〕状況の中で、救済基金の停止・減額を決議する。

労資協調と二本柱の〝互助〟、労働者共済制度は有名無実となり、すでに五月十日会費未納の赤字を理由に、活版工組合は解散していた。滝川二十九支部のばあいも、同じ運命だったと考えるのがリアリズムなのだ。反省も温情もあらばこそ、政府は「治安警察法」を制定して、同盟罷工禁止・労働組合弾圧を公然と打ち出す。ことここに至って、社会主義は反体制の最も尖鋭な旗印となるのである。

▽明治三十三年(一九〇〇)　＊牧口常三郎・29歳

1・15　東京市、ペスト予防のため一匹五銭で鼠を買い上げる。

2・23　函館娼妓・坂井フク、自由廃業勝訴。つづいて名古屋でも『二六新報』記者の協力により、源氏名綾衣《あやぎぬ》（本名不詳）。

《花咲けど、人貧しくて》

――日本資本主義発達巷史・Ⅲ

またまた・熊本「しののめ楼」、娼妓七十名のうち五十余名廃業。日本全国に波及、東京だけで千人をこえた。すでに明治五年、太政官布告により・娼妓芸妓年季奉公一切解放スベシ、と人身売買は禁止されている。が、娼妓は独立自営業者で、楼主は貸座敷業者であると称する了解の下、公然と娘たちは売られ買われた。

民法第九十条、〔公ノ秩序又ハ善良ノ風俗ニ反スル事項ヲ目的トスル法律行為（契約）ハ無効トスル〕を根拠として、廃娼運動はおこり、「救世軍」を中心にひろがった。これに対して、アナキスト演歌師・添田《そえだ》唖蝉坊《あぜんぼう》らの「公娼撲滅私娼擁護」。職業の自由と生活権を守れという運動があるが、それは大正時代。

とまれ　〽自由廃業で廓は出たが、それからなんとしょ、歌の文句にもあるようにやっと脱け出した苦界に、またぞろ舞い戻りの運命が待ちうけていた。

凌霄の花咲けど　人貧しくて……

3・10　**治安警察法、公布。**

感化法（各都道府県に感化院設置）、公布。

〔註〕これに先立って三十二年十一月、留岡幸助は、「家庭学校」（私立の非行少年施設）を巣鴨に設立するべく趣意書を各方面に配布、いわゆる懲罰主義教育を批判している。

4・27　内務省、神社行政を一般の宗教行政から分離、社寺局を廃止して神道・宗教の二局とする。

4　『明星』創刊、8号（12・6）一条成美描くヌード、風俗壊乱のかどで発禁。

5・24　内務省、十八歳未満の女子娼妓となるを得ずと訓令、また十二歳以上の男女混浴を禁止する（風俗取締り強化）。

5　在米邦人有志、皇太子ご成婚を祝し自動車献上、ブレーキきかず三宅坂で濠に落ちる。

6・6　義和団、天津郊外に迫る。

6・12　日本公使館書記・杉山彬、北京永定門外で清国兵により殺害。

6・14　義和団、北京に侵入。20日、各国公使館を包囲、独公使ケテラーを射殺する。

〈義匪、天ニ替リテ道ヲ行ウ〉　天津領事の報告、〔義和団ハ、元《モ》ト義和拳《ケン》ト称スル。一種ノ魔術ニシテ之ヲ行ウトキ、刀槍銃丸ト雖《イエド》モ五体ヲ傷ケル能ワズト迷信ス。近年ニ至リ耶蘇《ヤソ》教ノ侵入夥《オビタダ》シク、殊《コト》ニ山東省ノ如キハ義和拳大聖降誕ノ地ナレバ、外敵ヲ嫌悪スル事ハナハダシク〕

しかも威海衛・膠州湾を外国軍隊に占領されて、〔土民ラハ一層憤激ノ度ヲ高メ〕徒党を組み・攘夷を唱え・教会を焼き・宣教師を殺し、北支と満州全域に武装決起した。「替天行道・興清滅洋」と大書した赤旗をひるがえして、雲霞《うんか》のごとく首都北京を囲む。

天ニ替リテ道ヲ行イ、清国ヲ興シ西洋ヲ滅ボス……、なんたって鉄砲玉に当っても霊魂は不滅なのだから・強い。〝迷信〟と嗤《わら》ってはいけない。「会《ホエ》」の思想である。中国の秘密結社と郷友組織「幇《パン》」については、牧口常三郎上京後の東京で、孫文を登場させて語ろう（明治三十二年秋・香港で、「哥老会」の幹部と孫文は血盟を結んでいる。辛亥《しんがい》革命の原動力、すなわち幇・会だった）。

清国政府は義和団を利用して、侵掠者列強を逐おうとする。拳匪《けんぴ》と呼んでいた叛乱軍に、官兵が合流した。諸国公館・居留民は皆殺しの危機、本国から救援は間にあわず、急に応じられるのは大日本帝国のみであった。

七月六日、混成一個師団二万二千余を派兵、天津・北京に突入する。清国官兵と義和団の隊伍整わず、帝国陸軍精鋭によって粉砕される。いわゆる**北清事変**、西欧列強に日本は恩を売り、講和条約のテーブルを並べた。

一方・ロシアは〝漁夫の利〟、義和団鎮圧を口実に、満州に大軍を送り全土を占拠する。日本に亡命していた孫文は、宮崎滔天《とうてん》ら大陸浪人の援助を得て南支に蜂起を計画、「亜細亜《アジア》の屈辱をそそぎ、人道を回復し擁護するの途《みち》、ただ革命の成就にあり」

〈**ドウスル、撂堂撂連《どうするれん》**〉〝娘義太夫〟フィーバー、戦火の大陸をよそに東京はドースルドースル、タレ義太・つまり若い娘の義太夫語りに若者たちは熱狂していた。桃割れ・銀杏がえしの髪ふり乱し、〽親の意見でやむような、野暮な惚れよをするものかと、見台に指をかけ伸び上がり、声をしぼるクライマックス。

簪《かんざし》、ばったり落ちます。客は手にした下足札をタバコ盆に叩きつけて、「ドウスル、ドウスル」。席亭から席亭へと人力車のうしろに尾《つ》いて走り、ひいきの娘義太夫の〝親衛隊〟、これを人呼んで堂撂連。言えば明治のビートルズ、赤門・東京帝国大学、末は博士か大臣か国家の経営をになうべき、エリートまで「ドウスル、ドウスル」。

　ときの文相・外山正一、ついに訓令を発して、娘義太夫出演する席亭に学生の出入りを厳禁。片や、革命の夢やぶれて帰った滔天、桃中軒雲右衛門に弟子入り浪曲師となる一幕、『汎アジア水滸伝』全面展開第三部のお愉しみ敬白（うやまってもうす）。

「キミと同じ姓なのだ、トンカチアタマの文部大臣は」

「関係ないですよ、ぼくとは！」

「ムキになりなさるな、ともあれ反逆と放恣《ほうし》のはざまに、換言するならば革命と娘義太夫のあいだを、当時の学生気質はゆれ動いたのさ」

一星、忽焉《こつえん》と堕ちて

　幸徳秋水は、明治三十三年八月七日付『萬朝報』に非戦論を載せ、〔世の平和論者や、何ぞ今に於て平生の主張を呼号せざる〕と檄した。

〔軍人遺族の悲惨、生別の悲しみを経てさらに死別の恨みを添え、国家・名誉の二字の為に、泣く事すらも許されざる。一家は淪落し、親子兄弟は離散して人の省《かえり》みるなきに至る〕〔而して、戦地人民の不幸。彼らは突如飛来せる砲火の為に、家は焼かるる也。財は奪われ妻児は姦せられ、其の身は草を刈る如く殺さるる、平和論者よ寂として声なきは何ぞや〕（抄略）。

　馬の耳に念仏……、北清事変に名誉の勝利をおさめた帝国陸軍は、大山巌参謀総長の訓令により、厦門《アモイ》占領派兵を決定（8・22）。米・英・仏三国領事これに抗議して、二十九日中止。

8・25　伊藤博文、政友会創立委員会を開催する。
　　黒田清隆没、享年六十一歳。
9・13　憲政党臨時大会、政友会に組織合流・解党を宣言する。
9・15　立憲政友会発足大会、伊藤博文総裁に就任（代議士152・国会過半数）。
9・19　静岡県大石寺、本門宗より分離独立して**「日蓮宗富士派」**を名乗る。
9・25　山県有朋、辞表を提出。
9　新潟県下に徴兵忌避、百五十二名起訴さる。
　　新吉原で救世軍廃娼デモ、楼主用心棒これを襲って、再三の流血事件。
10・8　孫文、広東省恵州で挙兵失敗。
10・18　義和団事件記録映画、錦輝館で公開・連日札止メ。
10・19　第四次伊藤博文内閣、成立。

11・15　**東京市会汚職事件**、星亨《ほしとおる》（同市参事会員、並びに伊藤内閣の新任逓信大臣）告発さる。

12・8　谷干城ら、東京公民大会を開き市政蹂躙＆経理紊乱を糾弾。

12・18　先に伊藤新党に加わらず、憲政本党に拠った有志は、大隈重信を総理に推して伊藤内閣と対決の姿勢をあきらかにする。

12・20　星亨、辞表提出。

12・22　後任として、原敬を任命。

〈**嗚呼《ああ》、自由党死す**〉伊藤博文を総裁とする、立憲政友会の成立を、〈嗚呼、自由党死す。光栄ある歴史は抹殺されぬ〉（8・30、萬朝報）と幸徳秋水は論じた。これまで、反体制の立場を辛くも守りつづけてきた自由党、その基盤は農村に置かれ、大小を問わぬ地主や醸造業者を核としてきたことは、すでに第一部でくわしく述べた通りである。

が・日清戦争後、天井知らずに米価は高騰する。みずから耕さず労せずして小作人を使役搾取し、不在もしくは寄生地主として体制に逆らわず、地方選出の代議士となることが、利益と名誉の一挙両得だった。

たとえば明治三十一年、第六回衆議院選挙の結果をみると——

〔定数〕300

農水産業者（ほとんど地主）145

実業家（鉱・商・工業、銀行業、会社役員等）50

弁護士24　新聞・雑誌記者4、医師3

そのほか（大半は職業政治家、宗教者等々もふくむ）75

……「地主議会」と、いわれた。だが小作人から吸い上げた利益は金融機関・株式に投資される。つまり、資本主義の発達と不可分に結びつく。第七回総選挙（M35・8）、地主階層の議席が120に減少する一方、実業家は69、弁護士は実に51と急伸。星亨はもと自由党の急進派、二度の投獄体験を有する。職業は弁護士、オシトオル（押し通る）と呼ばれた田中角栄ふうの政治家であった。〔一星忽焉と堕ちて声あり〕（幸徳秋水）、

いま自由民権を裏切り、ブルジョワジーの走狗《そうく》となる。〔之を言うに忍びず、秋霜烈日の意気精神、いま安《いず》くにありや〕。翌三十四年六月二十一日、剣客・伊庭《いば》想太郎に東京市役所内で刺殺される、五十一歳。

三十三年一月十九日、師範学校舎監に牧口常三郎がなった直後に第八代校長として、槇山《まきやま》栄次が着任する。

これは、困った人であった。〔本道十五万八千の学齢児童中、就学の者は殆ど半数（八万三千）に過ぎず。文字なきの民なお可なり、算数なきの民なおまた可なり。国体の如何を弁ぜず愛国の精神を有することなく、我利我欲のほか何事をも顧みざるが如き国民の増殖するに至らば吾人憂心沖々《ゆうしんちゅうちゅう》たらざるを得んや〕（『師範学校五十年史』より・要約）。

　まさに、狭隘《きょうあい》なる国家主義に凝り固まっていた。おまけに・外山文部行政の忠実な〝体制派〟、オカミの方針に唯々諾々。〔魯西亜《ろしあ》の侵掠を受くるは、本道を始めとする。此時に当り、恥辱を外敵に晒《さら》すことなきよう、本道の教育は国家の観念を涵養《かんよう》するに於て特に力を注がざるべからず。皇恩を忘却するもの、これを撤去すべし。これらの事に関しては、当局すでに成算あり〕。

　この章・聞書をカット、時代の背景を冗舌に語ったのは、牧口常三郎師範学校辞任の真相を、大状況から小状況にアイリス・イン（絞りこむ）する、言うなら映画的手法で確かめていくためである。実は、探訪技術《ルポルタージュ》として古い。が、資料ほとんどなく・当人も自己を語らない以上、他に方法はないのだ。

　ともあれ・このような時代に、こんな校長に出くわしたのである。内務官僚・園田道政べったり、教育改造の烈々たる志とあい容れるべくもなく、学生は保守反動のトンカチ頭と、造反にいっそう傾斜していく。

　さようさ社会主義も娘義太夫も、都人士の流行を札幌に凪は運んでいたのである。『人生地理学』例言、〔不肖・教育の場に在ること多年、その間地理学の教育上重要の地にあらざるべからずして、しかも甚だ軽んぜらるるを感ずること久し〕

　緒論、〔往昔《むかし》・小規模に各部落の間になされたる戦闘は今や、大仕掛けの国際競争となれり。これに於てか万国比隣、国と国・人種と人種虎視眈々《こしたんたん》、人の国を奪わんとし、これがためには横暴残虐、もっていわゆる帝国主義の理想に適《かな》えりとす〕

〔吾人は、狭隘なる国家主義の一極端に偏すべからざるとともに、汎愛虚妄《はんあいこもう》なる世界主義に陥るべからず〕

　この文章・くりかえし引用しているが、不悪《あしからず》。北清事変&幸徳秋水の明治三十三年を背景に、槇山校長の弁と対比して、読みかえしていただきたい。牧口常三郎の抱く思想と、学校当局ならびに道庁教育行政との間の埋め難い亀裂を、容易に納得できるだろう。彼は、困難な立場に置かれた。

——三十三年十月五日、牧口は小樽港から師範学校四年生を引率して、東京・鎌倉修学旅行に出発している。事件はその間に、〝舎監不在〟の虚を衝いておこった。と言うことは、学生たちから全幅の信頼を集めていた牧口教諭には、責めを負わすまいとする配慮だった、と私はおもう。牧口常三郎を美化するのではなく、一九四五年・敗戦の秋、同盟休校を指導した体験から言うのである。

校長と一部悪徳教師処分を、私たちは要求して退かなかった。学園の民主化・戦犯教師追放、スローガンは紋切り型であったが、内実を一言で要約するなら、爆弾のふりそそぐ戦時下を、生徒と共に生き・共に死ぬ使命感を持っていたかと問うたのだ。

ほとんどの教師たちは、教え子を置き去りにして、妻子のもとに逃げ帰った。最期まで踏みとどまり、生徒を家に送りとどけた二人の教師にだけは、けっして決して我々は逆らわなかった。牧口常三郎ならとうぜん、そうしたのである。あえて・極論を言うなら、〝校内暴力〟の一切の責任は教師にある。

なぜなら、教師であるから。教師にとって・面倒な生徒は存在しても、悪い生徒は存在しないのだから。いわゆる「石狩事件」、つづいておこった刃傷事件に対する牧口の身の処し方は、まさに教師のあるべき姿を、鮮烈にさし示している……

惜別の小雨の中を、東京へ

事件は、十月六日におこった。発端はさかのぼって二年前、賄騒動と追試験。三十一年四月・五十七名入学許可、学校はじまって以来の数である。これが実は〝仮入学〟、生徒はそれと知らず家族や郷党の祝福をうけて、校門をくぐった。第二部冒頭・山崎長吉氏の聞書のように師範学校生の家庭環境は、豊かとは言えなかった。

たとえば、〔明治初年、祖父は伊達の支藩・岩ノ山の集団開拓民として渡道、『大地の侍』*そのままの苦境の尽きない貧農の家に育ちました〕〔当時の農民経済は（略）、けっきょく学資を必要としない、北海道師範学校を志願したのです〕（M36卒業・大橋渉／七十年小史より）

*明治五年四月、氷雪なおゆるまぬ当別に入植した岩ノ山藩士の苦闘を描く映画、佐伯清監督。原作・本庄陸男『石狩川』

ところが入学のよろこびも、束の間。（三十一年）六月十四日、十六日より本入学の試験を行う旨を告げられ、一同突然のことに吃驚しました。結果は本科三十名・簡易科二十名、七名は不許可の決定をみました。最初募集のときに何の予告もなく、したがって簡易科・入学取消しなど、何人の脳裏にもなかったのです〕
〔中には自分は合格しながら退舎しようと言う者もありましたが、事茲《ここ》に至れば如何ともし難く、たがいに慰めあって命令に従うこととしました。心中穏やかではなく、二年四カ月後の簡易科卒業の離別会に際しては、和気あいあいの間に悲愴の感がただよいました〕（M35卒業・村井為吉／前出）

二年四カ月後、すなわち明治三十三年八月・事件の直前である。さて、塡山校長赴任初の〝禁令〟、「文部省訓令により、生徒の喫煙を厳禁する」。そして、**狸小路へ立入りを許さず**。

風紀上問題のある場所に本校生徒は足踏みすべからず、というきついお達し。〔外出喇叭《ラッパ》が鳴ると、何をおいても飛びだして〕（村井）、〔狸小路への突進は壮観だった〕（M40卒業・富樫勲）。

汁粉を十二杯喰ったというもっぱら食欲派、なぜか二・三丁目色街に軒を並べた古本屋をのぞいて歩く学究派、実のところは脂粉の香りをチラと嗅ぎたいのがホンネ。

活動写真・娘義太夫・南京手品、官給小づかい十銭也で、貧しい学生たちにも購える歓楽がそこにはあった。〝青春のハケグチ〟を閉ざされて、学園に不満は内訌《ないこう》する。しかも、時代は過激に走る。偏狭なる国家主義撃つべし！　校長排斥・追試験撤廃の声は、全校にみちた。

〔……三十三年、秋晴れの日でした〕（M38卒業＝当時一年生・金耕太郎）、恒例の石狩川演習旅行、最上級の四年生を除く全校生徒を南北二隊に分ち、銃を担いで三泊四日の強行軍。

その第二日目十月六日、南軍隊長の中村某（退学となる）、石狩町に到着し夕食後・訓示、「本隊は明早朝、銭函に向けて出発の予定であるが、都合に依りこれを変更し、当町に滞在する。集合の喇叭が鳴っても集合するには及ばない。今晩の門限も午後五時までだが、特別に九時まで許す・自由外出差支えなし」。

〔僕等は、拍手喝采しました。ラッパが翌朝鳴っても集まらず、石狩の浜をぶらぶら歩いて銭函に出て一泊し、翌日帰校しました〕（金、以下同）

〔三年生は石狩に泊り、隊伍堂々札幌に行進・八日に帰校したのです。模範級と言われたほどあって統制はとれ結束は固く、態度は立派であったことは今でも忘れません」。査問、放校・無期停学、処分は舎監の牧口常三郎の不在の間に決定され、本科三年生二十八名中、首謀者ともくされた七人を放校、他二十一名は停学。ただし「同級の情としてやむを得ず同意した」と称する五名だけが、無期停学の重罰をまぬがれた。

劇画『牧口先生』（希望コミックス／潮出版社、S47）等、牧口はストライキ反対の学生たちに同情的であったと描かれて、〝定説〟となっているようだが、これは一考を要する。すくなくとも、教育者・牧口常三郎の信念は「等しく生徒なり」

親鸞をもじって言えば、善人ナヲモテ教育ス・悪人ヲヤ。校則に逆らって造反有理を唱える学生たち、〝阿修羅〟こそ無上道への門を潜る資格があるのだと。もっと端的に言い切ろう、彼は自分が不在の間に下された学校当局の処分に怒りと絶望を抱いた。退職の決意はこのとき、胸底に根をおろしたのである。

こえて一月十六日、同窓生先輩の強い要望で、全員が処分解除となる。だが、「帰ってきた三年生たちは、何処となく落着きがなく、それはよくある過激派と穏健派に分離したからでした」。二月九日、穏健派の二名が体操室で過激派の鉄拳制裁を受ける。

「ついに、「刃傷事件」という不祥事が起きたのです、大吹雪の夜、消灯喇叭も鳴りおわってから、週番の提灯が廊下を右往左往します。病室の窓は、赤毛布で蔽われ交通遮断です・喧嘩だそうだ！　斬合いで大した怪我人が出た、殺された者もいるんだとよ」

鉄拳制裁を受けた二名のうち、一人が隠し持っていた切出し小刀をふるって、相手の八名を傷つけた。いずれも全治二～三週間、牧口はこの夜も当直の番に当らず、寄宿舎にいなかった。

十日・職員会議、道庁に報告。指示をまって翌々十二日に処分決定。過激派全員十八名と刃傷に及んだ一名を放校に付した上、在学三年間の給費各人あて二百五十余円の弁済を課した。この処分に、牧口は断然反対したにちがいない。そう・百歩をゆずっても、貧窮の子弟（とその家庭）に対する金銭的制裁は、まさしく残酷の二字に尽きる。

……いっぽう、校長・舎監・教諭以上全員進退伺いを北海道庁長官に提出、処遇を待つこととした。牧口はこれも気に入らない。姑息な責任のとり方ではないか、むしろいさぎよく辞表を出して、生徒と共に罪を負うべきだと。その決意を、牧口常三郎はひとり実践した。学校を放逐された、「等しく生徒である」十九名と、彼は運命を共にしたのだ。

明治という時代、人間は烈しくも美しかった。四月十八日白昼・南一条西一丁目から火を発し、南四条までもえ拡がって二百四十三戸を灼く、狸小路も大半を累焼。この日、〝願ニ依リ〟北海道師範学校を**牧口常三郎退職**。

二十四日・札幌駅出立、十四歳のときはじめて北海道の土を踏んだ小樽から、東京を目ざす。青春はすぎ去り三十歳、〝而立〟の齢に当る。惜別の小雨降り、見送りの生徒らは駅頭に慟哭《どうこく》する。職もなく・縁故もなく、ようやく書き上げた『人生地理学』二千枚の素稿に、ゆめと志のすべてを託して。

雲の火ばなは降りそそぐ。石川啄木はこの年・十七歳。盛岡中学ストライキの先頭に立つ。有島武郎、二十四歳。札幌農学校本科を卒業、牧口とあい前後して上京する。翌三十五年・東北地方凶作、宮沢賢治は六歳、祖母の妹ヤソから昔コ（民話）を聞かされて、童心に文学への傾倒は芽生えた。

明治三十三年二月十二日夕刻、再三の陳情を斥《しりぞ》けられて、足尾銅山鉱毒被害地農民は最後のほぞを固める。ミノカサに数日分の食糧を背負い、群馬県渡良瀬村雲龍寺に結集した。荒涼たる野面を鐘の音はわたり、万余の群集は徒歩で東京へ東京へ。

館林で地元警官隊を突破して、川俣の渡船場にさしかかる。舟橋は撤去され、憲兵出動を要請した警察は、その全力を挙げて阻止線をここに引いていた。身に寸鉄も帯びていない農民に、サーベルで斬りかかり、六尺棒はふりおろされた。「このどん百姓め、糞虫め！」とメッタ打ちにして・川に投げこみ、百名余りを凶徒嘯聚《しょうしゅう》罪で検束、〔鬨《とき》の声を挙げた。勝利の万歳のかちどきを揚げたのであります、何たる事であるか！〕（田中正造・国会質問演説）

起訴五十一名・すべて投獄、〝大衆的直接行動〟は終った。田中正造は議員を辞職・布衣《ほい》の一私人として、その生涯を鉱毒との闘いに捧げる。牧口常三郎の目ざす東京には、大乱の風が吹き荒れようとしていた――

エピロオグ
たとえば、風のことばのように

見よ、20世紀はきたれり！

＊牧口常三郎・30歳

▽明治三十四年（一九〇一）

1・1　慶応義塾にて**「十九・二十世紀送迎会」**

〔註〕……そもそも、二十世紀のはじまりは一九〇〇年、いや一九〇一年と異見があった。〝西洋新知識〟の元締め・福沢諭吉は〇一年説。ともあれ新世紀の開幕とあって、明治の人々は心躍った。

見よ、20世紀はきたれり！　1・2付報知新聞は、予想していわく。〔鉄道列車はあらゆる便利を備え、冬期車内を暖むるのみならず、暑中は冷気を催すの装置あるべく、速力は急行ならば一時間百五十哩《マイル》（240キロ）、都市においては街路上を去り、空中及び地下を走り〕ウンヌン。

2・3　福沢諭吉没、享年六十八歳。

内田良平主幹となり、「黒龍会」発足。

2・5　八幡製鉄所、熔鉱炉火入れ。

3・2　「愛国婦人会」、奥村五百子を中心に創立。〔日露戦争に際して組織を全国に拡大し、最大の官製婦人団体となる〕

4・16　**金融恐慌**。第七十九銀行・難波銀行支払停止、大阪から全国に波及……

4・20　幸徳秋水『廿世紀之怪物・帝国主義』、内村鑑三序文。

4・29　皇孫、（昭和天皇）裕仁誕生。

《官許残飯屋、あらわれる》

――日本資本主義発達巷史・Ⅳ

牧口常三郎上京の三十四年春、〝二十世紀の帝都〟は不況のどん底にあった。

横山源之助のいわゆる朦朧《モーロー》（『日本之下層社会』）、〔不規則の労働に従事し、不定の収入に服する〕その日稼ぎ、浮浪労働者が下町に吹きだまる。

浅草寺仁王門わき、花屋敷裏・本願寺塀ぎわなど、ゴミ捨て場には何十人もの宿なしが毎夜ひしめいた。熱を醗酵する塵溜めは、冬場の絶好の寝床だったのである。

荒川土堤のミノムシ小屋と称するむしろ掛け、〝屋根代〃五銭也。〔やや上等に属する者達は〕松葉町《ドーマイ》・万年町・山谷・本所のモーロー宿、一間貸切りで日払い十六銭。

この春、日々の宿代に窮する者が続出した。浅草公園内に、「公設・第一無料宿泊所」。入谷《いりや》の西山竜之助、官許残飯屋を開業する。「乞食の権利を冒すもの」と世論ひんしゅく、これには理由がある。乞食社会には分業があり、自治と規律があった。浅草弁天山裏手に巨大な掘立小屋の集落をつくり、一人に一畳をあたえ、淡島さま＝乞食の氏神をまつる「ケンタ」こじき。

彼らは神社仏閣の境内、橋の袂などに場所《ショバ》を定め、通行人の喜捨を仰ぐ。一所不定放浪のもの貰いを、「ツブ」こじきと呼ぶ。「カドヅケ」は鳥追い・流し、「タカモノ」は大道芸人、「オカン」は辻君・すなわち青天井の売春婦。

そして「ダイガラ」、料理屋・食堂の残飯を集めてきて、折りや竹の皮に詰め直し、特七銭・上五銭・並三銭（七五三弁当とこれを称する）なりで、仲間の乞食に売るのである。新米はたんに「ヅケ」、おのれ一人の口をしのぐだけ。だんだん出世して親方になる。ゴミ箱あさりの「シロイ（拾い）」これは俄《にわ》かこじき半素人の稼ぎとされた。

乞食社会は共同体であり、それぞれの分業に縄張りが確立していたのである。官許残飯屋の出現は、資本主義の発達がアウトカスト・コミューン（被差別窮民共同体）を破壊して、都市に落層をした農民・旧下級武士などを、混沌たる浮浪社会に投げこみ、ルンペン・パニックを生みだしたことを意味している。

人々は二十世紀の巷に飢え、その日の塒《ねぐら》を求め残飯を食らって彷徨した……

……かくて・労働運動は、再び烈しく熾えた。明治三十四年四月三日、二六新報社は向島に第一回日本労働者大懇親会を主催、三万人を集める（一説に五万人）。五月十八日、「軍備・階級制度撤廃」「土地資本の公有」「治安警察の廃止」等々の綱領をかかげて、幸徳秋水・安部磯雄・片山潜・木下尚江《なおえ》ら、「社会民主党」の結社を届け出る。

宣言を載せた萬朝報・毎日新聞・二六新報、そのほか七紙誌を安寧秩序紊乱のかどで押収・起訴。二十日、政府は結社禁止の断を下す。この間、伊藤博文と山県有朋は確執を深め、政局は混迷していた。五月二日、伊藤は辞表を提出し後任に元老井上馨を推すが、一カ月にわたりスッタモンダ。六月二日に至ってようやく、山県腹心の桂太郎内閣・成立。「社会民主党」は、言えばその間隙を狙っての旗揚げ。だが日本最初の社会主義政党を、国家権力は許容しなかった。

桂太郎いわく、〔政党（このばあいは野党を意味する）に対してはすべからく非常に、強硬の態度をとるべし。敢えて反抗を逞《たくま》しくするあらば、解散に次ぐに解散を以てし、憲法中止もやむを得ず。彼らの跋扈《ばっこ》跳梁《ちょうりょう》を持続すること、国家に大の不利益なればなり〕

これより以降、伊藤博文・西園寺公望《さいおんじきんもち》両元老、及び党務を一手に握った原敬《たかし》の「政友会」と、山県有朋を黒幕に桂太郎の率いる軍閥・官僚群とが、政権交代劇をくりかえすのである。社会不安はとうぜん、政治不信と結びついて、人心は不穏であった。幸徳らの唱導した〝社会主義〟、これも二十世紀と等しく、新時代の先端をゆく流行語となる。

このころ、「ミルクホール」が本郷・神田の学生街に出現、新聞雑誌を無料で閲覧させて、貧乏書生や下級俸給生活者《サラリーマン》の人気を集める。社会主義はそこで語られ、若者たちの間に反権力・反体制の風潮をひろげた。そう、**自由民権はよみがえる！**

牧口常三郎は上京して、仮りずまいを本郷にさだめた。おそらく日露戦争後、明治三十八・九年まで数年間を、界隈ですごしたものと想われる。と言うのは、子供たちの出生届けからの推定。謄本によれば、善治（二男）M35・8・12出生、本郷区役所戸籍係受付け。イズミ（二女）M38・2・27、やはり本郷区。そして洋三（三男）M40・4・17、小石川区戸籍係受付け。また、『人生地理学』・例言は、〔明治三十六年十月、本郷駒込の僑居《かりずまい》において〕と結ばれている。

〝本郷時代〟と、この数年間を呼んでもよいだろう。

当時、本郷三丁目から菊坂通りに下る左角に勧工《かんこう》場《ば》、スーパーマーケットが建っていた。灰色三階の偉容を誇り（と広告の文句にある）、大正に入って燕楽軒という西洋料理屋に変身する。後年、アナキスト大杉栄の虐殺に報復するべく、「労働運動社」の和田久太郎が、福田雅太郎大将（関東大震災当時の戒厳司令官）を狙撃したところ。今は本駒込三丁目と町名を変えた、「労働運動社」ご近所の肴町《さかなまち》で・かくいう私は生れた。

震災前は知らず、昭和初年の赤門から菊坂・真砂町・森川町近辺となつかしい風景を、記憶の底に残している。樋口一葉は明治二十三年（菊坂町七十番地）、石川啄木は四十一年に、同じ菊坂町「赤心館」、さらに森川町「蓋平館《がいへい》」、家族を迎えて弓町二丁目十八番地・豆腐屋の二階と下宿・借間を転々。

……幽《かす》かに面影を残して、こんにちも本郷は下宿町である。明治の末期には、学生や勤め人には賄つき、牧口のような家族持ちには間貸しと、仮の塒《ねぐら》を求める人々の居住区。

真砂町の銭湯、小路をはさんで隣りはしるこ屋「三好野」。とっつき両側に、「弥生亭」という女給のいる店、そして「ミルクホール」。大銀杏のそびえ立つ邸の堀に沿ってどぶ川を渡り・菊坂上を横切り、女子美術学校の前を左折すると文士定宿「菊富士ホテル」。と・これは大正時代の情景だが（玉川一郎『大正／本郷の子』S52、青蛙房）、揺曳をする明治の心象。

町辻に常夜灯、しもた屋は低額料金のガスラムプ、絵草紙屋・人力車夫溜り・湯のし・ぱんぢゅう（パンとまんじゅうとの合ノ子）・花見せんべい、赤門前は洋書&古書とりどり・学生服承リマス、〃山の手〃〃下町〃まざりあい、当代ユニイクなたたずまい。

本郷は、〔いつしか問題は社会主義に移り革命を談じ、個人の解放を論ずる〕（啄木日記）自由と不平、そして野心の街であった。上京をしたとき、牧口はすでに二児の父である。学究としての而立《じりつ》を目ざし、『人生地理学』出版に生活の志を賭けていた。そう軽率には、社会主義の流行にかたむけない。しかしやはり、同時代の思潮は心を捉えて、幸徳秋水に接近していくのである。

万民百姓、飢疫ニ逼《セマ》ル

後年、牧口は述懐している。

〔かつて日露戦争前後、約十年間の浪人生活は余をして、（文部省の思想善導と称する施策に反対する）此の心境に在《あ》らしめた〕。なぜなら、〔当時唯一左翼新聞たりし平民新聞に（関係を持ち）、かなり危険圏にまで踏みこんでいた〕（『創価教育学体系』第四篇・教育改造論／S7、冨山房発売）からである、と。

私事を語らない人が、ここでは饒舌《じょうぜつ》である。むしろ、誇らしげにすら見える。しかも過激思想弾圧下、昭和七年という時点において。

とうぜん、日蓮正宗への帰依（S3〜）と、それは重なりあうのだ。『創価教育学体系』第四篇、このくだりの前に牧口常三郎は、『立正安国論』を置いている。〔万民百姓愈々《イヨイヨ》飢疫ニ逼《セマ》リ、乞客《コッカク》目ニ溢《アフ》レ死人眼ニ満テリ。是《コレ》、如何ナル誤リニ由《ヨ》ルヤ〕。北海道・東北農民の生地獄、大東京は浮浪者《ルンペン・パニック》の群れ、然りしこうして日露大戦争。

そのような時代に・国禁の思想と半ば同心したことを、牧口は決して隠そうとしない。歴史はくりかえして、その轍《わだち》を日本は踏んでいないか、〔故ニ、善神ハ国ヲ捨テテアイ去リ、聖人ハ所ヲ辞シテマタ還ラズ。是ヲ似テ、魔ハ来リ、鬼ハ来リ、災ハ起リ、難ハ起ル〕〔言ワズンバアルベカラズ、恐レズンバアルベカラズ……〕

▽明治三十四年・承前

6・21　星亨、刺殺さる。

7・20　萬朝報・黒岩涙香ら「理想団」を結成、人心を改善してユトピアに近づかんことを目ざす。

8・20　米価暴騰、取引所売買停止。

9・7　義和団事件最終議定書、11カ国（日・米・英・仏・露・独・墺・伊・白・西・蘭）代表と清国全権大使・李鴻章との間に調印。賠償金四億五千万両、及び各国軍の華北駐兵権をみとめる。

〔註〕西欧列強と肩を並べて、日本はアジアで唯一・中国大陸を分割植民地化する側に立ったのである。換言するなら、欧化はまさしく達成された。

9・18　伊藤博文、ヨーロッパへ。

10・23　田中正造、衆議院議員辞職。

〈予は、下野《しもつけ》の百姓なり〉……天保十二年（一八四二）十一月三日、下野国安蘇郡小中《こなか》村の名主の家に田中正造は生れた。『大日本人名辞書』（M19初版／S12改訂十一版）は、こう述べている。〔義人、十九歳にして名主となる。領主・政を失す、正造その無道を鳴らし怒りを買いて幽閉せられ後数月、藩主退隠。正造また訴人の魁《さきがけ》たるをもって、領地を逐《お》わる〕

名主とはいえ、〔右手に鍬瘤《くわこぶ》・左手に鎌創《かまきず》〕（引用以下、『田中正造昔話』『田中正造の生涯』等より構成）。百姓衆の先頭に立って労働し、寺子屋を開いて子供らに手習い読書きを教える、同甘同苦の日々。正造は藍玉《あいだま》の生産直販（こんにち風に言えば産直）、足利・桐生・真岡《もおか》、絹&綿織物業者への卸しに目をつけて村の経済をうるおす。そのような営々たる努力に対して領主六角家は苛斂誅求《かれんちゅうきゅう》、上納金の倍増や村役罷免等々の弾圧をくわえた。

正造・「暗君隠居」を直訴して、江戸屋敷内に入牢《じゅろう》申し付けられる。〔広さは僅《わず》か三尺立方にして、床に穴を穿《うが》ち大小便所を兼ねしむるが如き、その窮屈さは能《よ》く言語の尽し得べき所に非ず〕。獄中にあって毒殺を警戒し、ひそかに村民が差し入れた鰹節二本を齧って月余の餓えをしのぎ、拷問を耐えぬく。

時・あたかも明治維新、吟味は新政府役人と交替し、十カ月二十日後に釈放。「領主に遺恨を含み、数々の書状を作成直訴・誹謗の罪は軽からず、よって家族共々他領へ追放のコト」。明治三年（一八七〇）・三月、正造は満二十九歳。新天地を求めて陸中江刺県付属補、下級官吏となる。後年の岩手県下閉伊《しもへい》郡遠野町に本庁を置いて、二戸《にのへ》・九戸《くのへ》を管轄し、秋田県鹿角《かづの》郡にまたがり花輪町に支局を設ける。

　みちのく取材行、義人の道をたどる。田中正造が赴任したのは、その花輪支庁である。〔食するものなく蕨《わらび》の根を粉に製し〕露命をつなぐ、東北農民の悲惨を見た。彼は、克明に報告書をつづる……

〔百姓小平、家内三人・馬一疋《びき》。コノ者何モナシ借受ケ食ス。同寅、四人（手業＝労働可能二人）・一疋。蕎麦二、三升外ニ何モナシ〕〔清兵衛、八人（手業三人）・一疋。稗《ヒエ》ノ粉五、六升バカリ、外ニ何モナシ〕〔釜改メイタシ候トコロ、稗ヲ殻《カラ》ノママ煮テ塩ヲ入レシ粥ニシテアルヲ見、歎息ニタエズ泣涕《キュウテイ》イタシ候〕。

　この民のあわれを見れば東路《あずまじ》の、我が古郷《ふるさと》のおもい出にける。と、正造は付記している。

　　子供を生みながら
　　また　前の子供のぼろ着物を
　　綴り合わせながら
　　…………………
　　一家のあらゆる不満　欲望を
　　負いながら
　　わずかに粗末な食と
　　年中六時間の睡りをとりながら
　　これらの黒いかつぎした
　　女の人たちが耕すのであります
　　この人たちは　また
　　ちょうど二円代の肥料のかわりに
　　あんな笹山を　一反歩ほど
　　切りひらくのであります
　　そして　ここでは蕎麦が二斗まいて
　　四斗とれます
　　この人たちはいったい
　　牢獄につながれた革命家たちや
　　不遇に了えた芸術家
　　これら　近代的な英雄たちに
　　果して比肩し得ぬもので
　　ございましょうか

（宮沢賢治、作品・一〇六三番）

〔正造、木村某（木村新八郎・花輪支庁幹部職員）暗殺の嫌疑を受け獄にあること三年、冤《えん》晴れて出づ〕

明治四年二月三日、日ごろ仕事の上で衝突していた木村が殺され、正造はぬれぎぬを着せられて、七年四月に無罪放免となるまで監禁される。獄中彼は政治・経済に関する翻訳書を耽読して、〝自由民権〟の思想に目覚めた。故郷へ帰って夜学校を開き、農村青年の教育に専念する。だがここでも、権力の農民に対する暴圧に抗して、彼は闘いつづけなければならなかった。明治六年地租改正令公布、同八年から下野（栃木県下）、本格的に施行される。

《天皇制資本主義の成立》

――日本資本主義発達巷史・V

地租改正令を三行で括れば、「封建諸大名の経済・軍事的土地所有を解体し、〝地主〟に国家＝天皇に対する納税の義務を負わせた」と、いうことになる。封建時代がそのままずれこんだ収奪のシステムを、明治新政府は江戸幕府から継承したのである。

……『庶民烈伝』第三部の舞台となる熊本を例にとれば、五十町歩以上所有の大地主は、筆頭に旧領主の細川護立《ごりゅう》（六百五十七町歩）。以下、高利貸・酒造家・もと村役人が上位に並んでいる。収穫の取分は金銭に換算して、反当たり地主一円六十三銭、地租おなじく一円六十三銭、種籾《たねもみ》代七十三銭、小作人八十一銭（M17調べ、小野武夫『近代日本農業発達史論』他による）。

すなわち、収穫の八割余を搾り取って国家＝天皇と、地主が山分けにする恐るべき〝膏血制度《スエッチングシステム》〟。これに見合って明治十年代、国家財政の実に82パーセントを地租収入が占める。

明治二十三年自作農&小地主は地租改正令前の五分の一に減少した。収奪が最も苛酷をきわめた十七〜十九年の間に二億三百三十万円、こんにちに換算して一兆円余に相当する田畑が滞納による抵当流れで、高利貸地主の手に移った。〝文明開化〟〝富国強兵〟、天皇制資本主義の確乎たる基盤は、このようにして築かれたのである。

流亡・一揆の立《たち》百姓、明治十年（一八七七）西郷隆盛の叛乱と呼応して、阿蘇農民暴動起こる。役人・地主・高利貸を襲い、数万の百姓は荒れ狂った。だが、西郷軍は熊本郊外田原坂《たばるざか》で、死闘十七日ついに敗北。官軍東進して阿蘇に至り、八千四百二十九人の農民を〝天朝様〟にさからう国賊として捕え、七百十余名の首を刎《は》ねた。田中正造経営の夜学校、西郷に同情の疑いありと解散を命じられる。

義人、天皇に檄して言う！

明治十二年、〔栃木新聞を起し、また中説社を設けて政治を論ず。十三年県会議員となり、十九年県会議長に推さる。二十三年第一回衆議院議員当選・第二回帝国議会において、足尾銅山鉱毒問題を質問す〕
〔爾後《じご》毎期これを提出、古河鉱業会社が渡良瀬川に鉱毒を流下し・ために沿岸の田畑実らず、魚族また跡を絶つを訴う。政府これを省《かえりみ》ず、三十四年選挙に際し候補を辞す……〕

　民ヲ殺スハ国家ヲ殺スナリ、と正造は答弁を迫った。「君主を補佐する人間が下まで腐敗して居って、（正義は）貫徹しなくなる。即ち人民を殺す、おのれの身体に刃を当てるのと同じではないか。これで国が亡びたと言わずに、どうするものでございます！」（田中正造最後の質問演説、M34・2・17）

　これに対して政府は、「質問の趣旨は要領を得ない、依《よ》って答弁せず」

　五月二十一日、鉱毒調査有志会が結成され、内村鑑三らによって被害地の調査が行なわれた。九月二十日、凶徒嘯集事件（前章）の東京控訴院第一回公判。萬朝報をはじめ各新聞はこぞって、鉱毒問題をとり上げた。毎日新聞記者・松本英子のルポルタージュ、『鉱毒地の惨状』満天下の女性の同情を喚起する。

　十一月二十九日・神田ＹＭＣＡにおいて、鉱毒地救済婦人会主催による、報告演説会が開かれた。古河鉱業社主・市兵衛の妻タメ、その会場に女中をやって様子を詳しく聞き、ショックをうけ茫然。翌朝、神田橋下に入水自殺する。

　世論の高まりを背景に、議員辞職以来・胸に秘めてきた非常手段へと田中正造は蹶起《けっき》した。計画を知るもの二人、毎日新聞主筆の石川安次郎、そして幸徳秋水。
〔十年・平和手段を取りて、なお決するあたわず。今は唯一策、君よ佐倉宗五郎となれ〕（石川安次郎の日記）。

　十二月十日、第十六回帝国議会開院式に臨み、帰途に就く天皇の行列へ、綿服の黒紋付はかまに足袋はだしの正造は、「謹奏」と表記した直訴状を右手に高くかかげ、「**お願いがございまする!!**」と絶叫して一散に駆けこむ。

　警固の騎兵が槍を構え、ゆく手をさえぎった。正造はつまずき倒れ・その間に〝事もなく〟、天皇の馬車は走り去る。目的は未遂に了った・が、警官隊に衆人環視の中でとり押さえられた元代議士の処置に、政府は困り果てる。こうしたばあいの常套《じょうとう》手段は、狂人に仕立て上げることである。正造、ときに数えで六十一。「老耄《ろうもう》の所為」と見なし、麹町警察署に一晩だけ留置・お咎《とが》めなく釈放となる。しかし、直訴状の内容はボケ老人の脈絡もない行動であり得ないこと、世の人々にもの語っていた。

草奔《ソウモウ》ノ臣　田中正造、謹ンデ奏ス。

伏シテ惟《オモ》ンミルニ、田間ノ匹夫《ヒップ》アエテ規《ノリ》ヲ踰《コ》エ・法ヲ犯シテ鳳駕《ホウガ》ニ近前スル、其ノ罪、実ニ万死ニ当レリ。而《シカ》モ甘ンジテ之《コレ》ヲナス所以《ユエン》ハ、洵《マコト》ニ国家生民ノ為ニ図リテ、ツイニ忍ブ能ワザルモノ有レバナリ。

……望ムラクハ

陛下深仁深慈、臣ガ狂愚ヲ憐ミテ少シク乙夜《イツヤ》ノ覧ヲ垂レ給ワンコトヲ。（註・乙夜は午後九時から十一時、昼間は政務多忙の天子が夜遅く書見すること）

東京ノ北四十里、足尾銅山アリ。其ノ採鉱製銅ノ際ニ生ズル毒水・毒屑《セツ》久シク澗谷《カンコク》ヲ埋メ渓流ニ注ギ、渡良瀬川ニ奔下シテ（中略）、茨城・栃木・群馬・埼玉四県数万町歩ニ達セリ。数十万ノ人民ハ産ヲ失イ業ヲ離レ、飢エテ食ナク病ミテ薬ナク……

如此《カクノゴトク》、二十年前ノ肥田沃土ハ、化シテ満目惨憺《サンタン》ノ荒野トナレリ。人民ノ窮苦ニ堪エズシテ、群起シ其ノ保護ヲ請願スルヤ、警官ヲ派シテ圧抑、誣《シ》イテ凶徒ト称シ獄ニ投ズル。今、人民公民ノ権ヲ失ウ者算無ク、町村ノ自治ハ頽廃セリ、嗚呼《アア》。

四県ノ地マタ、陛下ノ一家ニ非ズヤ。

四県ノ民マタ、陛下ノ赤子《セキシ》ニ非ズヤ。

臣・年六十一、老病日ニ迫ル。念《オモ》ウニ余命イクバクモナシ、一身モッテ利害ヲ計ラズ、誅《チュウ》ヲ冒《オカ》シテ聞《ブン》ス。情切ニ・事急ニシテ涕泣《テイキュウ》、言ウトコロヲ知ラズ。

聖明、矜察《キョウサツ》ヲ給ワンコトヲ。

この直訴状は、幸徳秋水の聞書き。死を覚悟した正造はその前夜、石川の紹介で当代一の文章家ともくされていた秋水に会い、草稿を依頼したのである。これにさらに朱筆を加えて、当日決行に及んだ。中央公論社『日本の歴史』（第22巻・大日本帝国の試練／隅谷三喜男、S41）そのほか戦後出版された歴史書は、田中正造直訴に同情を示しながら・やはり、〝天皇中心〟のイデオロギーを脱しきれない、狂言的《ファナチック》な行為であったと留保を付している。

たとえば、木下尚江が幸徳秋水に対して、「社会主義者たるものが（否定するべき君主制＝天皇への）、直訴状を代筆するとは何ごとか！」となじると、秋水は答えて、「僕だって厭だ、しかしあの疲れた老人の姿を見て、断ることはできないじゃないか」〔こう語る幸徳の両眼は、潤みを含んで美しく光っていたと、木下は書きとめている〕（林竹二『田中正造の生涯』講談社現代新書、S51）

〔（木下は）直訴という行為そのものを屈辱と受けとったのであろう〕（由井正臣『田中正造』岩波新書、S59）。

なぜ・そのように、エクスキューズをつけくわえなくてはならないのか？　田中正造の激発は、〝神権天皇制・欽定憲法〟下の直接民主主義だったという視点を、戦後史観は欠落している。

学会員読者に判りやすく言えば、それはまさに文字通りの天奏、**国家諌暁《かんぎょう》であった**。

リアリズムで解釈すれば、木下尚江は度々の演説会を正造と共に催しながら、計画をまったく知らされなかったことを怒っているのである。革命とは、つまり陰謀であろう（私は肯定的に言っている念のタメ）。

正造が釈放された十二月十一日、石川安次郎の日記。〔幸徳来る、呵々大笑。余・田中に向いて曰く、一太《ひとた》刀《ち》受けるか殺されねばモノニナラヌ〕〔田中、弱りましたな。余慰めて、やらぬよりも宜《よろ》しい〕

義人とは、愚直の同義語ではない。烈々たる殉情を心底に置いて、しかも機略の士であること。もとより正造は、〔今よりのち、この世にあるわけの人に非ず〕（郷里の妻への離縁状）と、死を決していた。

人生六十年下天《げてん》のゆめ、冗談のように命を損《す》てて悔いはないのだ、と。天皇に檄すること・すなわち、国家権力根幹の矛盾を撃つことに他ならない。直接民主主義と言う意味に、理会していただけたことと思う。

正造はさらに十二年を生き、あらゆる手段を尽して、富国強兵の毒を垂れながす公害資本と闘いつづけた。明治は遠いか、はるかな伝説の時代と忘却してよいものだろうか？

十二月十三日・中江兆民没、行年五十五歳。〝秋水〟の号は、十八のとき学僕《しょせい》となった縁に由り、幸徳が兆民から承《う》けたもの。遺言して「葬儀無用、解剖に付した上で、直ちに火葬場に送れ」。読売新聞死亡記事によれば、〔一代の奇人は前古無比、無神無霊の実行をなし了りぬ〕。

翌三十五年一月二日、兆民を慕う人々は一堂に会し、青山斎場にて〝告別式〟。かつて郷党を同じくした板垣退助の弔詞朗読にはじまって、儀式めいたこと一切無之。告別式・これより、市井慣の用語となる。

幸徳秋水の詩える――

卅年　罵倒ス此ノ塵区《ジンク》（ちりの世）
生死岸頭　ナオ大呼シテ
意気文章ヲ万古ニ留《トド》ム
自今《イマヨリ》　誰カ言ウ兆民無シト

……この人も、まったく酔狂に生きて死んだ。ただ一片耿々《こうこう》、万民百姓の側に常に身を置く志操を全うして。

二十七日、「足尾鉱毒地学生視察団」東京帝大・一高・学習院・高等師範・外語・と都下各校を網羅して七百名、上野駅を出立する。

年の瀬も迫り、福岡県浮羽郡で小作料永代一割減を貧農要求、闘争本部を設け千八百人を糾合。地主側は勢いに恐れて約定、翌三十五年二月三日これを破棄。ついに暴動おこる。警官抜刀隊出動して四百人を検束、二百八十三人凶徒嘯集のゆえを以て有罪とされた。二十世紀の第一年は、騒然と来るべき大乱を暗示して暮れる……

庶民、その生活と感情を

明治三十四年の大晦日《おおつごもり》を、牧口常三郎一家はどうすごしたのだろう？　上京・八カ月余り、貯えも底を突いたにちがいない。ユリは明けて数えの五つ、民城は四つである。ものごころつき、我儘《わがまま》を通そうとする年頃。貸間住まいの親子に、師走の風はきびしく吹いたであろう。十二月の声を聞くと、東京の空は急にどんより曇り、木枯らしが渡る。降りみ降らずみに、一朝ごとの寒さがみにしみる。

季節感の失われたいま・こんなことを言っても戦後世代には理解できまいが、昔の暮から正月は、冬をむかえるタイムテーブルがきめられていた。年の市は、義士討入りの十四日・深川八幡が最初ときまり。泉岳寺わきの高輪《たかなわ》中学では、「義士祭」が行われる。明治五年・四十七士に賜った勅語の奉読からおごそかにはじまり、告文やら講演やら退屈きわまる。同校出身の私が言うのであるから、間ちがいなし。

とまれこのころ、今年も終わりかという実感・そくそくと胸にせまる。救世軍が紅殻《べんがら》色の三脚を立てて、慈善鍋を置くのも十二月の半ば。「信ずる者は誰もみな、みな救われん」という楽隊の演奏が流れ出すと、東京は冬なのである。本郷三丁目交叉点にも、毎年かならず救世軍が立っていた。記録によれば明治二十九年から、すると牧口常三郎もその光景を見ているのだ。貧民救済の訴え、みずから窮迫の裡《うち》にあって、彼の感情は複雑だったろう。

二十日すぎると、気の早い家は門松を飾る。本屋の店先は新年号でいっぱい、諸道具持参の若い衆が軒先に臼《うす》・せいろを据えて、威勢よく餅の搗《つ》きぞめ。そんな賑わいの中を、襤褸《ぼろ》をひきずって歩くのもいて、どの町内にも顔なじみのルンペンが一人か二人。東京浮浪人口・下って昭和の十年代およそ三万余、ナベ・カマ・コウモリ背負ったお荷物こじき、幼児の手をひく子連れこじきは、少年の瞳にも哀れだった。

「ナニ、あいつら家《ヤサ》に帰《けえ》ればお大尽《でえじん》さ」と悪友が教えてくれたのは、伝統ある「ケンタ」こじきか？　もはや、江戸以来の賤民共同体は崩壊して、乞食とルンペン・浮浪者の区別も、定かではなくなっていたはずだが。

あわただしく浮足立つように、飛車《とびぐるま》と極月は押し詰って大晦日、年越しそばに除夜の鐘、出前が間にあわず順序があべこべになったりして。市電は終夜運転、寄席も活動もお女郎屋も、早朝まで営業つかまつり候。借金とる人に逃げる人、鬼のような貌も一夜あければ、「お芽出度う、本年もよろしく」

武田麟太郎えがく市井もの『日本三文オペラ』、さかのぼれば樋口一葉・井原西鶴、『大つごもり』『世間胸算用』。生き馬の目をぬく大都会にも、庶民その暮しと人情は、あたたかくまたホロ苦く**歴史をいきづいて**……

明治三十四年、金融恐慌の不景気風のさ中にはじまった新生活。牧口常三郎は皇孫誕生奉祝を、山県と伊藤の政争を、赤い更紙《ざらがみ》に印刷された萬朝報を、見聞き読んだことだろう。「ミルクホール」ものぞいてみたりする姿を、私は瞼に描き微笑する。東京の風物、人々その雑踏。ぶらりとしては暮らされもせず、薄い縁故を頼り生活《たつき》の道も探したにちがいない。『人生地理学』推敲は、そうした日々を行間に刻む。

〔吾人観察の対象は、常に現在の活社会にあるがゆえに〕〔心意発動の自然の順序に随《したが》い、日常の生活の最も卑近なる事実の視察よりして徐《おもむ》ろに歩を進ましめよ〕（例言・緒論）

再び、教育の現場に戻っていくまでの苦闘。『人生地理学』上梓から、「平民社」の幸徳秋水ら社会主義者たちとの交流、そして日露戦争。牧口常三郎の身辺にうずまく疾風怒濤については、第三部。この国がアジアにおける唯一の帝国主義・〔貧強国、日本の如きもこの列にありと言うべきか〕（25章・国家地論）をたどる過程と、併行をして述べることにしよう。

いよいよ、『春と修羅』最終回。この章を、北海道&東北への取材行で結ぶ。有島武郎共生農団へ、一九八二・八三年と再度、吹雪の道を往った。同行れいのごとく外山武成君、地元倶知安《くっちゃん》小学校の長友陽介先生(ご病気と聞きます、おからだ大切に)。

「や、晴れてきた！　羊蹄《ようてい》山が見える」

「あれが、蝦夷富士ですか」

「原名マッカリヌプリ、標高は?」

「千八百九十三メートルですよ」と長友先生、さすが・たちどころに数字が出てくるのだ。と思うと、

「このへんで細川たかしが獲れました」

……羊蹄山の麓を一周、倶知安町人口18660、京極町おなじく4321、真狩《まっかり》村3130、ニセコ町(旧名狩太《かりぶと》)4569。もと無人未開の地、〔一坪の畑地、一尺の道すらもなく、昼なお暗い原始林が生い茂り、枝下には熊笹が密生していた〕(『ニセコ町史』、S57)

明治二十八年、清川孫太らがはじめて狩太に開拓の鍬を入れる。二十九年暮・福井県人集団移民、三十年より本格的な開墾はじまる。同年、有島武郎の父・武は一百万坪の貸下げをうけるが開拓民なく、いったん返地。三十三年、吉川銀之丞を農事指導(監督兼管理人)にむかえ、あらためて四戸十二人が入植した。

すなわち狩太村字《あざ》有島、「共生農団」の地である。粗末な掘立小屋、熊に襲われぬように夜中火を焚き、米一粒もなくトウキビ・アワ・ヒエを常食とし、笹の実を喰らい(九十年に一度花咲き稔ると言われるが・三十六年は全道一斉に結実した)、骨がきしむほど働きつづけた。

〔岡田ツル・談〕M7・5・5生
明治三十四年三月、福島県六カ町村の人々・七十五世帯が入植した(相馬団体と呼ばれる)。道はなく、大木と熊笹で三間先も見通せない。六坪の笹小屋を建てて、ぶどうの蔓《つる》を吊って炉鉤《ろかぎ》にした。そうしてやっと、湯をわかした。マキは湿り、ずいぶんけむかった。

持ってきた一俵の米は、途中で半分もこぼれてしまった。煙と汗と鼻水とで、真黒になりながら半泣きで食べた。幸い夜具は助かったが、熊が出ると言うので一睡もせず火をもしていた。見えるのは星空と、暗い森ばっかりだった。

「なじょにして、暮すべ！」。二十八の私は、四つの子を抱いて泣いた。夫も、泣きだしてしまった。郷里の母に手紙をやると、「そんなに辛ければ乞食してもよいからもどってこい」と返事がきた。三十円という

金が、入っていた。それで挽臼《ひきうす》を買い、手桶も買った。戻るわけに私らはいかない。

佐幕派の相馬の水呑み百姓だ。家に帰ったっても、親やきょうだいに迷惑をかけるだけだ。

やがて大木を伐り倒して焼き、菜種を一番先にまいた。みんなで力を合せて、狩太で生きていく他はなかった。小豆をまき、稗をまいた。九月には熊が出て、夜中戸を押さえて震えていた。冬が来た、雪はひどく凍《しば》れもきびしかった。春になったら野鼠がわいて出て、穀物を荒らした。梁《はり》から針金で吊るしても泥棒ネズミは登り降りして、みんなやられてしまった。

夏は害虫と雑草、真黒な虫が作物を全滅にした。「こんな土地は真狩の人に売って国さいくべ」という夫を励まし、何とか持ちこたえた。次の年に、いまの土地に移った。くるみが生えていたし、まいたけも食べきれないほど。去って行く者が多い中で、私らはよほど幸福だった。

ようやく豊作をむかえて相馬妙見を祀り、やぐらを組み、その上で四斗樽をたたいて盆唄をうたった。『麦搗唄』『方斎踊り』『野馬追い』と声を限りに、

〽隣に神楽がきたようだ大黒柱もよっちゃめく……。

（『ニセコ町史』より）

有島武郎と「共生農団」

そこにいま、我々は立っている。マッカリヌプリのふもと、かぎりなく雪原はひろがる。五月ともなれば、緑萌える豊かな田園。大正十一年七月十八日、有島武郎は所有する土地の全てを、六十九戸の小作人へ解放した。「共生農団信用利用組合」発足に当たり、かく語りき。

〔小作人諸君への告別〕 この土地、四百五十町歩全部を無償で諸君の所有に移します。誤解なきよう、頭数に分割をして、個々の私有にするという意味ではありませぬ。諸君が合同して、この土地全体を共有するようにお願いするのです。

生産の大本となる自然、空気・水・土などは、人間全体で所有をするべきで、一個人の利益のために独占されてはなりません。しかるに今の世の中では、役に立つような土地は大部分、個人によって私されています。そこから人類の大害が生じ・数限りない不幸が生れてきます。それ故に、この農場も諸君全体の共有にして諸君全体が助け合い、責任を持ち生産を図って下さい。

但し、私に対して負債をしている方は適当な方法を以て、皆済していただく。これは、諸君全体に寄付し

ます。諸君のある人は永く住み、またある人は極めて短い。勤勉であった人も、勤勉であることがついに出来なかった人もいます。多少の斟酌《しんしゃく》をして、個々の労苦に私からお礼をする心算でいます。

しかし、いったんこの土地を共有した以上・かかる差別は消滅して、一組合員としての平等の立場に置かれることを、諸君に覚悟して貰わねばならない。真に平等自由の天地を、創造することを目的としていただかねばなりません。つまり今後の諸君のこの土地における生活は、諸君自身が組織する、自由な組合の形になると思います。

その運用には、永年この農場を管理し経営してきた吉川銀之丞氏を累《わずら》わして、実務に当ってもらうのがよいかと、私は考えております。さらに仔細にわたった具体案を、札幌農科大学に依頼してあります。諸君はそれを研究し、みずからの判断で採用してください。

……幸い私は、自己の職業によって生活をいとなむことができますが、たとえ親の遺産に依って衣食をしてきたとしても、この農場を解放したことを悔いることはありません。ただ昔懐しさにたまたま遊びにでもやってきたとき、数日の宿を諸君が惜しまなかったとしたら、それは私にとって望外の喜びです。

別れに臨み、諸君の将来が協力一致と相互扶助の観念によって導かれ、現代の悪制度の中にあって、それに動かされぬ堅固な基礎をつくり上げ、諸君の精神と生活が周囲に働き、人類全体の状況をも変化する結果になるようにと、心底から祈るものであります。

六十九戸の小作人は、有島武郎の志をまったき了解のもとに実践して、土地・建物・水車等々の施設、造田による負債四万円を、昭和十七年までに完済する。

〝共産〟共生の結束は、戦時下もまもりぬかれた。

が・昭和二十四年三月二日、「自作農創設特別措置法」(いわゆる農地解放)ＧＨＱにより実施、組合の所有を禁じて農地は個人に分配された。一体、戦後の解放とは何であったのか？　と共生農団消滅に、私はおもう。

「言えば、〝地租改正令〟だったと」

「それはいい指摘だ、外山くん。農民はいつの時代も、強権によってその運命を決められていくのさ」

「むしろ、有島武郎の理想は戦前に生かされたのでしょう？」

「大正という時代はね、自由だった」

長友先生、「牧口常三郎さんの〝理想教育〟、これも大正ですね」
「そうです、先生の受持ちは？」
「いわゆる特殊学級・イヤな言葉ですが、遅れた子供たちを担当しています」

秀麗な姿を見せていた羊蹄山、吹雪に消えて……真狩村から豊浦町へ。人口6885のこの町には、〝山梨〟を冠した地名がやたらと多い。明治四十一年、大洪水に襲われ田畑二十二万町歩余を流失した山梨県の農民を救恤、十五万円の捐助金《えんじょ》を支出。第一陣として百八十四戸を、ここに入植させたのである。

その南山梨と新山梨の間、清冽な川が流れている。産卵を了えたホッチャレ、落鮭《おちざけ》を捕る人の姿。道を聞くと、「ああすぐそこだよ」。北海道ですぐと言ったら、まず三十分と思うべし。

果せるかな目ざす家まで、雪に埋もれた道を？キロ、渓谷に沿ってあえぎあえぎ車を走らせたところに一軒ポツリ、田村正敏農場はあった。ご存じ「勝手連」、北海道知事選挙で大逆転・横路孝弘を当選させた、もと日大全共闘書記長・三十七歳。

……〝新開拓時代〟と、スローガンをかかげて横路孝弘は打って出た。本篇度々にわたって引用している『日本資本主義発達史』、不朽の名著を残した野呂栄太郎の彼は甥に当る。

祖父は広島県庄原《しょうばら》の出身、家運傾き北海道へ。明治三十三年夕張に移住し、「北炭」の坑夫として働く。その四男が孝弘の父で、社会党代議士となった故・横路節雄である。母方は、戊辰《ぼしん》戦争一敗地にまみれた伊達支藩・角田、新天地をもとめて開拓民となった。野呂栄太郎は母の実兄、昭和九年二月二十九日獄中で拷問により虐殺された。

さて・「共生農団」のごとく、国家の呪縛を脱却自立したとき、北海道知事はどれほどの力を持つか？他府県にない〝支庁制〟、「十四人の分身を知事は持つ」と言われる。つまり十四支庁、町村に対して公共＆教育事業起債認可の権限を有する。しかも、議会答弁の義務はない。

換言すれば、問答無用に財布のひもを握り、地域を金しばりの支配下に置く。とうぜん・それは「集票マシーン」の役割も果すのである。堂垣内前知事は昭和五十六年、支庁長大半を入れかえる人事を、地元保守与党からさえも批判の声がある中で〝断行〟した。言わずもがな、**選挙シフトである**。

堂垣内の道政下、職員は知事部局のみで千三百名をくわえ（計２１４００人）、八十五課が百七に増えている。管理職は本庁のみで五八〇、この数字は警察官と教育関係者をふくまない。いわゆる公務員・全道で八万人、ボウ大な官僚群によって「保守王国」は支えられる。

　五十八年度予算一兆五千億、東京都に次いで全国二位。知事は七パーセントを裁量できる。〝政策予算〟、一千億円をわがものにすることが可能だ。さらに、〝固定費〟のうち、道庁が発注する公共事業費は四千八百億円、指名土建業者は三千九百社、五十六年度調べで道庁高級職員八十六名が天下っている。

　そして、〝団体補助金〟がある。北方領土復帰同盟、ボーイ・スカウト連盟、ウタリ協会ｅｔｃ、約二百団体に対して八十八億円。くわえて〝許・認可権限〟、あらゆる事業・施設にわたり年間二十四万回の知事印が使われて、道民日常生活を統制管理する。いま一つ〝表彰状〟、堂垣内前知事は公選最初の任期を終ろうとする昭和四十九年、感謝＆表彰状じつに七千七十四通を全道にバラ撒いた。

　本篇で私たちは、明治政府の北海道開拓政策を、あらゆる分野から検証してきた。その怪大な地方権力、こんにちもかくのごとし。

　堂垣内尚弘（申し遅れたがこれがフルネーム）は、「私人として」中曽根康弘首相と等しく護国神社に参拝、〝北の総理〟であることを誇示してみせるお人柄。しかも、外様をいちめん強調、〈道民党〉を自称した。つまり全道隅々に張りめぐらした、「集票マシーン」の頭上に千年王国を誇っていたのである。

　だれの眼にも、不敗の体制と映った。副知事・三上顕一郎を後継者としてその体制に乗せ、必勝の選挙シフトを敷いて知事選に臨んだ。それが、**見るも無惨に負けた！**

　……正体不明の半分冗談、「勝手連」と称する若者たちに。田村正敏・羊飼い、女房一人に子供は二人、トラクターが一台。羊は死んだり生れたりするので不定であるが、ざっと七十匹（余談だが、そのうち五匹は私の所有である）。自由民主党調査局発行、『正体が見えた勝手連』（S58・5）によれば——

〔略歴〕

本籍　新潟県高田市大字中町新田九

現住所　北海道虻田郡豊浦町字美和

生年月日　昭和二十二年一月八日

職業　養羊業

昭和四十一年、日本大学法学部入学。四十四年文理

学部に転籍する。四十五年同学部を中退。四十三年の日大闘争にさいして、同大学全学共闘会議書記長となり、「実力占拠闘争」を指導した。

四十五年九月、凶器準備集合罪により逮捕・未決拘留一カ年。判決、懲役二年執行猶予三年。四十九年五月ごろより、埼玉県川口市等で書店を営む。約一年間アジア・ヨーロッパを見聞して五十三年六月帰国後、現住所に約一〇ヘクタールの農地を購入して養羊業をはじめ、今日に至っている。

友人の手紙の中に、〔毛沢東を愛する君は、公明正大に就くと思う。しかし、一人の男として、陰謀の快楽も捨てられないのではないか〕という、注目すべき指摘がある。—以下・略—

ふらり旗挙げた「勝手連」、ウッソーホントオ、七〇年全共闘世代を捲きこみ、一陣の野分けとなる。

たとえば
風のことばのように
……………
師父よ　何たる天鼓の響きでしょう

（宮沢賢治『野の師父』）

そうさ、俺たちは〝風〟

横路現北海道知事のありよう、それは問うところではない。小樽運河埋立ての強行等、彼の道政は体制である。問題はそこにない、やりようで敵は倒せるということ。

そう、**風のことばによって**。*〔君たちがみんな労農党になったとき、俺の本当の仕事がはじまるのだ〕。野を渡る風は、多種多様の人々の胸に共鳴した。思わぬ〝伏兵〟、これまでの選挙常識では対応できないハプニング、たかをくくっていた堂垣内・三上陣営は動揺する。「集票マシーン」は全道至るところショートして、票読みが不可能になってきた？？？

自民党調査部資料、〔横路孝弘と勝手に連帯する〇〇連合は、判明分のみ四十五グループ、おそらく百以上と推定される——〕

ススキノ勝手連（以下地名等のみ）
学生　弁護士　福祉　主婦　看護婦
大正生れの　独身男の　運ちゃん　ジジババ
病院事務長　純粋　菊水　家族　元祖
札幌　旭川　釧路　夕張　帯広　苫小牧　名寄
紋別　根室　室蘭　稚内　伊達　羽幌　八雲
虻田　十勝　道南　朝市（函館）等々

……五十八年三月十六日告示、道庁の屋根から垂幕が下がる、「待っています横路サン！」。四月九日投票前夜、ススキノは太鼓を打ち鳴らして、「ヨコミチ！」とシュプレヒコールし乱舞する万余の若者に埋めつくされた。

〈十一日・開票結果〉

横路　孝弘　1、597、500
三上顕一郎　1、526、230
広谷　隆男（日共系）　13、629

×

のっけから正直言って、左ダ右ダって話はもう、あきあき。

ハイ「勝手連」、カイサンします。とりあえずってこと、とりあえずって言葉すきだねえ。そうとりあえず、前にということ。結局のところ俺たちの言いたかったのは、このへんだべや。

あとはおまけ、ユニークな運動だって？　そんなもん、〝評論家〟にくれてやれっちゃ。おつづけになりたい!?　「平和と民主主義のヨウゴ」。ああ〝そしき〟ですか？　あれだけ人々が盛りあがった。だからいまこそ、〝そしきがため〟が必要である、なーんちゃって。

ハイハイ、どうぞ。なにしろ「かってれん」、勝手でございます。ノシつけてさしあげましょう、でも俺たちは、もうイイ！　実は、あきれかえってる。「勝手連」とは何だったのか、ちっとも理解していない。ま、それでもいいいや。「かってれん」を全国へ？？やーですねえ諸君、あのホレ、むかしむかし〝全国マッセンスト〟の幻想……。

名前がね、全国にひろがってマネする人々が出てくるのは、結構。でも「運動論」なんてはじめっからありゃしないんだ。やりたい人が、やりたいことを持ち寄ること。俺たち、〝そしき〟の人が住んでいる世界と回路を持たない、持ちたくない。コンセントやプラグをいろいろごたごた集めて、人々に呼びかける。

マジなやわこい魂で遊んでみる、その場です、つまり。こんな発想は、ずーっと前から。でもわかんない人たち、ホントツカレルヨ。で、俺たちはだんこ、解散します。理由はだって？　くどくど申し上げる必要は、ナイ。

時間をスタンバイするために、そうさカイサン。

祭りってのはね、時間の流れにパッとあらわれる。毎日が祭りなんて、俺たち労働するものは真平ごめん。それぞれの人の思い、選挙という祭りで票になる。

「俺は」という一人の思い、だから民主主義・だから自由。マイランド・イズ・ベスト！　一陣の野分けとなって吹き荒れよ、若者の力よ刹那の台風となれ!!

そうさ、俺たちは〝風〟。さわやかに吹きぬけ吹きあれ、そして勝った。詩人の共和国といっても、わからない方々。でもその日・俺たちは風、それは「かくめい」、俺たちは風。

……たくさんのイベント、たくさんの悲しみの表現である・歓びの「集合体」としての精神のありよう、魂《マインド》。

ことばは、かつて武器であった。錆びついたその言葉、その武器に友よ磨きをかけよう。解放されたことば、拡がりのある精神を持とう！　俺たち、大地に帰る。ゆう然と時空を眺める。八〇年代政治決戦？　ほとんどまるで興味なし。

俺は羊飼い・百姓……、人々が認めてくれるのは「仕事」、スイートコーンが何本獲れたか、羊が何匹子を産んだか。「民衆」を俺は信じる。庶民大衆それは俺にとって、信仰みたいなもの。日々を生きている人々、いいかげんに生きてはいない。

思わないか、「革新」がずうっと負けつづけてきたのは、生きている人々その心に・しんじつ分け入ろうとしなかったからだと。

生活は、政治になるのか？　ひっくりかえして言えば選挙だって愉しくなる、選挙を生活すれば。でも、変わるのかこの現実？　それはわからない。だが確実に言えること、政治は変わらなくても人間は変わる、自分を発見できる。バイバイ、ふつーの百姓に戻ります。それが、俺の現実なんだから。（田村正敏『勝手連解散のゆえん』S58・5・15、読書北海道）

＊宮沢賢治『黒土からたつ』より

竹中　やあ、元気でやっとるな！

田村　オジサン・いや、兄上もお変わりなくて何よりです。

竹中　『潮』に、君の文章をかりる。

田村　また勝手に削ったり、足したりするんでしょう？

竹中　そうだ。君は名文家だが、一人合点をしたりくどい記述もある。プロが添削をしてあげるのだから、感謝してもらいたい。

田村　この人も、「勝手連」（笑）。

竹中　ところで横路クン、ちょっとも中央政庁に造反しないいな。

田村　ま、あんなものでしょう。

竹中　来るべき祭りを、スタン・バイしているんだろうね。

田村　ええ、いろいろと。

竹中　羊飼いのほうは、順調かな。

田村　こっちは冗談でないから、必死懸命ですよ。

竹中　コミューン、とまでは？

田村　有島さんがお隣りですからね（笑）。

竹中　あやかりたまえ！

田村　俺んとこは十町歩ですよ、前途りょうえんの一語に尽きます。

……聞書《ルポルタージュ》・庶民烈伝、『春と修羅』を終る。北海道から東北へ、みちのくへと取材の旅は了らない。牧口常三郎とその時代、私にとってもそれはライフワーク。

　この稿を編集部に送って、再び三たびアラブ幻視行。明治の人々の志、兆民・秋水・田中正造の陰謀を、はるかな海のかなたにゆめみる。たとえば、風のことばのように……。日本と世界とを、吹きあれ吹きぬける同じ呂律《りょりつ》を。万民百姓、常寂光土《ユトピア》へのねがいを。

後記

ある人に言われた、「こんどはよく続いてますね……」

何やら、カンチガイをしている。〝喧嘩の竹中〟と異名とる・私、これまでにいわゆる《筆禍事件》を度々おこしてきた。それはきっと、本人の我儘のせいなのだろうと。わがままといえば言える・だが、おのれの恣意を理不尽に突っ張って、トラブルをおこしたことはもの書きとしていっぺんもない。

一九七〇年、《週刊読売》裁判から足かけ十六年、言論裁判を闘ってきた。げんざいキネマ旬報社と係争中である。前者は、もと総理大臣夫人、佐藤寛子の素顔をあばいて、連載を打ちきられたのが訴訟の理由だった。後者はロッキード事件の〝黒幕〟、上森子鉄（キネマ旬報社のオーナー）による編集長解雇に端を発した、抗議運動のとばっちり。ライフ・ワークの大河連載『日本映画縦断』をこれも中断され、やむを得ず法廷で黒白をつけることになった。

世間の人は信用せず、またとりわけ自慢のできることではないが、私は名誉毀損で訴えられたことは、かつてないのだ。

……ただ、ハラのそこに一匹の火を吹く虫がいて、忍耐してくれない。闘えと叫び哭く、「強敵破折あるのみ」。じっさい、私は臆病な人間なのである。好んで争うのではなく、言論に対する不当な干渉を許してはならないという、義に脅迫されて（それが虫の正体）、震えながら敵陣に斬りこんでいく。

修羅とは、ニュアンスをかえて言えば正義とは、自身の卑怯を悪《にく》む心から生まれる。脳天気なおそれることを知らない、〝喧嘩の竹中〟は実はいない。危険なもの書きという金看板を、私は背負わされている。『潮』にこの連載をはじめる前、池田大作創価学会名誉会長に降りそそいだスキャンダルの火の粉を払おうと、頼まれもせぬ文闘を買って出たとき、ヤブをついてヘビをという声が会内にあったのを、私は承知している。

「こんどはよく続いてますね……」、ハイ不思議ですねと答えたいところだが、言論裁判を闘うあいだに、『黒旗水滸伝』（現代の眼・五年）等、何本もの長い連載を私は全うしてきた。わが庶民烈伝はやっと二周を了り、三周目に入ったばかり。〝不当な干渉〟がない限り、連載は無事につづくのであります。

牧口常三郎とその時代を語る、このような構成と文体を、全4巻の枠の中におさめようと私は考えて、取材を同時進行している。従って、インタビューを終ってもまだ登場していない多くの方々がいらっしゃる。お待ちかねでしょうが、しばらくお恕し下さい。

また、第二部について、「創価学会に就きすぎていないか」という批判があることも、十分に心得ています。だが、夕張事件・小樽法論の時代を、左右を問わず戦中&戦後世代の人々はどう生きてきたのか？　おのれの体験に重ねて、読んでほしいと思うのです。たとえば、この書物を創価学会の研究（あるいは批判）、と裏目におうけとりのほどを。

そして、若い世代には、明治・大正・昭和三代の〝修羅〟、親たちの歴史を追体験することを通して、現在と未来を見なおす一つの視座を、この書物から掴《つか》みとってほしい。

同行の外山武成君（『潮』編集部）、あなたのような編集者の知識才能と、熱い率直な助言に支えられなければ、庶民烈伝はとうに新潟か（第一部）、北海道のふぶきにゆきなやみ、蹉跌をしていたでありましょう。我々の先には夏・秋の章、みちのくから東京の下町へ。さらには甲州道志七里、京都・九州・沖縄と長い道のりがある。乾盃とはまだ参りません、隊伍をととのえて前へすすめ！

高橋康雄さん、またまたお世話にあいなります。よい本をつくっていただいてと、例によって紋切り型ですが**心からなる感謝を**——

竹中　労

一九八五年二月三日、節分の日に

資料Ⅰ

この喧嘩、買わせていただこう

編集部からもとめられて、書くのではない。これは投書・もしくは〝売りこみ原稿〟と呼ぶべきものである。

一九七三年春――、〈アジア、百人の証言〉を寄稿していらい、あしかけ十年、『潮』に文章を売らなかった。編集部と小さな確執があり、それとは関係なく憂世をはかなむ想いもあって、マスコミ文化人であることをやめ、頭をまるめて山に私はこもった。箱根は宮城野の陋屋に、屈原の賦から採って「離騒庵」と名づけ、臨済中興の傑僧に寸借して、花和尚雲居《うんご》と称した。生きてよし死んでよし花の吉野山、ナマ悟りの私度僧とはいえ、宗教的な一期の回心はあった。

見性成仏か念仏往生か、それとも正法為本かといった論を、ここで展開する心算はない。坊主に化けたのも、入墨を彫ったのも酔狂のなせるワザ、とご納得いただければそれで幸甚。作麼生《でもなぜ?》と問う人あらば、九月の中旬書店に並ぶはずの『芸能の論理』（幸洋出版）をご参照下さい。その間の経緯と情理を、ややくわしくもの語っている。

ちなみに幸洋出版は、〔読むだけ時間のムダな、愚劣きわまりない本〕（『諸君』82年6月号／月報・創価学会問題6）と内藤国夫がいう、丸山実&坂口義弘の共同レポート、『花形記者は転んだ』の版元である。（以下、なべて敬称略）

……むろん、脈絡がある。十年ぶりに稿を本誌に投じたのは、恵贈されたこの書物に、内藤とはまったくちがう印象を抱いたからだ。『花形記者は転んだ』は、とりわけ秀れたレポートではない。が、批判の対象とされた内藤国夫、彼自身にとって、黙殺するべきではない数多くの事実を指摘している。ジャーナリストである以上、彼はこの書物の著者たちにちくいち反論をして、自己の報道の真実性と正当性とを立証しなくてはならない。

批判をゆるさぬことと等しく、批判にこたえぬこともまた、〝言論のフェア・プレイ〟ではないのである。〔まともに取り合うのもバカバカしい〕とか、粗悪本・ゾッキ本という紋切型、夜郎自大の対応はかえって、逃口上を問うにオチズ語るに落ちていないか？　そう、〔お買い上げだか、うらにどういう汚れたカネが動いているか知らないけれど〕と何の証拠もなく言う。下司のカングリ、とこれを称する。ペンだろうと銃であろうと、人を撃つときはおのれも狙い撃たれることを覚悟しなくてはならない。それが、戦さの定法というもの、〔〃歴史〃がいずれ裁いてくれるはずである〕（以上、『諸君』六月号からの引用）なんぞと、喧嘩を売ったご当人がそれを言っちゃあオシマイヨ。

目クソにならなければ、鼻クソを嗤うことはできぬのだ。内藤国夫には、その自覚がない。たかがもの書き、マスコミ非人に最早すぎぬものを、大新聞記者のエリート・コンプレックスから解脱していないのである。地にはい泥にまみれ、今という刻一刻が歴史である生活者の認識を、欠落している。だから、〔（創価学会に）利用されるジャーナリストの卑しさ〕などと、事実の裏づけもなく、同業者を平然と差別することができるのである。威丈高に指さして同じもの書きを卑しいと言う、どんな資格が君にあるのだ？

それは、坂口義弘と同じく一本独鈷のルポ・ライターとして、売文即生活苦の修羅場を生きている私の仲間たちと、私自身に対する侮蔑であり、挑戦である。

この喧嘩、買わせていただく。すくなくとも、責任の所在を署名で明らかにして君に問うている人々に、内藤国夫よこたえたまえ！

さて、『潮』編集部に私は次のような条件を付して、論稿の掲載をもとめた。

（一）いわゆる創価学会問題と言論責任をめぐって、18字×八百行——原稿用紙三十六枚の記事を、二ないし三回執筆したい。

第一回　野坂昭如に対する「公開状」（但し、書簡風呼びかけの文体《スタイル》をとらない）。

第二回　内藤国夫批判。

第三回　山崎正友&原島嵩の両人に問う、〃謗法〃とは何ぞや？　これは国立戒壇、政教分離等々の問題から、御本尊にまで論が及んで、主題である言論責任の追及を逸脱するやも知れない。したがって、掲載にあえてこだわらない。

（二）これらの人々に反論があれば、私と同じ枚数を与えて、『潮』誌上に掲載すること。当然、反・反論を留保する……

（三）後述

×

高橋康雄編集長とは、旧知の仲である。七三年春、『潮』の執筆をやめたそのころ彼もまた本誌の編集を離れ、山を降りてしばらく映画製作（五木寛之『戒厳令の夜』）に奔命していた私が売文稼業に復帰した昨年の夏、編集長に就任した因縁がある。〔『潮』は創価学会機関誌と化した〕（『週刊文春』82・6・10）と反学会ジャーナリズム非難ごうごうのさ中、〝常軌を逸した〟申し入れを私はしたのである。言えば怨敵である人々に、論争の門をひらけ、と。

　創価学会問題をめぐるマスコミのありようは、実に異様であった。『花形記者は転んだ』の場合にみられるごとく、言えば河の両岸で石火矢を投げあっているのだ。一方的な敵意をエスカレートさせるのみで、問題の本質に迫る論争が不在であるこのような力関係で、〝勝敗〟をきめるのは結局、物量の差でしかあるまい。

　――「言論の自由」は、多数派工作で獲得される。それが、民主主義である。世論によって人々は判断し、善と悪を弁別する。だが、その世論をつくるのはマス・コミュニケーション、大衆操作の力学である。圧殺されるマイノリティ、「自由な言論」は、ついに抵抗の手段を持たないのだ。

　〝言論のフェア・プレイ〟、いずくにありや？〔なべての人々に、言論のフリー・マーケットを与え、各人をしてその信ずるがままに発言させよ。この自由市場では、いかなる権力の干渉も許されず、言論は言論とのみ相闘うのである。セルフライティング・プロセス＝自動調律性がそこに働いて、正当で真実な言論は勝利を得、不正で虚偽な言論は敗北するであろう」（『アリオパジティカ――言論における二つの原則』、ミルトン）

　マスコミずれのした文化人は、書生の議論と嗤うであろう。だが、原則を呼びもどして、〝言論のフェア・プレイ〟を死地に回復しなくてはならない。なぜ、『潮』なのか？　そのことに、理会してほしい……

「つまり、『潮』はジャーナリズムか？　とおっしゃりたいのですね。〝言論の自由市場〟はあるのか、と」

　高橋編集長は了解した、以上が執筆までの経過である。〝汚れたカネ〟云々という次元の低い邪推にわずらわされぬために、言わずもがなをつけくわえる。稿料を請求しない、資料文献の購入と取材に必要な最低経費（三回分、十万円以下で足りる）、及び創価学会の見解を公式に述べられる幹部のインタビューをあっせんしてほしい。誰と特定しない、談話を記事にする考えはなく、二、三教義上の質問に答えてもらえばよい。

というのが、(三)項の条件だったのである。

信用されぬむきに、さらに蛇足を付加しておく。目下、『同時代批評』誌に、一百零八枚のタダ原稿を執筆中だ。映画批評誌、『ムービー・マガジン』にも。過激な文章は、金に換えられない世の中なのだ。その逆も、また真なのである。言論を金に換えることを、いさぎよしとしない心情が過激な文章を創る、ゆえに売文即生活苦。寄らば「文春」・大樹の蔭、社会正義とやらをネタに、千枚余りの消化不良のヨタ記事を垂れながし、〃花形記者〃を気取っているご仁には、とてもじゃないが理会できまい。

……まえがき八枚、以下百枚を過激に綴っていく。

――『潮』、一九八二年十月号

(後略)*

*この文章は一九八三年、幸洋出版刊行の竹中労著『仮面を剥ぐ』・第一部1章に収録された。解説など無要とおもうので、当該書の目次をかかげる。

序《はじめに》――「自由な言論」とは何か?

Ⅰ　反創価学会キャンペーンをめぐって

(1)　**野坂昭如への「公開状」――言論のフェア・プレイを回復するために**　この喧嘩、買わせていただこう/何が野坂を左右《さう》させたか?/正体見たり、枯尾花/君は、「文春」のブタよ!/反論がない場合には……

(2)　**内藤国夫を批判する**　如法暗夜に、人を斬る!/出版資本《さるまわし》のエテ公め/もの書きとしての〃節度〃を問う/詐欺取材ではないのか?/「離縁状」は三行半がよし/君は、下ネタ・マニアである

(3)　**山崎正友・原島嵩を斬る――謀略に踊った犬どもよ**　殉教の生涯(牧口常三郎)/信仰、いずくにありや?/謀略の糸を操る者/震源地は「内閣調査室」/権力的犯罪マニア・山崎正友/坊主は〃無用の長物〃/原島嵩、異議すべからず

(4)　**溝口敦・清水雅人を暴く――JCIA、その醜悪な楽屋裏**(by夢野京太郎)　群体・夢野京太郎の復活/〃転び左翼〃溝口敦/凡愚こそ革命者である/清水雅人・日共秘密党員説/国家の悪業を諫暁せよ!/謗法氷山の底部には――/あとがき(竹中　労)

資料Ⅱ

庶民信仰者へのアッピール
反創価学会キャンペーンと、謀略機関

海坊主みたいのが出てきて（笑）、何か話さなくちゃいけません。実は、すくなからず気が滅入っております。というのはきのう、私の先輩に当る森川哲郎さんが亡くなりまして、弔電を打ってきたばかりなのです。ご当地にもゆかりの平沢貞通、〝帝銀事件〟の死刑囚は無罪である釈放せよという運動を長年にわたって、森川さんは中心でありました。ほんとうに無私の情熱を生涯かけてつぎこみ、その過程に斃《たお》れたのであります。

……信仰とは、言えば死者との契約でありましょう。故人の志をつぐために、いま・何をなすべきかを、私は深刻に考えています。どうものっけから暗い話で、申しわけありません。ここにお集りの方々に免じて、ご勘弁をいただきます。

さて、戸田城聖二代会長は、「初代会長の慈悲広大は私を牢獄まで連れて行って、法華経を身読する境地を与えて下さった」と言われております。初代会長は、皆さんにご説明するまでもなく・牧口常三郎。昭和十九年秋、戦時下の獄中で亡くなられました。これもとうぜんご承知のことと思いますが〝不敬罪〟、伊勢皇大神宮・護符（神札）の拝礼を拒否したため、国家権力に殺されたのであります。

昭和二十七年、私も警察署を焼いて・投獄されました。どなたのご加護、慈悲であったものかよく思い出せませんが、確かマルクス・レーニンとおっしゃったような気がいたします（笑）、「雀、百まで……」と申します。ま、今日と事情は異なりまして、〝赤札つき〟には就職口などございません。それでますます、過激に走るなりゆきでありました。自慢じゃないが暴行傷害、公務執行妨害、建造物侵入えとせとら・前科四犯、ただし被害者はオマワリさん（笑）。東京に出て、三流夕刊紙にようやく職を得ました。浅草の芸能界をまわって、踊子さんやコメディアンたちのゴシップ、楽屋話を書いておったんですが、ここでも悪い癖が出ました。

因業な興行師がおりまして、芸人をこき使い搾取している。断乎征伐してやれと、ストリッパーのストライキを扇動いたしました（笑）。「あの野郎、右腕ブッタ斬っちまえ！」、ようするに記事を書けなくしてやるとやくざにツケ狙われたりしまして、これは伝説になっております。世の中どこにでも面白がりやの馬鹿モノがいて、ゼネ・ストを全ストと故意に誤り伝え、「竹中労は最初に浅草で素ッぱだかのゼン・ストを演出した男である」（爆笑）。平岡正明という同業者の冗談ですがこっちの方が事実だと信じこまれ、まことに迷惑しております。下ネタ千里を走る慣い、人間は流言蜚語に弱い動物であることを、納得していただけると思います。

このころ、国際劇場ＳＫＤの幹部ダンサーだった中野照子さん、折伏に熱心なあまりＳＫＤはもうやめておられましたが、彼女と知りあいました。学会と縁ができはじめて、『潮』に書いたことですけれど、喧嘩をして窮境に落ちればオチルほど、まわりに創価学会の人々が増えていく（笑）、一時期はめちゃくちゃに折伏を受けたんですが、ピタリと止みました。思うにこの顔はダメであると、そういう共産党員ヅラをしておったんでしょうな、私は（大爆笑）。いまはご覧の通り、〝喧嘩の竹中〟と言われていますが、信じられないでしょう。柔和な、やさしい顔をしております（拍手）。それで、「あの男は過激だというが、実は心やさしいのだ」と皆さん言って下さる。しかしそれは、正確ではありません。人間は心やさしければ過激になる、そう理会していただきたい。心に慈悲があるから闘うのであります、無慈悲な奴らと……

戦後のニッポンに黒い柳の種がまかれた、そこでお化けが出る、〝帝銀事件〟。これは日共の看板作家の森村誠一が、なぜか写真をとりちがえて大騒ぎになっている「悪魔の飽食」、七三一石井細菌部隊の犯行であることが、ほぼ定説となっています。それで、平沢さんが釈放されると種子をまいた連中は困る。真犯人は誰だ？　ということになる、ゆえに三十年以上もの間、牢獄に平沢さんを閉じこめてきたのです。

松川・三鷹・下山と、怪事件が連鎖する。警官が自分で爆弾を仕かけた菅生事件、北海道では白鳥事件ですね。まず謀略は、日本共産党潰しからはじまる。〝民主化〟を口に唱えながらその実は占領支配体制下に日本を置こうとした、謀略と弾圧によって。

……このテーマは、詳しく述べると朝までかかります（笑）。端折って昭和二十六年、占領軍総司令部・ＧＨＱの指示によって、「新宗連」という団体がつくられます。天下りに事務局長に就任したのが大石秀典、内務省特審局の宗教監督官です。「内審」は戦後ころもがえして・公安調査庁といえばハッキリします。皆さん、よーっく考えてみて下さい、いや考えるまでもありませんね。宗教をきのうまで、親方日の丸で取締ってきた人間が宗教団体の中軸に座る、つまり国家権力のお目付け役としてであります。創価学会に則して言えば、初代会長・牧口常三郎先生を殺した下手人、転び国家神道&神権天皇制の悪魔外道にキンタマ握られる、ごめんなさい地が出ました（笑・拍手、アーソウカというため息）、つまりそういうことなのです。

おわかりですね、「新宗連」に創価学会は加盟しなかった。戸田二代会長は、宗教者としての白道《びゃくどう》を踏みはずさなかった。そして、反権力・反体制の烙印が、学会に押されたのです。占領軍当局は宗教を怖れた、とりわけ民衆宗教を。なぜなら、それは彼らにとって不気味な謎にみちた情動であり、〝西欧近代合理主義〟の埒外《らちがい》に実存したからであります。「新宗連」はすなわち、これを統制する機関としてGHQが残した、占領政策の遺制・置土産であって、その本質は権力と癒着しています。そして従わぬもの、まつろわぬものは狩られる、日共のお次の番は創価学会潰し。

学会草創期の方々もおられましょう、昭和三十一年の選挙、なぜか信者ばかりがねらい撃ちにされて、片っ端から逮捕されましたね（ソーデスという声、うなずく人々）。

占領軍は、日本を去りました。だが、そのエージェント請負人は、この国の諸所方々に柳の根を深くおろし、ついに巨木に成長し枝葉をひろげて、反創価学会キャンペーンを執拗にくりかえすのであります。しかるに、学会はお人好しと言おうか・いささかならず感度が鈍く、謀略の根本を絶つどころか、山崎正友・原島嵩といった退転の外道にかき廻され、さらには内藤国夫・溝口敦といった三流のジャーナリスト、出版資本のパン屑拾いに悪口罵詈《あっくめり》されて、反撃の論陣も張れなかったのです。

ようするに、情報が不足していた・謀略の実態に無知であった……、くちはばったいが竹中労という強力な味方を得ても・単なる助ッ人としか考えず、ともに庶民の敵である国家権力と闘う志は・学会にあるまいと、私は見ています。キツイ言い方かも知れません。だが、根幹を伐《き》らぬかぎり、黒い柳の下からお化けはかならず、再びあらわれます。あなた方の中にもし、私を隠れ学会員であるとか、日蓮正宗のシンパであるといった理解があるとしたら、その考えをただちに改めて下さい。私は魔であります。日蓮大聖人のおっしゃる「禅天魔」、達磨《だるま》さんの教えをつぐ私度僧で、花和尚・雲居と云う綽名を持っている。先代の魯智栄《ろちしん》、『水滸伝』に出てくる破戒の人殺し坊主ですが彼と等しく、刺青を背中にしょっております。

天魔の刺青和尚が、なぜ学会のシンパであるのか？　その心情を吐露すればこれも朝まで、しかもご当地は、小樽・法論の地。さきほど谷紀恵子さん、長谷川シメさん、泉谷サダさんですか、身延のクソ坊主どもを叩きのめしたという三婆《さんばば》（爆笑）、失礼！　草創の方々にお会いしましたところ、いきなり入信しなさいと（また爆笑）。ははァ誰にでもあの調子ですな、ともあれ法論はご免こうむりたい目下の心境ですから、機会を改ためます。ただ、一言だけ申し上げておきます。私は創価学会という組織の側に立つのではなく、あなた方一人びとり、庶民信仰者に味方しているのだということを、くれぐれもお忘れなく（ハイ！　満場から・大きな拍手）。

時間はたっぷりいただいております、いま少しお化けの話をしましょう。隈部大蔵なる人物をご存知ですね（ハイ）、名前を聞くのもけがらわしい（笑）、このお化けを弁護します。『月刊ペン』事件で、隈部は嘘をついております。彼の言うことは一から十まで、とことん虚構であります。それは、ハッキリしている。だが人は、なぜ嘘をつくのか？　三つの場合がある。第一は虚言癖という病気で、たのしくて嘘をつく。第二は利害のために嘘をつく、金もうけたり有名になりたくて……

この二つは、困りものですが大したことはナイ、すぐに化けの皮がはがれる。おそろしいのは第三の場合、正義のために嘘をつく。これが最悪、隈部大蔵はその典型です。彼はもと陸軍中野学校出身であり、謀略機関員の前歴を有している。スパイ・破壊工作者としての才能は三流で、誇大妄想の気味もありますが、プロフェッショナルの転び戦争犯罪人であることは明白。戦後を生きのびて、経済企画庁にもぐりこみ・地方新聞の論説委員となり・「大乗教団」という新宗教団体の顧問をあいつとめて、『月刊ペン』に浮上してくる。

隈部大蔵にとっての〝正義〟、それは一貫して国家であり、世々日本軍隊を統《す》べたもう天皇でありました（アア！　という嘆声）。そう、国に仇《あだ》なす輩、「非国民」を撲滅することが、彼の〝正義〟なのであります。天皇へイカ万歳と言わず、南無妙法蓮華経を唱えるやつども、つまり創価学会、神権・天皇制にまつろわぬ信仰とは勝負であり、闘争であります（拍手）。皆さん、立ち上がりますか、闘いますか？（立ちまーす・頑張りますという唱和）頑張りましょう！

――『潮』読者講演会／於、創価学会小樽文化会館、82・12・18

邪宗をたたき潰すためには、どんな嘘をついても構わないという信念に、彼はこり固まっているのです。然《しか》りしこうして、そのイデオロギーはアメリカの占領政策とも一致しました。JCIA、米国諜報組織CIAに倣《なら》ってつくられた、ニッポン低国謀略機関・内閣調査室、「内調」とひそかに通じていた隈部は、反創キャンペーン請負人としてマスコミの表舞台に登場します。こうして、池田大作名誉会長のいわゆる下ネタ、虚構はデッチ上げられたのです（会場・シーンとなる／中略）。

……このような確信犯、〝正義の嘘つき〟すなわち無慈悲と対決するためには、我々もあえて暴悪・冷酷にならねばならない。隈部大蔵は法難の前触れ、先走りにすぎません。たとえば陸軍中野学校グループは、カソリック中枢にくいこみ、真宗大谷派の首根っ子を押さえて、宗教界をろう断しております。あえて名を挙げぬのは、まさかと思いますがここでの話の内容が、外部にツツ抜けにならぬための用心です。お化けはどこにでもいる、信心さえ動《ゆる》がなければ怖れることはなしと、ノンキに構えてはおられませんよ。勇猛心を奮いおこして、チミモーリョーを叩きふせ破折しなくてはなりません。

感想ふうに

◉暮尾　淳

竹中労さんに一度だけ会ったことがある。羽田を取材する岡村昭彦に同行しての帰り、有楽町ガード下、わたしたちは飲み屋をさがしていた。一九六八・昭和四十三年十月のことだが、しかしその日が、佐藤栄作首相の南ベトナム訪問阻止を図る全学連の京大生が、警視庁機動隊との攻防の渦中で死亡した八日でなかったのは確かである。旅先の名古屋で、そのニュースを知ったのをわたしは覚えているからである。したがってその日は、吉田茂元首相が死んだため、日程を急遽繰り上げてサイゴンから佐藤首相が帰国した二十一日ということになる。

三十年以上経っていても、記憶はなぜその日に辿り着くことができるのか。ベトナム戦争をカバーする硬派の国際フォト・ジャーナリスト岡村昭彦が、ハンチングをかぶったやや肥りぎみの、当時は週刊誌の芸能面などで名前をよくみた竹中と、なつかしそうに親し気に立話をしているのを、わたしはいくらか怪訝なおもいでみていたからである。どんな付き合いがあったのか、生きているうちに岡村に聞いておくべきであったと悔むのは、そのときわたしは、岡村昭彦一九二九・昭和四年一月一日生まれ、竹中労一九三〇・昭和五年三月三〇日生まれ、共に敗戦後の価値観転倒の社会を、己以外に頼るものなしという無頼の生き方で貫き、反体制の側に身を持したその「共に」におもいが及ばなかったからである。この二人は、共に青春時に刑務所暮らしも経験している。

ここにもう一人、横須賀海軍刑務所に入ったこともあるアナキスト詩人、寺島珠雄に登場してもらおう。寺島はこの『聞書　庶民烈伝』に、竹中と心を許し合った一人としてひょいと顔を出す。「エゴと言うか恣意の垂れ流しだと、大阪の寺島珠雄に図星を突かれた」(「夏の巻」)。もっともこの「恣意」とは竹中の叙述の方法であり、それを踏まえての二人のキャッチボールなのである。ところで「ひょいと」とわたしが書いたのは、寺島の詩の言葉「過程に奮迅」するを、竹中はこのルポルタージュの通奏高音として用いているからである。その詩「われら」の全行を写す。

前衛でなく
同盟軍でなく
無論主力ではなく
うしろに控えもせず
過程に奮迅して斃れつつ

新たな過程を現出せしめる
非編制軍団

擦過する
血をもてる影
の　ごとき

この闘うアナキズムの思想に、竹中はおそらく全身で共鳴していた。竹中の体液はもともとそのように流れていたのだろう。

寺島珠雄は一九二五・大正十四年八月五日生まれ。寺島は自らの浅草・焼跡闇市の体験と竹中の言とを照らして、竹中の生年月日は「戦災戸籍焼失・復元のさいの誤記」であり、正しくは一九二八年・昭和三年三月三十日であると推定する。これは竹中の死後に書いた「美的浮浪者の過程——私記・竹中労」（『月の輪書林古書目録』）で述べているのだが、ここでは生年月日に関しては、竹中自身が本の奥付などを昭和五年で通してきたので、立ち入らないことにする。

寺島のその「私記・竹中労」によると、アラブ取材行を前にして体調に不安を覚える竹中が、国民健康保険に入ったのは、一九八五・昭和六十年のことであるらしいが、六年後の一九九一・平成三年二月末、わたしは尼崎の、立花駅から歩いて近いアパートの寺島の部屋にいた。二人で焼酎を飲みながら、話題は岡村昭彦に及んだ。岡村は一九八五年二月末アイルランドから体調を崩して帰国し、三週間ほどの入院で三月二十四日、敗血症のため五十六歳で死んだ。国民健康保険に入っていなかったので、入院にさいしては、その手続きに近親者が奔走した。『南ヴェトナム戦争従軍記』で一世を風靡したフリーランスは胃袋も飢える自由を貫いて死んだ。「おれも健康保険に入っていないし、竹中労も……」と、きちんと整理されている書棚を眺めているわたしに、寺島は話したのだが、それから三ヶ月後の平成三年五月十九日に、一カ月弱の入院で竹中労は肝臓ガンのため六十一歳もしくは六十三歳で生涯を終えた。「私記・竹中労」によれば、「私は国民健康保険に入った竹中には野垂れ死にの自由はないと理屈にならぬ歓送の辞を」アラブに発つ送別会で「呈した」と寺島は言う。その寺島が一カ月の入院で肝食道ガンのため七十三歳で死んだのは、一九九九・平成十一年七月二十二日。遺書として大冊『南天堂』を残したこの詩人の入院にあたり、国民健康保険加入手続きのため親しい友人が奔走したのは言うまでもない。

三人に共通したのはフリーランスと国民健康保険非加入。竹中労も五十歳代半ばまでは加入していなかった。天皇制軍国主義の敗戦による崩壊とその醜態を、多感な少青年期に身をもって体験したこの三人は、自由を求めて無頼と言われようとも、反権力の姿勢を矜持していた。個性の強いこの三人を、ひとくくりにするのは少々ためらわれるが、彼らにとって、国民健康保険の、国民の反対語とは何だったろうか。それは戦争下の非国民、ひとたびそう目されるや世間からは村八分、社会からは非難叱責、ましてや共産主義思想に頷く者などと見なされれば官憲から追われるところとなり、拘置所行きとなる。健康とは、赤紙一枚で召集される兵隊としてはもちろん、聖戦遂行のための赤子として生産現場でも役立つ心身の状態を指す言葉だった。

自営または無業者、フリーランスをも対象とする国民健康保険の実施は、一九六三年・昭和三十八年七月、このとき竹中三十三歳もしくは三十五歳、岡村三十四歳、寺島三十八歳、要するに「野垂れ死に」しようとも自由でありたいと志す意気盛んな男たちが、老齢年金を付帯する国家政策に首を差出すわけがないのである。さあ来年は東京オリンピックですよ、これからの高度経済成長に身を任せて安心して働きなさいと言う資本主義国家に、生き方としてフリーランスを選んだ三人が、からめとられるはずがない。国家のシステムから遺棄され、貧困と差別に苦しむ窮民、民衆の側に身を置く表現者として、彼らは、自分に国家の手になる保険をかけるのを潔しとしない倫理を生きていたと言うのは、大袈裟にすぎるだろうか。実際岡村と寺島が国民健康保険に入ったのは、いまわの際であった。竹中の言葉を用いれば、「日稼ぎ」をもうできない心身状態に陥ってしまったうえに、病院で自前で死んで行くだけの金を持っていなかったのである。竹中労の場合も、その日をいつかと危惧しないではいられない心身の毎日であった。

第一部「冬の巻・雪炎えて」、第二部「春の巻・春と修羅」、第三部「夏の巻・衆生病む」、第四部「秋の巻・艦褸の巻」の四部よりなるこの『聞書　庶民烈伝　牧口常三郎とその時代』は、総合雑誌『潮』に、国民健康保険実施の年からは二十年後の、一九八三・昭和五十八年から四年間にわたり連載された。

この二十年は、アメリカの核の傘の下で物心両面に害毒を撒きちらしながら、日本が経済先進国にのし上がって行く時代であった。一ドル三百六十円の為替レートは百円台にまでなった。しかし竹中労は「繁栄をうたがい泰平をもまたうたがいつづけた」。どんな時代であろうとも、窮民つまり生活困窮者は生み出される。官報には行旅死亡人、世界に目を転ずれば、たとえばパレスチナ難民、竹中はそれらに窮民を実感していた。真冬に放水されて上野の地下道から追われた、焼跡時代の浮浪者の姿も、竹中の心にはしっかりと灼きついたままだった。

　この『聞書　庶民烈伝』でそのような人びとの安住の地として、竹中はしばしば「常寂光《じょうじゃっこう》土《ど》」（これに竹中はユートピアのルビをふる）、すなわち生滅変化なく煩悩の乱れなく智慧のかがやく仏の住する世界を、遠い彼方に思い描く。法華経に国全体が帰入した立正安国の常寂光土、それを念じながら、竹中は窮民革命を主唱する。革命!?　ルポライターの竹中労は、発心により窮民と相渉ろうとしたのである。革命とは、汚れない子供の心がうたう悲しみから発しなければならないものかも知れない。現実社会で戦略戦術を練る大人たちの間では、その言葉はすぐに野望に塗れる。郷土を同じくする牧口常三郎と坂口安吾について、竹中は「冬の巻」で「『子供の悲しみ』を、彼らは忘れ得ぬ人であった」と言い、「汝、なにゆえに故郷を恋愛するか?」と問い、「……そこで、子供であったから」と自答し、この二人に良寛さらに佐渡出身の北一輝を加えて「そう、『子供の悲しみ』に拠って人は文学者となり、宗教者となり、革命者となる。この世を支配する〝俗物の群《エスタブリッシュメント》〟、もろもろの権威、とりわけ政治・経済の現実と対立するのである」と言う。また、「そして、『子供の悲しみ』は、常識という俗世の約束になずまない、自由な非妥協な魂からうまれる」とも。竹中労は、子供の魂を失わない、心のやさしい男であったに違いない。竹中は何かで「まさに虚舟のごとき半生に、僅かに悔いのない一事は、すくなくとも人に媚びなかったということだけである」と、少年時を振り返っていた。したがって、「常寂光土」「立正安国」も、「諫暁」「王仏冥合」も、巻が進むに連れて熱がこもってくるのは、法華経や日蓮御書を読み理会（竹中の用語）を深め、弱者を振り捨てて金と欲望のみで拡大する連載当時のバブル経済に対峙しての、本心からの言葉であったと、わたしは思う。言葉と言葉との間の距離を、心身の呼吸のリズムで一気に越える文体は、戯作調ピカレスクふうであろうとも、擬装信仰をしてまで竹中は、『潮』の読者層に媚びたりはしなかったと、わたしはそう思うのである。連載の終わり頃には、日蓮正宗の在家信者くらいの心理状態にすら、竹中はなっていたのではないか。なぜか。『聞書　庶民烈伝』は竹中流のルポルタージュとして書かれたからである。

「秋の巻」でだったろうか。デスク・ワークによる論に対して、竹中は「実証（ルポルタージュ）、別の文章領域に属する。それはフィールド・ワーク、おのれの脚で踏査する営為なのだ。歩き・見すえ・考えること（身体が基本である）、データを集め棄てること、現在に過去を重ね合わせること」と言っている。また次のようにも言う。「私にとってルポルタージュとは、かくある『事実』、いわゆる糞リアリズムに密着することではない。ときには、いやつねに、かくあるべき『真実』、言えばノンフィクション・フィクション（虚と実の間《あわい》）を探索と空想の両翼を広げて飛翔する営為なのだ」。各主題ごとの冒頭に年月日暦ふうに事項を列記し、恣意的に展開されるこの『聞書　庶民烈伝』が、このような方法意識で貫かれていることは、読めば明らかであろう。前にも触れたが、この場合の恣意とは、「飛翔する営為」であり、「人間にとっての自由とは、制度への反逆とは、『うたいたい歌』をうたうことに始まり、そして尽きるのではないか？」という竹中の認識に発している。竹中は「身読」にルポルタージュとルビをふってもいた。当然「南無妙法蓮華経」と何回も唱えたことだろう。トランス状態に入ったとしても不思議ではないのである。竹中労は「事実」と「真実」を体得するためには、己の心身を賭けるプロのライターであった。

周知のように、牧口常三郎は一八七一・明治四年六月六日新潟県柏崎市荒浜（現）に生まれ、少年にして単身北海道に渡り、教育者への道を歩み、明治三十六年『人生地理学』を刊行、東京の細民街で教師として子供の教育に専念、三谷素啓と出会い日蓮正宗に入信したのは一九二八・昭和三年五十七歳。昭和五年『創価教育学体系』第一巻を刊行。一九四〇・昭和十五年十月創価教育学会初代会長に就任、昭和十八年七月治安維持法違反及び不敬罪の容疑で逮捕され、一九四四・昭和一九年十一月一八日東京拘置所病監にて七十三歳にて死亡。しかし牧口は、自己を饒舌に語らぬ人であり、履歴には空白がしばしばあり、特に『人生地理学』刊行後の十年ほどは、具体的な足跡をほとんど残さず、再び教員生活に戻った事情についても、自らは書き残していない。竹中は「夏の巻」で言う。「憶測ではなく、確信をもっての推理をこの連載で我々は展開してきた、だが創価学会会員の九割、いやおそらく九割九分九厘九毛の関心は、初代会長入信以前のドキュメントと乖離している。まして、その時代背景と触れあわない」。竹中は「九割九分九厘九毛」の学会信者が読んでくれるべく挑戦したのである。それは、「聞書・牧口常三郎とその時代」をルポルタージュすることにより、創価学会が手をつけないでいた初代会長の空白の部分を埋めながら、庶民の側から日本の近代史を辿り直す作業を意味していた。

この連載は、一九八三・昭和五十八年『冬の巻・雪炎えて』、昭和六十年『春の巻・春と修羅』、昭和六十一年『夏の巻・衆生病む』、昭和六十二年『秋の巻・襤褸の巷』の単行本四部作として、大部数であったかどうかは知らないが、潮出版社から刊行された。そして竹中の死後のことになるが、同じ潮出版社の月刊『Pumpkin』の一九九三・平成五年六月号「ヒューマングラフティー・牧口常三郎の生涯」や二〇〇一・平成十三年五月号「生誕一三〇周年記念ヒューマン特集・牧口常三郎・創価教育の源流」などをみると、竹中のルポルタージュは全くの徒花《あだばな》には終わらなかったようである。「初代会長入信以前のドキュメント」もそれなりに紹介されている。

しかし雑誌の性格上いたし方なかったのかも知れないが、竹中労が力を込めた次の点には触れられていない。それは「牧口常三郎の恥部!」(夏の巻)についてである。竹中は言う。「地理学は即大東亜共栄圏のゆめ、牧口常三郎のいわゆる〝転向〟、とりわけて大正五年(一九一六)、三冊目の著作である『地理学教授の方法及内容の研究』、第八篇に集約される軍国主義・対外膨張主義・侵掠の思想を、戦時下愛国少年の心情に即して、私はここで弁護しようという衝動に駆られる。昭和五十三年(一九七八)、[当時の時代背景は、今日と著しい相違があり、そうした状況変化を考慮し]、第八篇を割愛して本書は聖教新聞社から復刻上梓されている」。この第八篇は第三文明社版の全集(一九八一・昭和五十六年刊)では読めるらしいが、牧口も時代の子であった結果と考えなければならないとするその解説に対して、竹中は「戦前の日本を絶対悪と規定する紋切型を出でず、牧口常三郎の〝転向〟思想的屈折をときあかす強い説得力を持たない」と言いさらに、日本では生活向上の目処を持てない貧民や下層プロレタリアートがその子供とともに「[準自国領土として発展し得る]新天地に、福運が約束されるとすれば、国家権力のレアル・ポリティークと軌を一にしようとよいではないか?」とすら疑問を突きつける。わたしは思わず息を呑み動揺する。竹中労の術中に陥ったのである。ここで、時代は次々に過去の資料を発掘し歴史を塗り変え、思想は新たなる視点を加えて変容するので、などとさかしらなことを言うのはやめよう。ただこれだけは言える。「第八編」を割愛したままで創価学会があったなら、それは敗戦後の反戦思想と民主主義教育で育った庶民、衆生に対する侮蔑でもある、と。

この巷談まんだらパノラマふうに進展する『聞書　庶民烈伝　牧口常三郎とその時代』は、衆生を、差別と偏見から救済するために書かれた、などと言えば、泉下の竹中労は照れるだろうか。ここにはしばしば「旃陀羅《せんだら》の子」なる言葉が、竹中自身についても用いられる。旃陀羅とは梵語の音訳であり、インドの制度カストの最下級よりもさらに下の下級種族を指し、「屠殺、漁猟、守獄などの職業にたずさわる賤民」と『国語大辞典』にはある。日蓮は自らを「貧級下賤の者と生まれ、旃陀羅が家より出たり」と言っている。牧口常三郎も十四歳で家郷を捨てざるを得なかった貧民であった。「準自国領土」に「新天地」を求めざるを得なかった多くも貧民であった。郷土の自然との交流こそがまず何よりも人の信ずるべき生活の単位であり、自らの力で地を拓きそこに住み幸福になろうとする自由を何人も侵してはならないと説く『人生地理学』の思想的源流に幾度も立ち返りながら、浮浪窮民の体臭で満ちているこのルポルタージュは、北前船、北海道開拓史、甲州道志、浅草庶民史、蜂の巣城、創価教育学会満州国支部など、近現代史の現場へ、わたしたちを生々しく立ち会わせる。そこには、「常寂光土」というロマンの憧憬と「そして『旃陀羅の子』とみずからを称した日蓮、差別の最底辺に虐げられた呻吟する衆生と自己を一つのものと見なす思想こそ、戦後革命の源泉ではなかったのか……」と問う竹中のおもいが重なっている。

『聞書　庶民烈伝――牧口常三郎とその時代』は、中国を手本とする外来そのままではない、特に国家と相渉る点において日本独自の仏教と言われる日蓮宗のなかでも、強烈な折伏主義に立つ日蓮正宗を主にして、創価（教育）学会の歴史を辿りながら、戦後思想史のほとんどが麻薬と同等視してきた宗教を主題にして、日本の近代史を、唯物論的合理主義主導の正史から、具象の顔を持った庶民の心情の社会文学誌として取り戻す作業であった。それは、戦前、アジア・太平洋戦争、戦後という流れのなかで、もう一度あの悲惨な貧しい戦争を、窮民の側から捉え直すことも意味していた。このルポルタージュの「えぴろおぐ」で竹中は次のように言う。

「人々は豊かになり、福運に恵まれたと言います。しかし、現世に一人の不幸がある限り、革命に終りはありません。広宣流布とは、一切衆生が貧困と差別から解放される、全円の彼岸をめざす、永久革命でありましょう。見まわしてごらんなさい、しんじつこの国は豊かですか？人みな充ち足りて、悩みも苦しみもない日々を生きていますか？」

二十一世紀初頭の今より十四年前（この「解説」は二〇〇一年執筆）、抒情詩のような竹中労の肉声である。

さて解説にはたぶん遠く、読後感にすぎないだろうこの小文を終わるにあたり、私事に属することを付記しておきたい。わたしは『聞書　庶民烈伝』を読むまで、牧口常三郎がわたしの出た小学校の校長をつとめたことを知らなかった。昭和二十一年秋にわたしは北海道師範学校附属国民学校一年生に転入学した。牧口校長は一九〇〇・明治三十三年の昔のことである。もっともこのルポルタージュにたびたび登場する戸田城聖は、わたしの母の実兄であることから、縁ということでは驚くほどのことではないのかも知れない。竹中労の筆は、牛乳壜の底のような厚い近眼レンズの奥でやさしく目を細めて笑っていた伯父の、ちょっと嗄れた声を何度かよみがえらせてくれた。母の実家の厚田村で、群来《くき》ではなかったがまだ鰊が獲れたころ、小児肋膜(?)の病後の数カ月を過ごした日々も甘酸っぱく思い出した。

したがってわたしは、創価学会に無関心の者ではないが、信仰を持たないので、選挙のたびに集票マシーンのように動くいまの学会の有り方について、竹中のように、政界の外に出て、国家諫暁(迷いをいさめさとす)に使命を見出すべきだと言うほどのものを持たない。文中の道志の日之出屋旅館、横路節雄の名前などもなつかしい。

竹中労と「庶民」像、その貫き「しがなさ」

● 加々美光行

主旋律は現代の日本そして世界の政治文化状況に対する痛烈な批判と挽歌。副旋律は至るところ綴られ散りばめられた予言。それでいて陰鬱な感じはなく、読むほどに名調子の講談を聞くように、読者を魅了し虜にしてゆく軽やかな音律。挽歌と予言の先には明るく静穏な常寂光土の春の歌を高らかに詠じようと身構える竹中労がいつもいる。本書四巻を読んで私はややもすれば、暗い時代の影に追われて鬱々たる思いを禁じえないでいた今の自分を少し恥じ、かつ勇気づけられた。それほどに本書は二十一年も前に書かれていながら、二〇〇七年の今日の日本と世界をも鋭く刺し貫く強い批評性を持っている。

私と竹中労との出会いは今からおよそ二十七年前の一九八〇年十一月。竹中労、太田竜らが主催する「現代史研究会」準備会に呼ばれて、中国の文化大革命について講演したのがきっかけだった。以来、一九九一年五月に竹中労が癌を患って亡くなるまでのおよそ十年半、ほぼ毎月一回、「風の会」という名の例会で顔を合わせる付き合いを通じて、自分で言うのも何だけれど、私たちは年齢の差を越えてどういうわけか無性にうまが合った。

本書を貫くキーワードは「漂泊民」、「故郷喪失者」、主役は「庶民」。「庶民」とは「故郷」に想いをつなぎ、そこに日々の生業《なりわい》の原点を持つ人々、竹中はこれを時に仏教的に「衆生」と呼び換える。

竹中自身、実は「漂泊民」、「故郷喪失者」の重い負荷を負って生きてきた。ただ竹中労は、自分自身「庶民」に出自し、それゆえに「庶民」に対する深い共感を抱きながらも、なおかつ今の自分が既に「庶民」ではあり得ぬことも十分承知し、自覚していた。竹中労に読者や視聴者に「媚」を売る悪い意味での「大衆迎合主義（ポピュリズム）」が微塵もなかったのもそのためだ。

ここではまず竹中労が本書『庶民烈伝』で語る「庶民」あるいは「衆生」とは具体的にいかなる存在かを少しだけ述べておく。

竹中労の「庶民」イメージの根底には敗戦時の焼け跡の世界、とりわけ上野、浅草界隈の風景が常に原体験として存在している。上野、浅草がなぜ竹中にとってそれほど重い存在だったかと言えば、そこには戦時、敗戦、戦後と続く人心の混乱と困窮した現実の中で、およそあらゆるものが厚顔無恥に白々しく変節してゆく状況下に、一貫して変わらない人々の心象風景があったからである。

変わらないもの、それは「職人」の技量、「芸人」のワザにほかならない。職人、芸人の技量とワザは「戦争」という国家犯罪の体験を突き抜けて生き続け、そこに変わらぬ「気質」というものを残した。職人・芸人の技量やワザとその「気質」は、「庶民」の日々の暮らしの哀歓とともにあり、またその哀歓をみずからの生きる糧としてこそ生きながらえて来たのだ。「しがない大工」「しがない芸人」「しがない庶民」という、その「しがなさ」の自意識こそ「庶民」と職人・芸人をつなぐ糸であり「気質」であり、また竹中が愛してやまない「心象風景」だった。

「しがなさ」とは自分自身の力量の等身大のありよう、限界性を自覚する点にその本源がある。他の人々がどれほど自分を賛美し、また追従しようと、さらに社会や政治の世界が自分に高い地位や権威をいかに約束し、それによって自身の力量が等身大を超えあたかも巨大なものに膨張するかに見えようと、その膨張した自身のありようを断固「虚像」として退け、等身大の自分を見失わない、そうした意識こそ「しがなさ」の自己意識にほかならない。

竹中の流麗極まりない弁舌、そのリズミカルな筆致は文字通りこの「しがない」職人あるいは芸人としての竹中自身のルポライターとしての技量とワザの練磨の結晶であり、その「しがなさ」ゆえに「庶民」とみずからを結ぶ糸をなすという自意識が竹中には常にあった。だからこそ竹中は自分の職業のルポライターを好んで「売文業」「三文文士」「ルンペン志願」と呼ぶのである（『決定版ルポライター事始』ちくま文庫、一九九九年四月）。

竹中にとっては「もの書き」もまた職人、芸人の仲間であり、その「しがなさ」ゆえに「庶民」と糸で結ぶ「気質」を持たねばならぬものとしてあったのだ。

竹中労の個性は人を引き付けて止まないほど強烈な吸引力を持っていた。それは本人がそう望むなら優にカリスマ的な集団をなし、その指導者になる条件を備えていたと言っていい。事実私の知る限り、その周辺には常に心酔者、崇拝者がおり、つきまとって離れぬ者も少なくなかった。にもかかわらず竹中労はついに一党一派をなさなかった。

要するに竹中労はそう望むならその能力を余るほどに持ちながら、党派をなすことを強く嫌い、生涯これを拒絶したのである。竹中労の心酔者や崇拝者が組織的にこの人にかかわり、これを支える一党一派の一員になろうとするや、それがいかに善意に発するものであれ、例外なく竹中の怒りを買い冷水を浴びせられるのが常だった。竹中労の「弟子」を称する鈴木義昭はその著『風のアナキスト竹中労』（現代書館、一九九四年）の中でそうした「冷水」を浴びた自分の体験を綴っている。実際私は竹中労との共同行動の一つ「風の会」での経験を通じてそうした場面をいくつも見てきた。これもまた竹中が自分の「しがなさ」というものをいかに大切にしていたかを示すものと言えたのである。この点こそ、「黒旗」を掲げアナキストを称する他の人々、たとえば太田竜などと竹中労を分かつ決定的な分水嶺にほかならない。

ある時、竹中は私に自分は講演料として二十万円だか三十万円だか、とにかくそれ以上の多額のものを受け取らないことにしていると語ったことがある。理由を問うと、「それ以上の金を受け取ると、ものを書く筆力が衰えるからだ」と答えた。

ものを書くことは場合によっては血ヘドを吐くほどに自身の生命を縮める営みであり、それによって受け取る稿料は生命の代価にも等しいものである。とりわけ竹中労の書くルポルタージュは、ことごとく自分の身体を日々人々が生きる現場に直接運び、五感、六感を総動員して会得したものを取り込んで書いている。そこには強靭な体力が求められるだけでなく膨大な時間が必要とされる。そしてやっと何がしかの稿料を手にするわけだ。この作品『庶民烈伝』も山を越え、野を越え、海を渡り、夏の日盛りに汗を流し、豪雪の中を雪を踏み締めて歩き回ることで書かれた。

ところが講演はわずか二時間足らずで、その稿料と同等かそれを超える報酬を得る。竹中はそれゆえ講演によって多額の報酬を得る者は、等身大の自分を見失い、膨張化した自分の存在が「虚像」に過ぎない事実を忘れ、それゆえ等身大の自己の技量を練磨することを忘却すると見なしたのである。

たとえば本書の中で竹中は「南京てづま」(中国奇術)の吉慶堂李彩に長いインタビューを試みている(下巻「三　夏の巻・衆生病む」第三章)。

奇術のたぐいは本来は「色もの」と言われ寄席の高座に上がることもかなわぬ一等下の芸と見なされてきた。その芸は「掛け小屋・大道の芸」だったのである。李彩はインタビューの中でこんなエピソードを紹介している。

明治の時代、先代の李彩が寄席の高座に上がる仕儀となった際、他の芸人たちが李彩を「色もの」だ、おまけに支那人だとして一緒に出るのは真っ平とする中で、ひとり気骨の三遊亭円遊が「うっちゃっときな太夫、いいよあたしが出るから」(色もの芸人を「太夫」と呼んだ)。異色の円遊・李彩の二枚看板の寄席は大当たりしたという。

本来寄席は大道芸と同質の「庶民」に目線を置いた「芸」の場だった。だが歌舞伎の「芸」が出雲阿国の四条河原の「小屋がけ芸」に始まり大江戸期の「庶民町人」の「芸」となり、さらに今日、有閑富裕階層のお上品な「芸」に変質したように、今や寄席の頭領たち(落語協会会長ｅｔｃ)が「人間国宝」の肩書きを次々に得る中で、噺家は一等高い位に就くようになり、その「しがなさ」の自意識を失った者も少なくない（岡崎美術館編『江戸歌舞伎の美と心』岡崎美術館刊、一九九六年）。

付け足して言えば、庶民の芸の場としての寄席も歌舞伎と同様、もと一七世紀後半に河原や寺社の境内、広小路などで話芸を行う大道芸として始まったものが、一八世紀後半に江戸神田に常設の興行場として誕生したのが最初だった。

かくて竹中労はそうした高等化した落語や歌舞伎の世界をもはや愛さない。

このように竹中の姿勢にはあらゆるものが変節する時代の中で、常に「変わらぬもの」の側に身を置いて、そこから「変わるもの」「変節するもの」を撃とうとする構えが明瞭に見て取れる。「変わらぬもの」とは自身の技量やワザに「しがなさ」を自覚する意識をもち、それゆえにこそ自己の一身の技量とワザの練磨を怠らず「一芸に秀で」、しかも「庶民」との結ぶ糸を見失わない人々にほかならない。

厳密に言えば「しがない」職人、芸人も全く変わらないのではない。時代とともにその技量やワザはその形式と内容を当然変化させる。しかしその変化の中で時代を越えて、わが身ひとつに賭けて自己を練磨しつつ生き抜く「気質」がそのワザや芸能の「核」をなし続けることが重要なのだ。

さらに竹中はその「変わらぬもの」の中でも権威からより遠い存在、たとえば寄席世界の「色もの」、「南京てづま」のようなものに深く共感し「一味同心」する。権威からより遠いことが、その「しがなさ」の自意識をより確固たるものにさせ、ひいては自己練磨を通じて「庶民」と結ぶ糸を繋ぎ続けるからだ。

「しがなさ」を失った「芸能界」への怒り

ところで竹中が一九七〇年を境に一時、テレビ・メディアから姿を消した時、かれの怒りはこの「しがなさ」への想いを失った「芸能界」に向けられていた。しかもその「芸能界」は一芸に秀でる「芸人」をむしろ排斥し、無芸の「芸能人」の私的スキャンダルを売り物にした。むろん売り手はテレビの「ワイドショー」にほかならない。

芸人が、練磨されたその「ワザ＝芸」のゆえにかえって「しがない」存在であり得たとしたら、なぜその私的スキャンダルが「売り物」などになり得たのだろう？「ワイドショー」は芸人の「ワザ＝芸」を見るのではなく、その「見かけの派手さ、ファッション性」のみを売り物にしたからである。

「ワイドショー」を生んだ一九六〇年代から七〇年代初頭にかけての時代は高度経済成長のただ中にあって、既に大量生産にともなう大量消費の時代に突入していた。使い捨て消費、すなわちまだ手持ちの購入物品が耐用年数を終えないうちに市場に新商品が現れ、消費者は手持ちの購入品を使い捨てて新商品の購入に走る。実際には新商品と手持ちの購入物品との間に「利便性」「機能性」の上でほとんど差異はないにもかかわらず、である。ただ「見かけの良さ、豪華さ、派手さ」のみが新旧商品を「差別化」するものとして存在したに過ぎない。こうして使い捨て消費の上に成り立つ飽食飽衣の大量消費が開始したが、それは当然にも莫大な「廃棄物」「ごみ」を生み出さずには置かなかった（加々美光行『逆説としての中国革命』第3部「反近代精神の敗北」）。これを当時、星野克美は商品の〈本来の機能性に根拠を置く消費〉の衰弱、商品の記号性に基く消費の出現として、「記号消費」と呼んだ（『消費の記号論』講談社現代新書、一九八五年)。

八百屋の店頭で曲がった大根やキュウリ、外見の形の悪いトマトが売れなくなり、魚屋の店頭でまるごと一本の魚が売れずに、きれいに三枚に開いた切り身の魚しか並ばなくなったのもこの頃からである。そして大型スーパーが登場することになった。

職人、芸人、芸能の世界もこれと全く同様の力学によって既に大量消費の時代の影響を被るようになっていたのだった。だから職人、芸人の技量・ワザはもはや売り物ではなく、空疎な「外見の良さ、ファッション性、派手さ、豪華さ」(記号性)のみが売り物となり、それゆえに「芸人」ならぬ「タレント」「芸能人」の私的スキャンダルをもっぱら売り物とする「ワイドショー」も横行するに至ったわけである。

竹中労は高度経済成長期にそうした「ワイドショー」の只中に居ながら、「手前らつまらねえことを言うな」と啖呵を切って何度かの大立ち回りを演じ、そして一九七〇年にテレビ映像から姿を消して行った。私は当時、画面を通じてそうした大立ち回りの場面を何度か目撃し、竹中に強い共感を抱いたのを憶えている。この感慨は今も変わらない。

さらに私の思い出すこととして、竹中は、一九八四年に森繁久弥が文化功労者になり、それを祝う会が盛大に催された際、確か「週刊文春」に「森繁よ、勲章を貰ってそんなに嬉しいか」という文章を草して、これを痛罵した。竹中はそれまで芸人としての森繁を評価していた。にもかかわらずこの時、竹中は森繁の中に「しがない」芸人としての自己意識が見失われ、国家的権威にまつろい、その威を借る姿勢を見て取ったのである。念のため言えば森繁はその後竹中労が死去したと同年の一九九一年十一月に文化勲章を受勲している。

本物の職人、芸人の技量とワザは、その「しがなさ」の自己意識のゆえに、かえって権威にまつろわず、ひたすらにその技量とワザを磨き上げようとする。権威にまつろう、その威を借ろうとする時、それは職人、芸人がその技量とワザに限界を見て、しかもその頭領としての地位に恋々とする時である。

竹中が本書を執筆した一九八三年当時に、創価学会に「一味同心」したのも、創価学会が政治的権威（権力）にまつろうことがなく、むしろかえって「国家諫暁」をこととし、あくまでその会員が上から下までその信仰の「しがなさ」の自意識を全うして、「庶民」と結ぶ糸を紡ぎ続けていると確信していたからだ。以来、二十一年を経た今日、創価学会がなお政治的権威にまつろわず、「国家諫暁」をもっぱらにし、信仰の「しがなさ」の自意識を持続しているかは、読者の判断にゆだねよう。

竹中が本書の中で宮沢賢治、石原莞爾、北一輝など、あるいは「法華経」を奉じ、あるいは「日蓮」を奉じる者たちに向けて強い共感を随所で表明しているのも、そこに共通して自己存在の「しがなさ」を意識するがゆえに「庶民」と自己を繋ぐ糸を紡ごうとする姿と、それゆえにまたその糸にわが身を賭けて「国家諫暁」に向かおうとする意志を読み取っていたからだ。かれらの「しがなさ」の自意識は、東北、北越、北信濃の過酷な自然と風土、そして明治近代以後に切り捨てられ漂泊を迫られた「庶民」の側にかれら自身が身を置いていたことに発したものだった。

権威・権力にまつろわぬもの、抗うというよりむしろ権力権威に超然とするものを竹中労は「もの書き」たちの世界にも求めてゆく。たとえば本書の中で竹中は、戦後に「堕落論」を書いた坂口安吾、あるいは明治の日清・日露の時代に「田舎教師」を書いた田山花袋などにたびたび触れてその生き方に強い共感を表明しているのも、かれらが一貫して権力権威にまつろうことがないデカダンスを貫いて生きたからだ。戦時下、万民こぞって「欲しがりません勝つまでは」に代表される禁欲が語られ、「滅私奉公」の国家倫理が強調される中で、なお生きることの「快楽」を謳う「デカダンス」は、決して勇気なくしては描き得ないものである。

デカダンスと見えるもの、その基底にはやはり職人や芸人と同様の「もの書き」の「しがなさ」を自覚する自意識が存在していたのである。そしてその「しがなさ」の自意識のゆえに安吾や花袋は、精神の上で「庶民」と結ぶ糸を終始紡ぎ続け、またそれゆえに戦前、戦後を通じて権力・権威におもねることなく「変節」を免れ得たと竹中は見たのだ。

「庶民」としての竹中労、そのディレンマと葛藤

私はこれまで竹中労の「庶民」像に立ち入ると言いながらも、その実、竹中自身の「庶民」としてのあり方に直接触れることなく、むしろ自己と「庶民」とを繋ぐ糸を紡ぎ続ける人々のこと、具体的には職人、芸人、もの書きについての竹中のイメージに触れたに過ぎない。むろん「一芸に秀でた」職人、芸人、もの書きについての竹中のイメージそれ自体がある種の「庶民」像であると言ってもよいかも知れない。しかしここではその職人や芸人、もの書きの技量、ワザを観客としてあるいは読者として享受する側にいる「庶民」についても、当然問題にしなければならない。

たとえば六〇年代末に登場したテレビの「ワイドショー」はタレントという名の「無芸の芸

人」の、「芸」ではなく見かけの「派手さ、ファッション性」を商品としたが、明らかにここには売り手としての視聴者＝「庶民」が存在した。それゆえにこそ「ワイドショー」に対して、買い手としての視聴者＝「庶民」が存在した。それゆえにこそ「ワイドショー」は常に自己商品の市場価格を意味する視聴率に血道を上げてきたのである。言い換えれば、芸人の芸からその「しがなさ」の自意識を奪い、「無芸の芸」と「ファッション性」を記号的なものとして売り物にする状況を作り出したのは、売り手の「ワイドショー」だけでなく買い手の「庶民＝視聴者」の共犯的な働きが当然に存在したのである。

実際、六〇年代後半に本格化した大量消費による飽衣飽食の時代自体が元来「庶民」の共犯的働きなしには到来しなかった。とすれば竹中労はそうした「庶民」の二面性をどのように見ていたのか？　少なくとも竹中が「ワイドショー」を嫌悪した時、かれは「ワイドショー」を受け入れ楽しむ「庶民」と自分自身との間に一線を画していたはずだ。しかし竹中はそれでも自身の日々の仕事の「しがなさ」を自覚することを通じて自分自身の内側にも同じ「庶民」性があることを意識していたはずである。

ではこのようなディレンマの中にある竹中の「庶民」像は、一体どのようなものとして理解すればよいのか？

以下、議論の運びとして、まず戦後日本の論壇においてどのように「庶民」像、あるいは「大衆」像が語られてきたか、その中で竹中労の「庶民」像はどのような地位を占めるのかについて少し述べておく必要がある。

一九五〇年代以来、今日までのこの約半世紀余りの間、日本の論壇で「大衆」について多くを語った論者として、松下圭一、清水幾太郎、吉本隆明、それに西部邁を上げることができる。

松下はアメリカの社会学者ダニエル・ベルなどの「大衆社会論」に影響を受けて、国政レベルの政治に対する批判意識（政治理性）を持つ民衆のみを「市民」（citizen）と呼び、政治的無関心を特徴とし情緒的意識のみに埋没する民衆を「大衆」（mass）と呼んでこれを「市民」と区別した。たとえば松下は日本の民衆は、一九五〇年代後半期に一度イデオロギー終焉的な政治的無関心に埋没し「大衆」と化したものの、一九五〇年代末から一九六〇年にかけての安保闘争を境に政治的批判意識に覚醒して「市民」への成長を遂げた。しかしその後安保闘争が終息するや再び政治的無関心へと後退し、「大衆」へと逆行したと論じた。ここには民衆（庶民）が数年間の極めて短い期間に「大衆」から「市民」へ、そして再び「大衆」へと変貌するものと捉えられている。

清水幾太郎も同様で、六〇年安保を経たあとの日本社会を「無思想の時代」の到来と呼んで、民衆の政治的無関心状況を嘆いた。松下も清水も、民衆のなかに「大衆」と「市民」の二つの顔があると言っているのではない。明らかにここでは民衆の移ろい易さ、あるいは迎合主義的な「無節操」を批判しているのである。しかし考えて見れば、数年間という短期間に民衆が「大衆」と「市民」の間をすばやく行き来するという見方は、いかにも民衆の日々の現実から遊離した議論と言わねばならない。松下、清水の「大衆論」はこの点で限界を抱えていたと言わねばならない。

これと極めて対照的な「大衆」像を提起したのが吉本隆明だった。

吉本の提起する「大衆の原像」論の概念は、大衆は時代の変遷とともにその外見的な姿を変貌させるものの、その「本質＝原像」を変えることはないと見なす。すなわち、社会がプリ・

モダンからモダンへ、さらにはポスト・モダンへと変遷を遂げる場合、その社会変遷の社会的原動力をなすものこそ不変の「大衆の原像」であって、変貌したと見える大衆の姿は単に外形的変化に過ぎないと見なす。この点は松下圭一や清水幾太郎が大衆自身の本質的変貌として時代の変化を読むのと、全く異なっている。

たとえば吉本はその著『親鸞』の中で、大衆が「生き得るがままに生きる」という、いわば「無為の営為（意図を持たない自然的な営み）」を基点として他力の「念仏」に頼る姿を問題にする。この大衆の「本源」的なありようこそ親鸞が『歎異抄』などで強調する「弥陀の本願」に適う「他力念仏」にほかならない。吉本の言う「大衆の原像」とはこの大衆の「無為の他力」を指し、その力こそが時代を動かす動力と見なすのである。

結論的に、吉本は時代の変遷とともに大衆が見せる外形的変化を、そのままに受け入れる。当然、飽衣飽食の大量消費時代に大衆が見せる「ワイドショー」の視聴者的なありようも吉本は決して否定的には見ない。

「蜂起民」、「国家暴力の加担者」、「漂泊民」の三極を揺れ動く「庶民」

問題は「大衆」がその外見上の変貌のただ中で「心のあがきと呻き」（魯迅のいう「口扎」）を上げている事実に目を向けるかどうか、またその「声なき声」（無声之声）に、耳を傾けるかどうかにある。吉本の「大衆の原像」論は大衆の不変の本質を強調するため、かえってこの大衆の「呻き、口扎」に耳を傾ける姿勢を軽視する結果になっている。

吉本の時代状況論は、「大衆」みずからが時代の変貌を肯定的に受容しているとみなす限り、みずからもその「大衆」に寄り添う者として、モダンであれポストモダンであれ、時代の進む方向を肯定し、場合によっては賛美する保守性が顕著になったのである。

竹中労も同じ言葉こそ用いないものの、吉本隆明の言う「大衆の原像」とほぼ同じものに目を向けている。しかし竹中は吉本と違って、大衆（以下、竹中の用語に沿って庶民と言い換える）の「生き得るがままに生きる無為の営為」の中に現れる葛藤を見逃さない。「庶民」の「無為（意図なき営み）」を原動力としてもたらされる時代の変貌によって「庶民」がこうむる外形的な変化は、時に「庶民」をして政治的権力や権威と対立する「蜂起民」に変えることもあれば、逆に権力、権威に寄り添う「国家暴力の加担者」に変えることもある。さらにその中間に「庶民」が国家権力によって切り捨てられ「棄民」化し、「漂泊民」となる状況が存在してきた。この「蜂起民」、「国家暴力の加担者」、「漂泊民」の三つの極の間を揺れ動く中でこそ「庶民」の葛藤は生じる。

だから竹中は「庶民」を無条件に「善なる存在」とは見なさない。魯迅の言葉を借りて言えば、「庶民」は独裁権力に寄り添う時には「暴君よりも暴なる」存在にもなり得るからだ。この点、一九八六年に始まった共同研究会「風の会」の議論の中でしばしば僕と竹中労の意見は一致した。

彼は辻潤の言説に添ってこう述べたりもしている。

「『ブルジョアが外道なら、プロレタリアは餓鬼です』『大衆の意向が最善であるかのように考えることに、わたしは反対だ』民衆を物神化することなく、無幻想の極北を生きた辻潤」

しかしだからと言って竹中労は西部邁のように「大衆」を愚昧とだけ見るシニシズム（冷笑

主義）にも決して加担しない。

この点は肝心なところなので、一言しておこう。

日本近現代史の時代の軌跡は、一方で近代化による貧困からの脱出と物質的富裕をもたらした限りにおいて、「庶民」に肯定され歓迎されたことも確かだった。しかし他方で、明治、大正、昭和、平成と、モダンからポストモダンに向かって推移する時代の変貌は、この近代化の過程が海と山河に生きる農林漁業の「庶民」の暮らしから郷土を簒奪し破壊するものであったことも否定し得ない。足尾銅山鉱毒による渡良瀬川汚染を始原として今日の水俣公害や諫早湾干拓堰堤による有明海養殖海苔の被害へと続く、一連の日本の山河と海の生活の破壊と衰亡。さらに富国強兵下に、日清、日露、日中戦争、太平洋戦争へと連続する戦火の坩堝が惹起され、多くの「庶民」からそのイノチの砦としての郷土を無残に切り裂きかつ奪い続けたのである。その限り、「庶民」はこれを郷土喪失感すなわち自己喪失感と深い苦渋をもって受け取らざるを得なかった。竹中労は、このような「庶民」の二律背反を当然見逃さない。

たとえば本書は北海道瀬棚の漁師、福士長次郎にこう語らせている。

「海が死んじまったから、これも仕方がねいんですよ。ハッキリ言ったら、もう生きる望みがないの日本の海は。イカもマスもいないわけで、スケソーだけです頼みの綱は。いるところにはいる、でも捕りに行けば例の二百海里、でなければ大資本の遠洋漁業、俺たち小漁師の働き場所はせばまっていくばっかダ。とどのつまり自然が育てる時を待たないで、あったら乱獲してきょうの息をやっとついている」（上巻「二　春の巻・春と修羅」第八章）

その語り口は淡々とし、時代の流れに翻弄されるみずからの運命を「仕方がねいんです」として、従容と受け容れるかに見える。竹中労が描く「庶民」像も確かに時代の変貌の中で、あっけらかんとたくましく生き続ける者として登場する。しかしその胸中にイノチの砦である海を奪われつつある漁師の悲痛な「心のあがきと呻き」があるのを竹中労は見落としてはいない。

竹中労が創価学会の創立者、牧口常三郎に強く共鳴するのも、ひとえに牧口の信仰の根底に一貫して、「庶民」の声にならない「あがきと呻き」への深い共感があって、それを竹中労も共有しているからにほかならない。明治三十六年に刊行された牧口常三郎畢生の代表作、『人生地理学』の緒論に記された自己表白、

「もと、これ荒浜の一寒民。漂浪半生を衣食に徒消して、未だいささかの地上に貢するものなし」(上巻「一　冬の巻・雪炎えて」第二章)

このフレーズは、本書の随所で多用されているが、それも自身の内に庶民の「あがきと呻き」を共有する牧口への竹中労の共感を表すものと言える。

牧口みずからが「故郷喪失者」であり「漂泊民」であった。『人生地理学』は、民衆を生み育てる故郷の山河こそ、いかにそれが悲惨で困窮に満ちたものであれ、またそうであるからこそ、その人の意識を決定すると見なすところに起点を置いていた。

「汝、なにゆえに故郷を恋愛するか?」という牧口の言葉に続いて、竹中労は、「流離の少年は、ふるさとを想う。彼の脳裏には荒浜の風景が、鰊を盗む子らの砂岸が常に結んでいた」と述べる。(上巻「一　冬の巻・雪炎えて」第八章)

明治四年、一八七二年の牧口常三郎誕生から数えて百三十五年、二一世紀初頭の今日、史上

未曾有の富裕と貧困の格差拡大に見舞われている日本人「庶民」の生活の悲惨はそれでも、本書に活写された明治、大正、昭和初期と続く「庶民」の塗炭の苦しみに比すれば、取るに足らないとの見方もあり得よう。確かに日本は一九六〇年代に始まる高度経済成長を通じて、富裕と飽食の時代を享受し、その残滓が今日の貧困層の暮しの中にも余韻をもって働いている。だから今日の日本人「庶民」の苦悩も、アフガン、ソマリア、コソボなど世界の難民の苦しみには到底及ぶべくもないと言える。吉本の「大衆の原像」論が「大衆」の「あがきと呻き」の声を聞かなくなったのも、この高度成長期の富裕と飽食のざわめきの余燼の高音が、なおも「大衆」の「あがき呻き」の低音を掻き消しているからだ。しかし今日、竹中労がなお生きてあるならば、「庶民」の聞き取りがたい声を聞き、誰よりも鋭い批評を残しているに違いない。

小さきものへの信仰

竹中労はむろん宗教者ではない。にもかかわらず信仰者としての牧口常三郎に深い共感を抱く竹中労は、ある種の信仰者的な心性を抱えている。

私は竹中労を正真正銘の最後のアナキストだったと思っている。その竹中労がなぜ宗教集団としての創価学会に「一味同心し」、その創始者牧口常三郎の名を冠した本書を書いたのか？

本書の末尾に竹中労は学会の会員に向けてか、こう書いている。

「群体としての階級、人民大衆と言う概念ではなく、無量億千万その一人びとり、個の苦患に身を寄せて同生共死する覚悟から、出立しなくはならない。……学会は地を割って湧出する個々人の自立、そして自立する者の連帯を、運動の核とするべきです」。また言う。「『王仏冥合』、なぜ悪いと言わせてください（註：悪くはない！）。学会組織拡大は、王仏冥合をスローガンとしてとうぜん。議会活動、すなわち国家諫暁の手段である。……来るべき大難を迎え撃つより強固な信仰者、地湧の菩薩・行者たち、『東海の旃陀羅の子』の結束を訴えます。」（下巻「四秋の巻・襤褸の巷」──えぴろおぐ（下）銀の花、沈みゆく鐘の響きよ──）。

創価学会の「王仏冥合」すなわち「政教不分離」を竹中労が肯定するのは、かつて日蓮がそうであったように、「王仏冥合」が「国家諫暁」の手段として働く限りにおいてにほかならない。宗教者が「国事」を語りその誤りを諫暁する。しかし諫暁は決してみずからが「国事」そのものの担い手となり、国家の権力を手中にすることを目的とするものではない。日蓮はあの時代に一人荒れ野を行くようなアナキストであったとさえ言えるのである。

省みてこの点で創価学会が目下、自公与党連合の一角に座る公明党をも、諫暁し得るであろうか、疑問を禁じえない。竹中は今日的状況をどう見るだろうか？

本物の信仰者的な心性の根幹にあるのは、このアナキスト的心性から発した「小さきものへの信仰」にほかならない。では「小さきものへの信仰」とは何か？

宗教者とはゼクテ（教団）への無条件の忠誠を誓う者にほかならない。竹中労はそうした忠誠を嫌う。それゆえに宗教者には決してなり得ない。

かつて私が出会った人々の中で他人と徒党を組むことを強く忌み嫌った人間が二人いる。一人は「思想の科学」の初期の運動を鶴見俊輔らとともに支えた市井三郎であり、もう一人が竹中労にほかならない。ともに徹底的に権威を嫌い、みずからも権威として扱われることを強く拒否した。この点は私が彼らに比して二十歳近くも若年だったにもかかわらず、まったくの同輩の友人同然に遇してくれたことにいみじくも現れていた。

竹中労の権威を否定し徒党を組むことを忌み嫌う心性は、人間精神の政治権力化に向けた「膨張」を撃とうとする反政治意識から生まれている。つまりそれは精神の国家化、権力化を通じて極限にまで膨張した精神すなわち「絶対精神」にまで至るヘーゲリアン（ヘーゲル主義者）の対極にある心性と言ってよい。

では竹中労や市井三郎がそうあろうとした反政治意識としての人間精神とは何か？それは果たして「膨張」を遂げることはないのか？

竹中もそして市井も「小さきもの」への熱い感情、信仰とさえ言ってよいほどの想いを持っている。「小さきもの」とは「可憐なる人間社会の始原」とも言うべき「道志七里」に住まう「小国寡民」にその原型がある（下巻「四　秋の巻・襤褸の巻」第二章）。

「小さきもの」にとっても政治や国家は無縁であるわけではない。しかしその政治はみずから欲して奪い取るものではなく、向こうから否応なしにやって来るものとしてある。

「しがなさ」、「小国寡民」、「小さきもの」、そうした存在としての「庶民」は、確かに政治とは無縁に見える「非政治的」な存在である。しかしそこに宗教者ではなく、真性の「信仰者」として「小さきものへの信仰」がある限り、その「非政治」の只中から国家的・宗教的な権力権威の「政治」を撃つ諫暁の力が湧出するのである。

竹中労は全世界をまたにかけるルポライターであったし、まさしく「世界浪人」として「漂泊民」だったが、それは彼の時空を覆う視界と行動圏が、狭い狭い「小さなもの、小さなイノチ」から出発して、地球を覆うというより地球に収まりきらぬほどの広大な世界にまで及んでいたからである。「非政治」の世界に深く錨を打ち込んで、しかもその「非政治」から日本国家の「政治」に止まらず、世界の覇権的大国の「政治」を撃つという姿勢は、竹中労の一生を貫く変わらぬ姿勢だった。

「生き得るがままに生きて、しかもそのままには生きることの出来ない境域へと追いやられる庶民」の止むに止まれぬ「飛翔」あるいは「膨張」にこそ、閉塞した世界の行く先つまり出口が見出されるとする、そうした信仰にも似た世界観がそこには働いている。この「庶民」の止むを得ざる「飛翔、膨張」は「庶民」をして「故郷喪失者」としての「漂泊民」の道へと向かわせる。一九八〇年に香港の「漂泊民」、元紅衛兵の結社「大圏仔」に「一味同心」して、彼らとの「契り」のために、彫師・梵天太郎の手になる「打鬼花和尚魯智深」の絢爛たる花の刺青を全身に刻んだのも、同じ思いからだった。その年の末、私は竹中労と出会った。

〔た〕

〔な〕

文献索引

〔ま〕

〔は〕

〔な〕

〔さ〕

〔か〕

人名索引

◉著者紹介
竹中　労（たけなか・つとむ）
1928年3月30日、父・英太郎、母・八重子の長男として東京・牛込区肴町に生まれる。　雑誌・単行本・テレビ・映画等、媒体と表現方法を弁別せず、広範なメディアを戦場として、“エライ人”（権力）をものともせずに奮戦。　1990年5月19日、肝臓癌のため「戦死」（享年63歳）。「竹中の前にルポライター存せず、竹中の後にルポルタージュなし」。

戦　果
『水滸伝／窮民革命のための序説（共著）』、『エライ人を斬る』、『「国貞」裁判・始末（共著）』、『百怪我ガ腸ニ入ル／竹中英太郎画譜（編著）』（以上、三一書房）、『琉球共和国／汝、花を武器とせよ』、『美空ひばり』、『決定版ルポライター事始』、『鞍馬天狗のおじさんは／聞書アラカン一代』、『断影・大杉栄』（以上、ちくま文庫）、『日本映画縦断①〜③』（東京白川書院）、『無頼の墓銘碑』（ＫＫベストセラーズ）、『琉歌幻視行』（田畑書店）、『無頼の墓銘碑』（ＫＫベストセラーズ）、『黒色水滸伝』（皓星社）等、数多の著書をものすと共に、『嘉手苅林昌の世界』をはじめとして、沖縄・島唄のレコード、ＣＤ等のプロデュースを多数手がける。

聞書　庶民烈伝　　牧口常三郎とその時代（上）

2008年6月24日　　第1版第1刷　発行

著　者　　竹 中　労
著作権者　夢 幻 工 房
発行人　　岡部　清
発行所　　株式会社　三一書房
　　　　　東京都世田谷区池尻2-37-7　〒154-0001
　　　　　電話　03（5433）4231
　　　　　FAX　03（5712）4728
　　　　　振替　00190-3-84160
　　　　　URL: http://www.san-ichi.co.jp/

装　幀　　野村高志 + KACHIDOKI
印刷・製本　株式会社　厚 徳 社

ISBN 978-4-380-07216-1